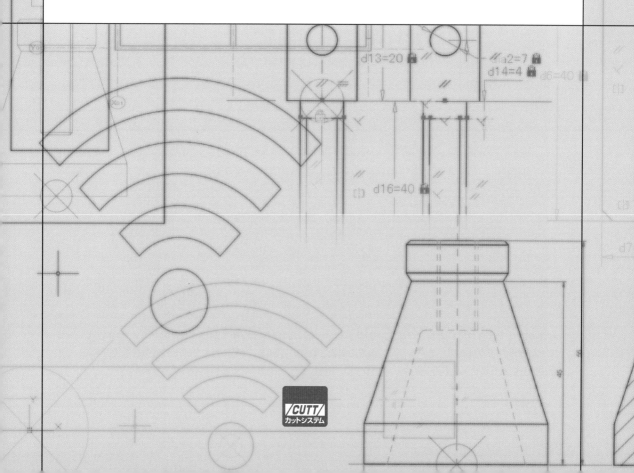

AutoCAD操作ガイド

入門者のための基礎から実践まで

株式会社VOST　大塚 貴◉著

CUTT カットシステム

■ **サンプルファイルのダウンロードについて**

サンプルファイルをダウンロードするには、巻末の袋とじ内に記されているナンバーが必要となります。本書を中古書店で購入したり、他者から貸与、譲渡された場合、巻末の袋とじが欠落しているためにダウンロードできないことがあります。あらかじめご了承ください。

はじめに

本書は、AutoCADをこれから始める方を対象に、画面構成の説明をはじめ、2D図面を作成するために必要なコマンドや考え方を解説した書籍です。コマンドの基礎を学ぶ「基礎練習」、実務に即した「部品図面・平面図の作成」という構成になっているため、一歩ずつAutoCADを学んでいただけます。
使用しているバージョンはAutoCAD 2021ですが、過去のバージョンからある基本機能を中心に解説していますので、バージョンに関わらず学んでいただけます。加えて、AutoCAD 2018から追加された「図面比較」といった新機能も解説しています。新機能も是非、活用してみてください。

本書では、練習用のテンプレートファイルを用意しています。このテンプレートには作図環境を設定してあるため、初めての方でも安心して学習に取り組むことができます。さらに、練習で使用するテンプレートファイルの作り方も解説しているため、業務に合わせてテンプレートファイルを修正する方法も学ぶことができます。

私たちは、CAD/CAMメーカーで実務経験を積んだ「CADプロフェッショナル」として、「CADは難しくない」ということを広めていきたいと考えています。文書を作成するときはWordを使い、表やグラフを作成するときはExcelを使う、というようにOfficeソフトと同じくらいCADが当たり前の存在になり、業務の手助けになることを目指しています。

本書は、定期開催している「ビズロード AutoCAD 基礎セミナー」から生まれました。「よりわかりやすく、より丁寧に」をモットーに進化を続けてきた当セミナーは、アンケートの9割以上で「大変満足」という評価を頂いております。
全国で定期的に開催していますので、是非ご参加ください。

「AutoCAD基礎セミナー」で検索！
https://bizroad-svc.com/autocad/

AutoCADとは

AutoCADは、オートデスク株式会社が1982年から開発している汎用の2D/3D CADで、CADという分野を作り上げたソフトです。

データフォーマットのDWGと中間フォーマットDXFは、多くのCADソフトでデータ交換用に利用されています。そのため、建築・土木・機械分野の汎用2D CADとして、AutoCADはトップシェアを占めており、データを共有しやすいという特徴があります。

■ AutoCADの推奨動作環境

OS	Microsoftが現在サポートしているWindowsの64bitバージョン ・Microsoft Windows 8.1（64bit） ・Microsoft Windows 10（64bit）
CPU	2.5GHz以上のプロセッサ（3GHz以上を推奨）
メモリ	8GB（16GBを推奨）
画面解析度	・従来型ディスプレイ True Color対応1920×1080 ・高解像度および4Kディスプレイ 最大3840×2160の解像度
グラフィックスカード	帯域幅29GB/秒の1GB GPU（DirectX 11互換）、 帯域幅106GB/秒の4GB GPU（DirectX 11互換）を推奨
ディスク空き容量	7GB（インストール用）

■ AutoCAD LTとの違い

AutoCAD LTは「AutoCADの廉価版2D CAD」として販売されており、機能が削減されています。上位版のAutoCADでのみ使用できる主な機能は以下の通りです。

- パラメトリック機能（本書の第3章で紹介）
- 3Dモデリング機能・レンダリング機能
- 業種専用ツールセット（機械設計用、建築設計用など7種類）
- カスタマイズ機能

公式掲示板「コミュニティフォーラム」

「コミュニティフォーラム」は、オートデスク公式のAutoCAD掲示板です。ユーザーが自由に質問などを書き込むことができ、オートデスクのスタッフだけでなく、ユーザー同士で問題を解決する交流の場にもなっています。検索機能が用意されているため、機能の把握や問題解決などに活用できます。

https://forums.autodesk.com/t5/autocad-ri-ben-yu/bd-p/515

CAD CAM CAEの使い方や最新ニュースサイト「キャド研」

「キャド研」では、本書で紹介しきれなかったAutoCADの最新情報や便利な使い方の動画などを公開しています。本書を学んだ後のスキルアップツールとして活用してください。

https://cad-kenkyujo.com/autocad/

企業向けサービス「BIZ ROAD（ビズロード）」

株式会社VOSTでは、企業向けサービス「BIZ ROAD」をご用意しております。人材育成サポート、技術習得セミナー、トレーニング、社内研修など、法人向けに開発したカリキュラムにより、ニーズにあわせて最適かつ円滑なシステム導入・運用をご支援いたします。ソフトウェアを使用する技術者の早期育成に、是非ご活用ください。

「ビズロード」で検索！
http://bizroad-svc.com/

本書の使い方

本書で使用するデータは、Webサイトからダウンロードできます。以下のURLにアクセスし、巻末の袋とじ内に記されているナンバーを入力してデータをダウンロードしてください。

「スリプリブック」で検索！
https://cad-kenkyujo.com/book/

スリプリブックをご活用いただくために会員登録をお願いしております。会員登録後、課題データをダウンロードできるようになります。また、会員登録していただくことで、本サイトに掲載されている会員限定コンテンツのダウンロードが可能になります。今後の学習に役立ててください。

※本サイトは予告なく変更する可能性があります。あらかじめご了承ください。

本書の構成

■第1章
データを作成する前に、画面構成や操作方法を学習します。

■第2章
シンプルな図形を作成しながら、基本となるコマンドの使い方を練習します。

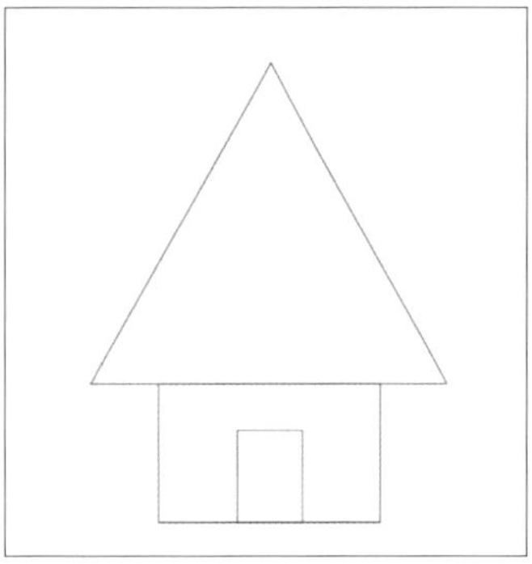

■第3章

3つの部品から構成される豆ジャッキの部品図面を作成しながら、パラメトリック機能やレイアウト機能、ファイルの組み合わせを学習します。

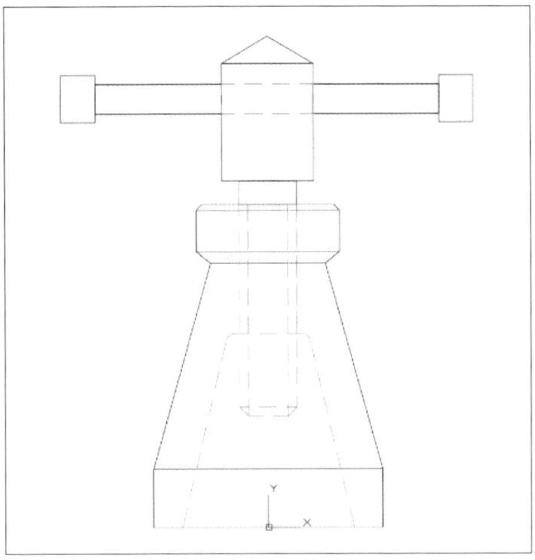

■第4章

平面図を作成しながら、ブロック機能やテキスト機能、類似図面の比較を学習します。

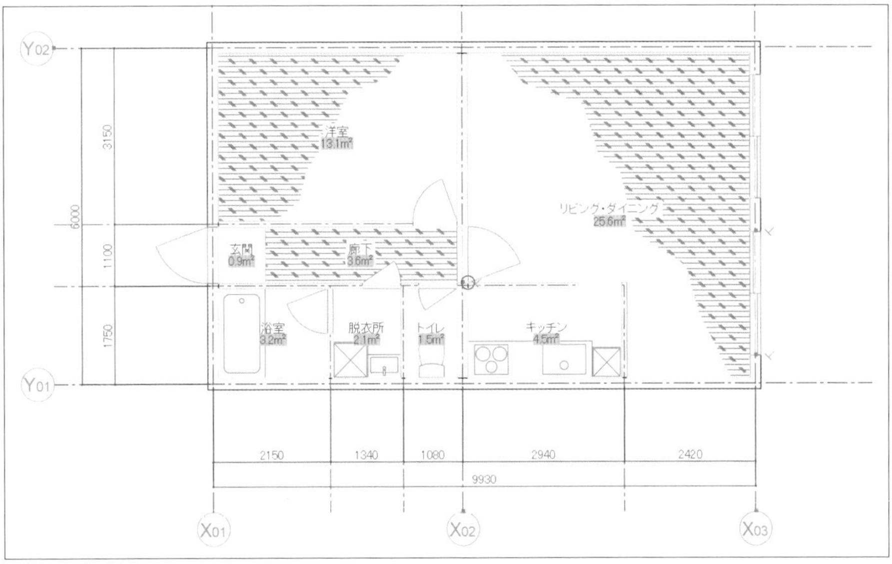

■第5章

第4章で使用したテンプレートの作成方法を学習します。

■第6章

第3章で使用したテンプレートの作成方法を学習します。

目次

第3章 豆ジャッキを作図しよう 043

1

画面構成と初期設定

第１章では、次の内容を学習します。

- ファイルの開き方
- 画面の説明
- 画面の操作方法
- 初期設定

事前に、使用するデータを以下のURLからダウンロードしておいてください。
https://cad-kenkyujo.com/book/ （「スリプリブック」で検索）

1.1 練習用ファイルを開く

スタートアップの「ファイルを開く」をクリックします。「ファイルの種類」が「図面（*.dwg）になっていることを確認し、ダウンロードしたファイルの中にある「製造向けテンプレート.dwg」を開きます。

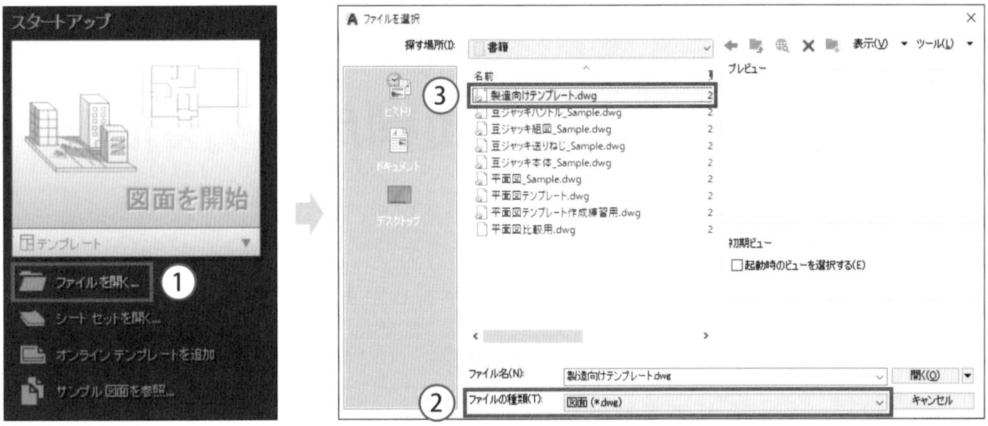

1.2 配色の変更

1 左上の「**アプリケーションメニュー**」をクリックし、「オプション」をクリックします。

2 「表示」タブを選択し、「カラーテーマ」に「ライト（明るい）」を選択します。続いて、「色」ボタンをクリックします。

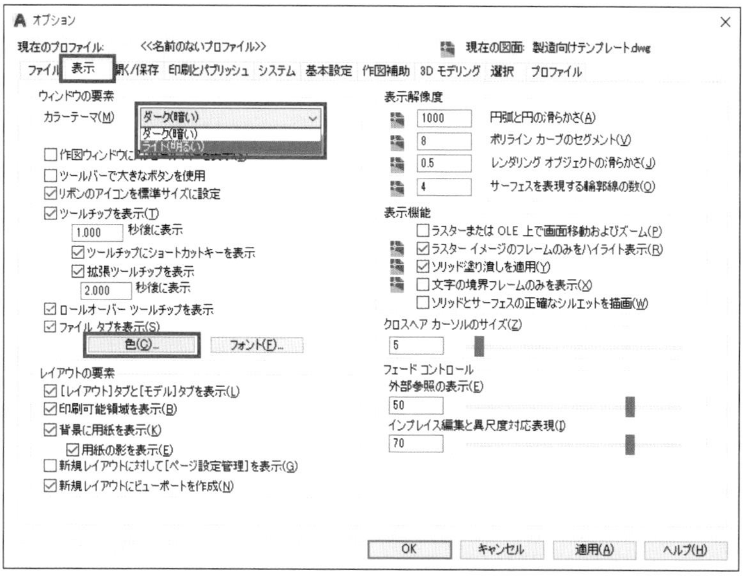

3 「色」を「White」に設定します。

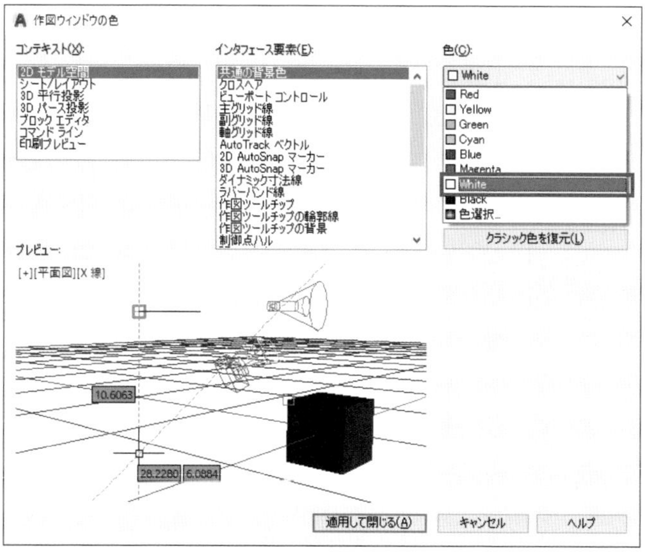

1.3 画面の説明

画面各部の名称は以下の通りです。

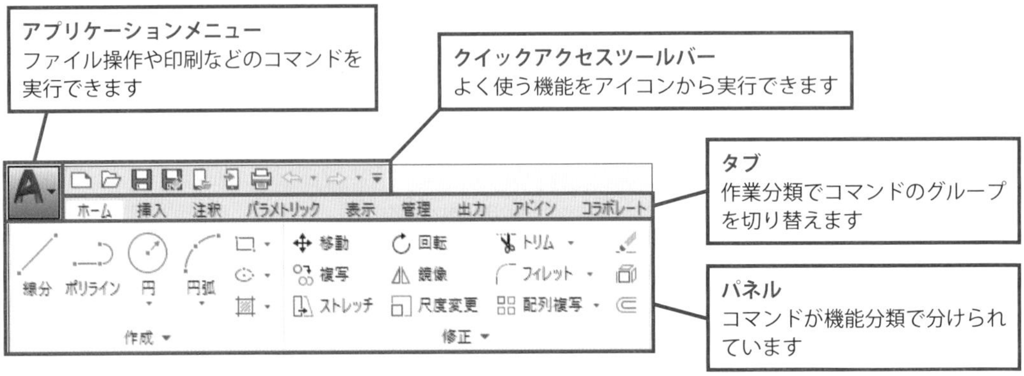
アプリケーションメニュー
ファイル操作や印刷などのコマンドを実行できます
クイックアクセスツールバー
よく使う機能をアイコンから実行できます
タブ
作業分類でコマンドのグループを切り替えます
パネル
コマンドが機能分類で分けられています

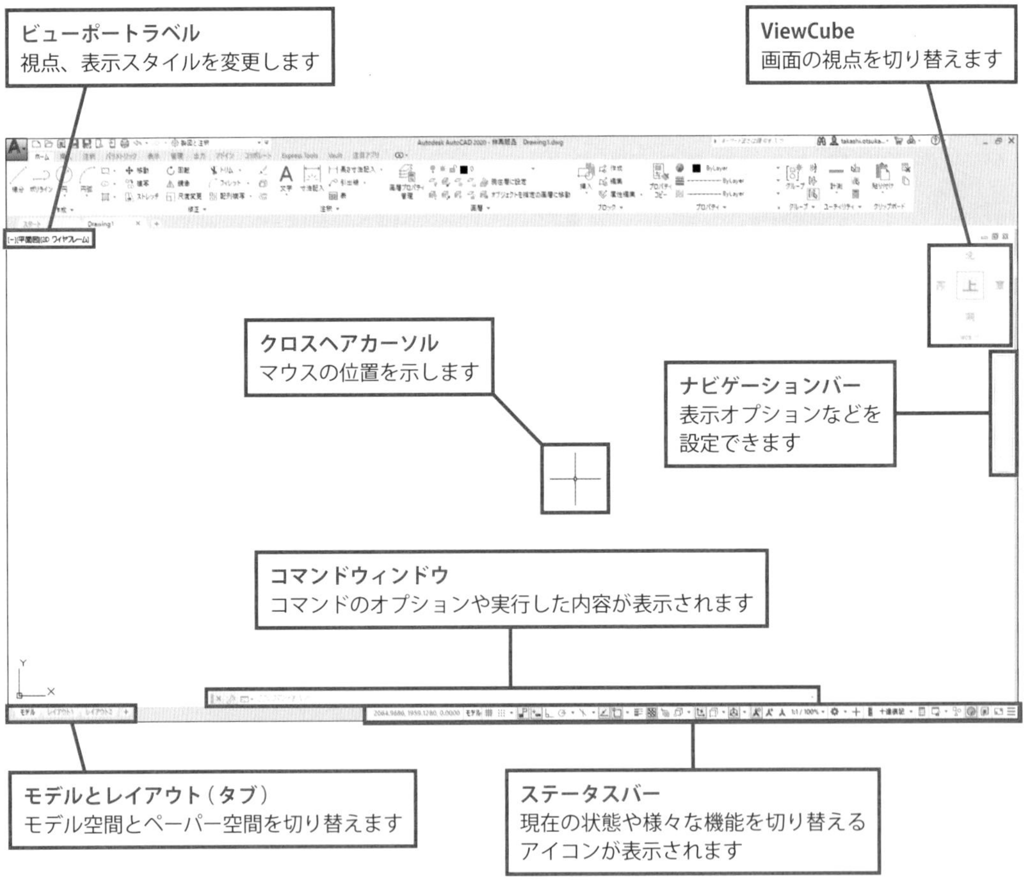
ビューポートラベル
視点、表示スタイルを変更します
ViewCube
画面の視点を切り替えます
クロスヘアカーソル
マウスの位置を示します
ナビゲーションバー
表示オプションなどを設定できます
コマンドウィンドウ
コマンドのオプションや実行した内容が表示されます
モデルとレイアウト（タブ）
モデル空間とペーパー空間を切り替えます
ステータスバー
現在の状態や様々な機能を切り替えるアイコンが表示されます

1.4 操作方法

画面を操作するときは、真ん中にホイールのついた3ボタンマウスを使用すると便利です。操作方法は以下の通りです。

- **ズームイン・ズームアウト** ……… マウスホイール
- **画面移動**（画面を左右に動かす）……… ホイールボタン
- **オブジェクトの全体表示** ……… ホイールボタンをダブルクリック
- **要素の選択** ……… 左クリック
- **コマンド・オプションの呼び出し** ……… 右クリック
- **コマンドのキャンセル** ……… Esc
- **コマンドを完了する** ……… Enter
- **直前のコマンドを繰り返す** ……… Enter
- **操作を戻す** ……… Ctrl ＋ Z
- **操作をやり直す** ……… Ctrl ＋ Y

1.5 オプションの設定

続いては、AutoCADを使用するうえで、お勧めの設定項目を紹介します。

■作図グリッドの非表示

ステータスバーの［**作図グリッドを表示**］をクリックし、OFFに切り替えます。

■極トラッキングを有効

ステータスバーの［**カーソルの動きを指定した角度に強制**］をクリックし、ONに切り替えます。

ワンポイントアドバイス

「極トラッキング」とは、カーソルが指定角度でスナップする作図補助機能です（初期値は0、90、180、270度）。「極トラッキング」を使用することで、よく使う角度の線を簡単に作成できます。

■オブジェクトスナップ

ステータスバーの［▼］－［**オブジェクトスナップ設定**］を選択し、「作図補助設定」ダイアログボックスを表示させます。

［オブジェクトスナップ］タブにある「すべて選択」ボタンをクリックし、すべてのオブジェクトスナップを有効にします。

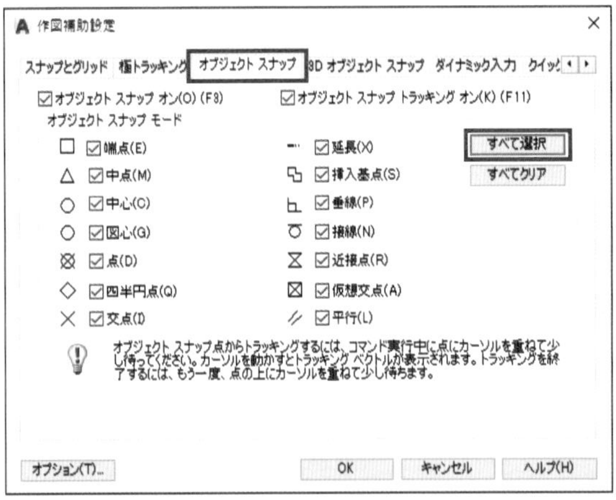

ワンポイントアドバイス

「オブジェクトスナップ」とはオブジェクトの特徴のある点を認識する作図補助機能です。「オブジェクトスナップ」を使用することで、正確な点を簡単に選択できます。

■異尺度自動追加

ステータスバーの［**注釈尺度を変更したときに異尺度対応オブジェクトに尺度を追加**］をクリックし、ONに切り替えます。

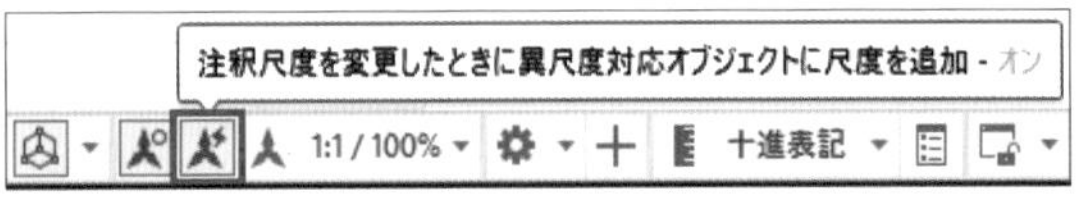

ワンポイントアドバイス

AutoCADでは、「モデル空間」に実寸大で図形を描き、「ペーパー空間（レイアウト）」に複数の尺度でビューを配置して図面を仕上げていきます。異尺度自動追加は、寸法やテキストを配置する際に尺度に合わせてサイズを自動調整する機能です。

1.6 画層の設定

■画層とは

図形をグループ毎に管理できるシート（レイヤー）のようなものです。「図枠」、「図形」、「寸法」、「補助線」などの要素を別々に管理できるので、作図しやすくなり、ミスを減らすこともできます。ただし、他の一般的なソフトのシート（レイヤー）とは考え方が違い、上下関係がないため、オブジェクトが重なっていてもすべて表示されます。

■画層の設定確認

［ホーム］タブの［**画層プロパティ管理**］をクリックし、ダイアログボックスを表示します。

以下のように画層が作成されていることを確認します。

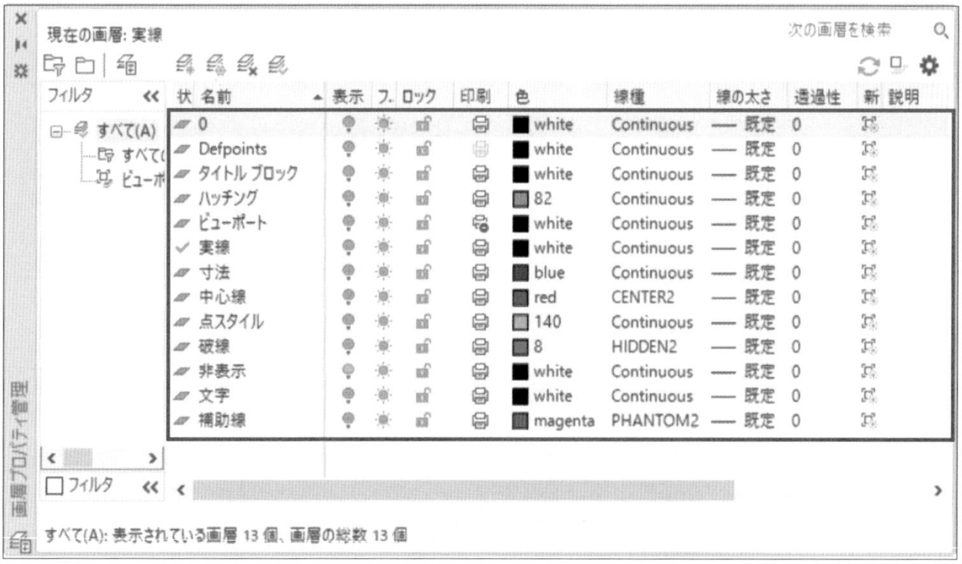

ワンポイントアドバイス

画層の追加方法は、「製造向けテンプレートの内容」を参照してください。

1.7 テンプレートとして保存

現在、開いている「製造向けテンプレート.dwg」をテンプレートファイルとして保存し、簡単に使用できるようにします。

1 クイックアクセスツールバーの［**名前を付けて保存**］をクリックします。

2 「ファイルの種類」に「AutoCAD 図面テンプレート（*.dwt）」を選択します。

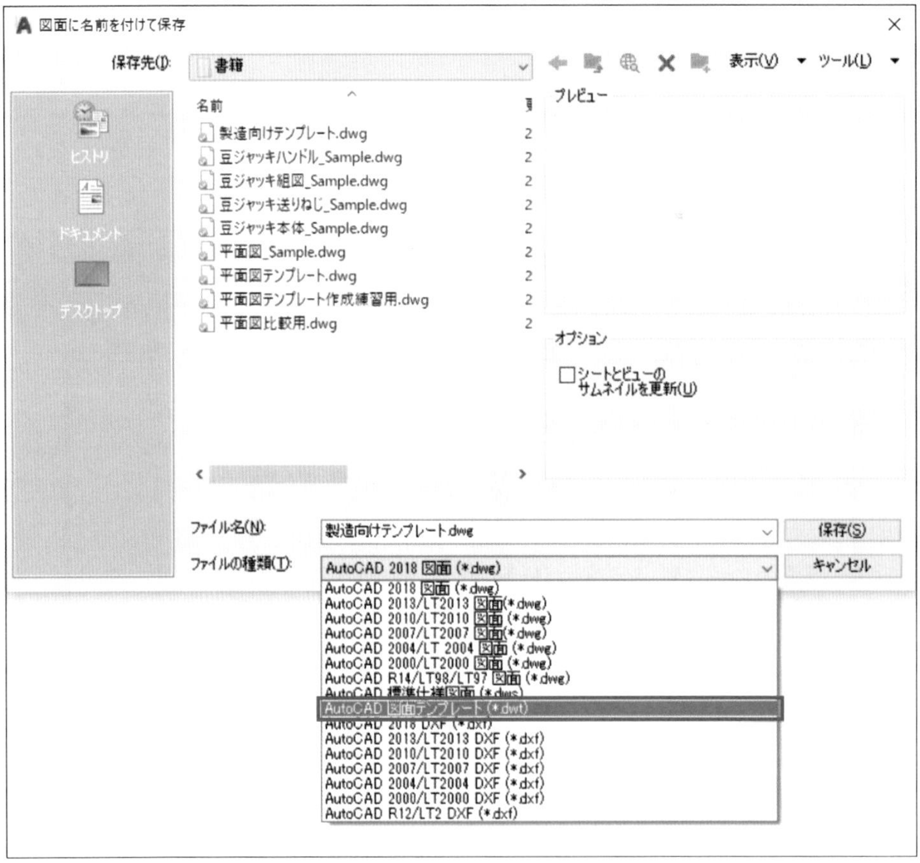

3 「保存先」が「Template」に変わったことを確認してから、ファイル名に「製造向けテンプレート」と入力して保存します。

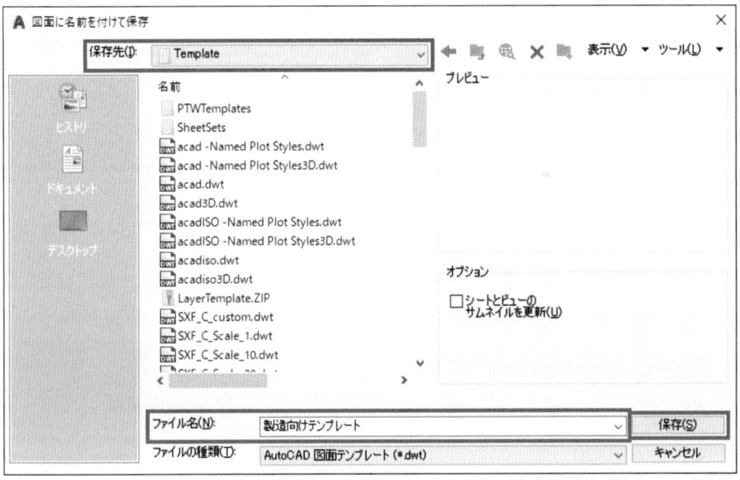

ワンポイントアドバイス

テンプレートとして保存しておくと、同じ環境で作図を開始することが可能になります。

2

基礎を練習しよう

第２章では、６つのシンプルな図形を書きながら、以下のコマンドの使い方を学習します。

- ［作成］－［線分］
- ［作成］－［ポリライン］
- ［作成］－［長方形］
- ［作成］－［ポリゴン］
- ［作成］－［円］－［中心、半径］
- ［作成］－［円］－［中心、直径］
- ［作成］－［円弧］－［始点、終点、半径］
- ［作成］－［円弧］－［中心、始点、角度］
- ［作成］－［円弧］－［中心、直径］
- ［作成］－［楕円］－［軸、端点］
- ［修正］－［移動］
- ［修正］－［オフセット］
- ［修正］－［トリム］

2.1 基礎練習 1

基礎練習 1 では、[**ポリゴン**] や [**長方形**] を使って図形を作成する方法を学習します。

1 スタートアップのテンプレートの [▼] をクリックし、テンプレートの一覧を表示させます。その中から「製造向けテンプレート.dwt」を選択します。

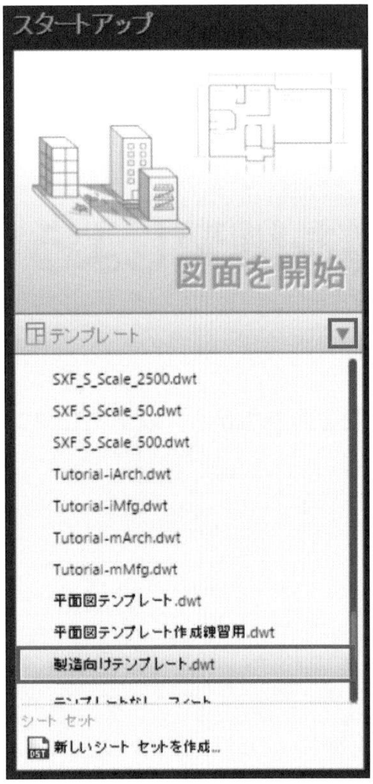

2 [**作成**] ー [**ポリゴン**] で三角形を作成します。

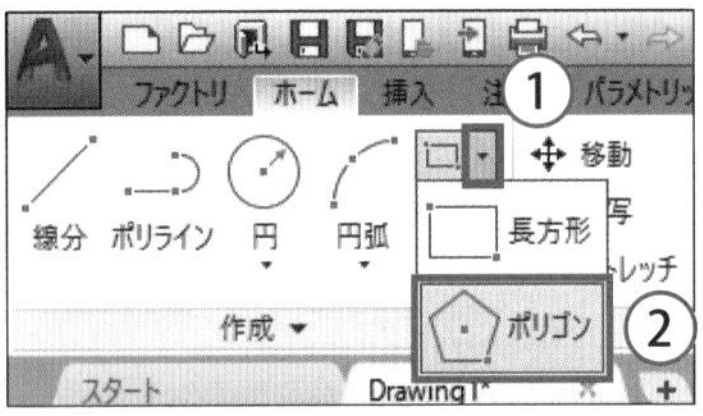

3 コマンドを実行すると、画面下のコマンドウィンドウに実行中の「コマンド名」、「操作ヘルプまたはオプション」、「現在の設定」、「入力エリア」が表示されます。

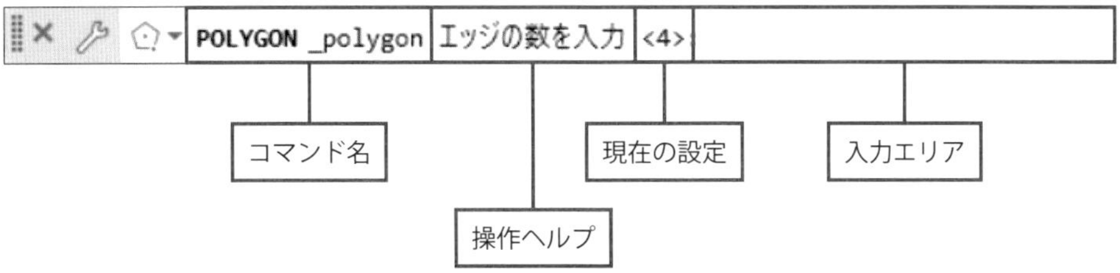

4 「入力エリア」に以下を入力して、一辺が80mmの三角形を作成します。

1. **エッジの数を入力：**3 Enter
2. **ポリゴンの中心を指定 または［エッジ(E)］：**e Enter
3. **エッジの1点目を指定：**水色の基準点を選択
4. **エッジの2点目を指定：**80 Tab 0 Tab Enter

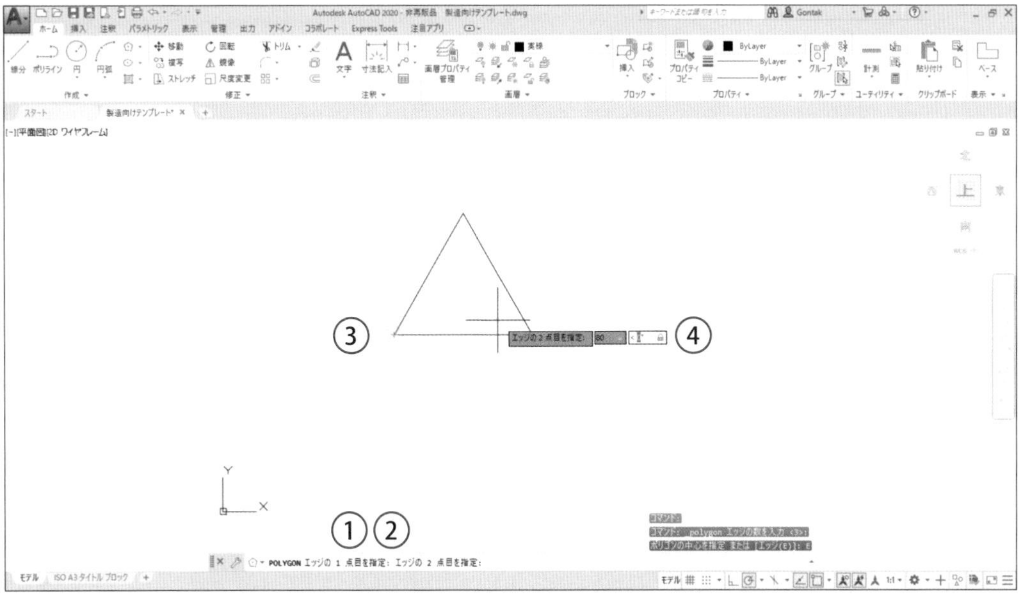

5 ［作成］－［長方形］で、三角形に接するように横50mm、縦30mmの長方形を作成します。

1. **一方のコーナーを指定：**
   マウスカーソルを三角形の底辺に重ね、底辺上の任意の位置をクリック
2. **もう一方のコーナーを指定：**
   カーソルを右下にずらして、50 Tab 30 Tab Enter

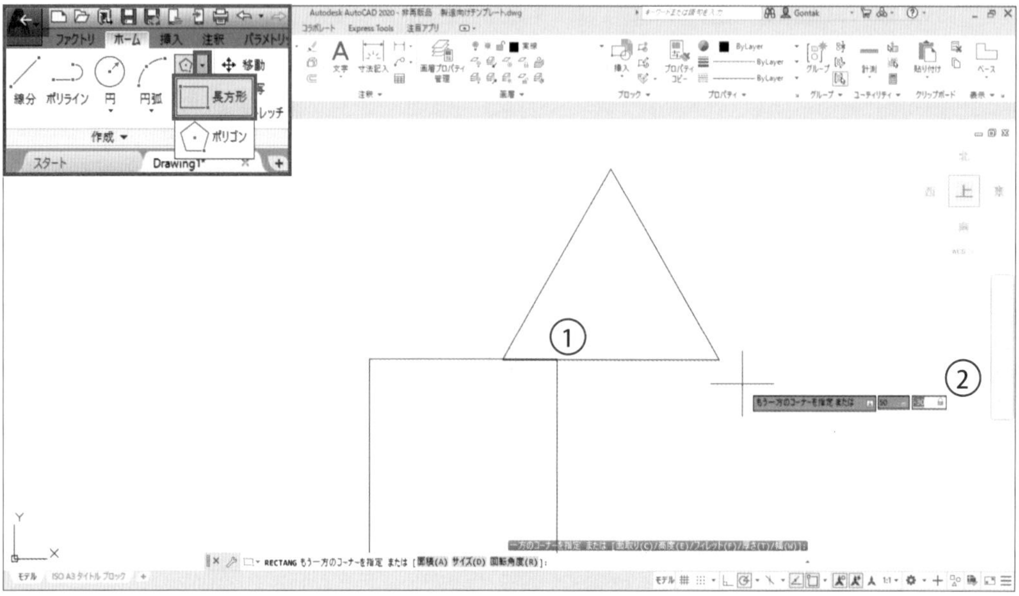

すでに作成したラインを認識すると、「オブジェクトスナップ機能」により緑色のアイコンが表示されます。

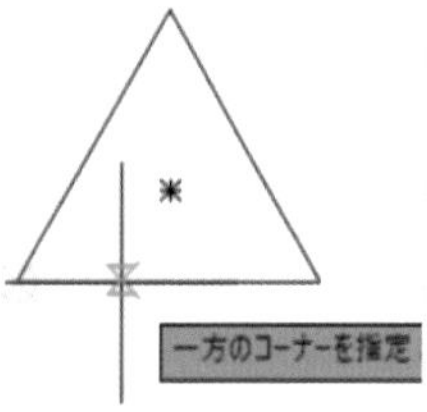

座標は相対座標で入力します。

6 先ほど描いた長方形の内側に、［**作成**］－［**長方形**］で横15mm、縦20mmの長方形を作成します。

1. **一方のコーナーを指定：**
   マウスカーソルを長方形の底辺に重ね、底辺上の任意の位置をクリック
2. **もう一方のコーナーを指定：**
   カーソルを右上にずらして、15 Tab 20 Tab Enter

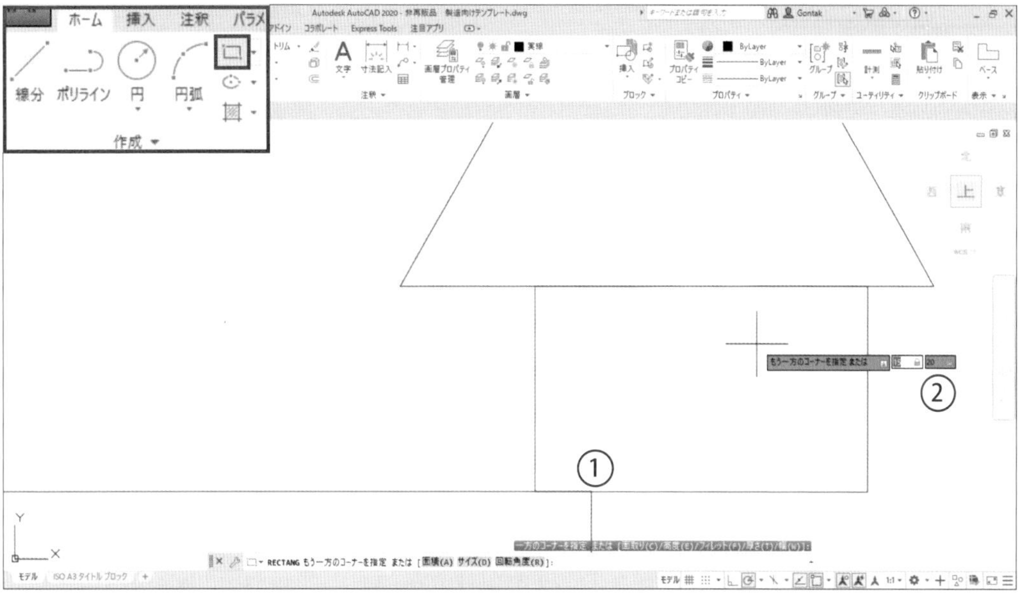

7 **[修正]－[移動]**で、「三角形」と「大きな長方形」の中心を揃えます。

1. **オブジェクトを選択：**長方形をクリック Enter
2. **基点を指定：**長方形の上辺の中点をクリック

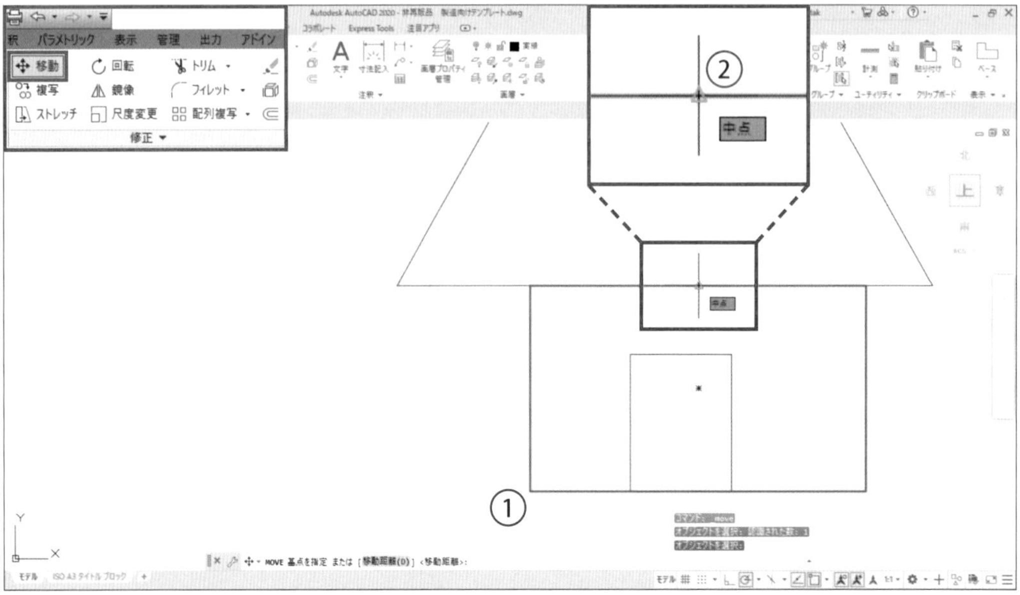

[修正]－[移動]は、複数のオブジェクトを一度に移動できます。このため、「オブジェクトを選択」で移動させたいオブジェクトを選択したら、忘れずにEnterキーで確定してください。

8 **目的点を指定：**三角形の中点をクリック

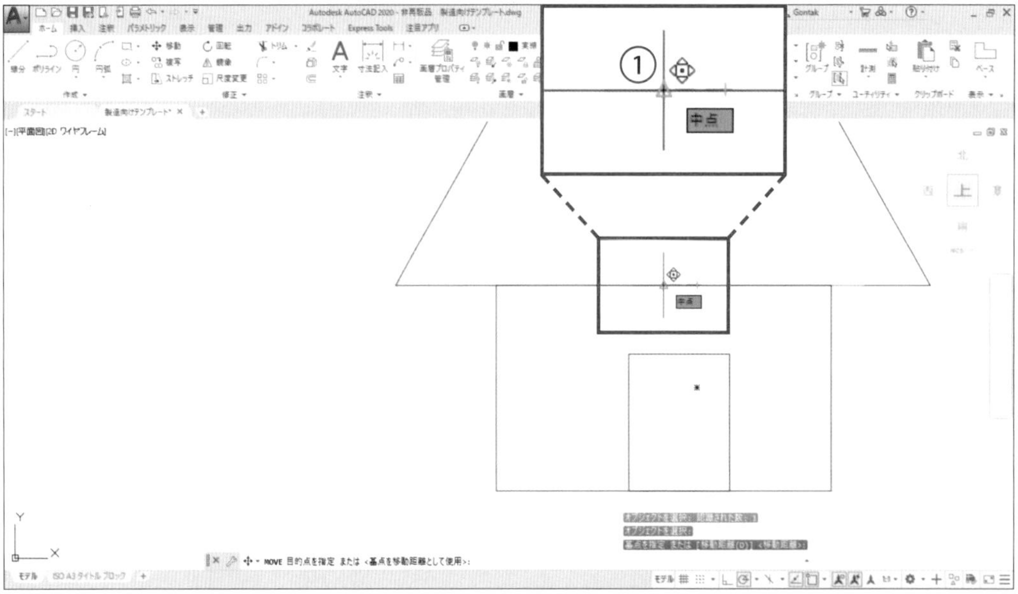

9 同様に［**修正**］－［**移動**］で、「小さな長方形」を「大きな長方形」の中心に揃えれば完成です！

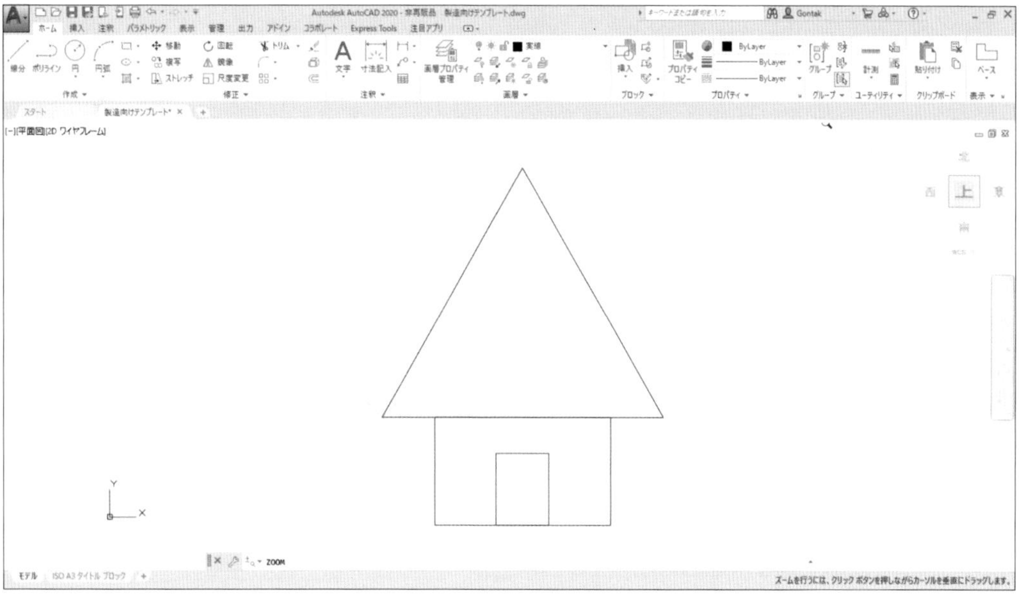

10 クイックアクセスツールバーの［**名前を付けて保存**］をクリックし、「練習 1」として保存します。

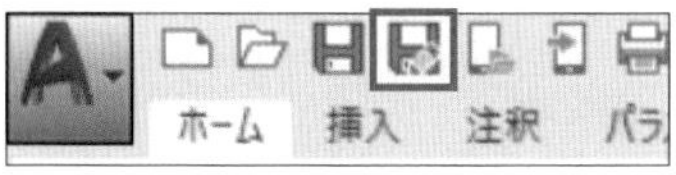

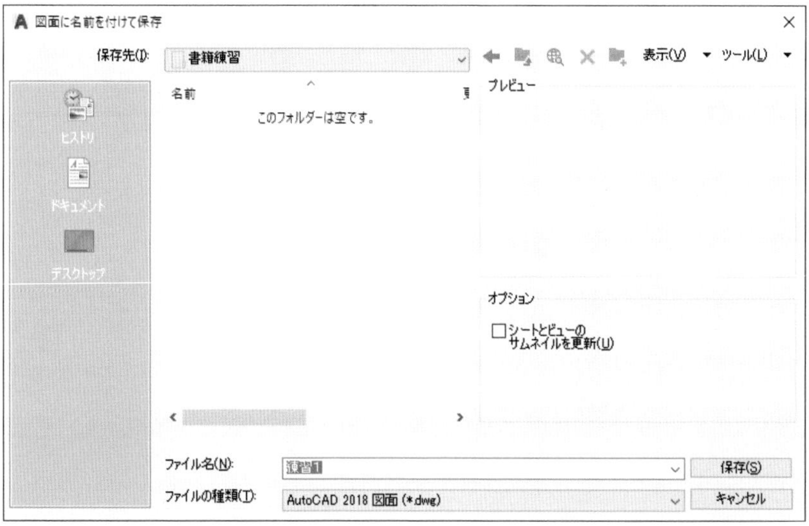

2.2 基礎練習2

基礎練習2では、直線と円弧を描画する［**ポリライン**］の使い方を学習します。

1 スタートアップの「図面を開始」をクリックすると、前回と同じテンプレートから新規ファイルを作成することができます。

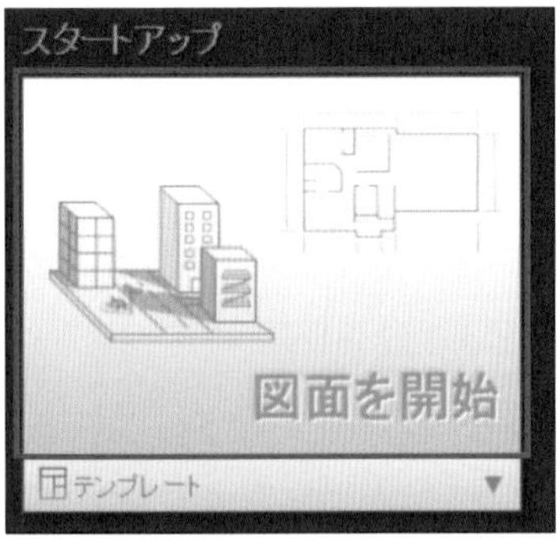

2 ［**作成**］－［**ポリライン**］で線を描画していきます。

1. **基準点を選択**
2. **次の点を指定：**カーソルを左下にずらして、50 Tab 135 Tab Enter

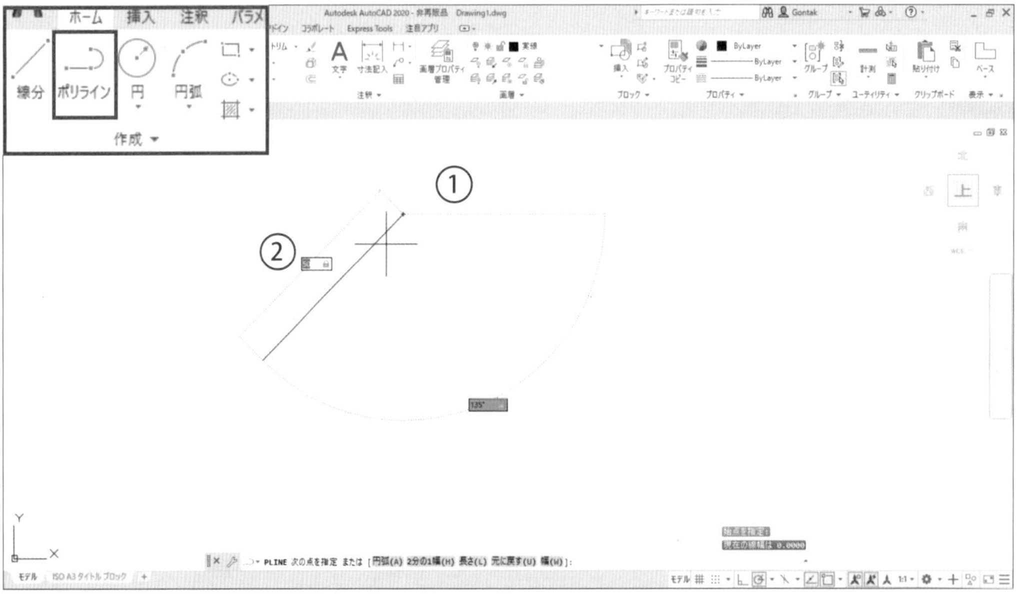

ワンポイントアドバイス

［作成］－［ポリライン］は、直線と円弧を切り替えながら作図できるコマンドです。

3 次の点を指定：カーソルを右下にずらして、50 [Tab] 45 [Tab] [Enter]

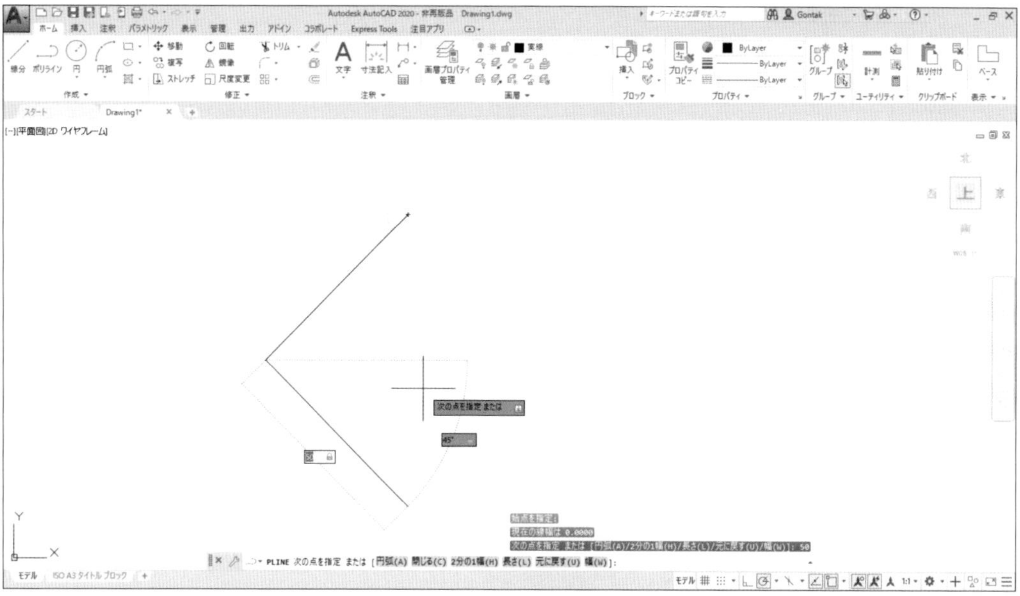

4 次の点を指定：カーソルを右にずらして、100 [Tab] 0 [Tab] [Enter]

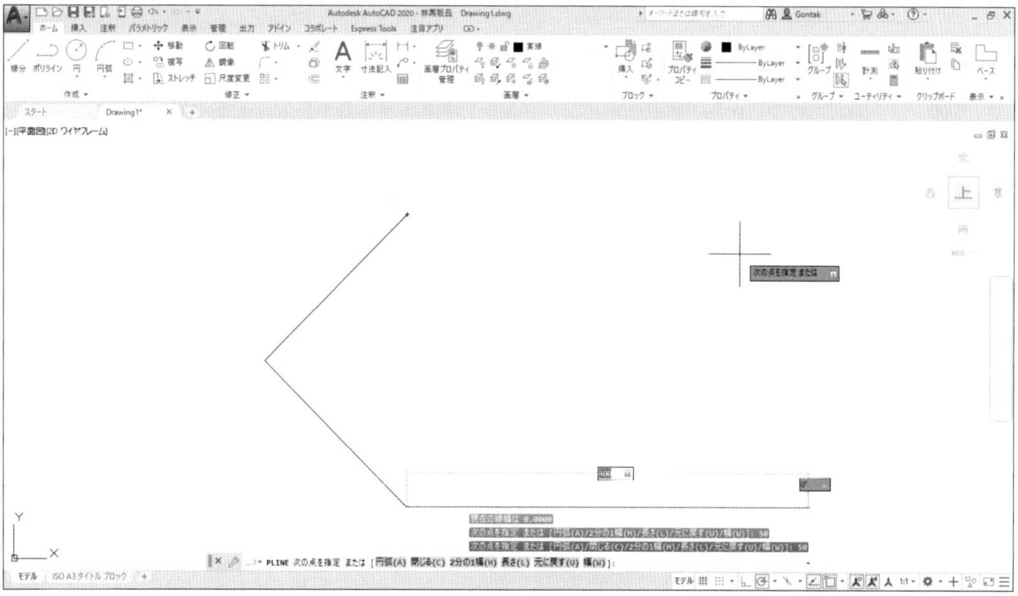

5 オプションを「円弧」に切り替えて線の描画を続けます。

1. **次の点を指定：**a Enter　　※オプションの［円弧(A)］を実行
2. マウスカーソルを基準点に重ねて、トラッキングモードに切り替える（まだクリックしません）

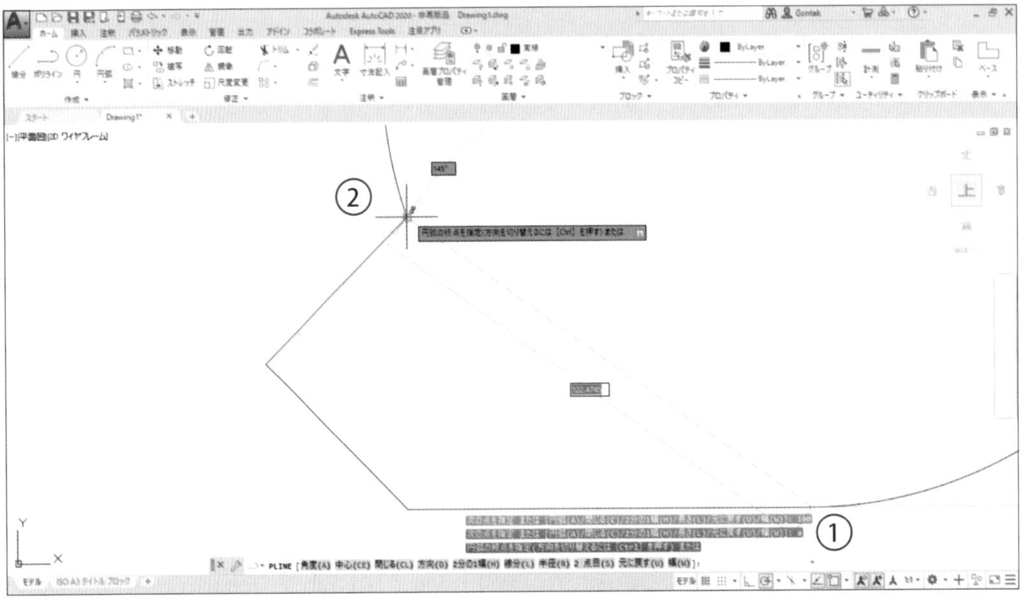

ワンポイントアドバイス

「オブジェクト スナップ」で有効にしている点を認識させるとトラッキングモードになり、認識した点から水平・垂直のポイントを選択できるようになります。トラッキングモードを解除する場合は、もういちど認識している点にカーソルを重ねます。

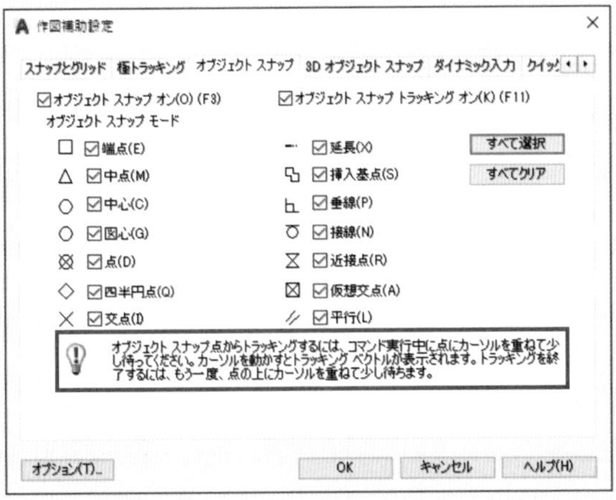

6 そのまま水平に右方向へずらしていくと、緑のトラッキングベクトルが表示されます。そのまま水平・垂直の交点をクリックします。

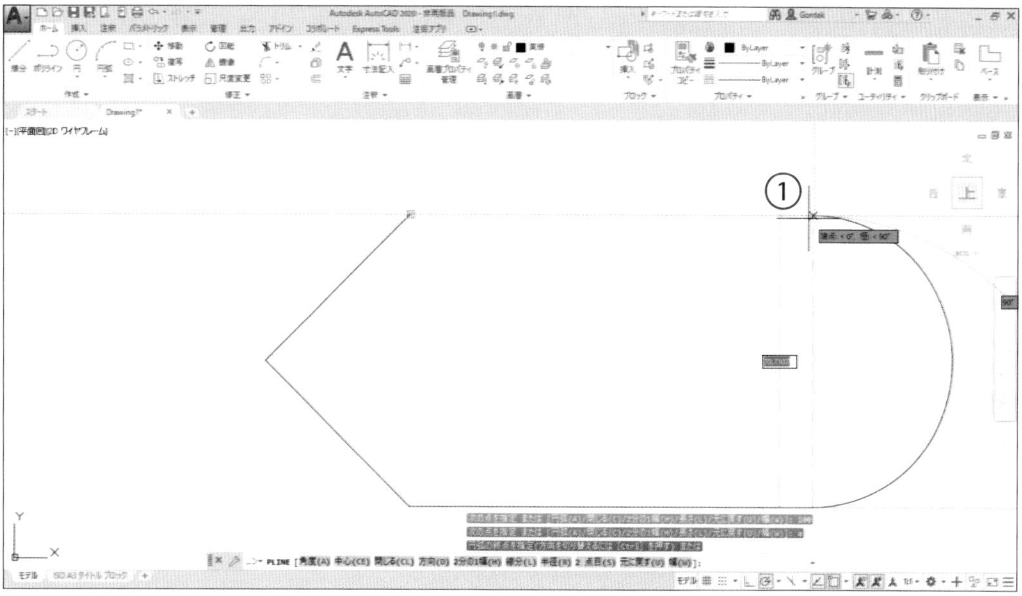

7 **円弧の終点を指定**：L Enter　　※オプションの［線分(L)］を実行

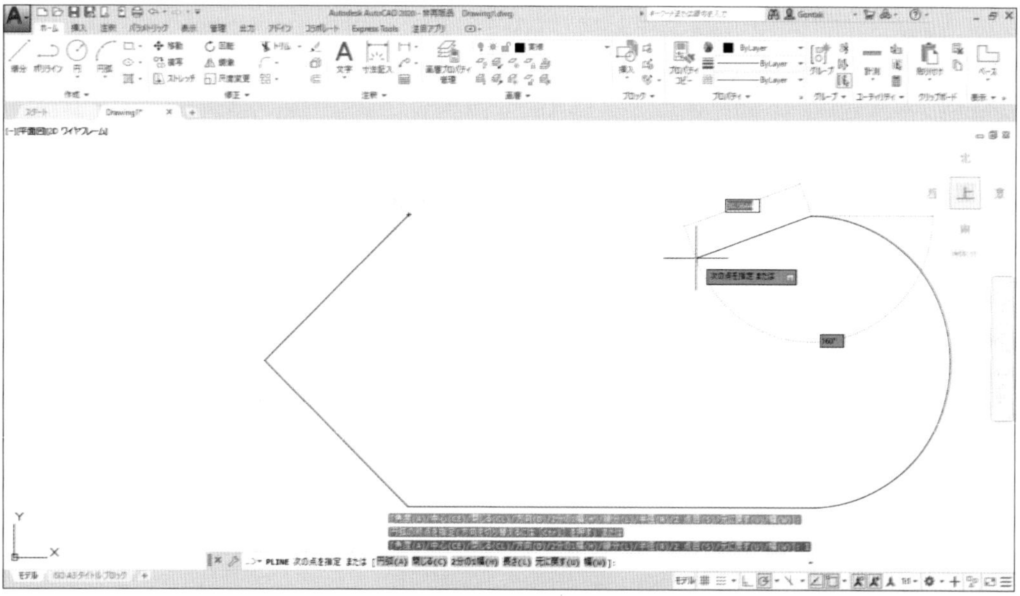

8 **次の点を指定：**c [Enter]　※オプションの［閉じる(C)］を実行

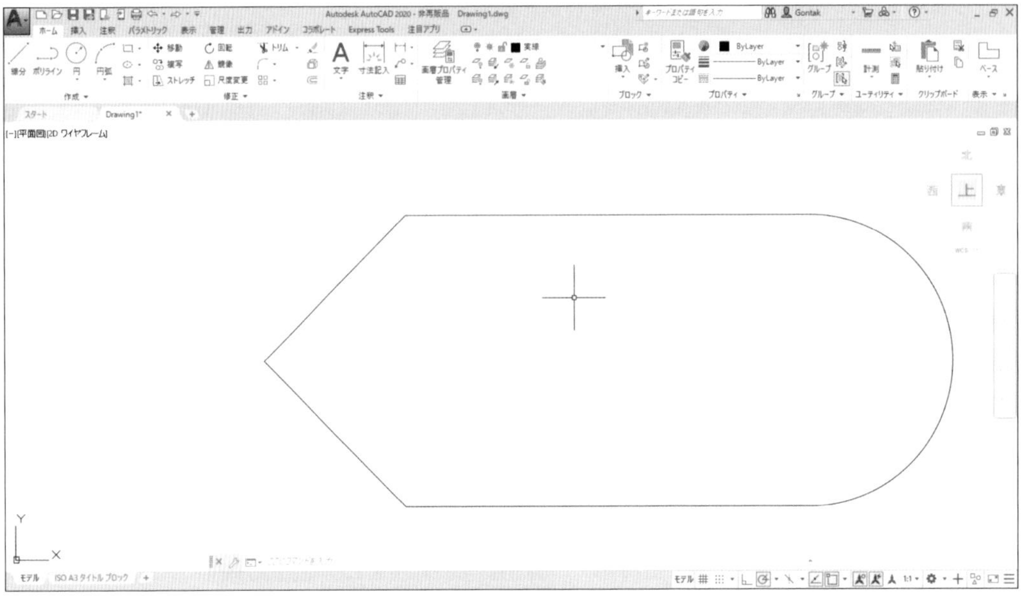

9 以下の手順で「図心」を画面に表示します。

1. ［**作成**］−［**円**］−［**中心、半径**］を選択
2. すでに描かれているラインの上にマウスカーソルを重ねて認識させる（まだクリックしません）
3. 「図心」が表示される

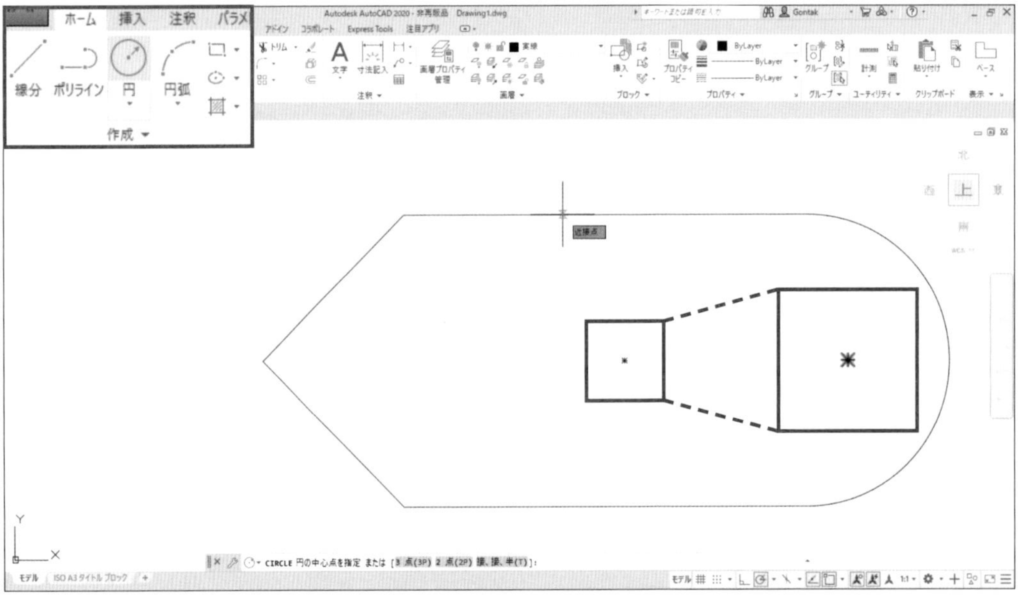

10 図心を中心として、半径20mmの円を作成します。

1. **円の中心点を指定：**図心を選択
2. **円の半径を指定：**20 Tab Enter

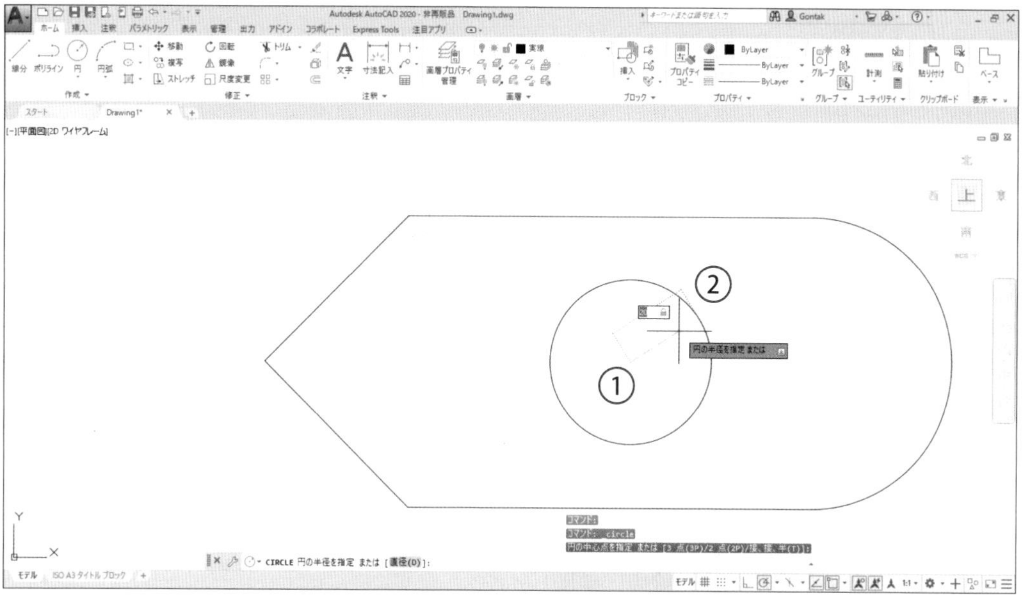

11 クイックアクセスツールバーの［**名前を付けて保存**］をクリックし、「練習2」として保存します。

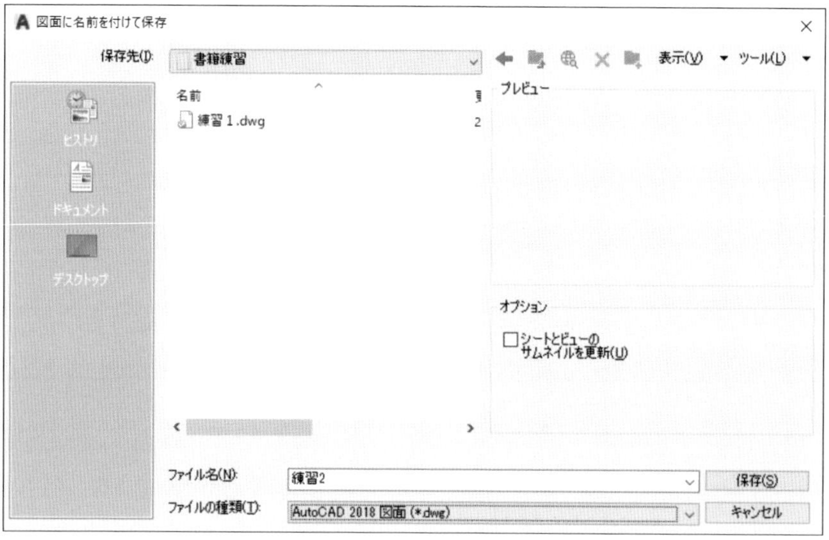

2.3 基礎練習３

基礎練習３では、［**円弧**］と［**線分**］の使い方を学習するために「魚」の図形を描いてみます。

1 スタートアップの「図面を開始」をクリックし、前回と同じテンプレートから新規ファイルを作成します。

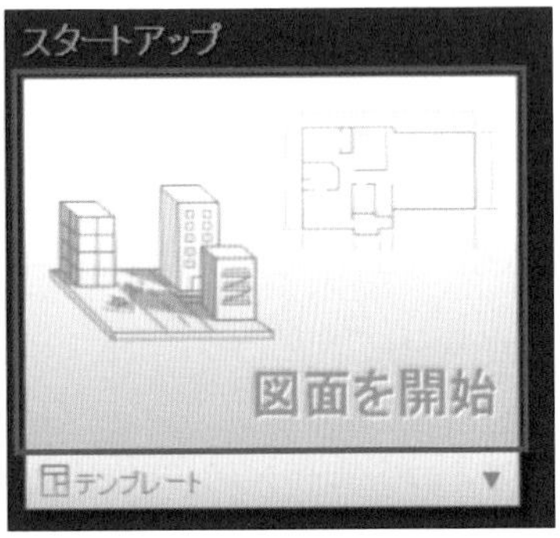

2 ［**作成**］－［**円弧**］－［**始点、終点、半径**］を実行します。

1. **円弧の始点を指定：**基準点を選択
2. **円弧の終点を指定：**80 Tab 0 Tab Enter

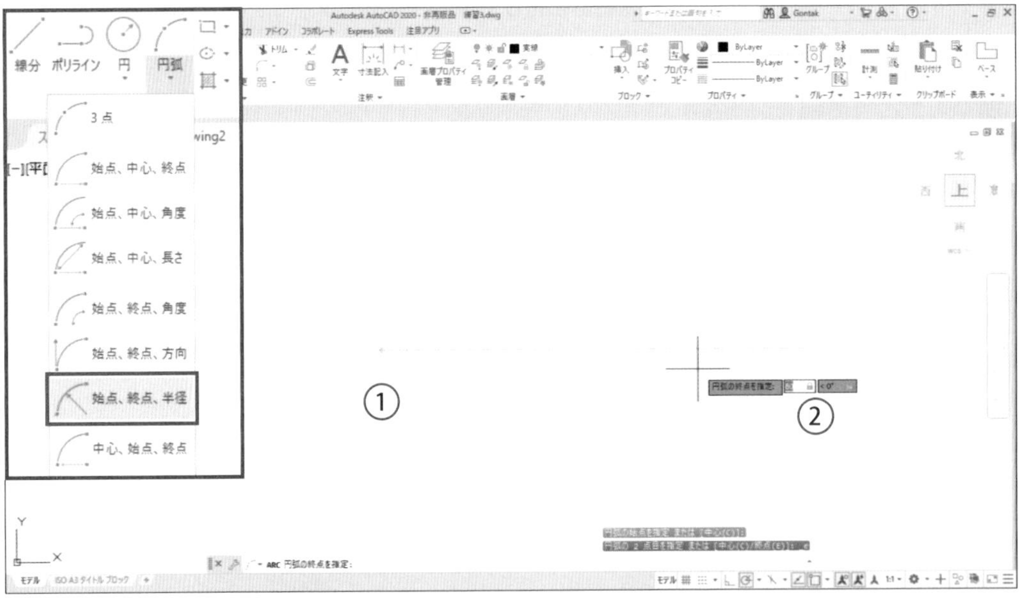

3 **円弧の半径を指定：**60 [Enter]

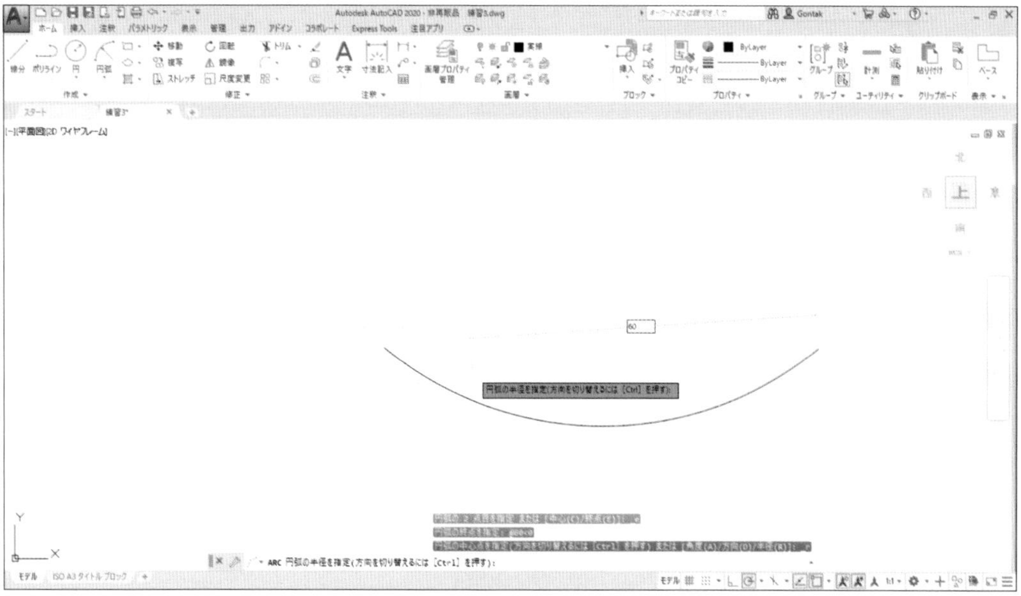

ワンポイントアドバイス

［円弧］は反時計回りに作成されます。そのため、今回の例では下側に円弧が作成されます。

4 **［作成］－［円弧］－［始点、終点、半径］**を実行します。

1. **円弧の始点を指定：**円弧の右側の端点を選択
2. **円弧の終点を指定：**円弧の左側の端点を選択

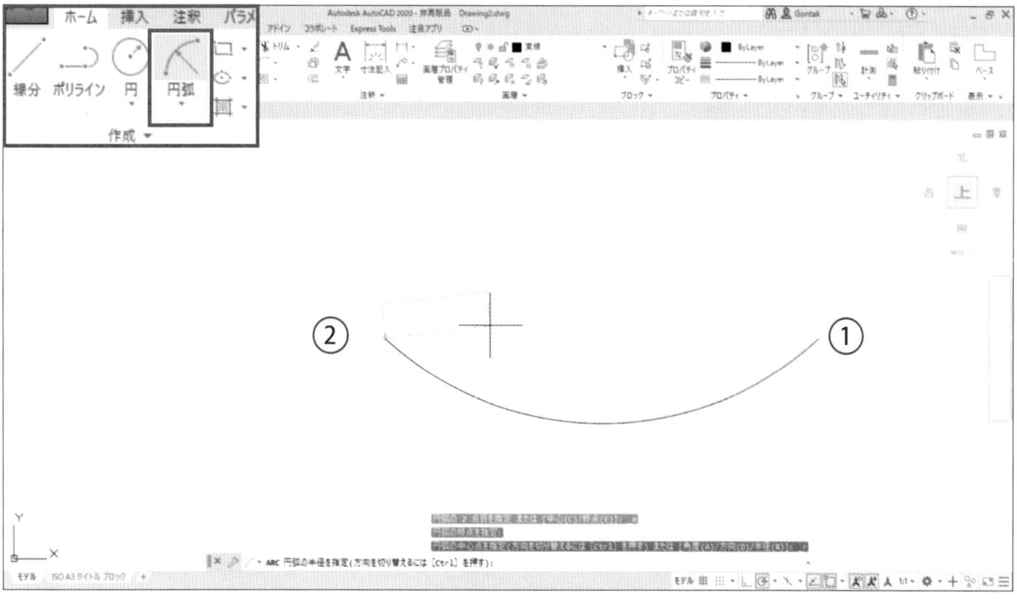

5 **円弧の半径を指定**：60 Tab 0 Tab Enter

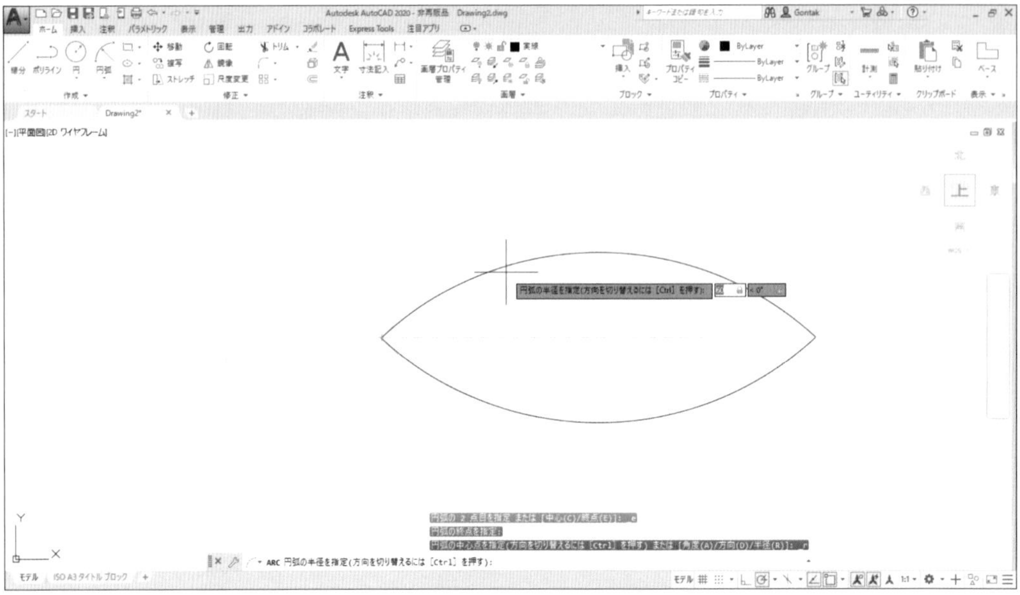

6 ［**作成**］－［**円弧**］－［**中心、始点、角度**］で、次の設定で円弧を作成します。

1. **円弧の中心点を指定**：基準点を選択
2. **円弧の始点を指定**：20 Tab -23 Tab Enter

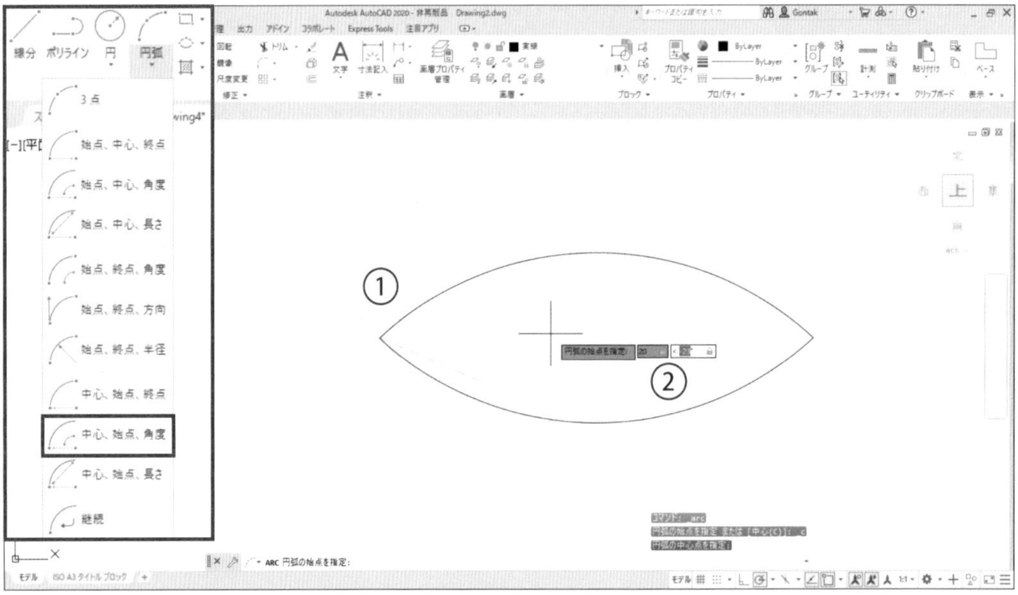

7 中心角を指定：46 Enter

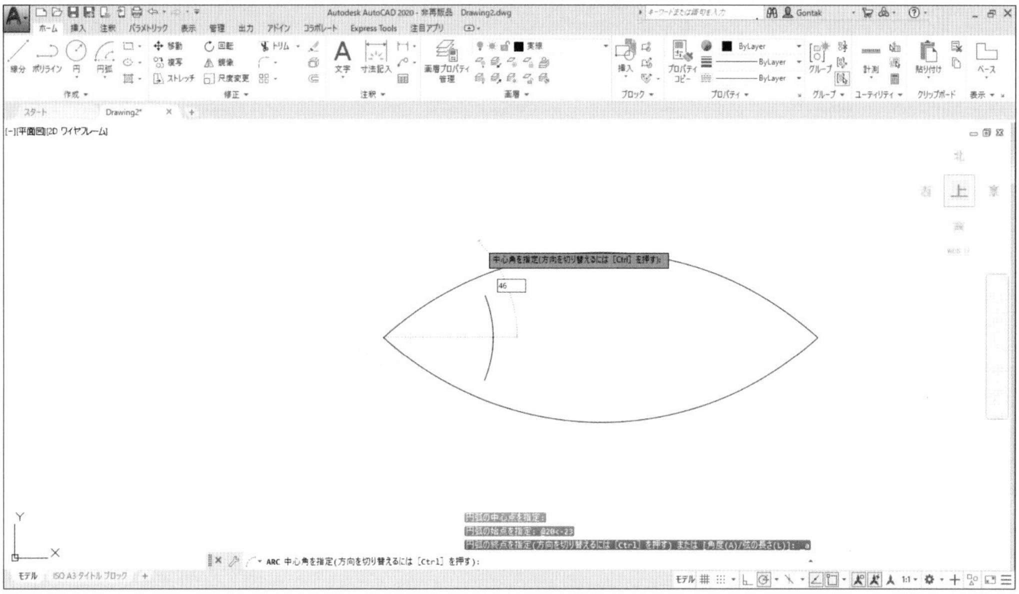

8 ［**作成**］－［**線分**］で、次の設定で線分を作成します。

1. **1点目を選択：**右の端点を選択
2. **次の点を指定：**25 Tab 30 Tab Enter

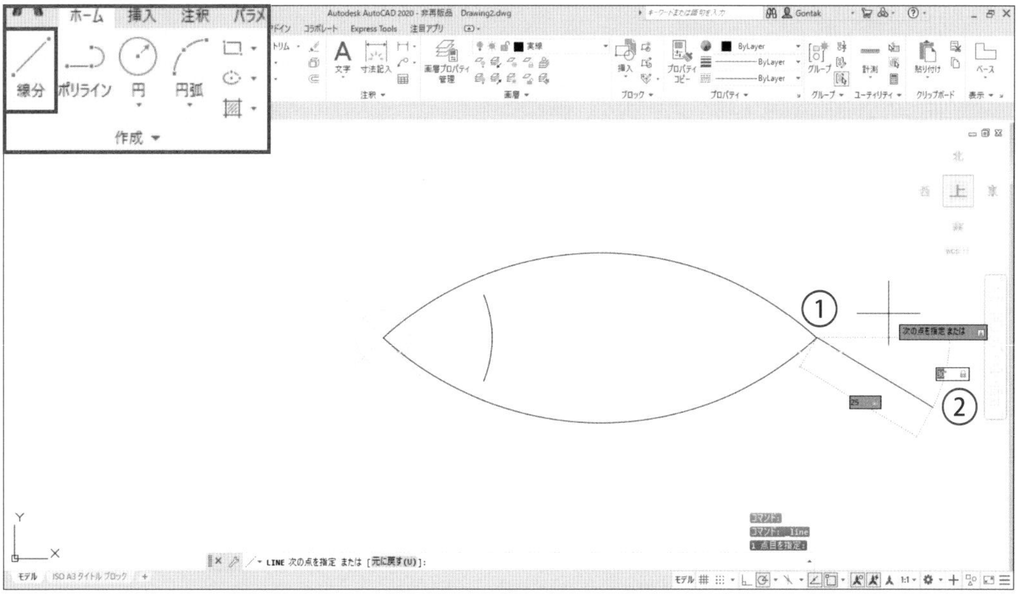

9 次の点を指定：25 [Tab] 90 [Tab] [Enter]

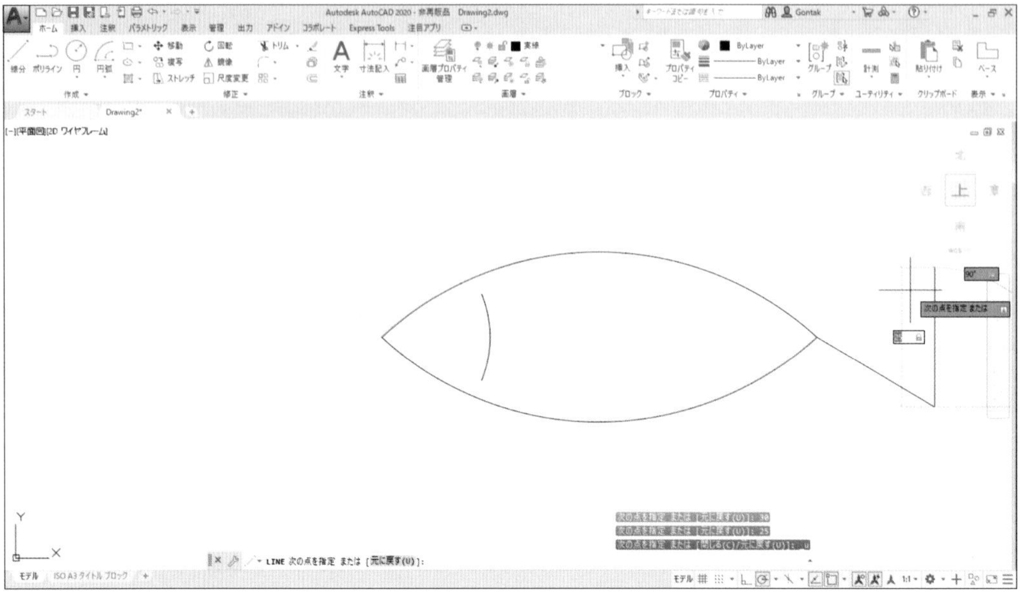

10 次の点を指定：c [Enter]　　※オプションの［閉じる(C)］を実行

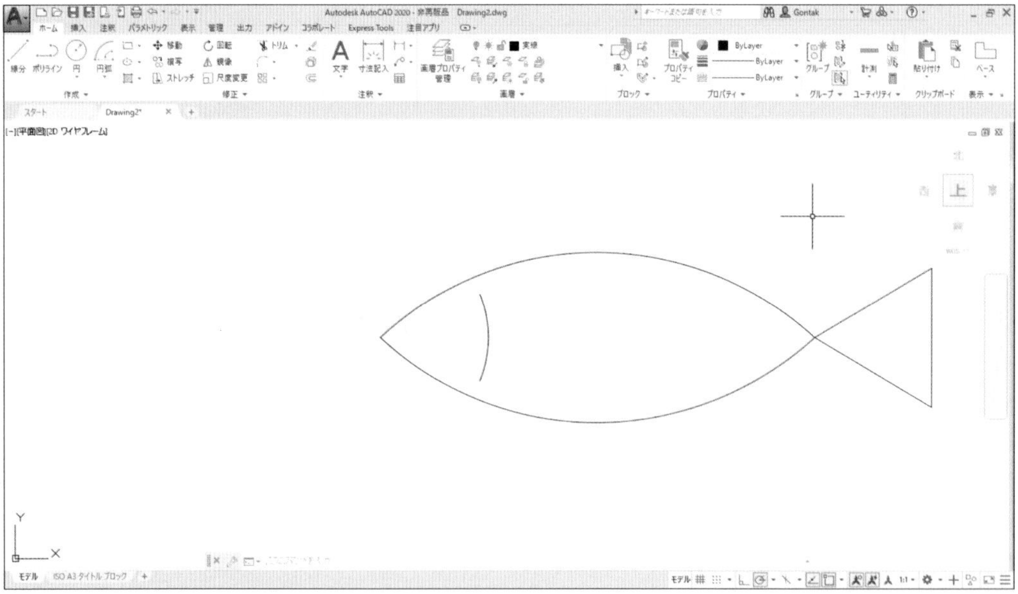

11 クイックアクセスツールバーの［**名前を付けて保存**］をクリックし、「練習3」として保存します。

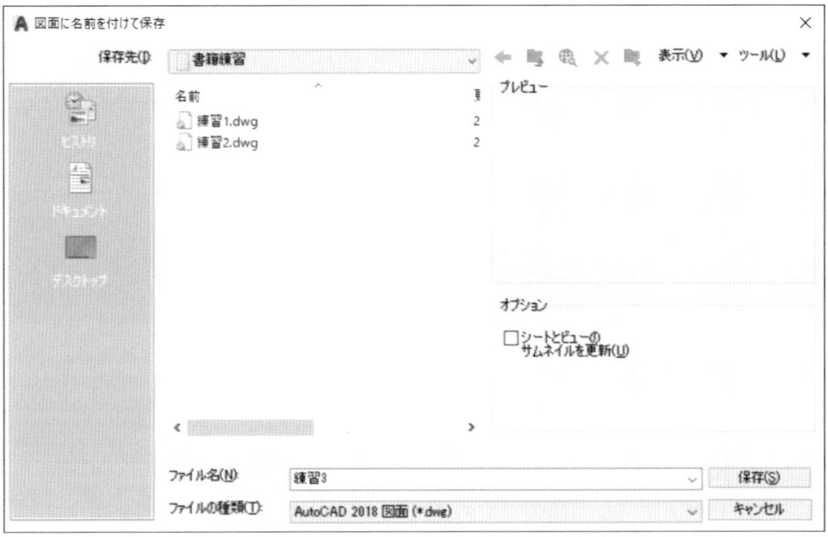

2.4 基礎練習4

基礎練習4では、［**楕円**］と［**線分**］の使い方を学習するために「音符」を描いてみます。

1 スタートアップの「図面を開始」をクリックし、前回と同じテンプレートから新規ファイルを作成します。

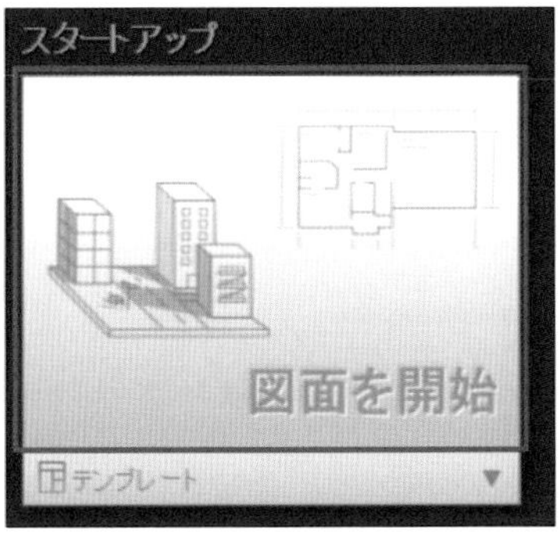

2 [作成] − [楕円] − [軸、端点] を実行します。

1. **楕円の軸の1点目を指定：**基準点を選択
2. **軸の2点目を指定：**40 Tab 0 Tab Enter

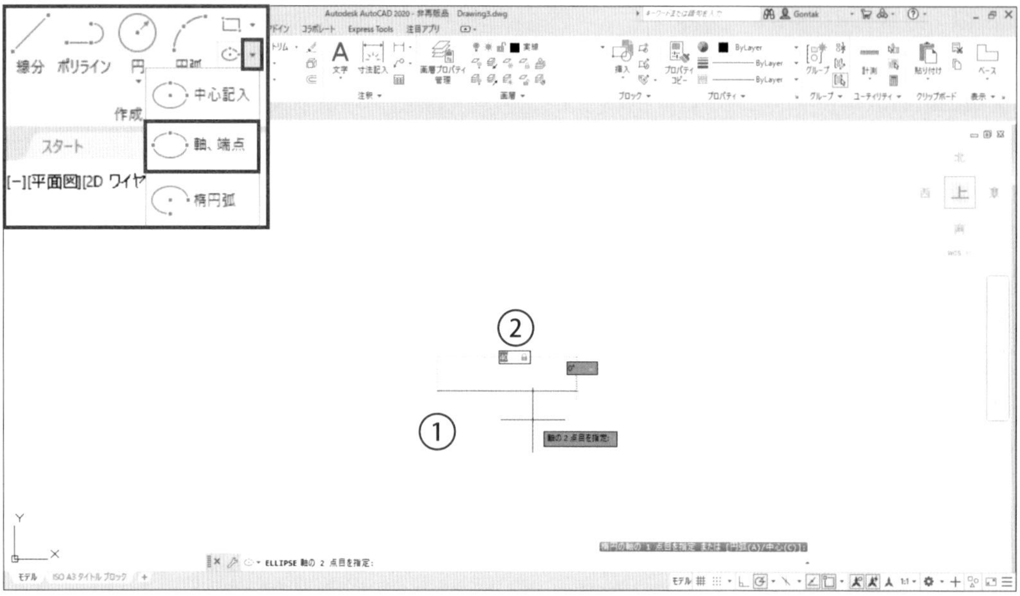

3 **もう一方の軸の距離を指定：**10 Enter

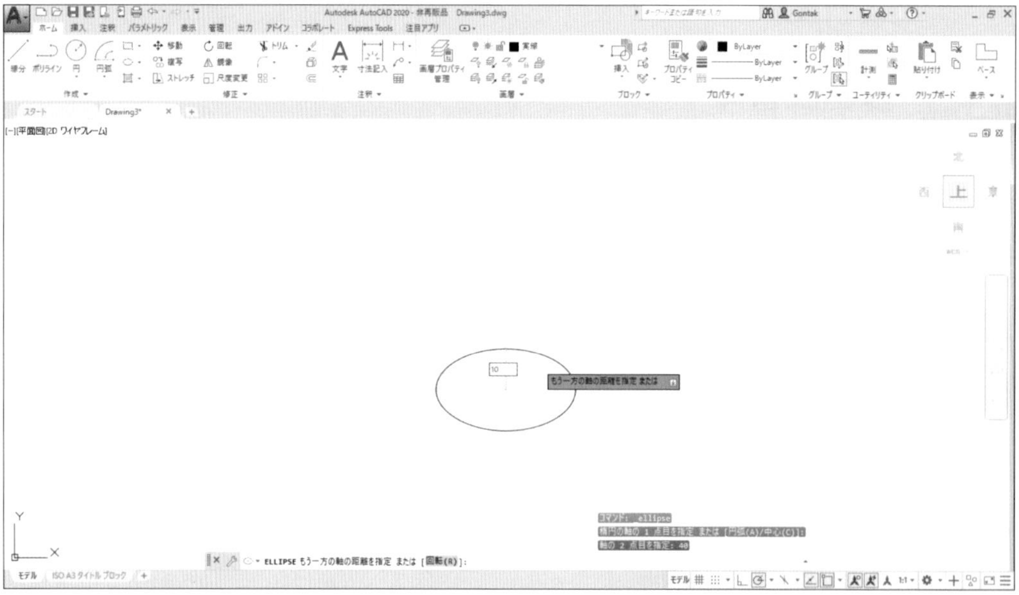

4 ［**作成**］－［**線分**］を実行します。

1. **1点目を指定：**楕円の右の端点（四半円点）を選択
2. **次の点を指定：**70 Tab 90 Tab Enter

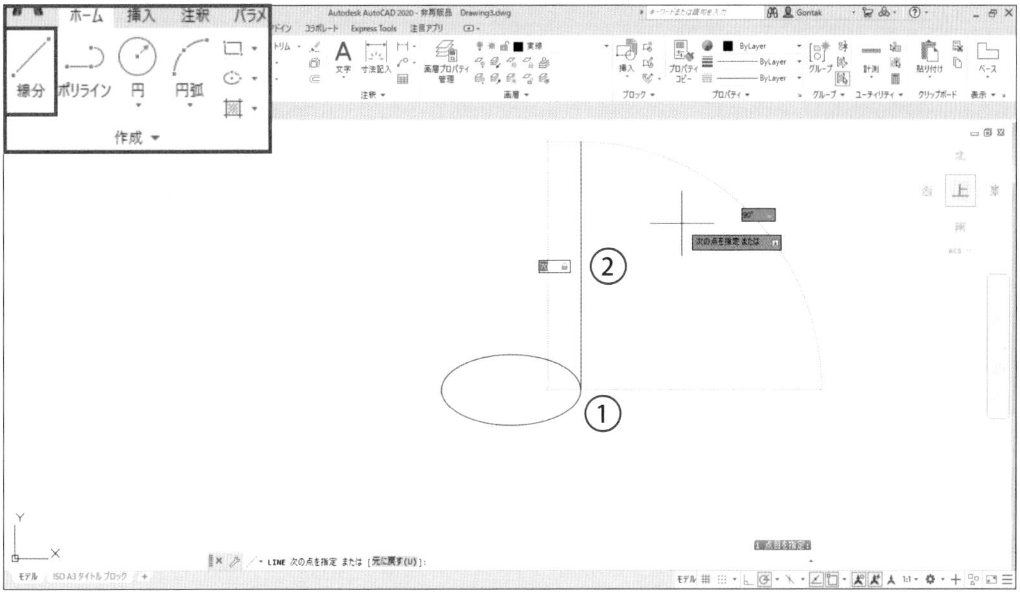

5 **次の点を指定：**70 Tab 18 Tab Enter

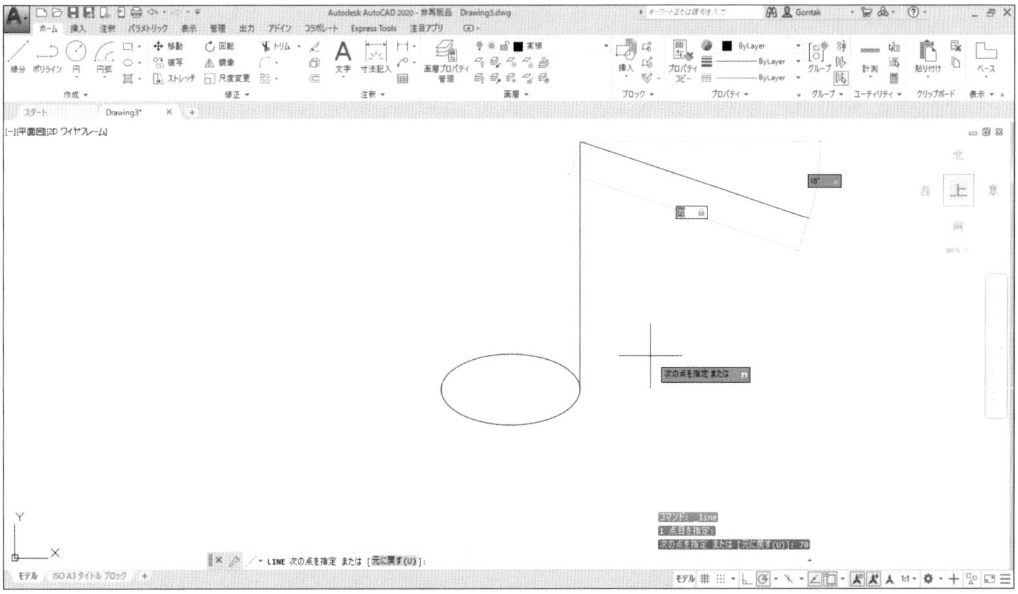

6 **次の点を指定：**70 Tab 90 Tab Enter

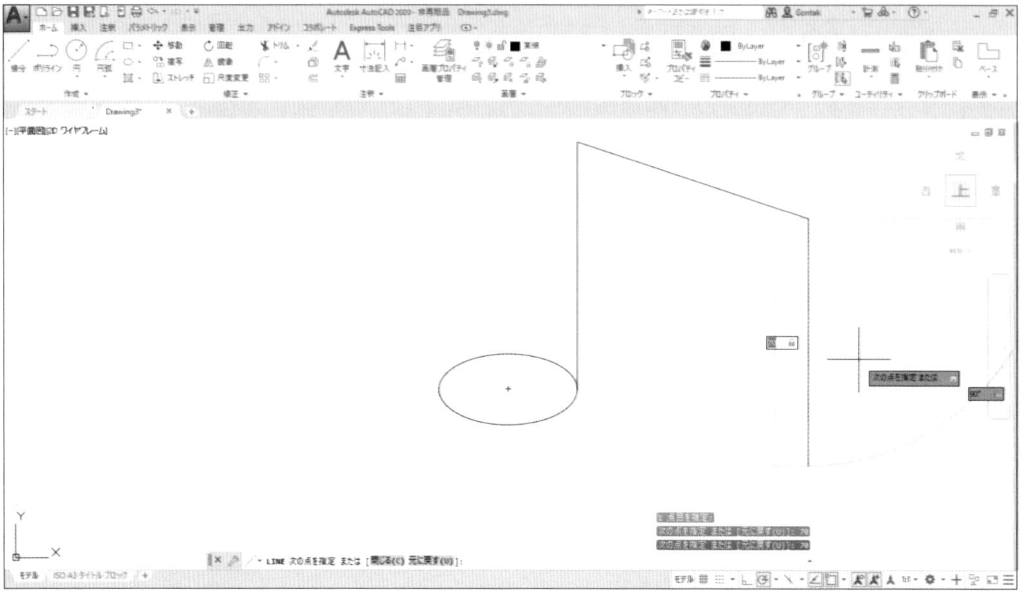

7 ［作成］－［楕円］－［軸、端点］を実行します。

1. **楕円の軸の1点目を指定：**基準点を選択
2. **軸の2点目を指定：**40 Tab 180 Tab Enter

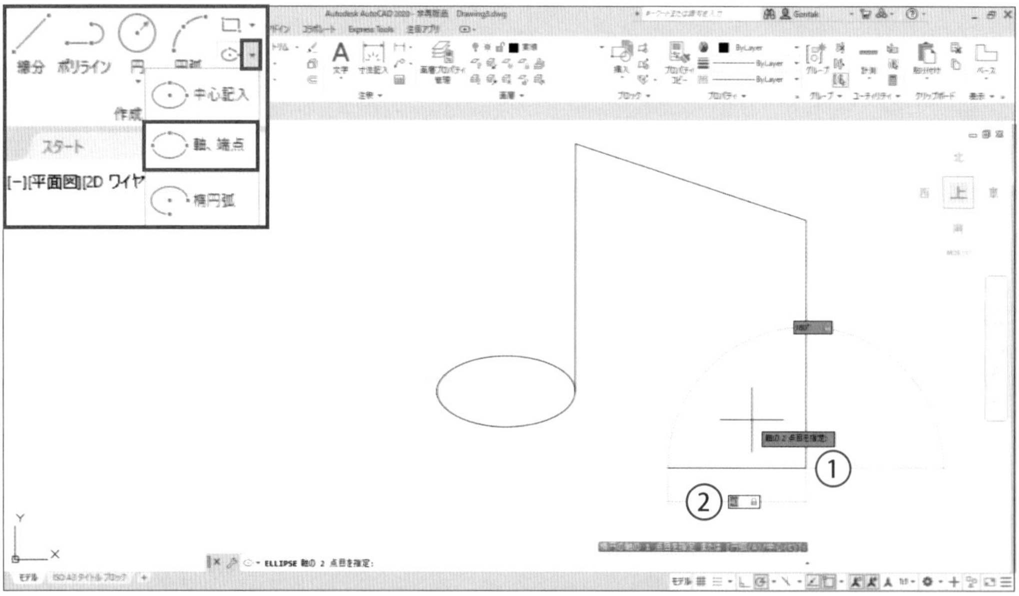

8 **もう一方の軸の距離を指定：**10 Enter

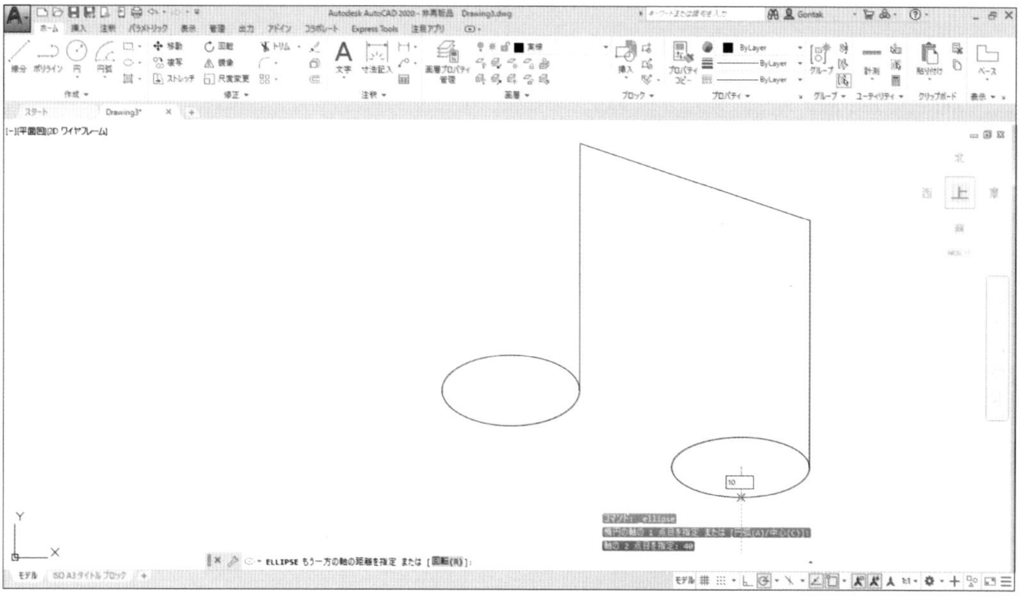

9 クイックアクセスツールバーの［**名前を付けて保存**］をクリックし、「練習4」として保存します。

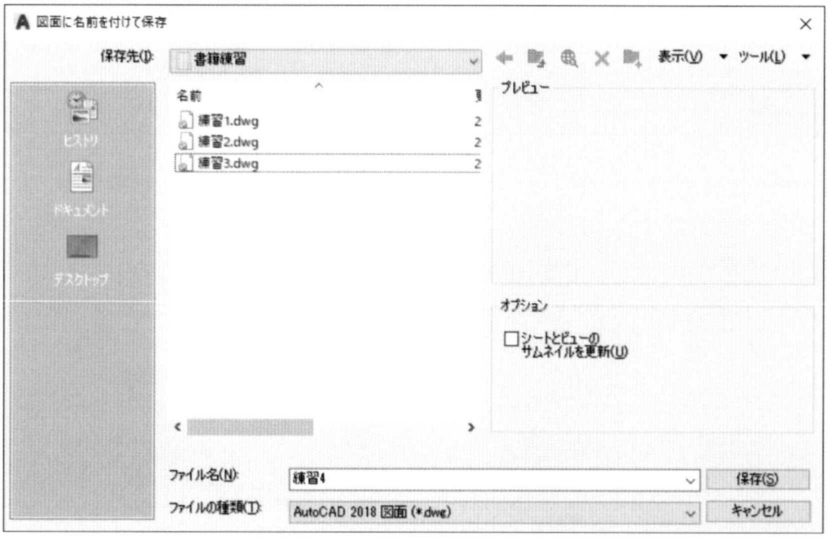

2.5 基礎練習5

基礎練習5では、[**トリム**]の使い方を学習するために「星型」の図形を描いてみます。

1 スタートアップの「図面を開始」をクリックし、前回と同じテンプレートから新規ファイルを作成します。

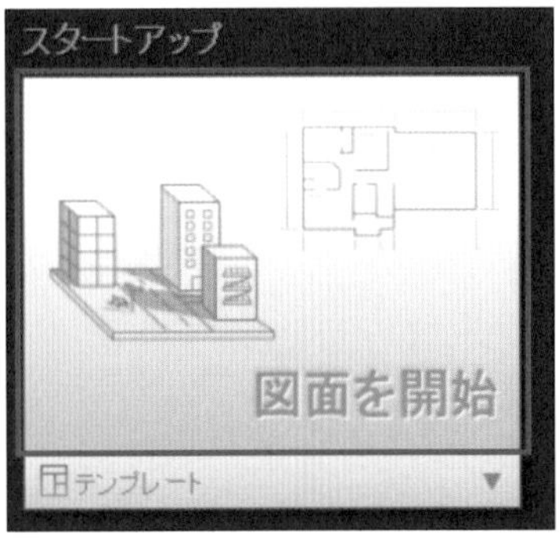

2 [**作成**]－[**ポリゴン**]を実行し、次の設定で一辺80mmの五角形を作成します。

1. **エッジの数を入力**：5
2. **ポリゴンの中心を指定**：e Enter ※オプションの[エッジ(E)]を実行
3. **エッジの1点目を指定**：基準点を選択
4. **エッジの2点目を指定**：80 Tab 0 Tab Enter

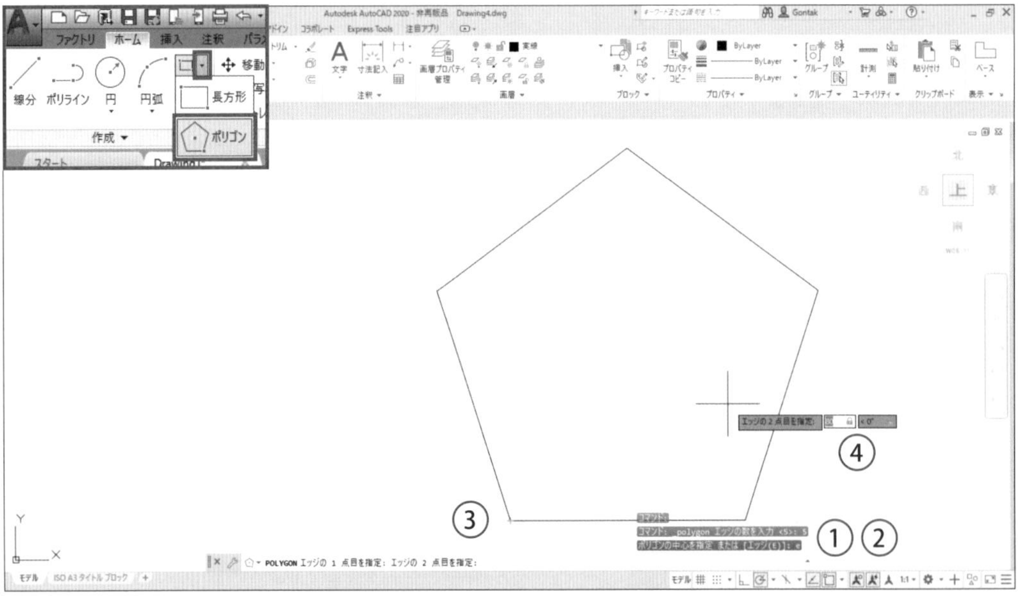

3 **[作成] − [線分]** を実行します。

1 〜 5. 五角形の頂点を選択

6. **次の点を指定：** c Enter　　※オプションの [閉じる (C)] を実行

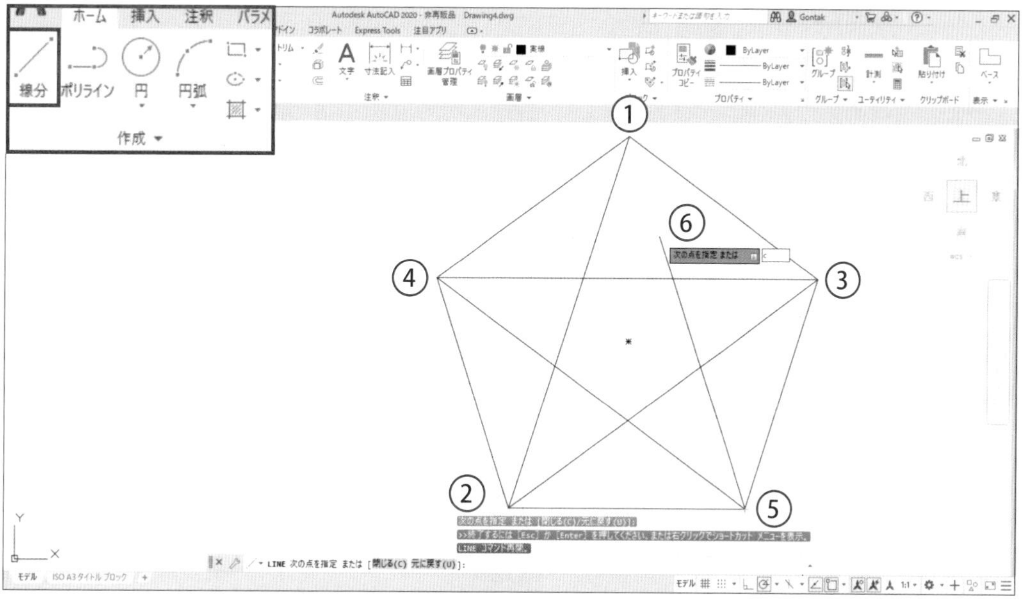

4 五角形のポリゴンを削除します。

1. 五角形の外線部分をクリックして選択　　2. Delete

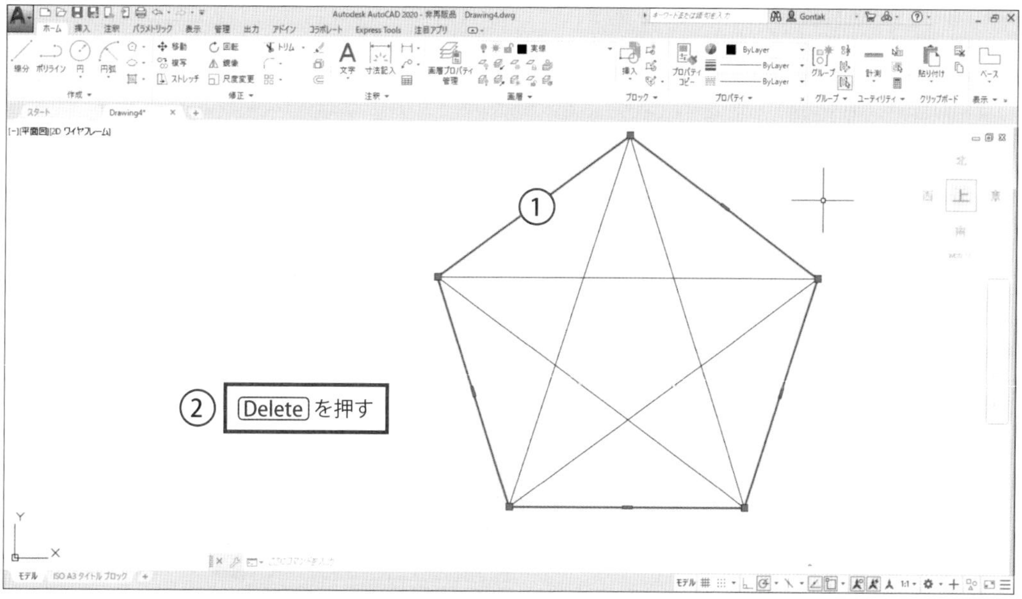

ワンポイントアドバイス

[ポリゴン] で作成した図形は「ポリライン」として作成されるため、いずれかのライン上をクリックするだけで、図形全体を選択できます。

5 [**修正**] − [**トリム**] を実行し、内側のラインを削除します。

1〜5. **トリムするオブジェクトを選択 または 延長するオブジェクトを[Shift]キーを押しながら選択**：削除する線を選択

6. Enter

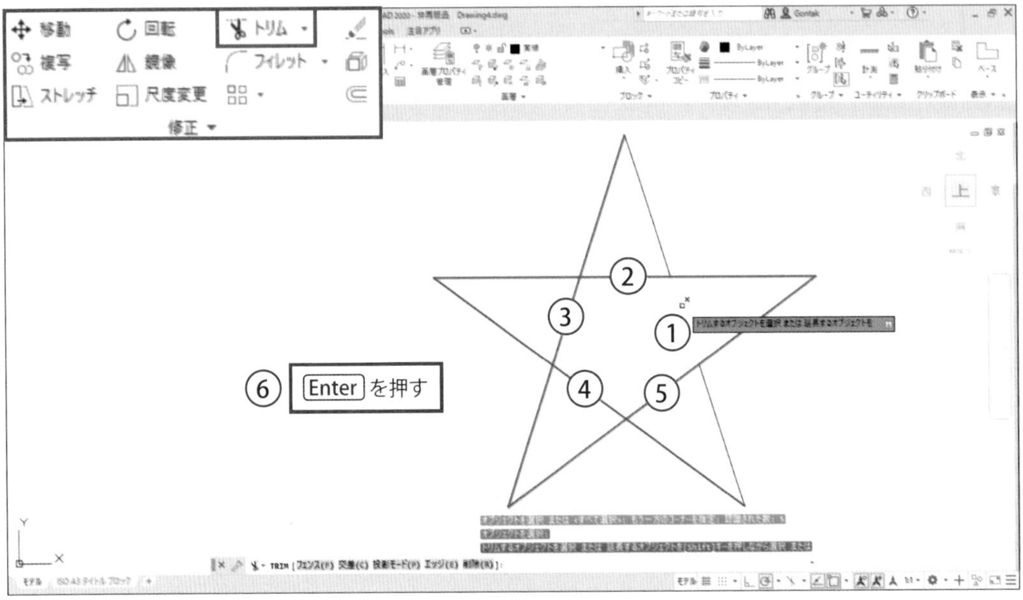

6 「星型」の図形が完成します。

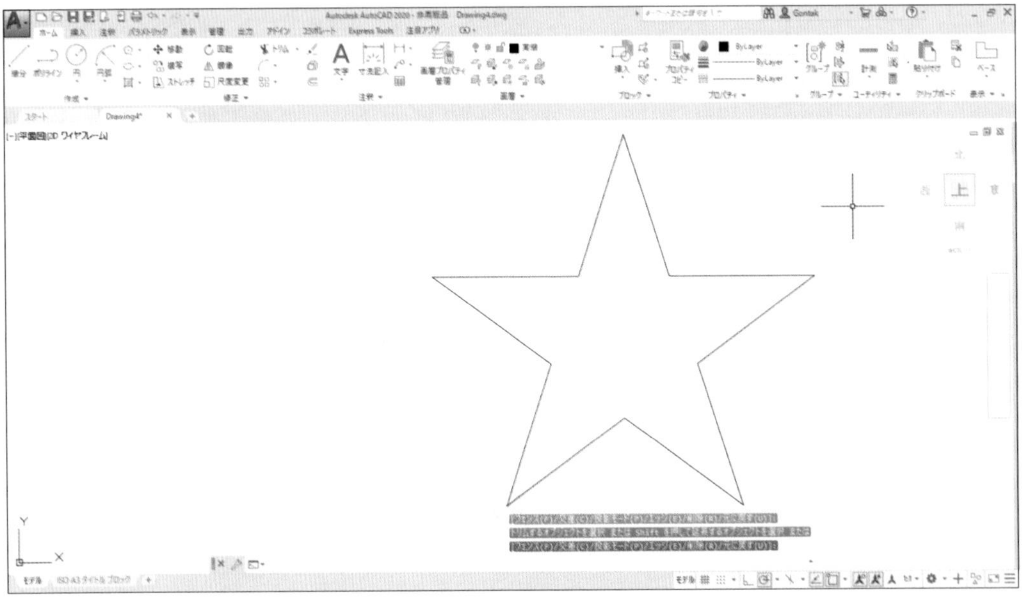

7 クイックアクセスツールバーの［**名前を付けて保存**］をクリックし、「練習5」として保存します。

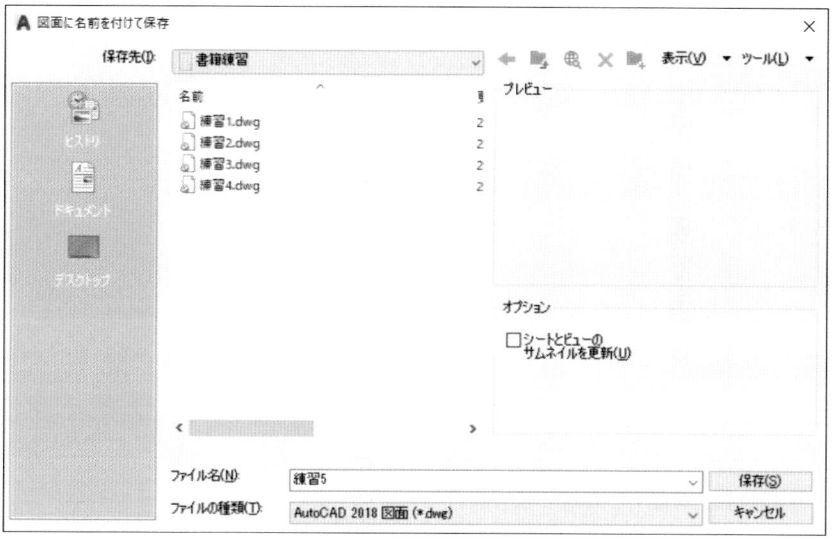

2.6 基礎練習6

基礎練習6では、[**オフセット**]の使い方を学習するために「Wi-Fiのマーク」を描いてみます。

1 スタートアップの「図面を開始」をクリックし、前回と同じテンプレートから新規ファイルを作成します。

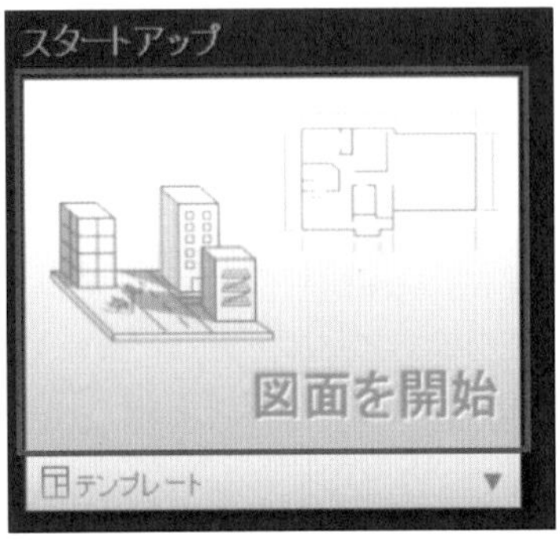

2 [**作成**]-[**円**]-[**中心、直径**]を実行します。

1. **円の中心点を指定**：基準点を選択
2. **円の直径を指定**：20 Tab Enter

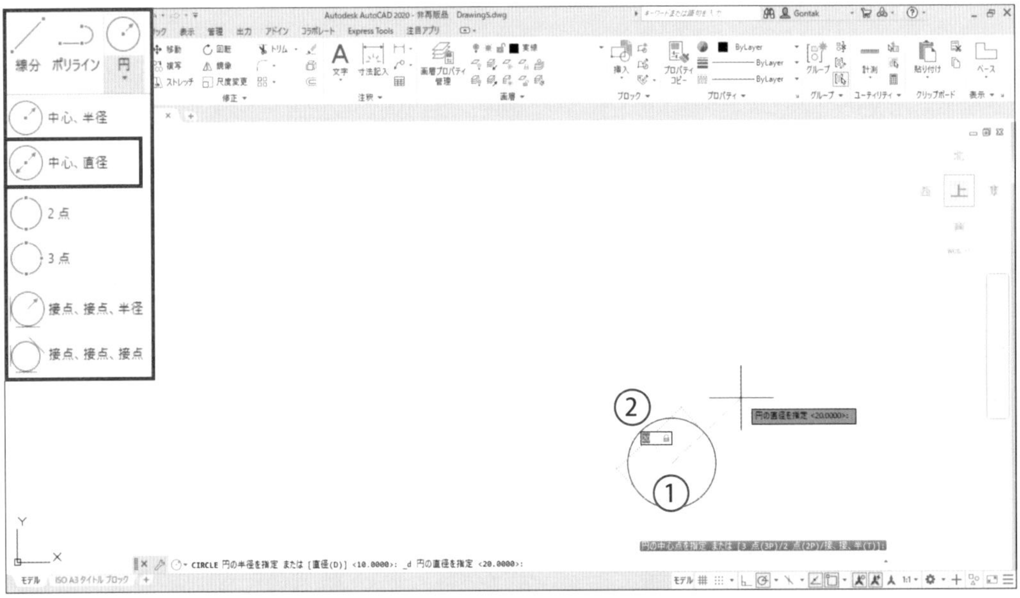

3 ［作成］－［円弧］－［中心、始点、角度］で、次の設定で円弧を作成します。

1. **円弧の中心点を指定：**基準点を選択
2. **円弧の始点を指定：**20 Tab 45 Tab Enter
3. **中心角を指定：**90 Enter

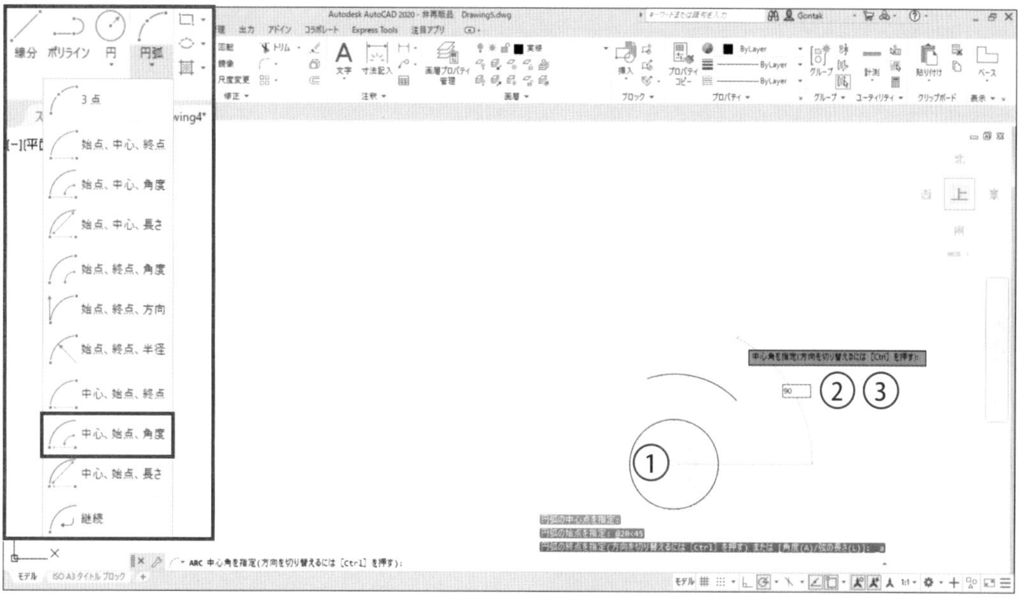

4 ［修正］－［オフセット］で、次の設定で平行な曲線を作成します。

1. **オフセット距離を指定：**10 Enter
2. **オフセットするオブジェクトを選択：**先ほど作成した円弧を選択
3. **オフセットする側の点を指定：**上側の任意の点を選択

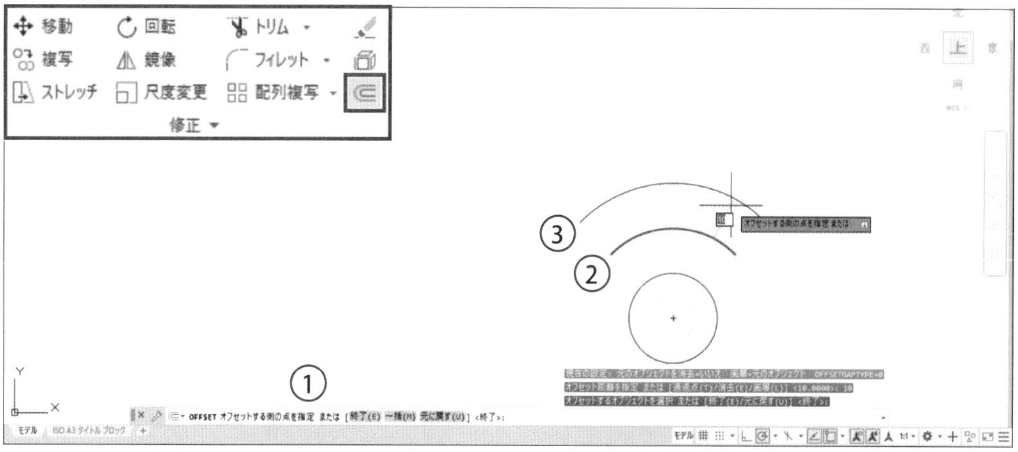

［オフセット］は、平行に移動した線を作成するコマンドです。移動距離が変わらない場合は連続して作成できます。

5 さらに、平行な曲線を4本作成します。

1. **オフセットするオブジェクトを選択**：オフセットで作成した円弧を選択
2. **オフセットする側の点を指定**：上側の任意の点を選択

3～8. 同様の操作を繰り返し、合計で6本の円弧を作成します。

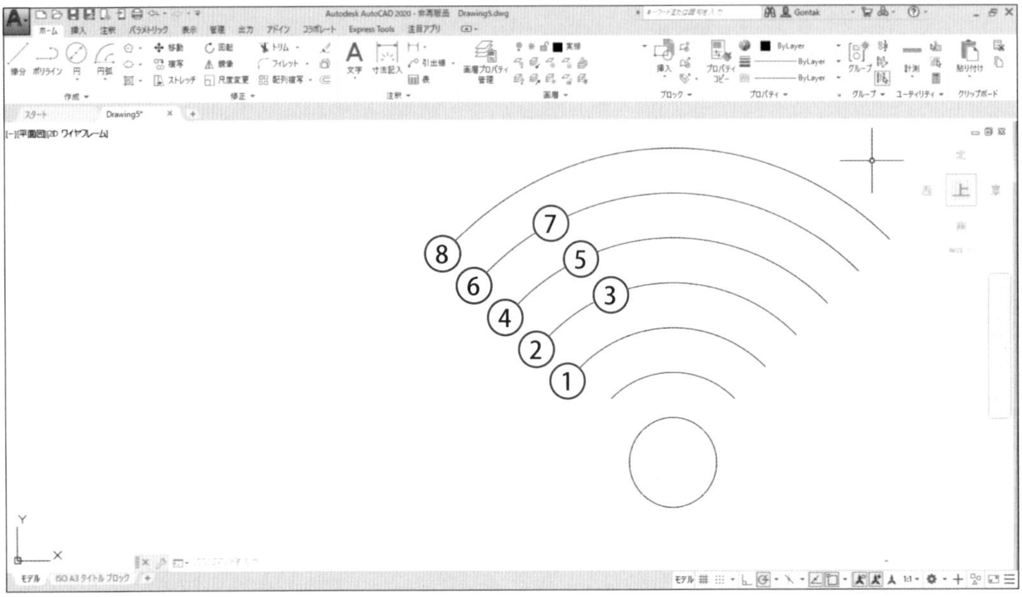

6 ［作成］－［線分］を実行します。

1. **1点目を指定**：最も外側にある円弧の端点を選択
2. **次の点を指定**：最も内側にある円弧の端点を選択
3. **次の点を指定**：Enter　※コマンドの終了
4. Enter　※コマンドの再実行
5. **1点目を指定**：最も外側にある円弧の端点を選択
6. **次の点を指定**：最も内側にある円弧の端点を選択

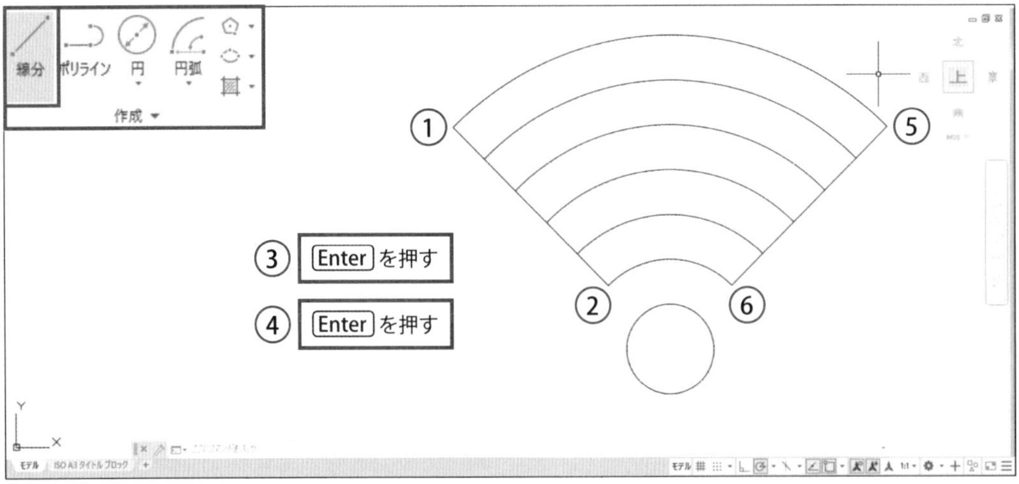

7 ［修正］－［トリム］を実行し、不要なラインを削除します。

1 ～ 4. **トリムするオブジェクトを選択 または Shift を押して延長するオブジェクトを選択：**
削除する線を選択

5. Enter

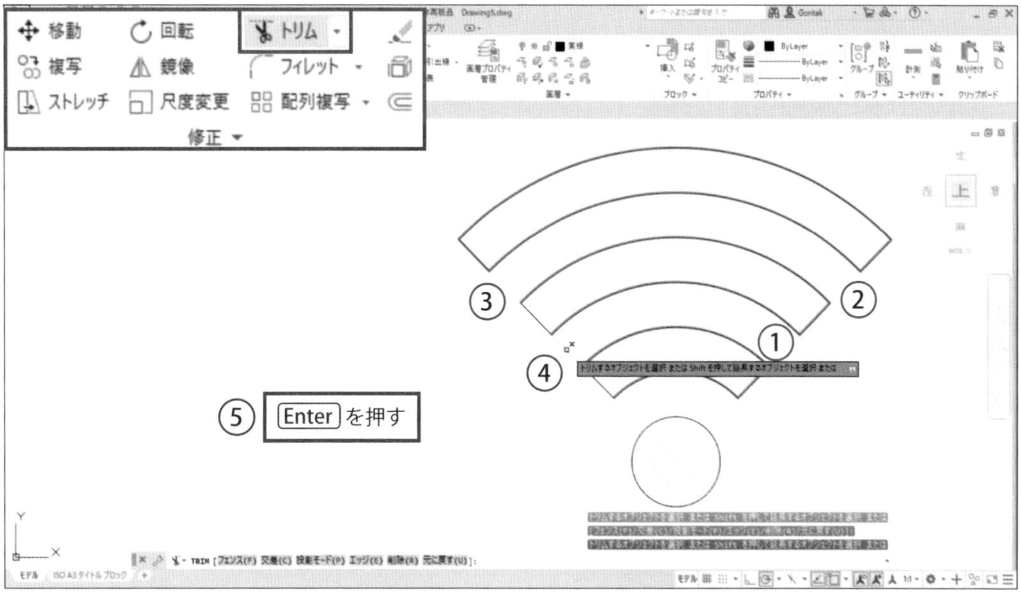

8 「Wi-Fiのマーク」が完成します。

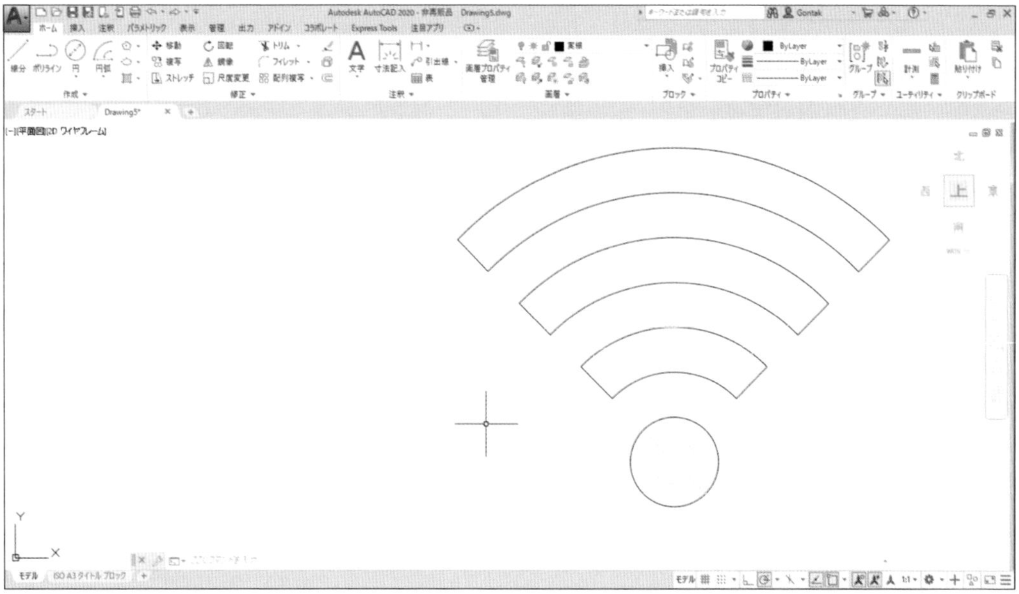

9 クイックアクセスツールバーの［**名前を付けて保存**］をクリックし、「練習6」として保存します。

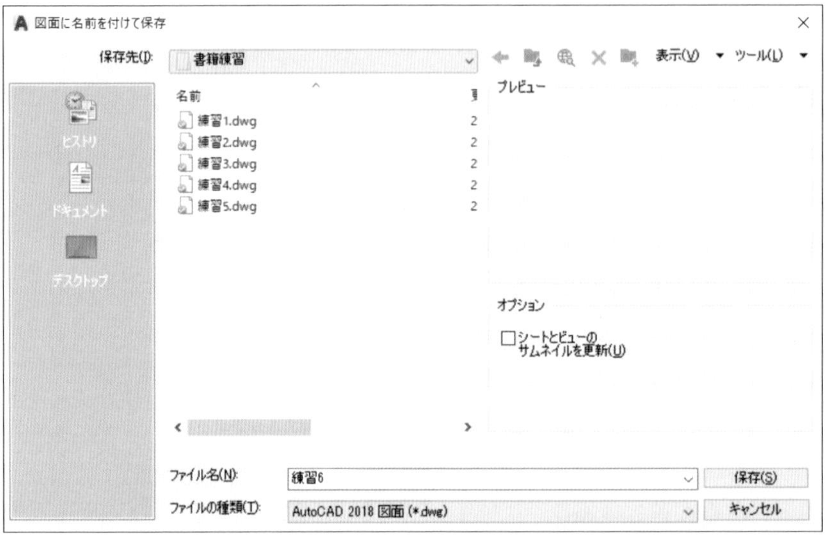

3

豆ジャッキを作図しよう

第 3 章では、3 つの部品からなる豆ジャッキを作図しながら、以下の操作方法を学習します。

- 部品図の作成
- レイアウト図の作成
- パラメータを利用した設計変更
- 組図の作成

■この章で学習する内容

「豆ジャッキ　-ハンドル-」を作図しながら、基本の作図方法、注釈の記入方法、設計変更の対応方法を学びます。

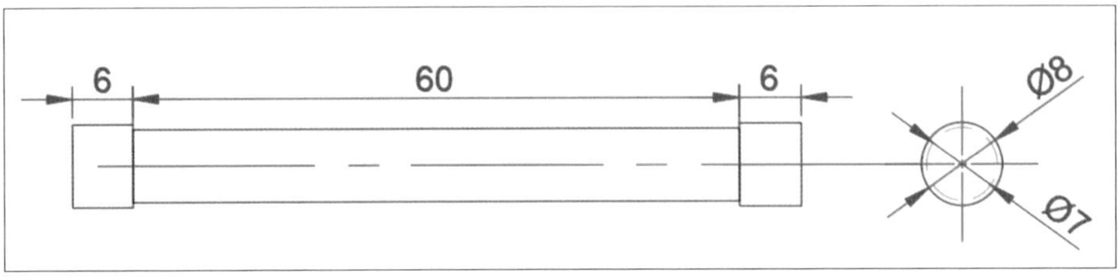

「豆ジャッキ　-送りねじ-」を作図しながら、［パラメトリック］タブの活用方法を学びます。

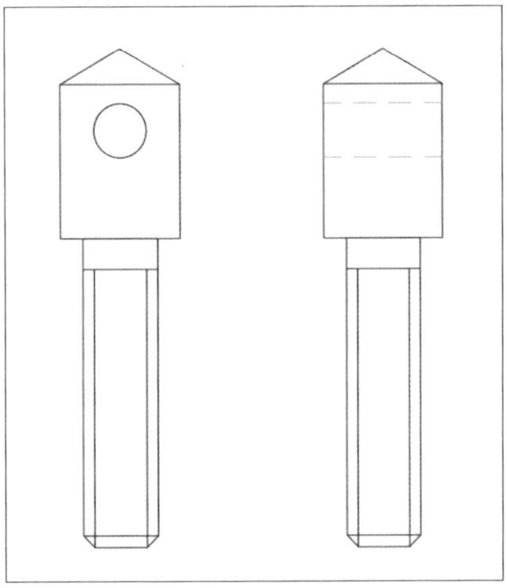

「豆ジャッキ　-本体-」を作図しながら、「パラメータを利用した設計変更」と「ハッチング」を学びます。

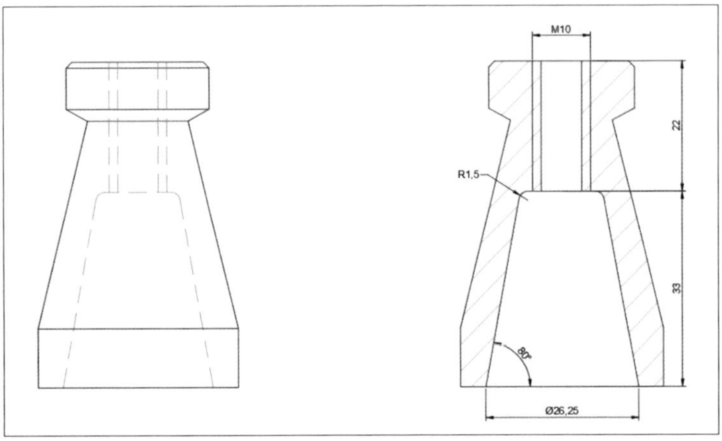

「豆ジャッキ　-本体-」を使用して、「レイアウト作成」を学びます。

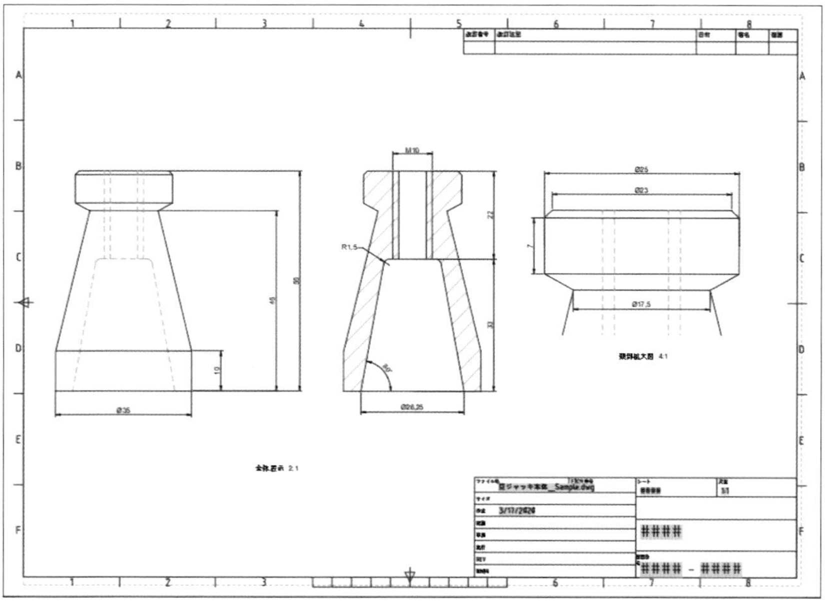

「豆ジャッキ　-組図-」を作成しながら、「外部参照ファイルの利用方法」、「組図としての図面修正」を学びます。

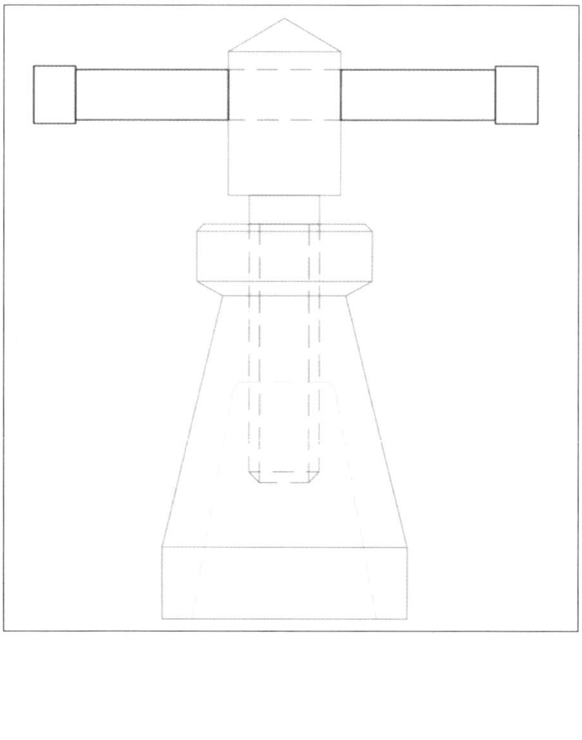

3.1 豆ジャッキ –ハンドル–

3.1節では、次の内容を学習します。

- オブジェクトの作成（長方形、円、構築線、中心線、中心マーク）
- 鏡像の方法
- オブジェクトの修正
  （グリップ編集、ストレッチ）
- 画層の切り替え
- 表示寸法の配置
- ファイルの保存

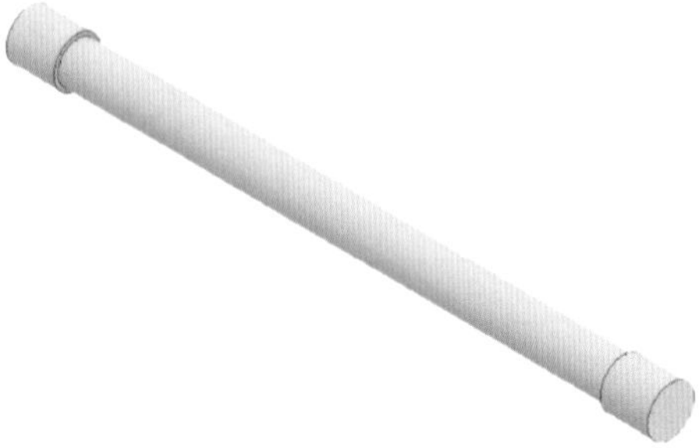

■この節の流れ

・正面図を作成しながら、「基準とするポイント」から「指定距離だけずらしたポイント」を選択する方法と鏡像コマンドを学びます。

・側面図を作成しながら、正面図と高さを合わせる方法を学びます。

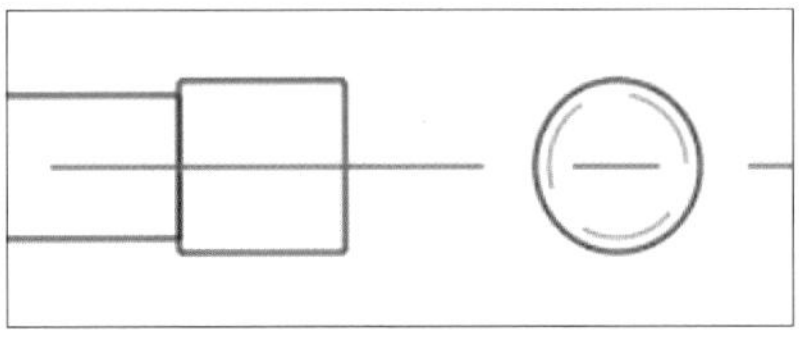

・寸法の作成方法を学びます。

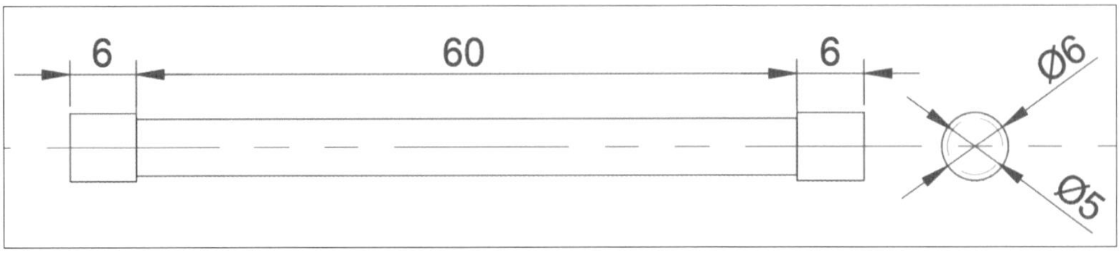

・設計変更のための2つの方法を学びます。

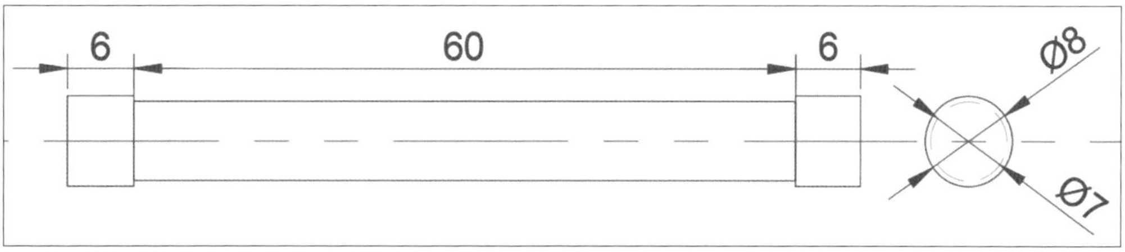

・中心線・中心マークを作成し、図面を仕上げます。

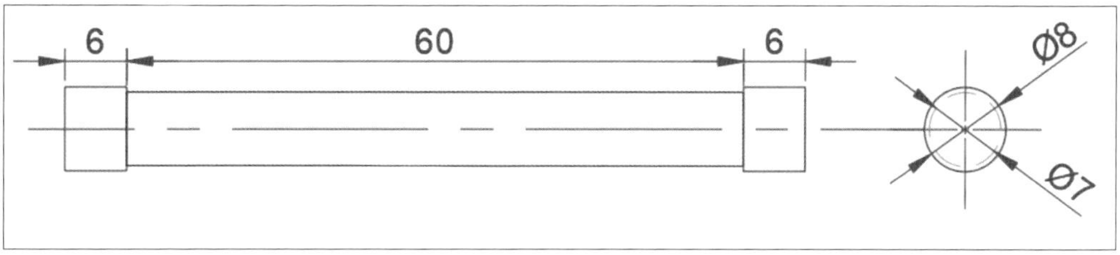

▶3.1.1 正面図の作成

1 [**作成**] − [**長方形**] を選択します。基準点を選択し、カーソルを動かした際に表示されるダイアログに「60 Tab 5 Tab」と入力し、Enter で確定します。

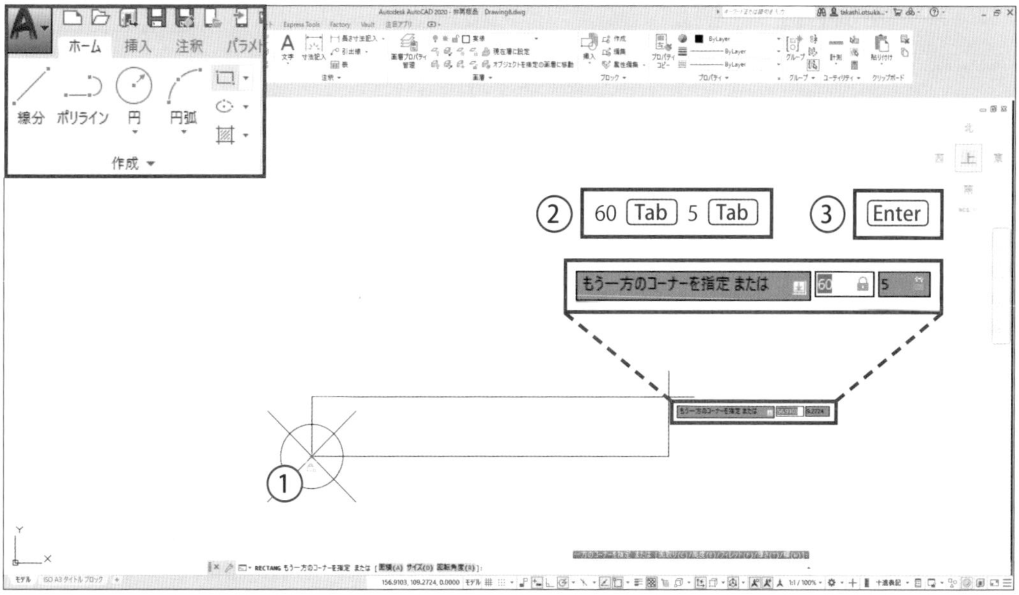

2 端面に合わせて、一辺6mmの正方形を作成します。
[Enter]を押して［**作成**］－［**長方形**］をもう一度実行します。右下の端点にカーソルを重ねて、「端点」と表示されるまで待ちます。

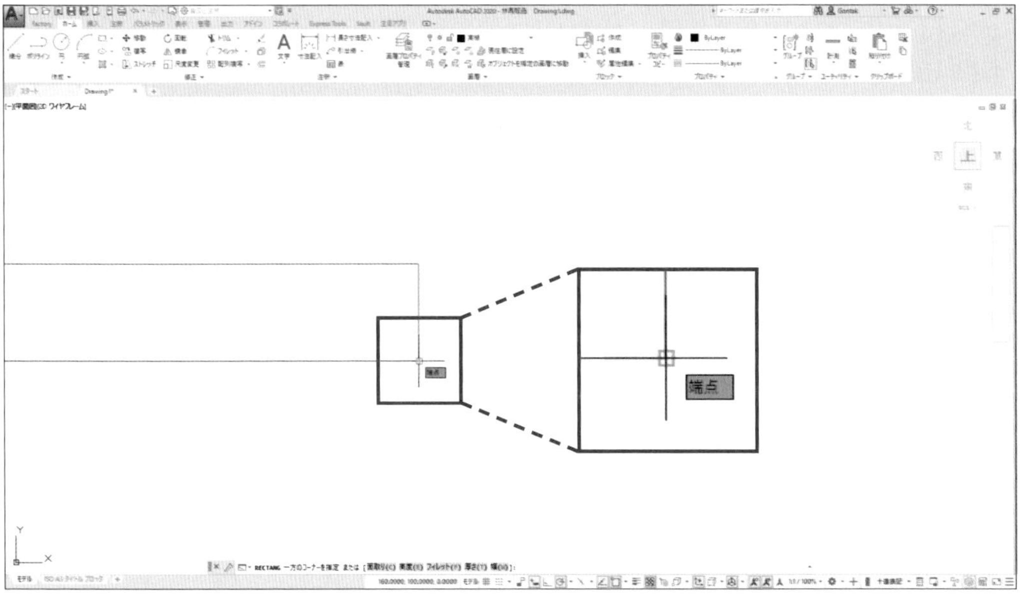

3 カーソルを下にずらし、「垂線」と表示されている状態で「0.5」と入力し、[Enter]で確定します。

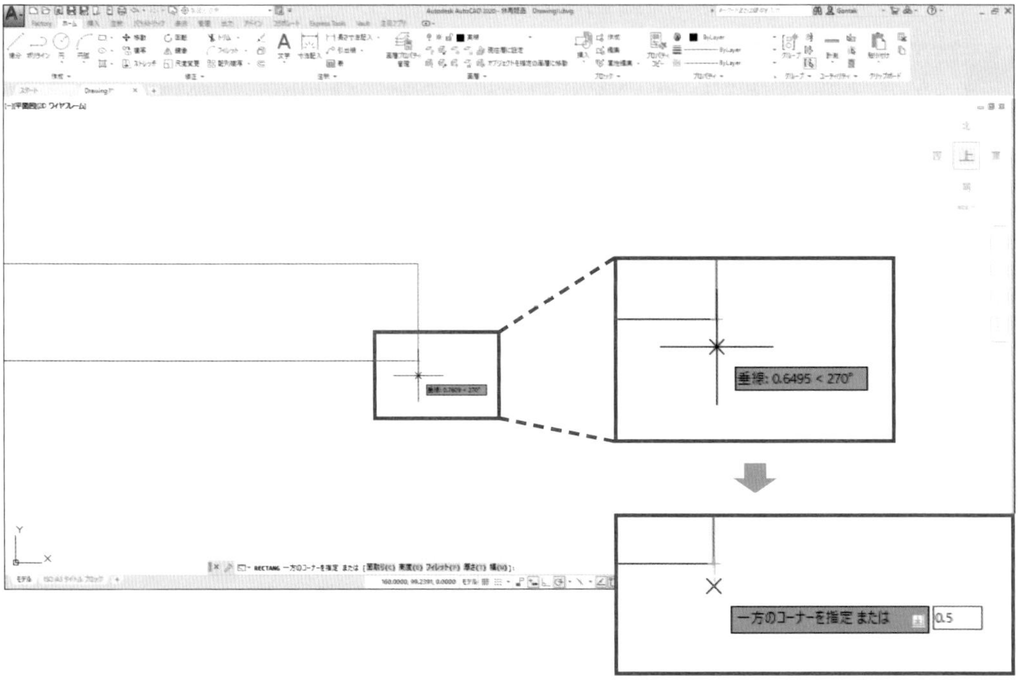

4 片側の端点が決まったので、カーソルを動かし、「6 Tab 6 Tab 」と入力し、Enter で確定します。

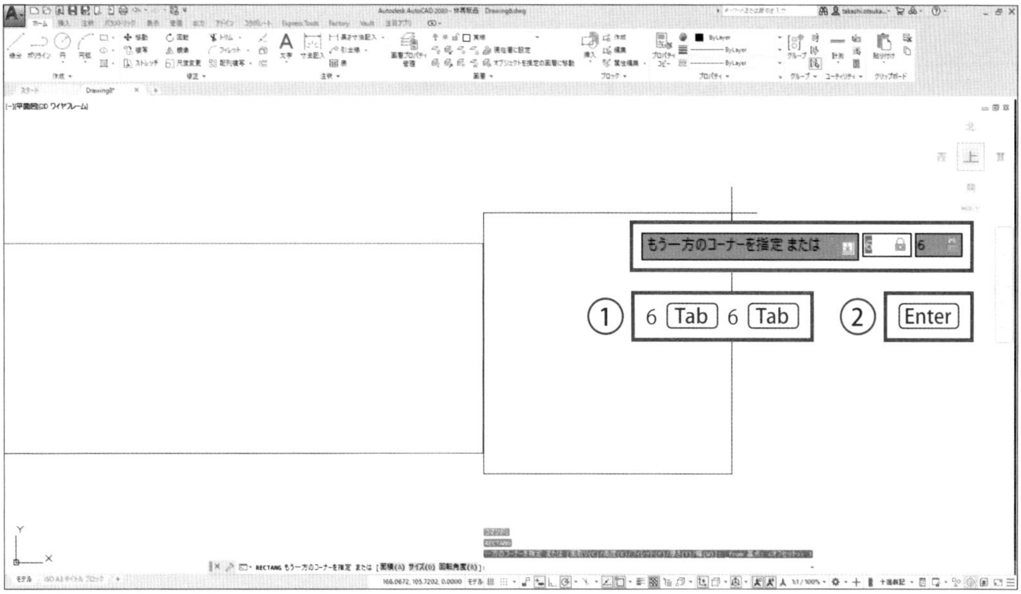

5 反対側に6mmの正方形をコピーします。
[**修正**]－[**鏡像**]を実行します。6mmの正方形を選択し、Enter で確定します。

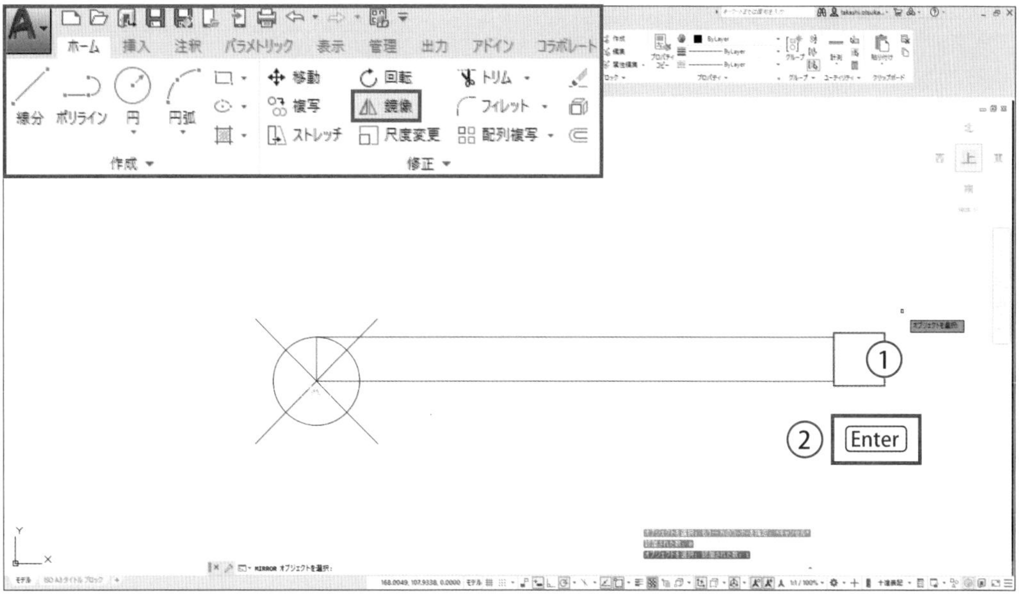

6 鏡像の中心軸として、長方形の「上辺の中点」と「下辺の中点」を選択します。

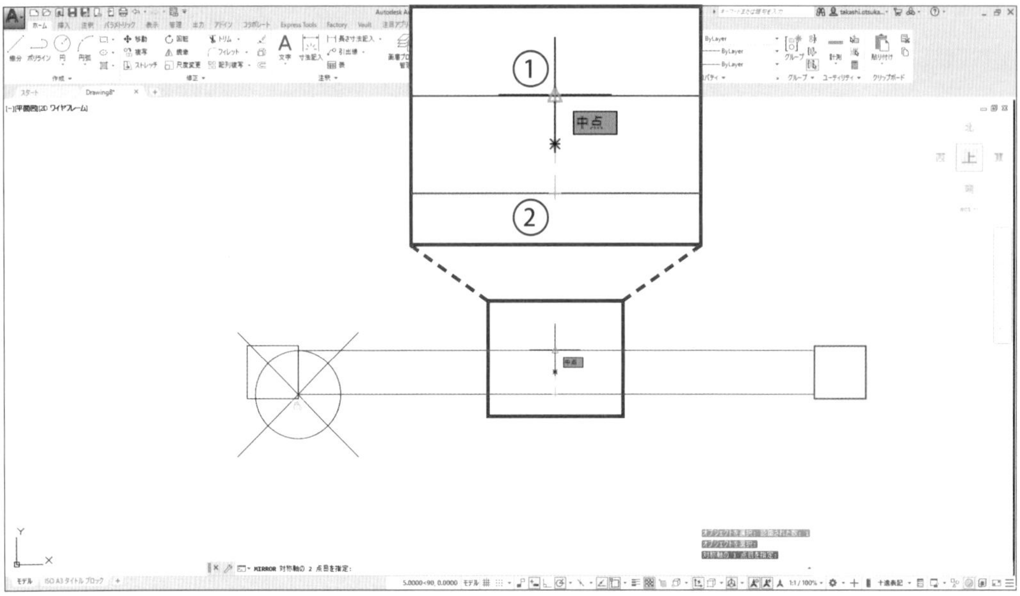

7 「元のオブジェクトを消去しますか？」で「いいえ」を選択します。

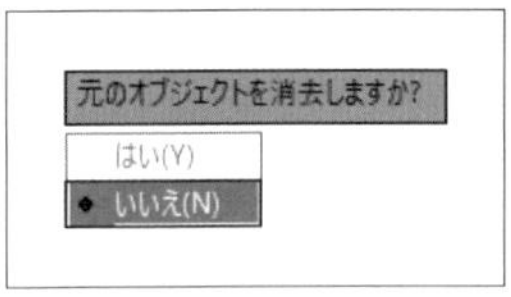

▶3.1.2　側面図の作成

1 ［ホーム］タブの［**画層**］をクリックし、「補助線」に切り替えます。

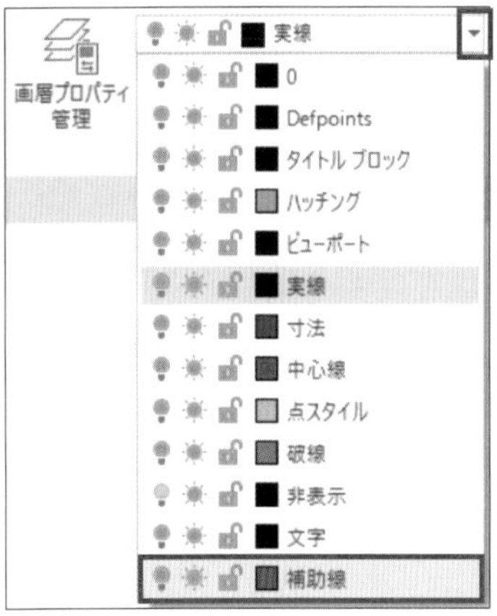

2 ［ホーム］タブの［**作成**］－［**構築線**］を選択します。「正方形の図心」と「垂直線の中点」を選択し、水平線を描きます。

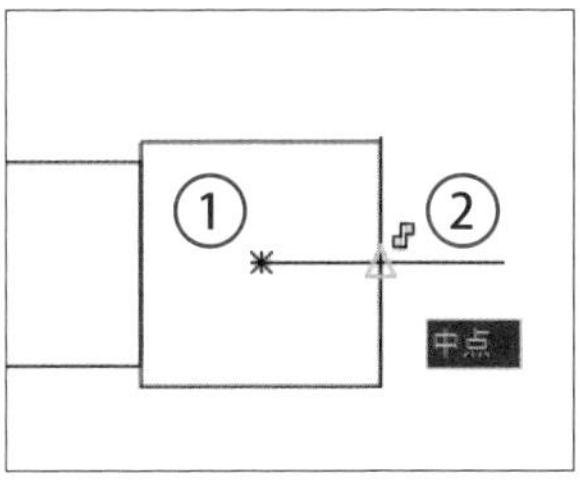

3 水平線が作成されるので、Enter で終了します。

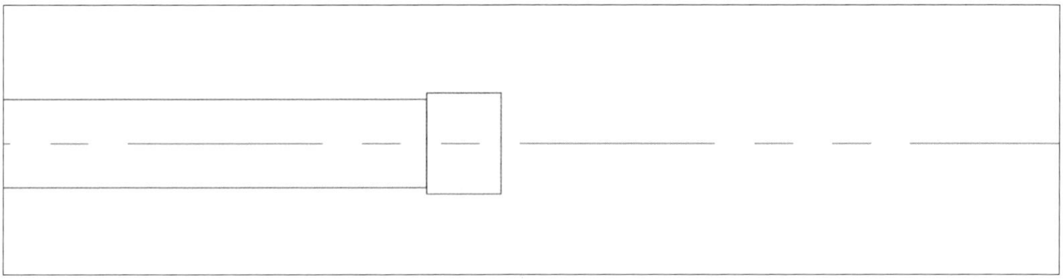

4 ［ホーム］タブの［**画層**］をクリックし、「実線」に切り替えます。

5 ［ホーム］タブの［**作成**］－［**円**］－［**中心、半径**］を選択し、中心点を補助線上にして、半径「3」の円を描きます。

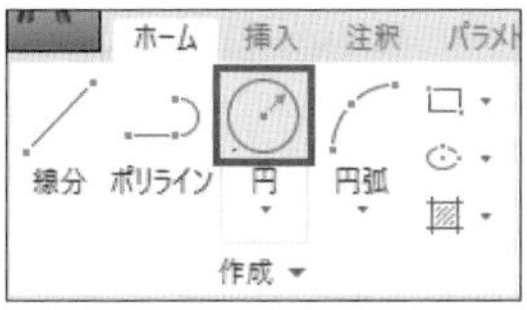

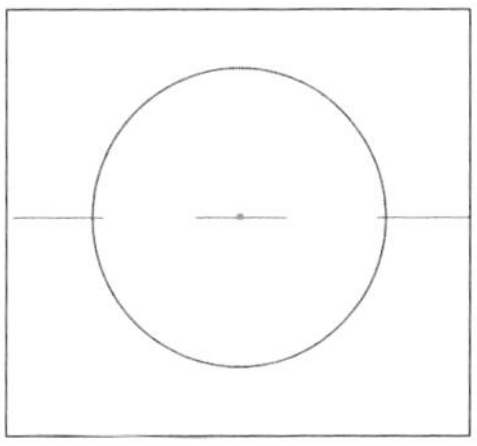

6 ［ホーム］タブの［**画層**］をクリックし、「破線」に切り替えます。

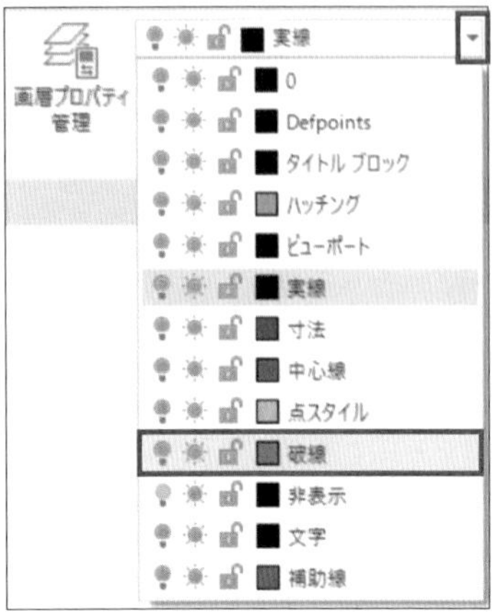

7 ［ホーム］タブの［**作成**］－［**円**］－［**中心、半径**］を選択し、先ほど描いた円の上でカーソルを停止し、中心点を表示させます。中心点を選択し、半径「2.5」で内側に円を描きます。

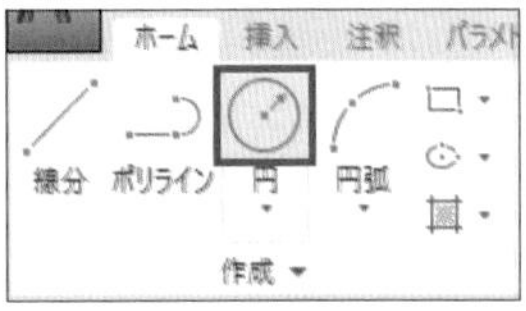

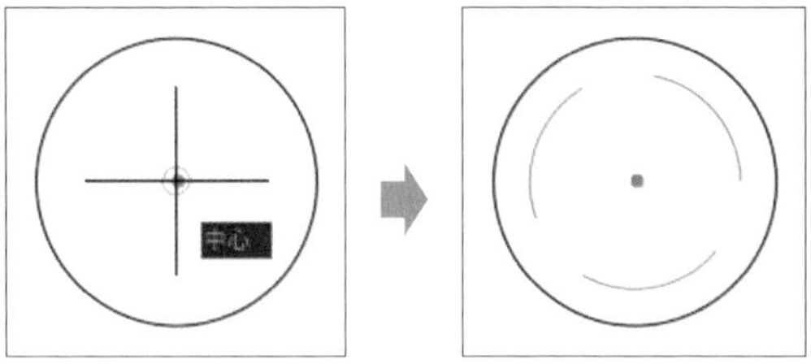

▶ 3.1.3　寸法の作成

［**注釈**］－［**寸法記入**］で以下のように寸法を付けていきます。

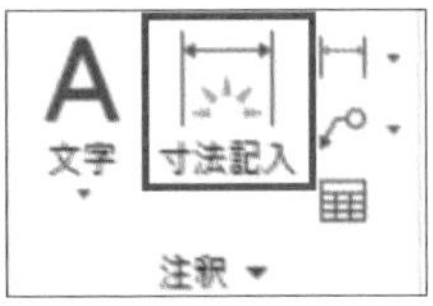

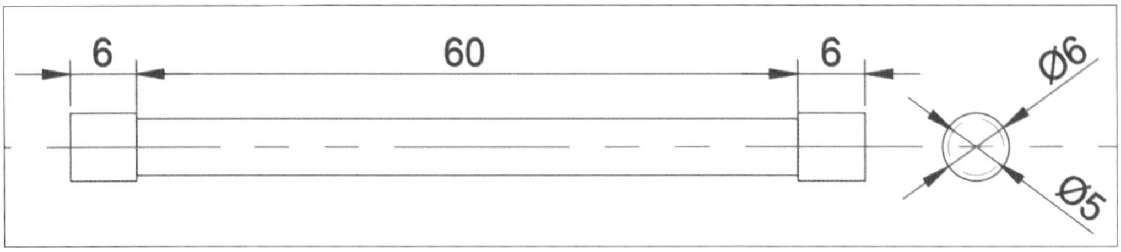

ワンポイントアドバイス

「異尺度自動追加」を有効にしているため、寸法コマンドの初回実行時に確認ダイアログが表示されます。［OK］ボタンをクリックしてダイアログを閉じます。

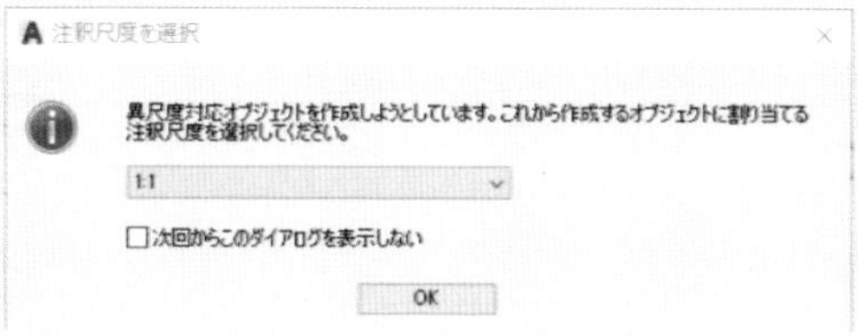

［寸法記入］は、「点を認識しているか」それとも「線分を認識しているか」で動作が異なります。

1 点を選択する場合は必ず2点を選択し、配置位置を選択します。

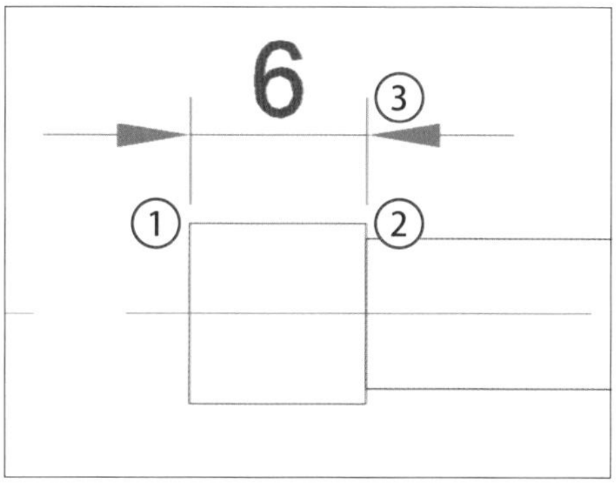

2 線分を認識させる場合は、直接線分を1本だけ選択すると「線分の長さ寸法」、2本選択すると「2線間の長さ」になります。今回は「中央にある長方形の上辺」を選択し、配置位置に「既存の寸法補助線」を選択して位置を揃えます。

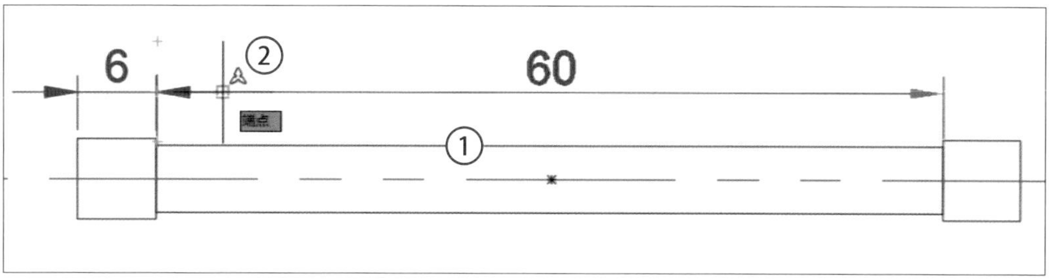

3 どちらの方法でも構わないので、「右側の正方形」にも寸法を配置します。

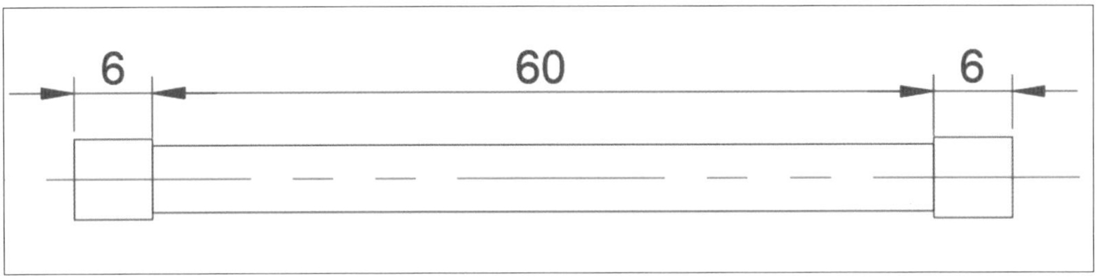

続いては、側面図に直径寸法を作成します。

1 ［**注釈**］－［**寸法記入**］で外側の円を選択し、配置位置を選択します。すると、直径記号の付いた寸法が表示されます。

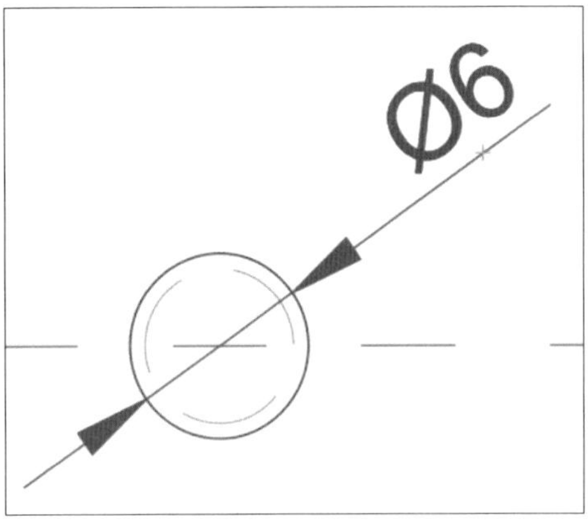

2 同様に、「内側の円」にも直径寸法を作成します。

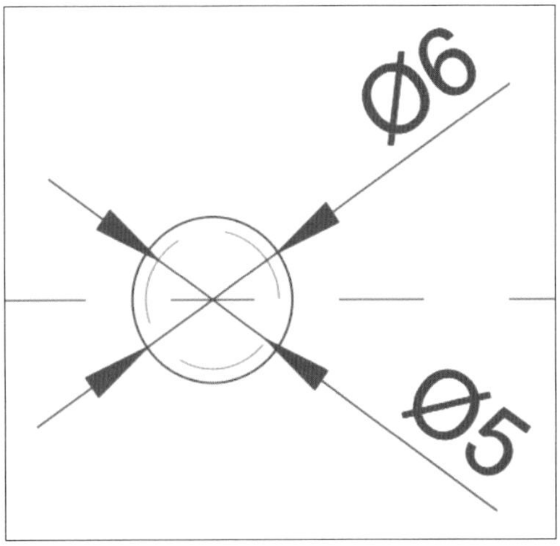

以上で、全ての図形に寸法を配置することができました。

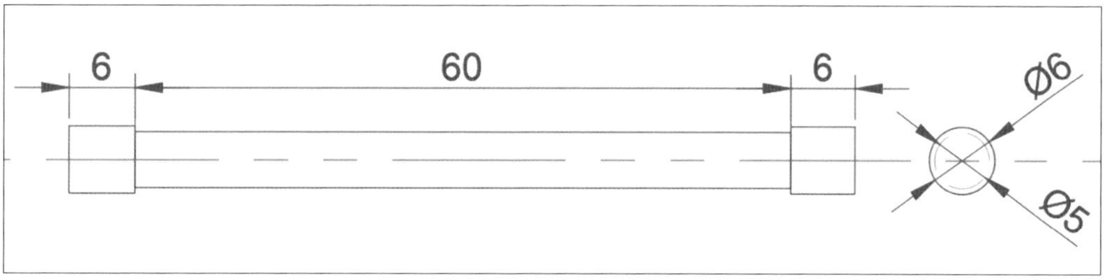

▶ 3.1.4　設計変更

続いては、寸法を変更するときの操作手順を解説します。ここでは、正面図の「両端の円柱部分」を直径8mmに、「中心の円柱」を直径7mmに設計変更します。

1 ［**修正**］−［**ストレッチ**］を実行します。続いて、下図の①と②の位置をそれぞれクリックして範囲を選択し、Enter で確定します。

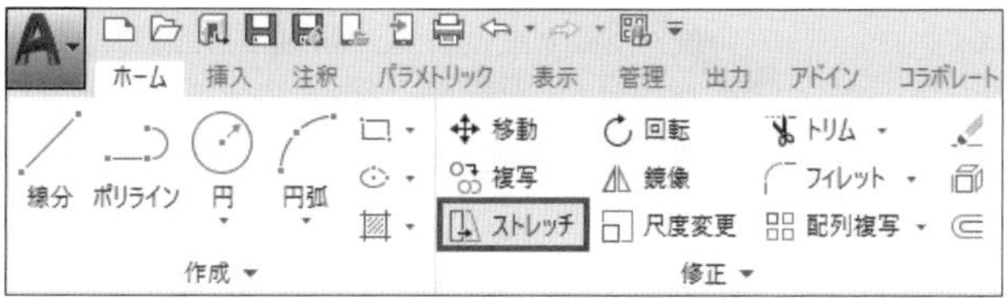

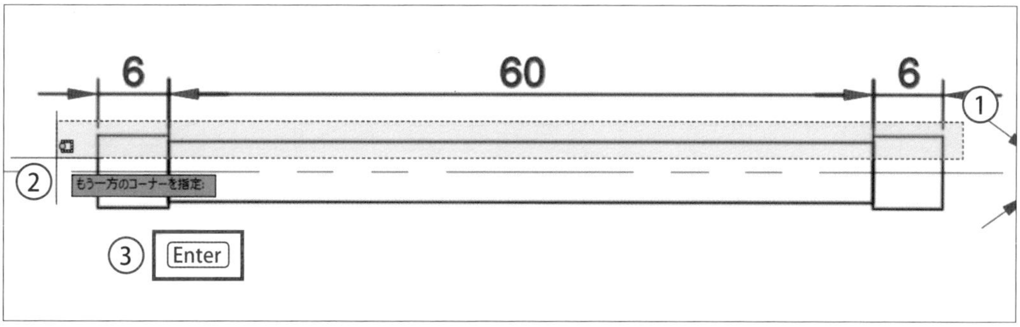

ワンポイントアドバイス

範囲を選択するときに、「クリック」した場合は長方形選択、「ドラッグ」した場合は投げ縄選択になります。

2 基点として、任意の点を選択します。今回は「正方形の端点」を選択します。

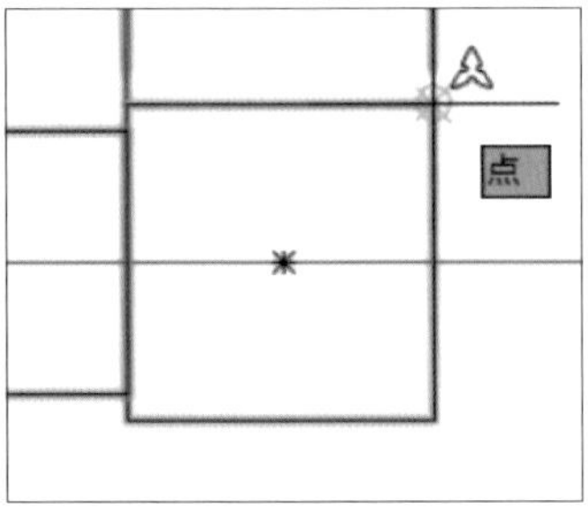

3 カーソルを真上に動かし、「1」と入力して Enter で確定します。

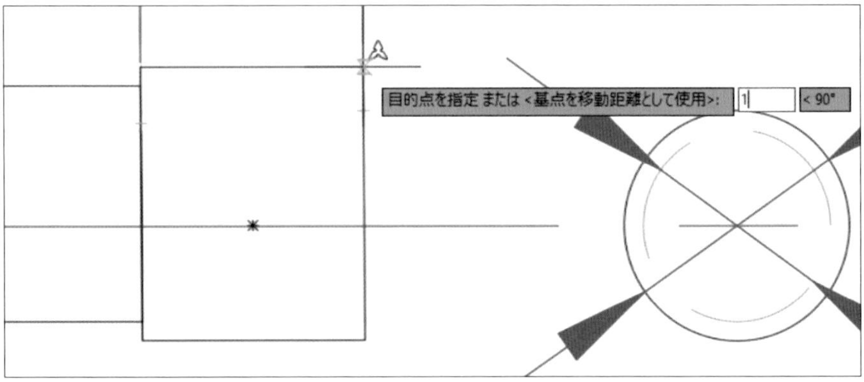

4 同様の手順で、下側も1mm伸ばします。

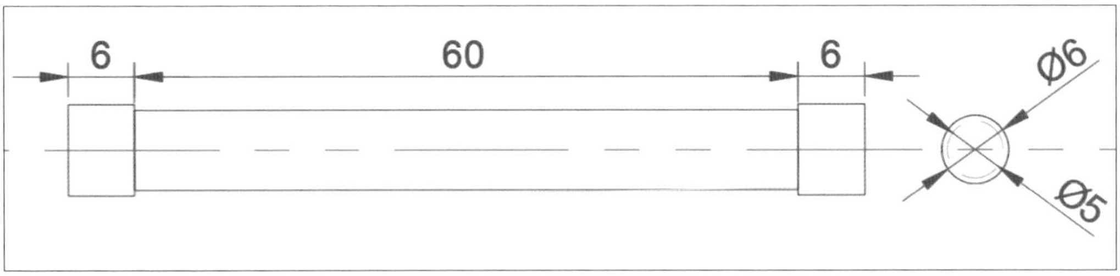

範囲選択の違い

要素を囲んで選択するとき、「右から左へカーソルを移動した場合」と「左から右へカーソルを移動した場合」で動作が以下のように変化します。

■右から左へカーソルを移動した場合

エリア内に「一部だけでも含まれる要素」がすべて選択されます。表示されるエリアは緑色、枠は破線で表現されます。

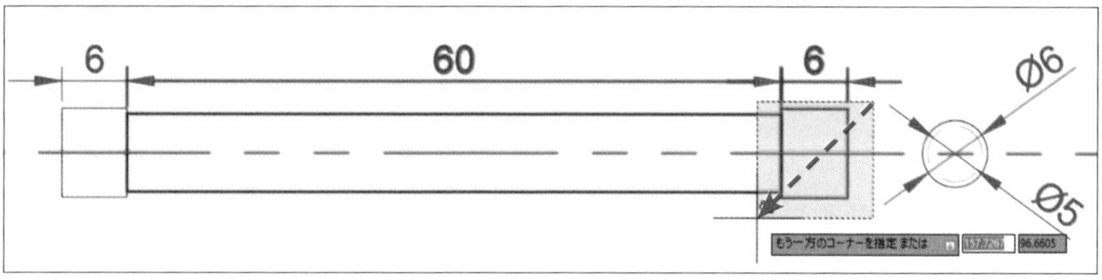

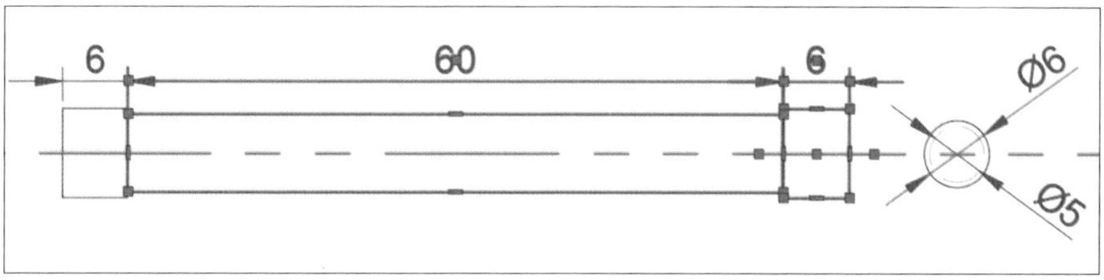

■左から右へカーソルを移動した場合

エリア内に「全体が含まれる要素」だけが選択されます。表示されるエリアは青色、枠は実線で表現されます。

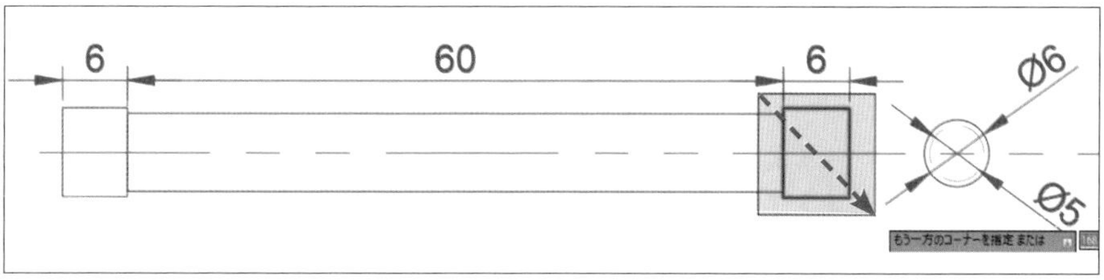

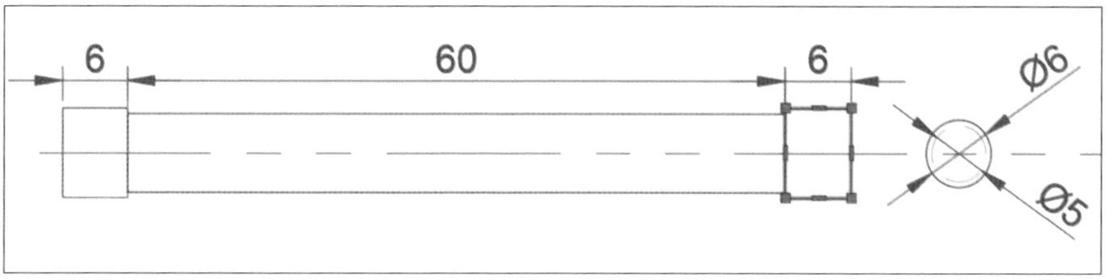

次は、右側面図の「外側の円」を直径8mm、「内側の円」を直径7mmに変更します。

1 何もコマンドを実行していない状態で、外側の円を選択します。

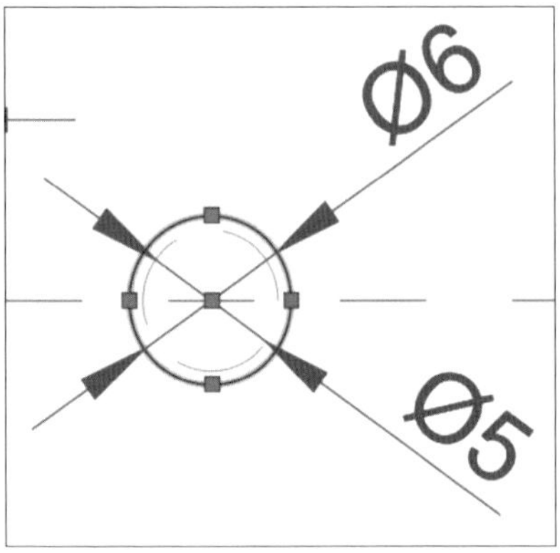

2 円周上にある四角の点を1つ選択し、カーソルを動かすと半径が表示されます。半径を「4mm」に変更し、Enter で確定します。

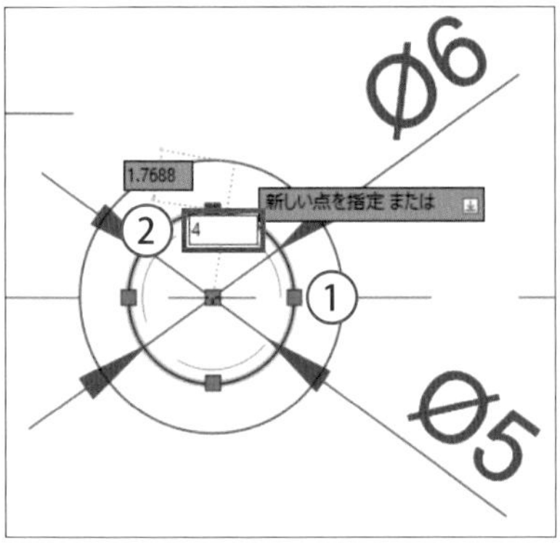

3 同様の手順で、「内側の円」の半径を「3.5mm」に変更します。

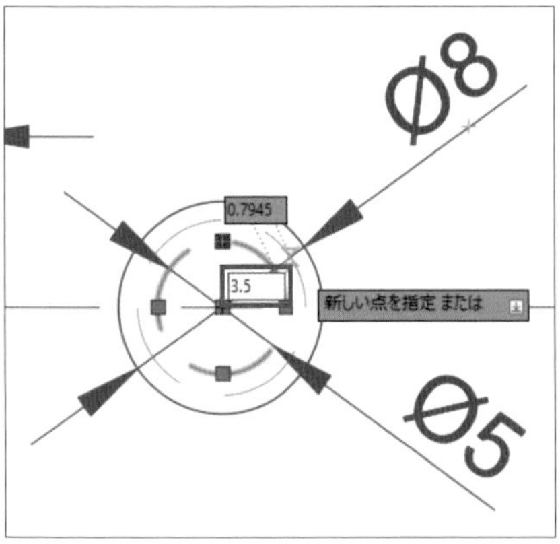

4 円の大きさを変更すると、寸法も自動的に更新されます。

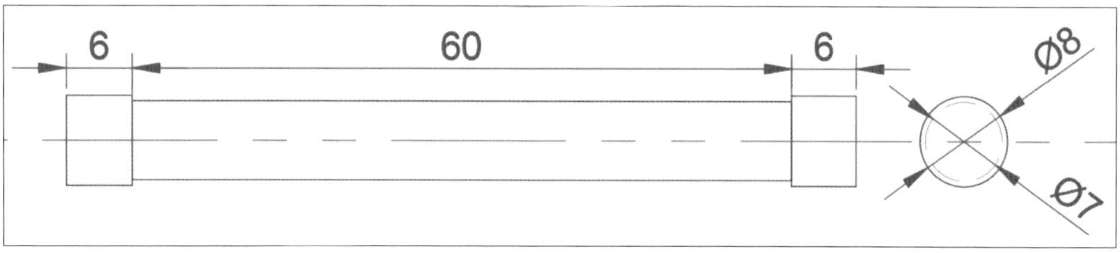

▶ 3.1.5 中心線、中心マークの作成

1 ［ホーム］タブの［**画層**］をクリックし、「補助線」を非表示にしたあと、「中心線」に切り替えます。

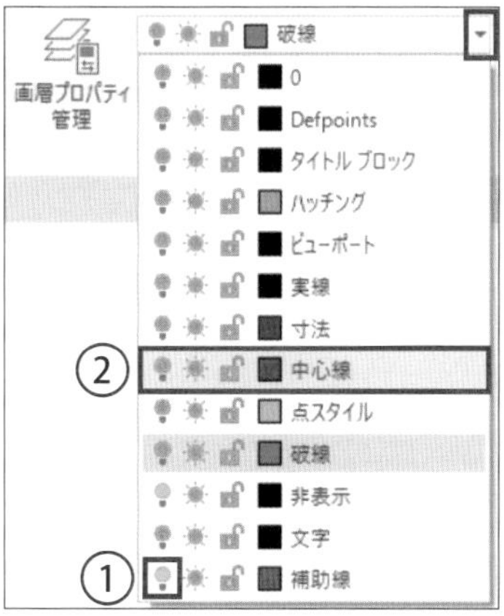

2 ［注釈］タブの［**中心線**］－［**中心線**］をクリックします。「中央にある長方形」の上下の線分を選択し、中心線を描きます。

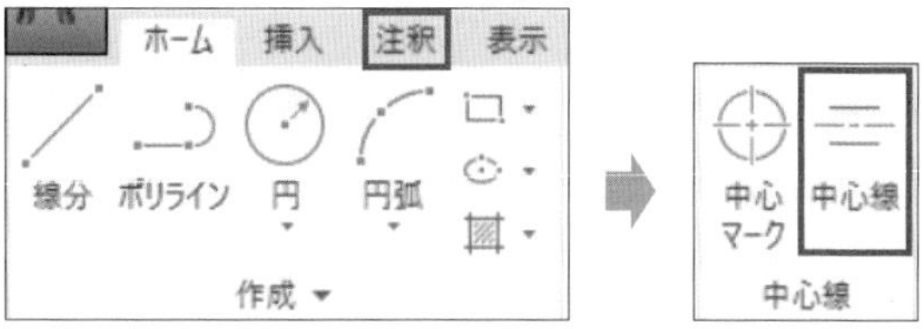

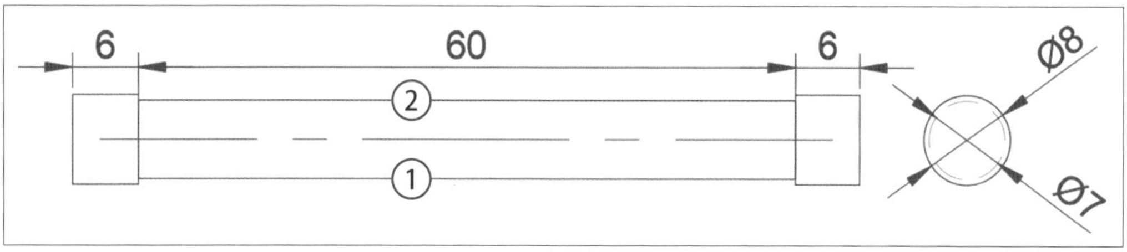

3 ［注釈］タブの［**中心線**］－［**中心マーク**］をクリックします。円を選択し、中心マークを描きます。

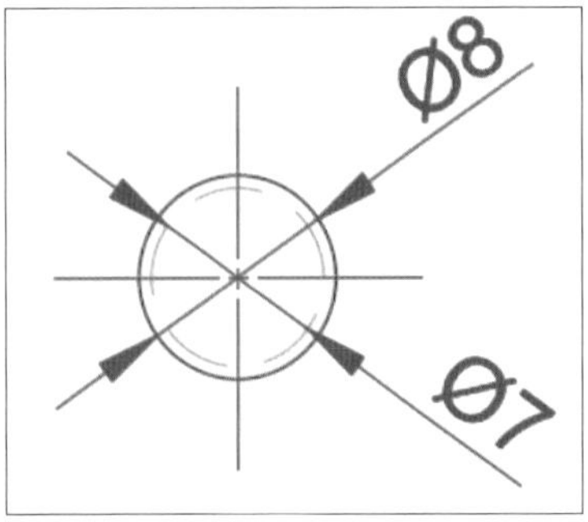

4 「中央にある長方形」の中心線をクリックし、グリップを表示させます。グリップの■と中心マークの端点を選択し、中心線を延長します。

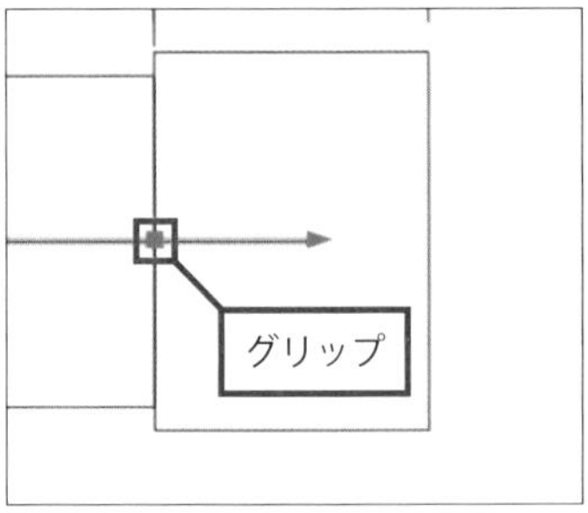

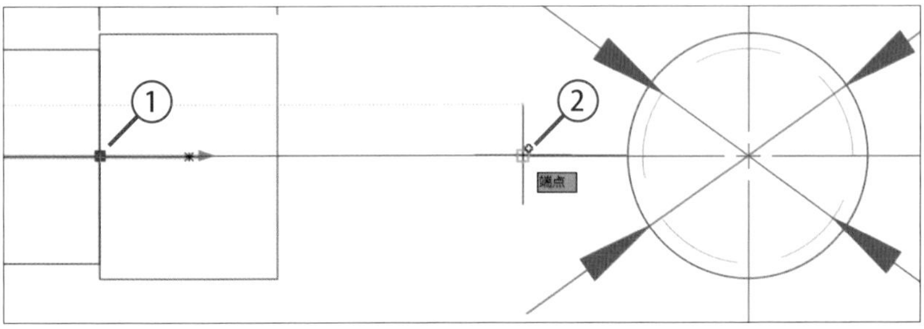

5 左側も一番外側の中点まで中心線の基準点を伸ばします。

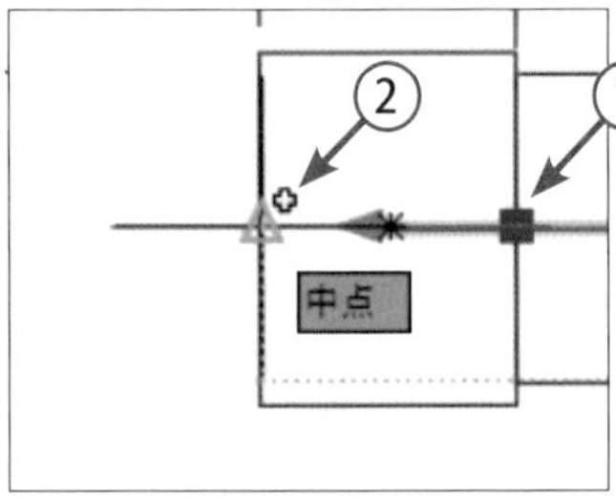

6 完成です！

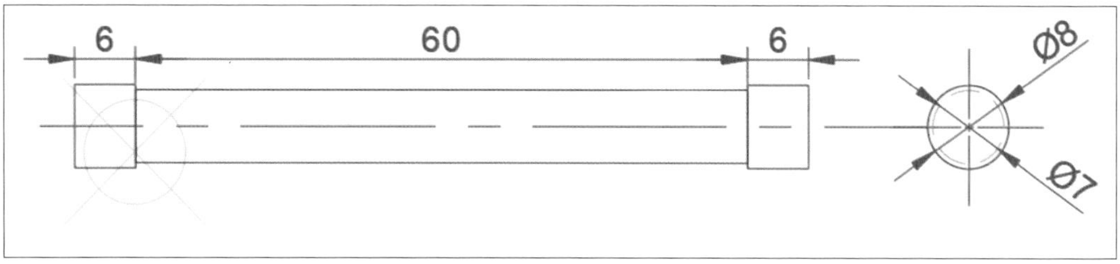

▶ 3.1.6　データの保存

1 クイックアクセスツールバーの［**上書き保存**］をクリックし、任意の場所に保存します。

2 任意の場所に「豆ジャッキ」フォルダーを作成し、ファイル名「豆ジャッキハンドル」として保存します。

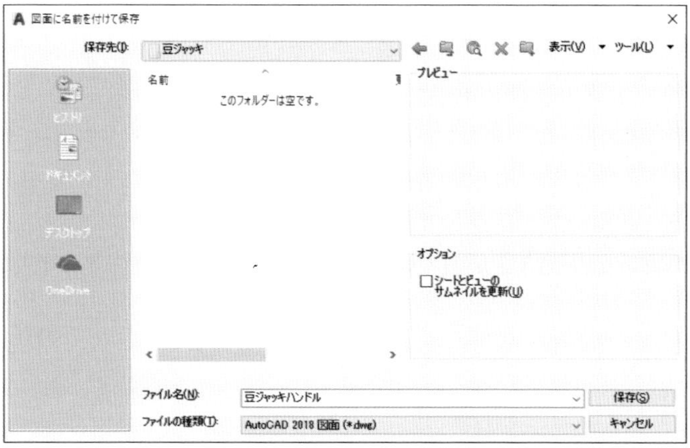

3.2 豆ジャッキ －送りねじ－

3.2節では、次の内容を学習します。

・幾何拘束オプションの設定
・幾何拘束の使い方
・寸法拘束の使い方

■この節の流れ

・AutoCADの特徴の一つである「パラメトリック」タブの機能を使用します。そのためのオプション設定を行います。「パラメトリック」タブの機能を使うと、幾何学的な条件や数値の条件を付けられるため、編集作業が楽になります。

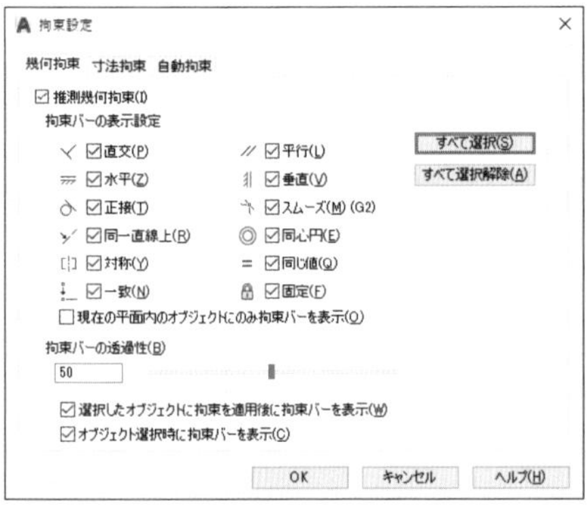

・頭部の正面図を作成しながら、パラメトリックタブの「幾何拘束」と「寸法拘束」の基本的な流れを学びます。

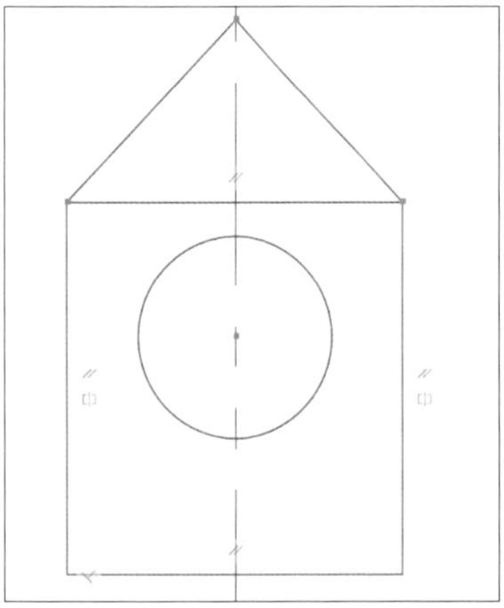

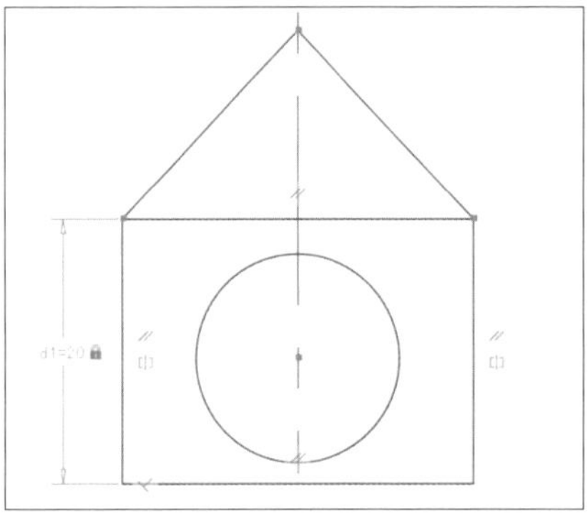

・側面図を作成しながら、正面図の利用方法を学びます。

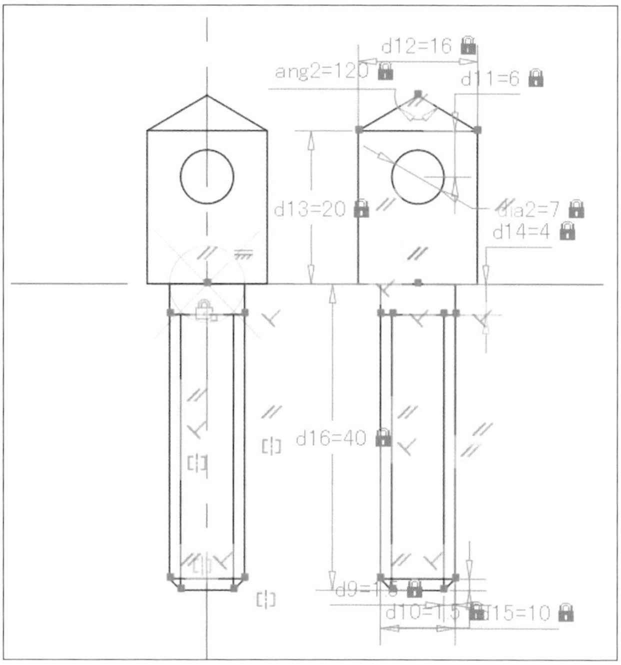

・幾何拘束を利用して、正面図と側面図を連動させます。

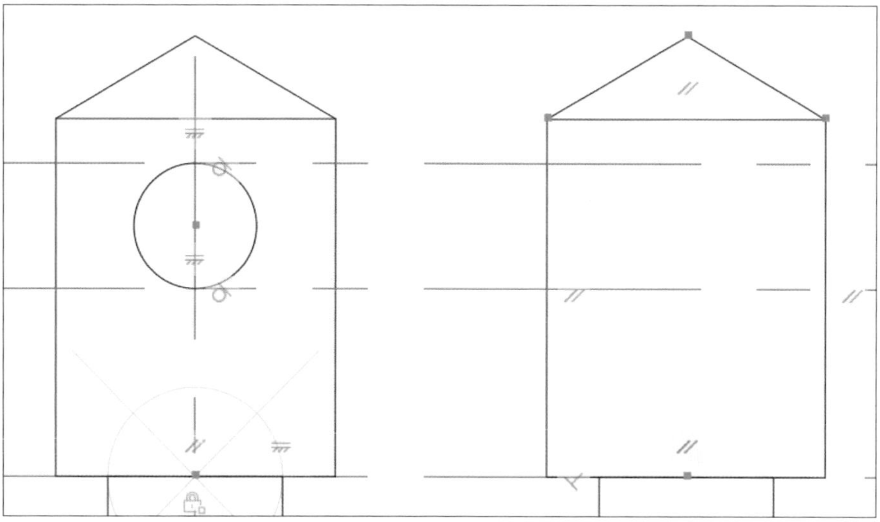

3.2.1　オプションの設定

■拘束の設定（AutoCADのみ）

1 ［パラメトリック］タブに切り替えます。［幾何拘束］パネルの右下の矢印をクリックし、「拘束設定」ダイアログボックスを表示します。

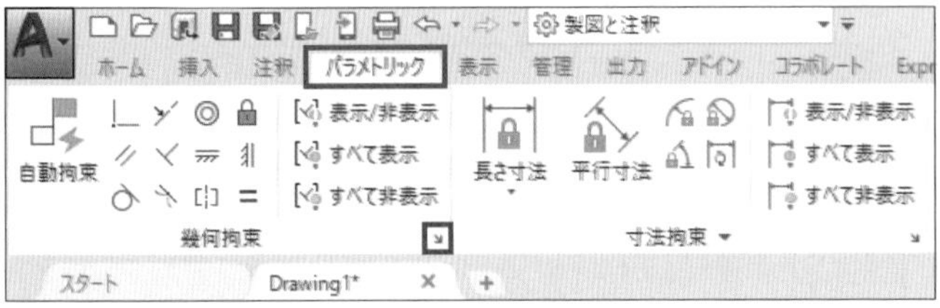

2 ［幾何拘束］タブを選択します。**「推測幾何拘束」**を有効にし、［すべて選択］ボタンをクリックして、すべての拘束を有効にします。

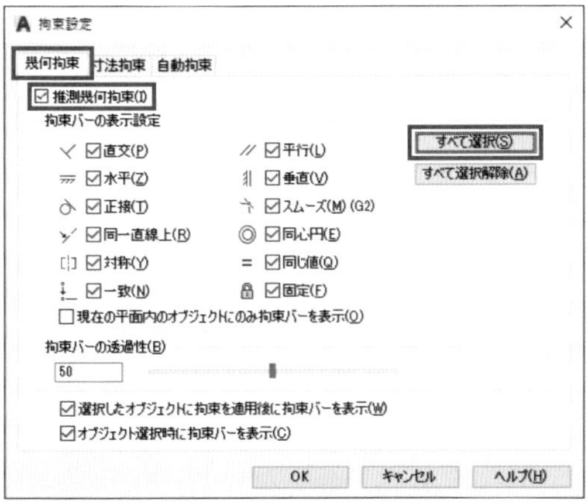

ワンポイントアドバイス

「推測幾何拘束」は、オブジェクトを作成しながら自動的に幾何拘束を付けてくれる機能です。AutoCAD LTには用意されていない機能となります。

▶ 3.2.2　正面図の作成

1 ［ホーム］タブの［**画層**］をクリックし、「補助線」に切り替えます。

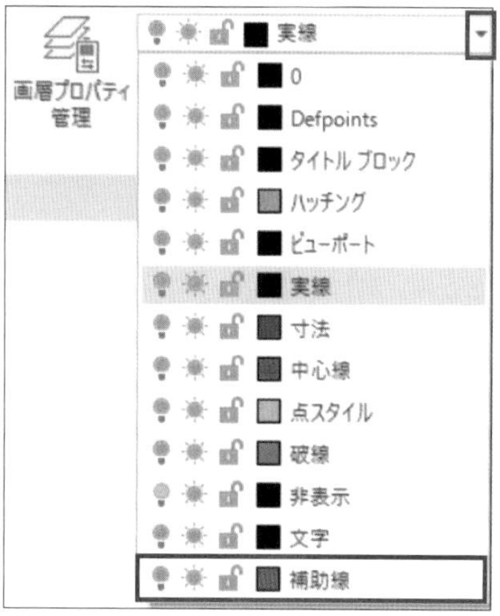

2 ［ホーム］タブの［**作成**］－［**構築線**］を選択し、基準点から水平・垂直の補助線を描きます。

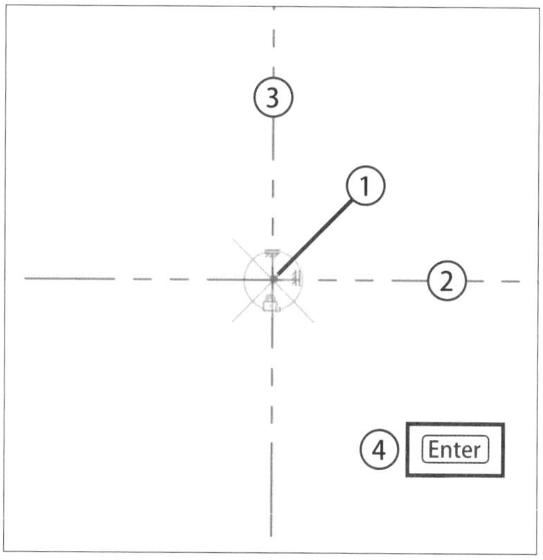

ワンポイントアドバイス

「推測幾何拘束」の機能により、水平の拘束 と垂直の拘束 が自動的に付けられます。

3 ［ホーム］タブの［**画層**］をクリックし、「実線」に切り替えます。

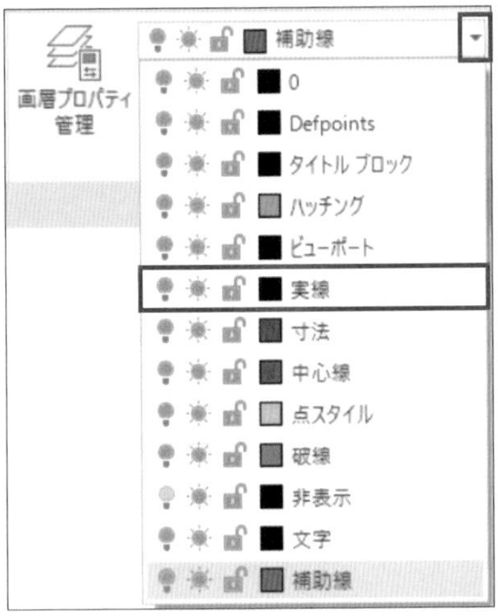

4 ［**作成**］－［**長方形**］を選択します。任意の2点を選択し、長方形を描きます。

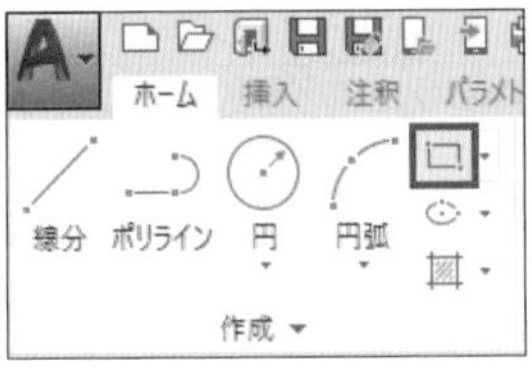

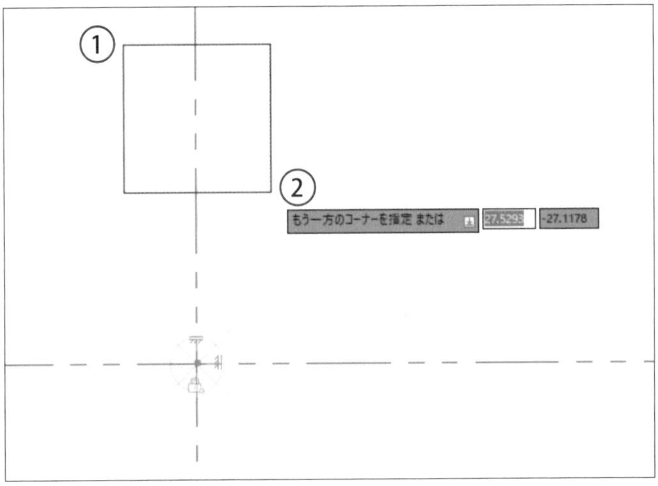

幾何学的な条件や寸法は後から設定するため、まずは必要な線の構成を作成します。

5 [**作成**] − [**線分**] を選択します。長方形の上側が三角形になるように、端点・補助線上・端点をクリックします。

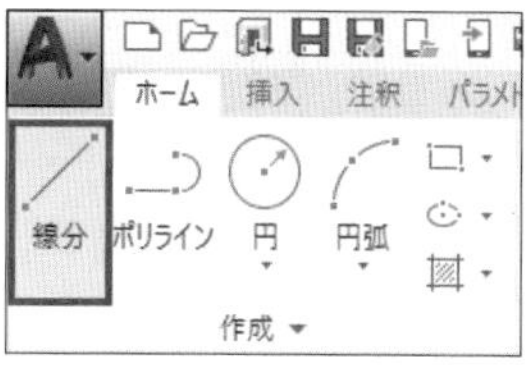

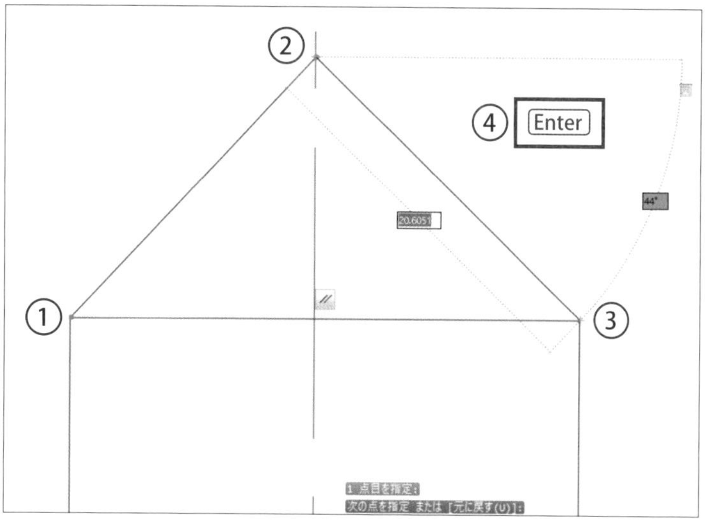

6 [**作成**] − [**円**] − [**中心、半径**] を選択します。中心点を補助線上にし、任意の半径で円を描きます。

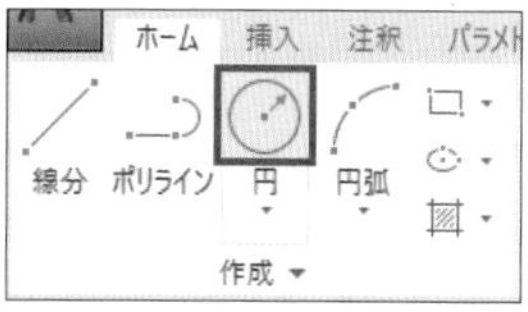

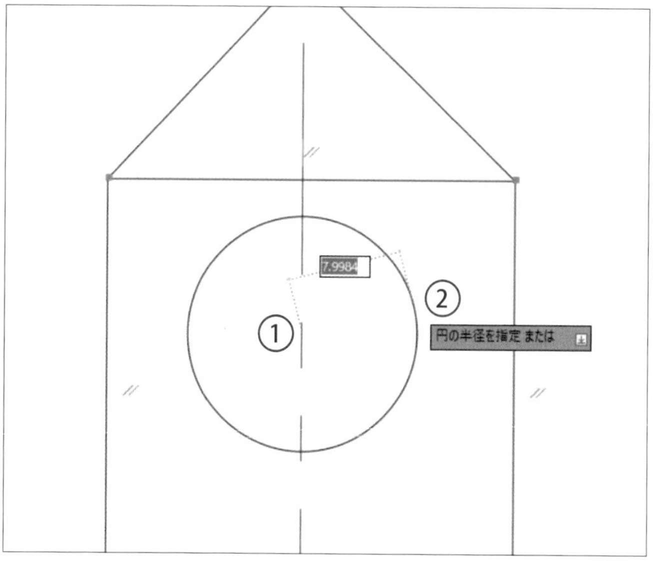

7 ［パラメトリック］タブの［**幾何拘束**］－［**対称**］を選択します。対象にする線を2本選択し、中心線として垂直補助線を選択します。

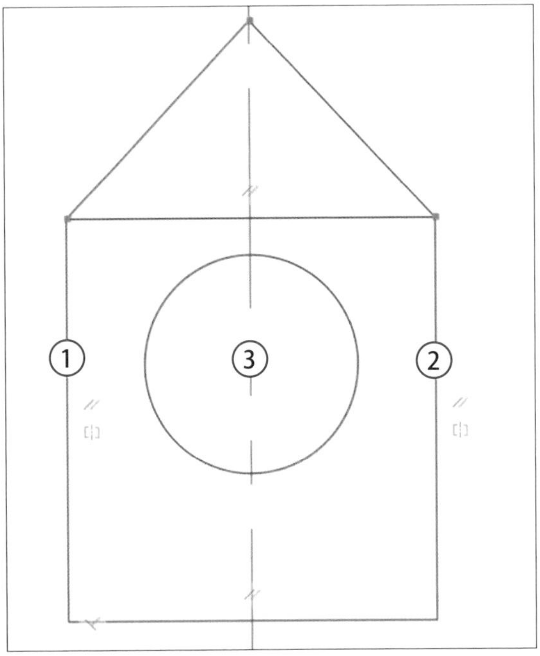

［幾何拘束］パネルの機能により、線の関係に条件を付けることができます。

8 ［**寸法拘束**］－［**長さ寸法**］で寸法拘束を付けます。コマンドを実行すると「注釈尺度を選択」ダイアログボックスが表示されるので、そのまま［OK］ボタンをクリックします。

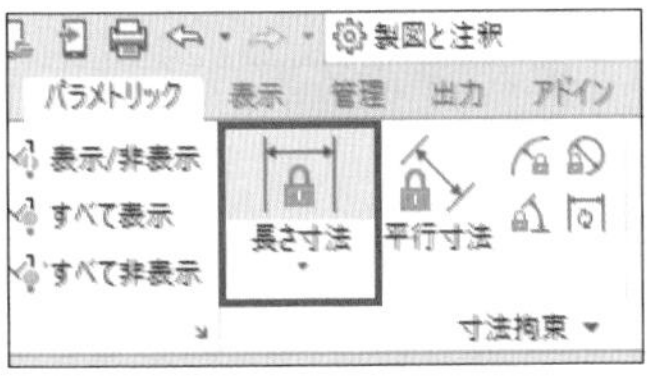

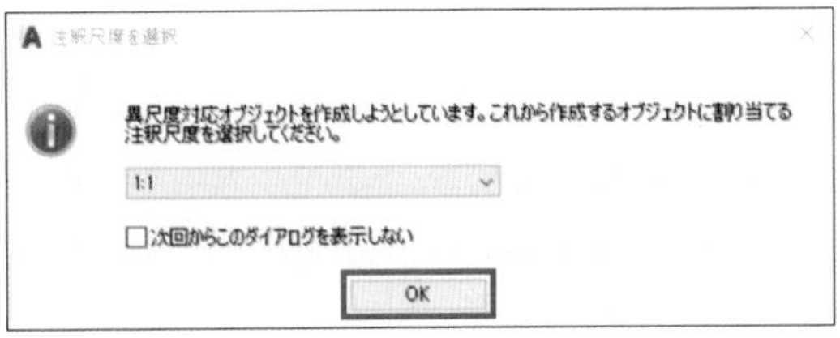

9 長方形に縦20mmの寸法拘束を付けます。基本的な操作手順は［**注釈**］－［**寸法記入**］と同じで、「点を認識しているか」それとも「線分を認識しているか」で動作が異なります（P053参照）。初期設定は「点を認識するモード」になっています。認識している点が赤く表示されるので、位置を確認してクリックします。

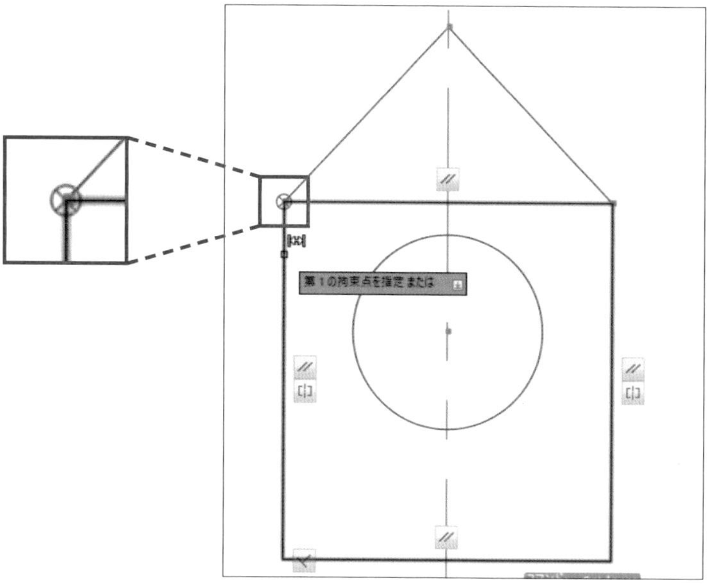

10 同様の手順で2点目を選択します。

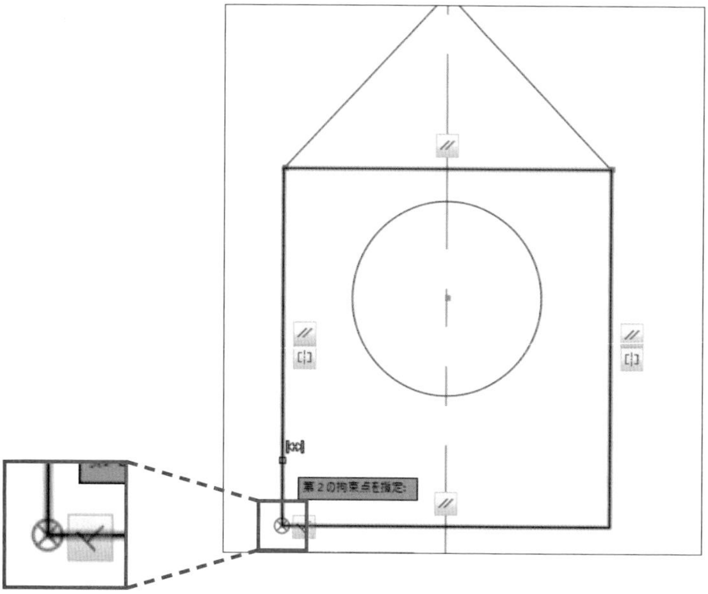

11 3点目として寸法の配置位置をクリックすると寸法が表示され、数値を変更可能な状態になります。

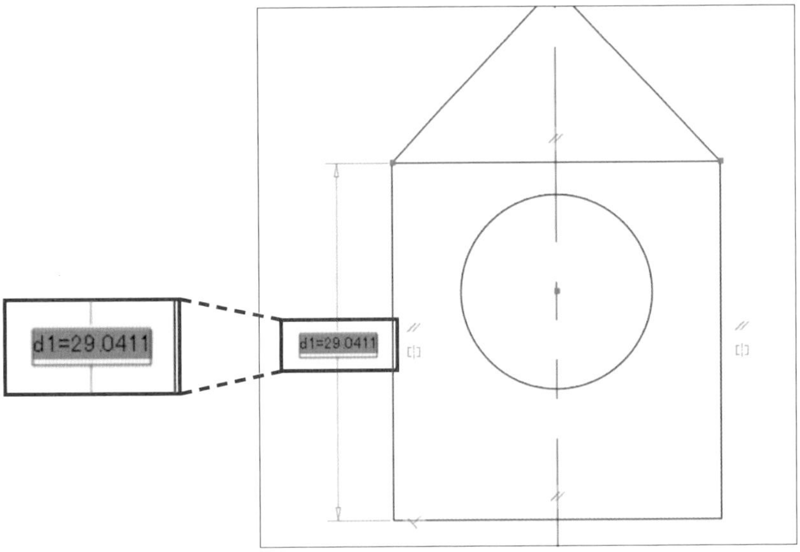

12 キーボードから「20」と入力し、Enter で寸法を確定すると、サイズが調整されます。

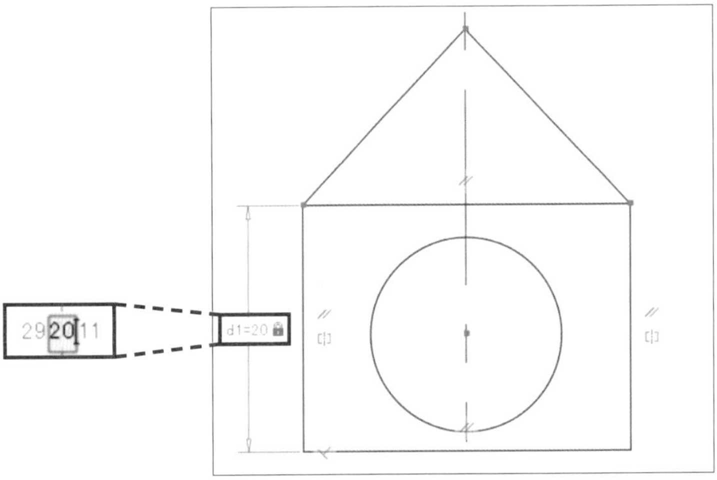

ワンポイントアドバイス

このように、必要な線を先に作成しておき、［寸法拘束］パネルで後からサイズ調整を行うことも可能です。

13 今度は、線分を認識させて、長方形に横16mmの寸法拘束を付けます。[**寸法拘束**]－[**長さ寸法**]を選択し、以下のように操作します。

1. **第1の拘束点を指定：** Enter
2. **オブジェクトを選択：**長方形の横線を選択
3. **寸法線の位置を指定：**配置位置を選択
4. 寸法に「16」と入力し、Enter

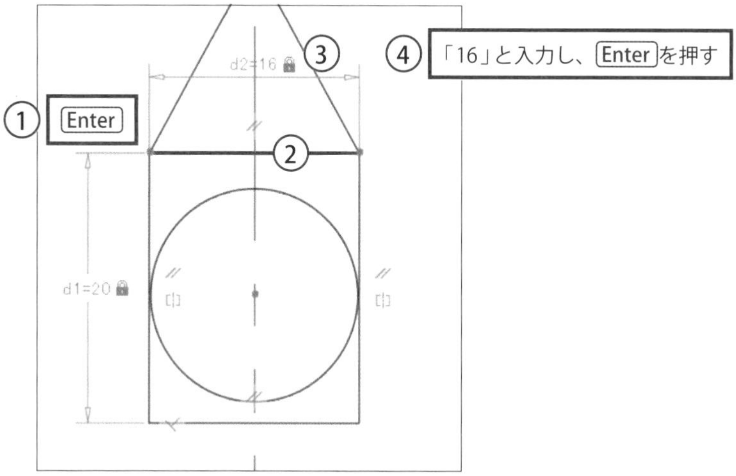

14 再度、[**寸法拘束**]－[**長さ寸法**]を実行し、「円の中心点」が長方形の上辺から6mmの位置になるように寸法拘束を付けます。

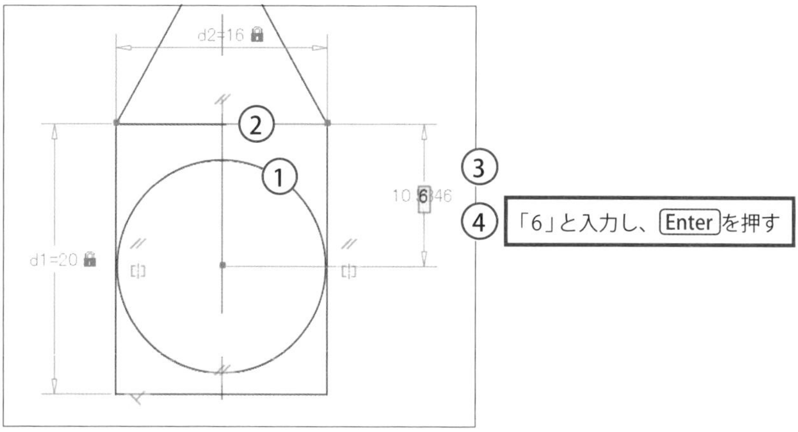

ワンポイントアドバイス

円を選択すると中心点を認識します。

15 ［**寸法拘束**］－［**角度寸法**］で、「三角形の開き角度」に120度の寸法拘束を付けます。

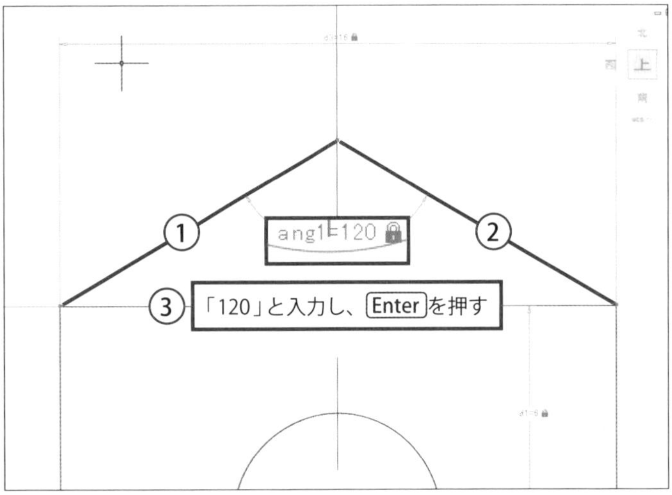

16 ［**寸法拘束**］－［**直径寸法**］で、「円の直径」に7mmの寸法拘束を付けます。

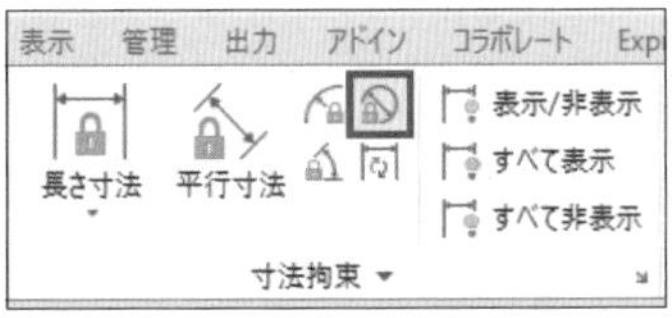

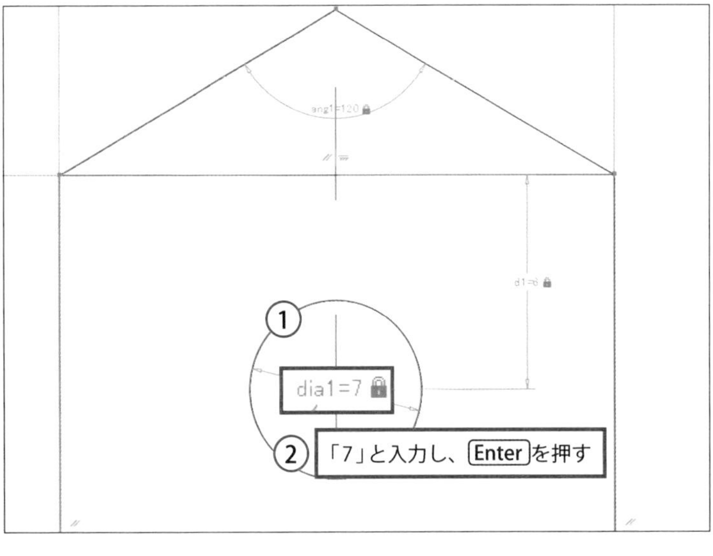

17 ［**幾何拘束**］－［**一致**］で、「底の線分の中点」と基準点を一致させます。

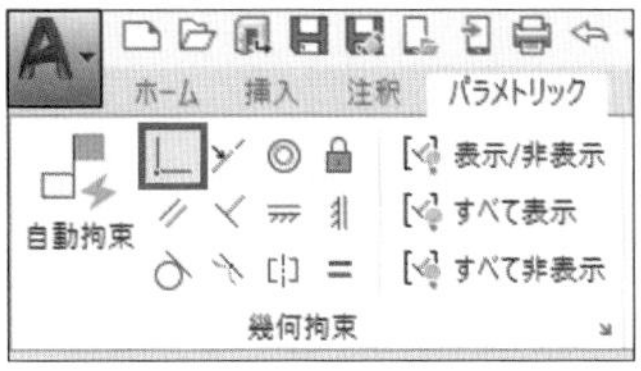

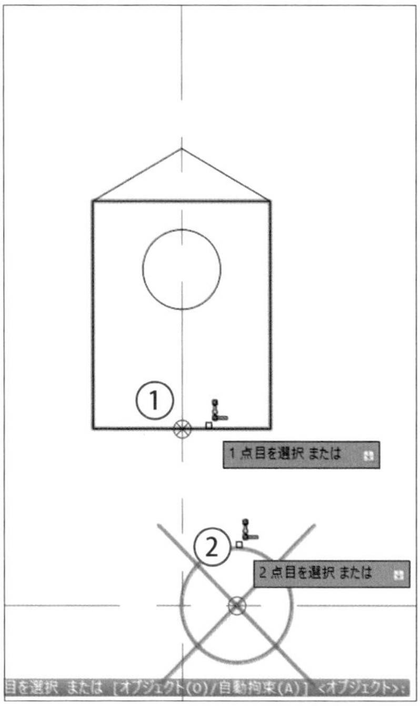

18 次は、ネジ部分の長方形を描きます。［ホーム］タブの［**作成**］－［**長方形**］を選択し、任意の2点を選択します。

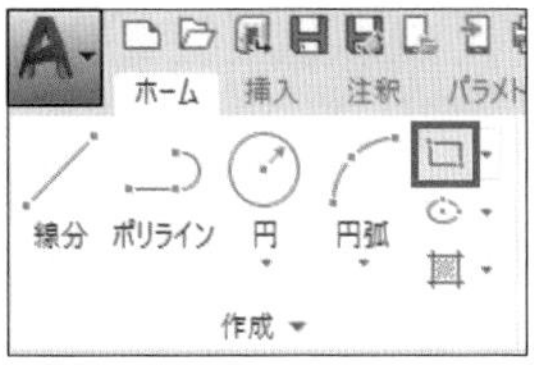

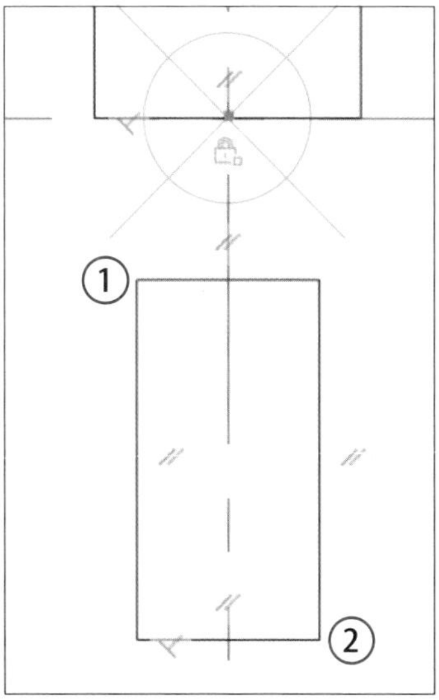

19 [**修正**] − [**面取り**] を選択し、以下の手順で0.75mmのC面取りを描きます。

1. **1本目の線を選択**：D Enter
2. **1本目の面取り距離を指定**：0.75 Enter
3. **2本目の面取り距離を指定**：0.75 Enter
4. **1本目の線を選択**：M Enter
5. **1本目の線を選択**：以下に示した画像の番号順に線分を選択

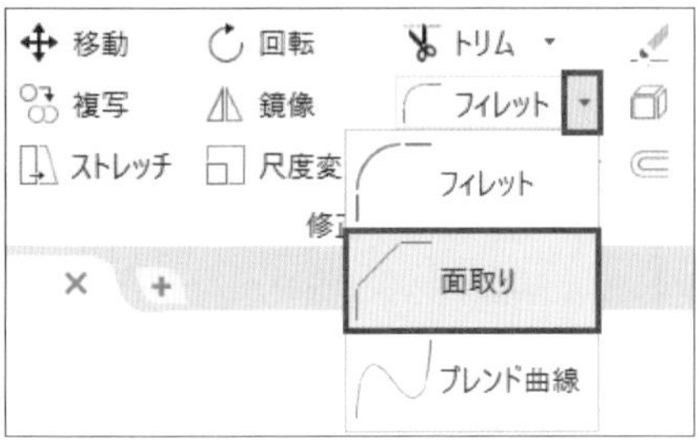

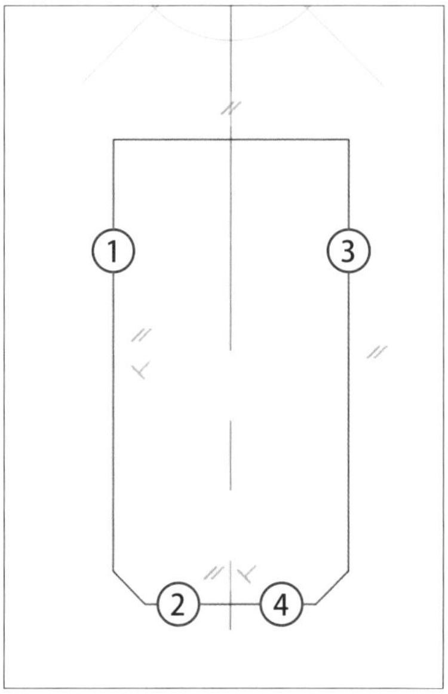

20 [パラメトリック] タブの [**幾何拘束**] − [**対称**] を選択し、垂直補助線を中心として、面取りを左右対称にします。

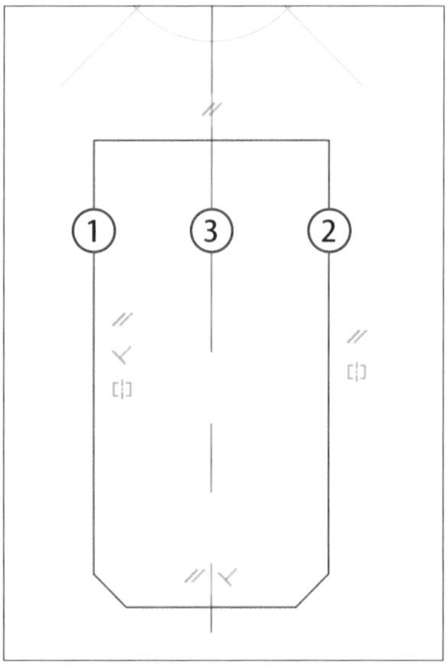

21 ［**寸法拘束**］－［**長さ寸法**］で、面取りに縦0.75mm、横0.75mm寸法拘束を付けます。

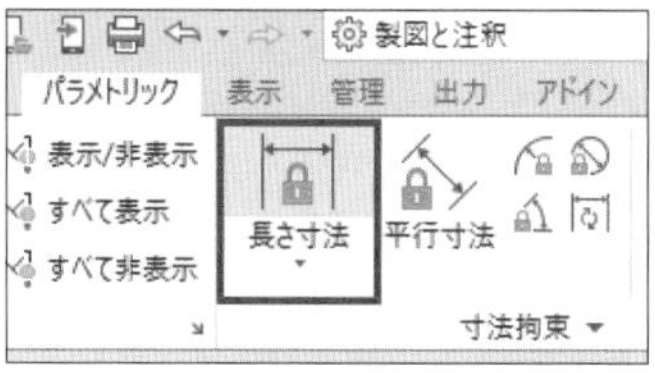

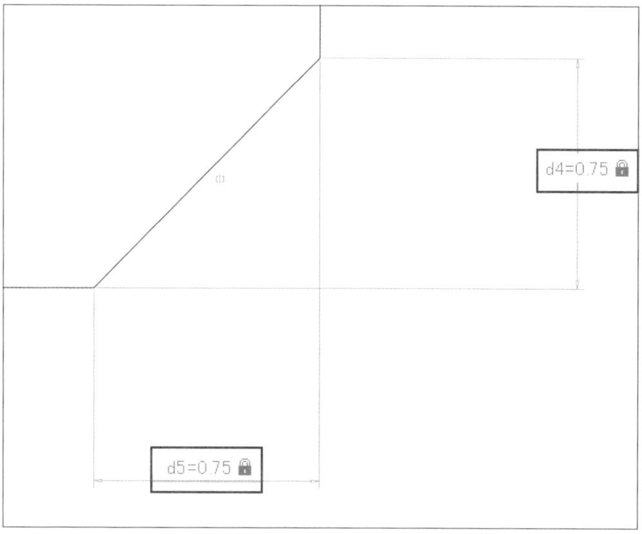

22 ［パラメトリック］タブの［**幾何拘束**］－［**対称**］を選択し、垂直補助線を中心として、面取りを左右対称にします。

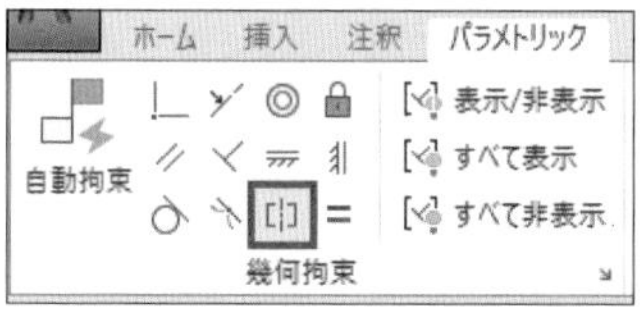

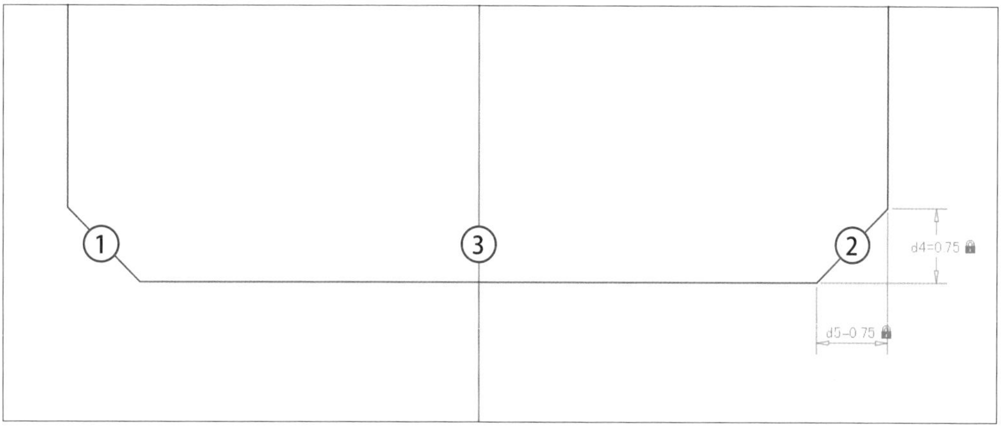

23 ［**寸法拘束**］－［**長さ寸法**］を選択し、ネジ部分に縦40mm、横10mmの寸法拘束を付けます。

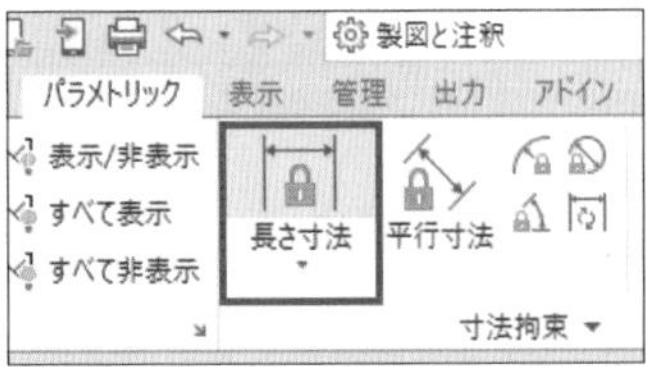

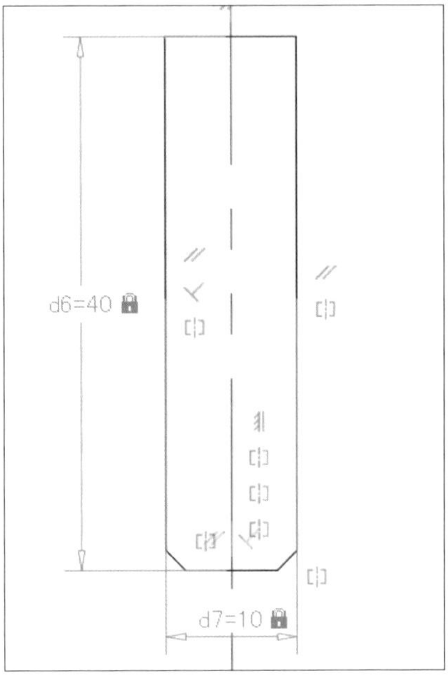

24 ［パラメトリック］タブの［**寸法拘束**］－［**すべて非表示**］を選択します。

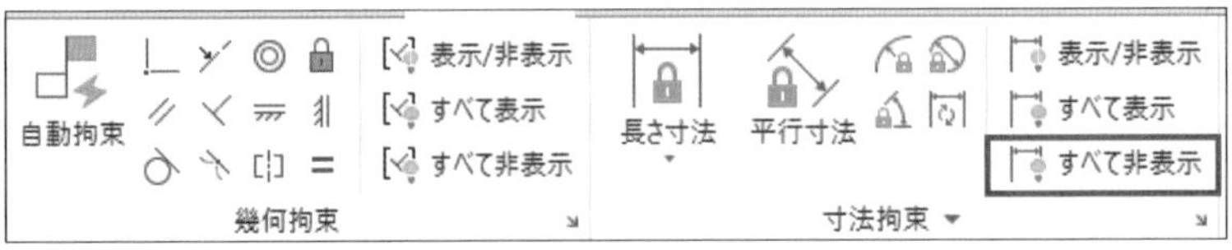

ワンポイントアドバイス

「寸法拘束」が線と重なっていると、次の線を描くときに寸法補助線が認識されてしまい、自動で幾何拘束が付かなくなります。よって、「寸法拘束」を非表示にします。

25 ［**作成**］－［**線分**］でネジ部分を作り込んでいきます。まずは、ネジが切れていない部分の水平線を作成します。

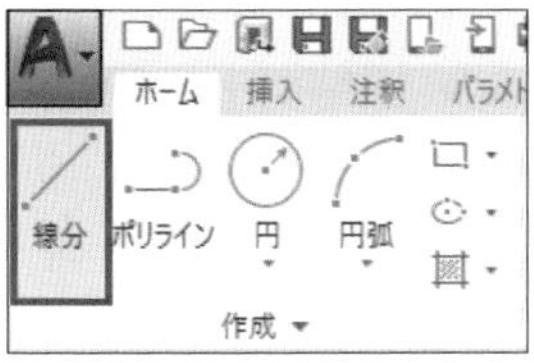

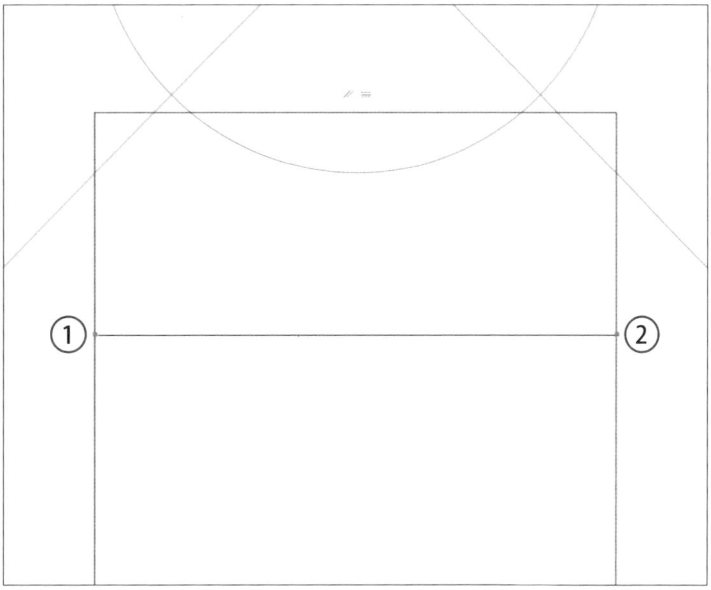

26 ［**寸法拘束**］－［**長さ寸法**］で幅4mmの寸法拘束を付けます。

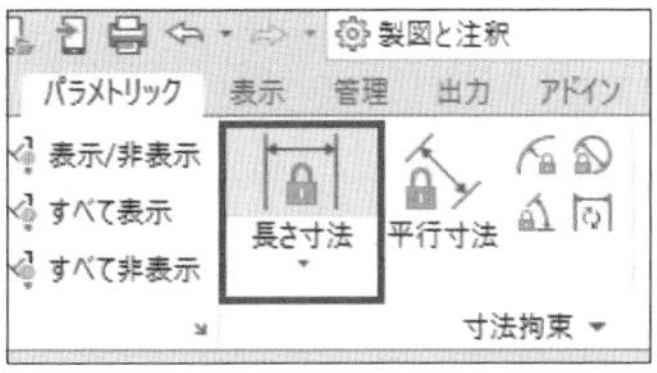

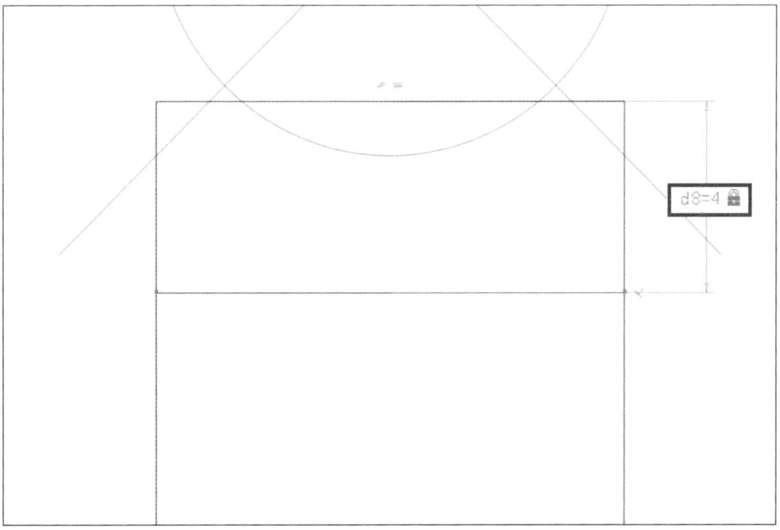

27 面取り箇所を利用して、[**作成**]－[**線分**]でネジの谷の垂直線を描きます。

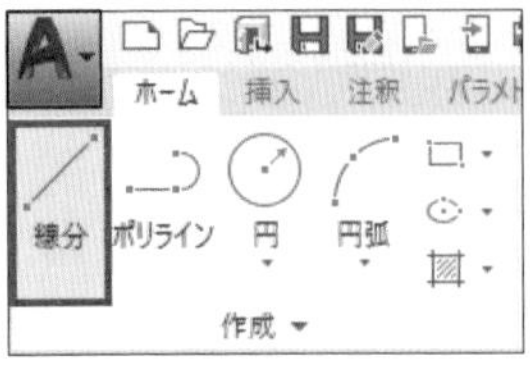

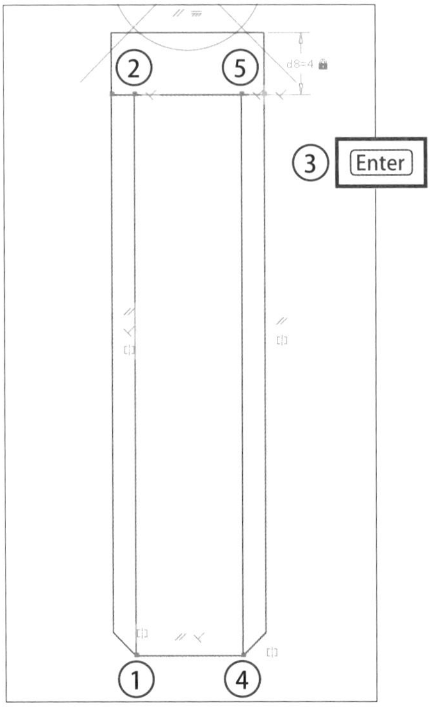

28 続けて、[**作成**]－[**線分**]で面取り部分の水平線を描きます。

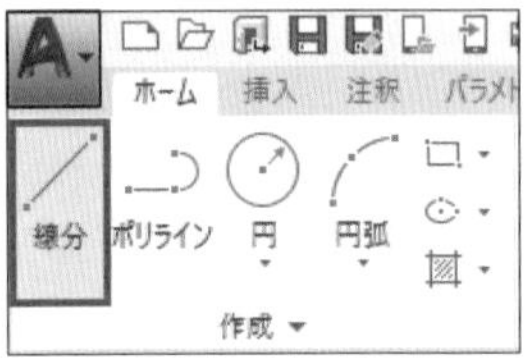

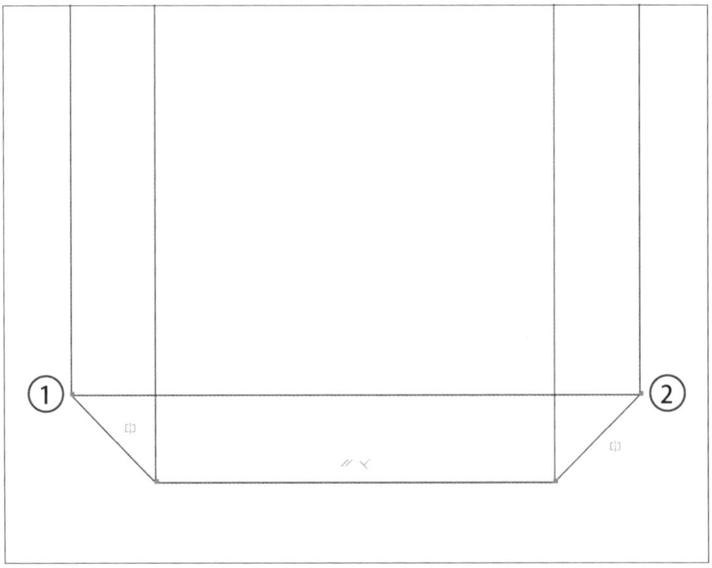

29 ［**幾何拘束**］－［**一致**］で、「上辺の線分の中点」と基準点を一致させます。

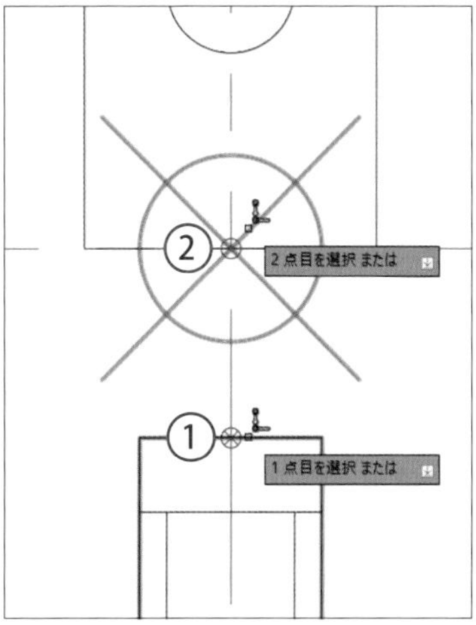

▶ 3.2.3　側面図の作成

1 ［ホーム］タブの［**修正**］－［**複写**］でコピーを作成し、側面図に利用します。

1. **オブジェクトを選択：**正面図全体を範囲選択で選択
2. [Shift] を押しながら基準点を選択 [Enter]

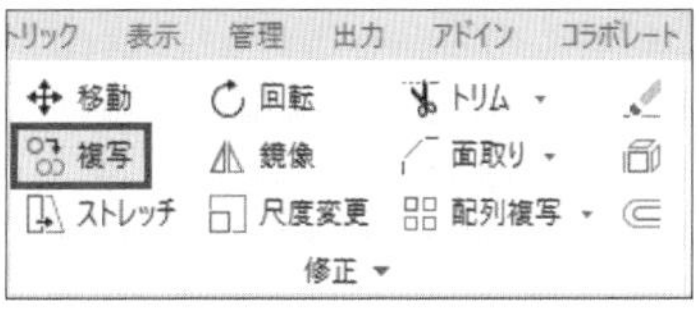

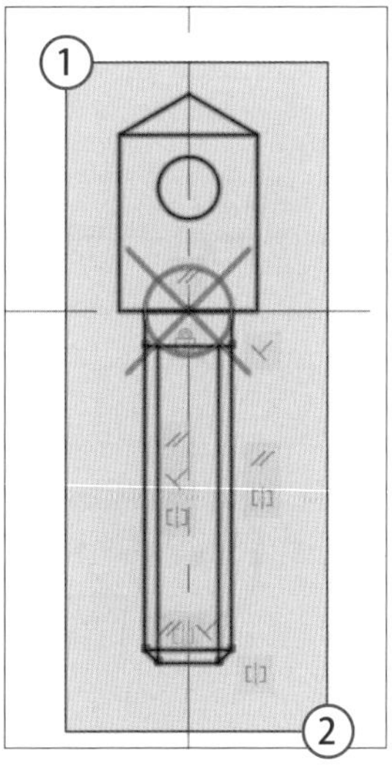

ワンポイントアドバイス

[Shift] を押しながら選択すると、選択解除になります。

2 選択した正面図を以下の手順で複写します。

1. **基点を指定：**基準点を選択
2. **2点目を指定：**水平補助線上を選択 Enter

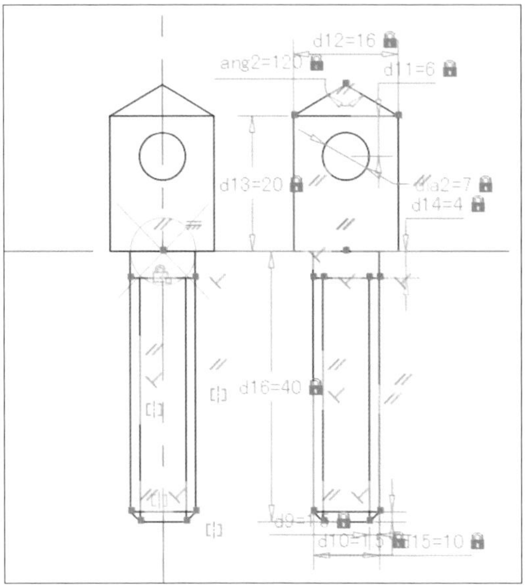

3 ［パラメトリック］タブの［**寸法拘束**］－［**すべて非表示**］を選択します。

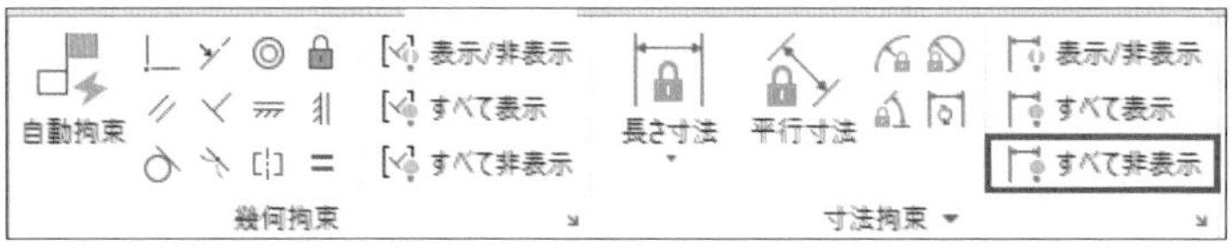

4 側面図では穴が不要になるため、円を選択し、Delete で削除します。

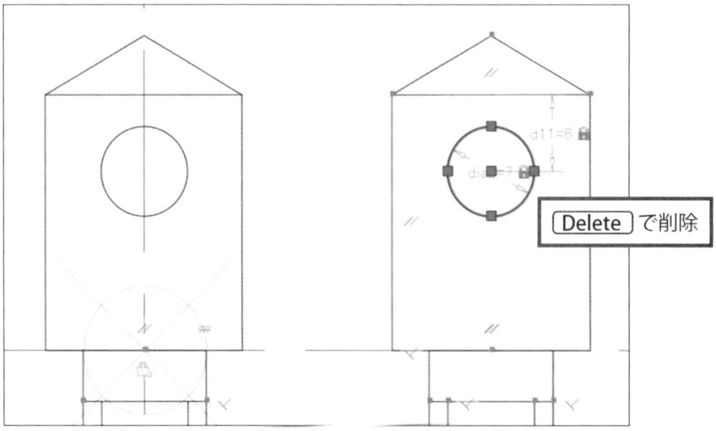

5 ［ホーム］タブの［**画層**］をクリックし、「補助線」に切り替えます。

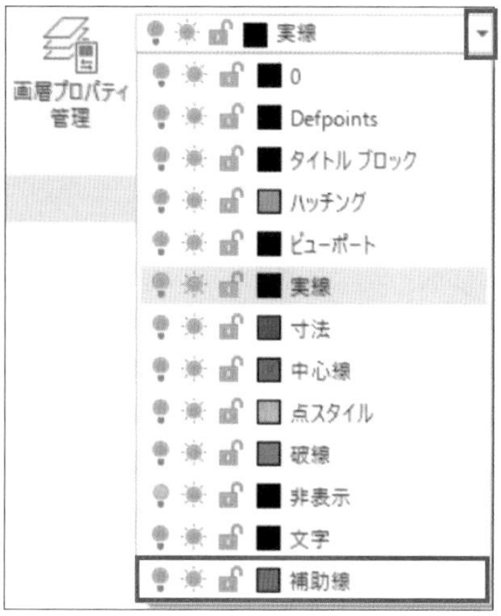

6 ［ホーム］タブの［**作成**］－［**構築線**］を選択し、円の上下に水平線を描きます。

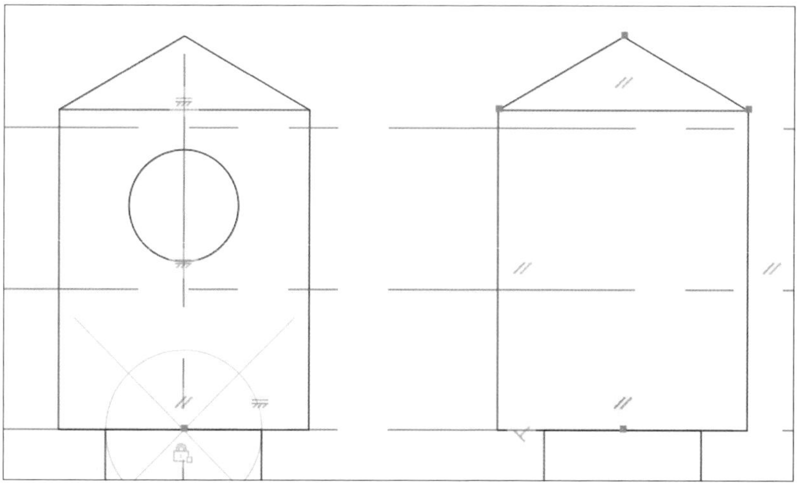

7 ［**幾何拘束**］－［**正接**］で、構築線を円の接点に拘束します。

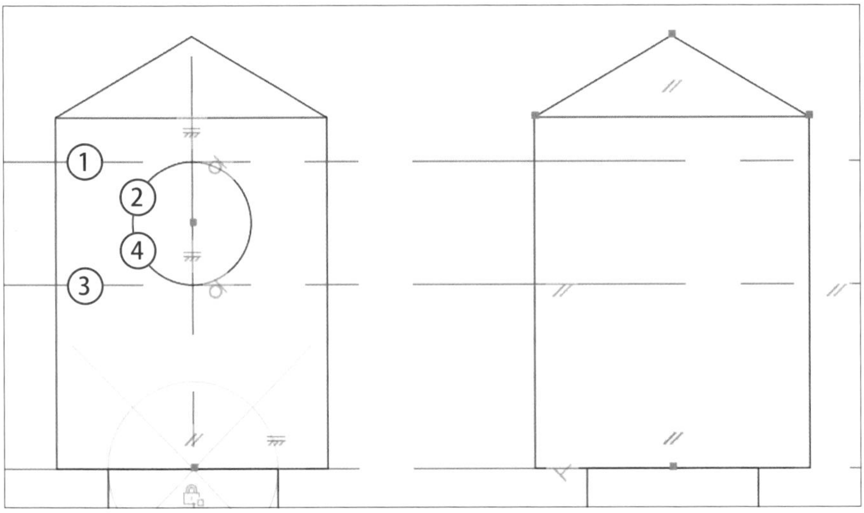

8 ［ホーム］タブの［**画層**］をクリックし、「破線」に切り替えます。

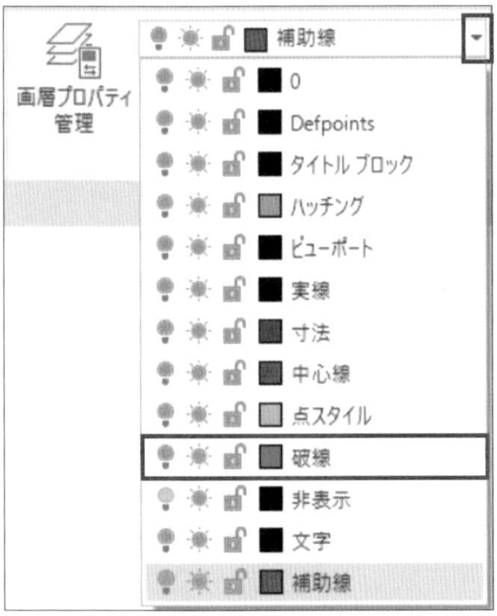

9 [**作成**] – [**線分**] で、構築線上に長方形からはみ出すように水平線を描きます。

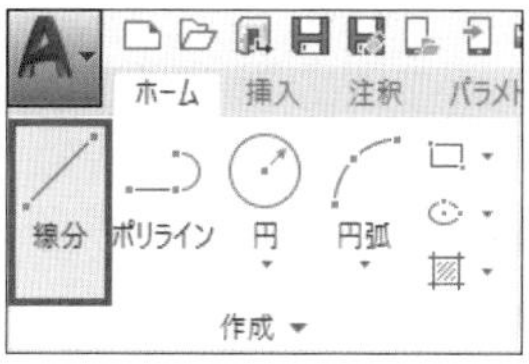

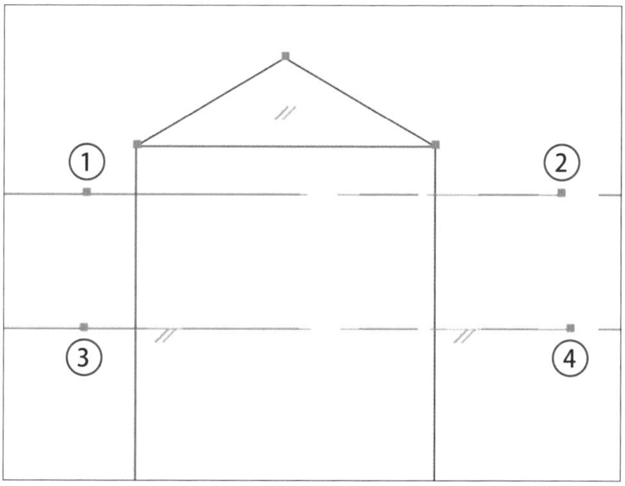

10 [ホーム] タブの [**画層**] をクリックし、「補助線」と「点スタイル」を非表示に切り替えます。

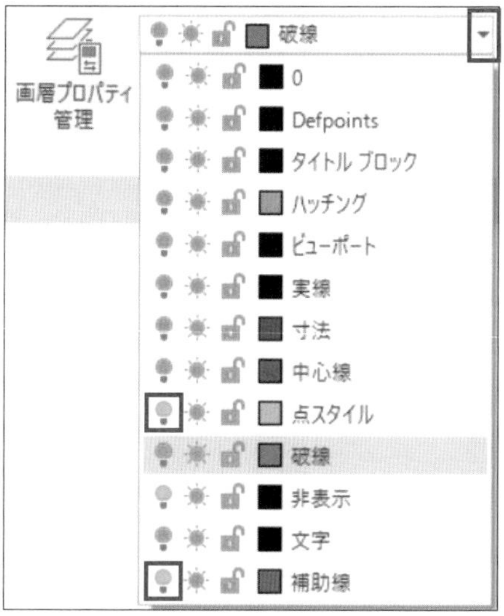

11 ［**修正**］－［**トリム**］を選択し、削除する箇所として、はみ出した4箇所の線分を選択します。

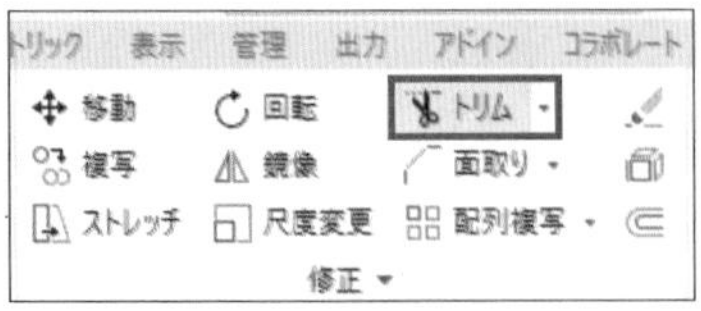

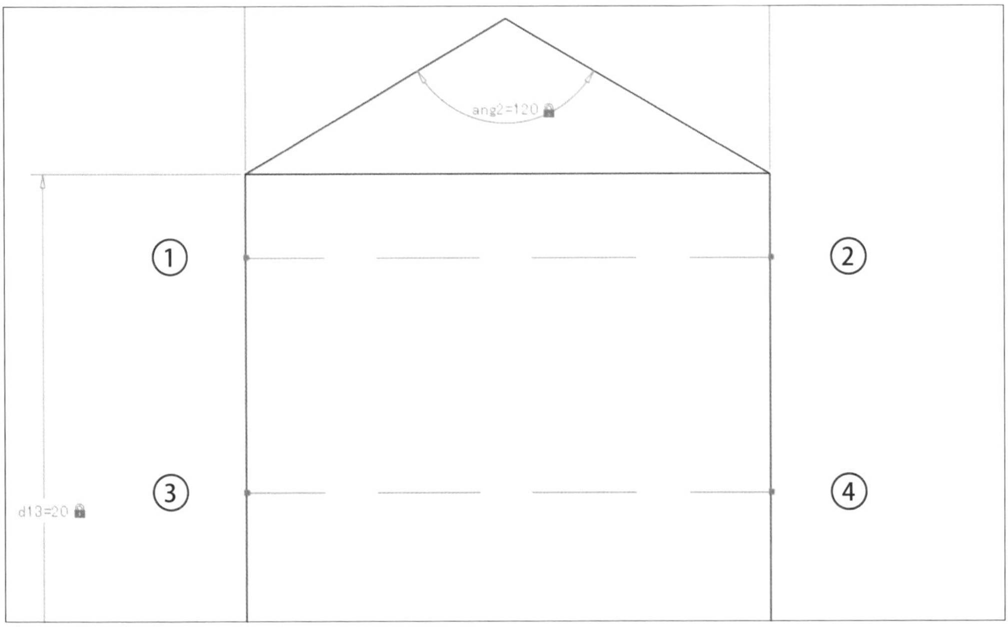

12 ［パラメトリック］タブの［**幾何拘束**］－［**すべて非表示**］と［**寸法拘束**］－［**すべて非表示**］を選択します。

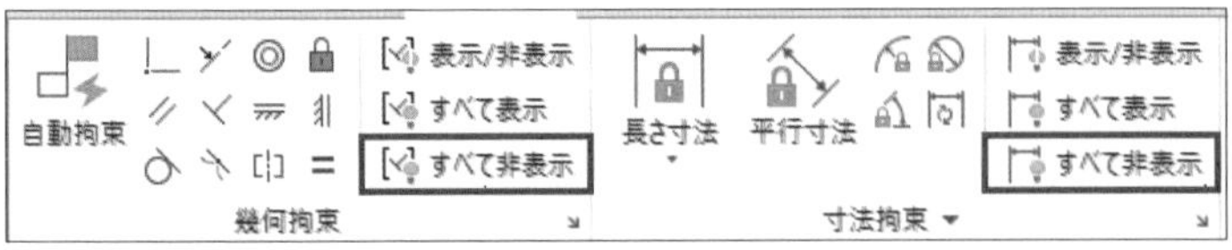

13 完成です！

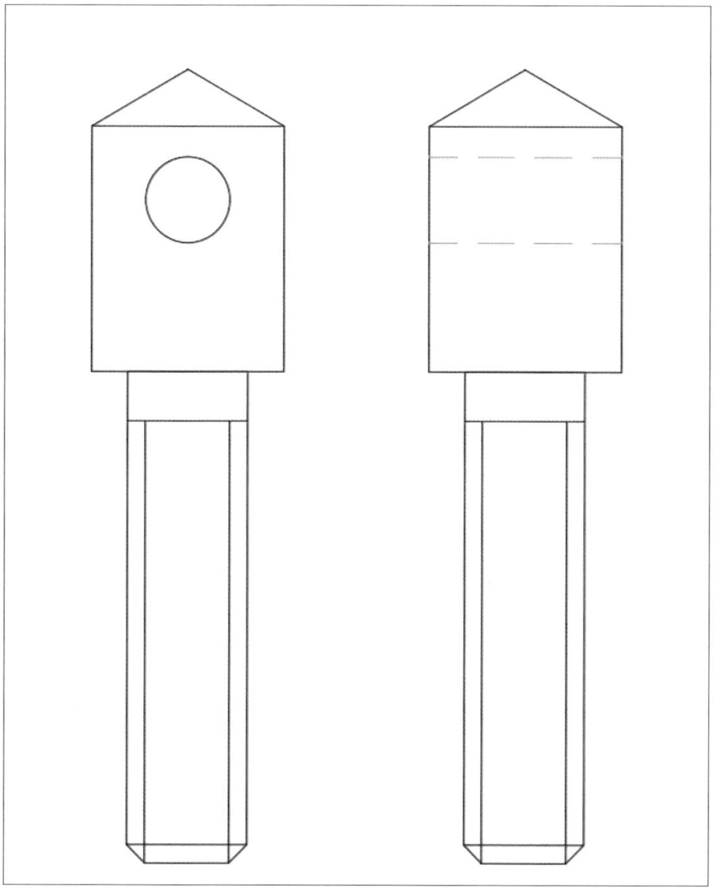

▶3.2.4　データの保存

1 クイックアクセスツールバーの[**上書き保存**]をクリックし、任意の場所に保存します。

2 「豆ジャッキ」フォルダーに、ファイル名「豆ジャッキ送りねじ」として保存します。

小休止 パラメトリック機能のメリット

［パラメトリック］タブの「幾何拘束」と「寸法拘束」は、図形の条件設定という考え方になります。この機能を使うことで、以下のメリットを受けられます。

- 設計変更（修正）が簡単になる
- 関連する修正箇所を連動させることで、修正作業を削減できる
  ※3.3節で詳しく解説します。
- 3D CADへの移行が簡単になる
  ※パラメトリック機能を使った作図は、3D CADの基本的な作図方法となります。

拘束寸法はダブルクリックで再設定できます。たとえば、長方形の幅を16mmから20mmへ変更するときは、拘束寸法をダブルクリックして数値を入力し直すだけです。もちろん、他の寸法拘束や幾何拘束の条件は維持されます。

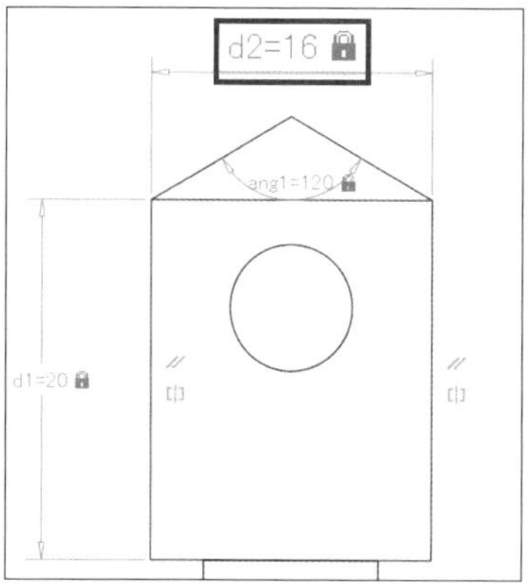

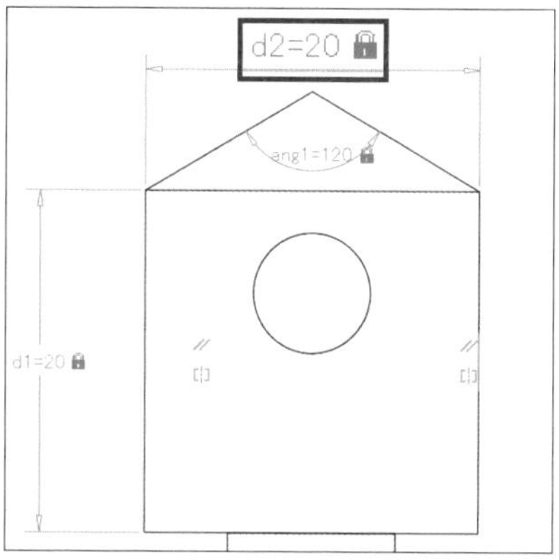

また、寸法に計算式を入力することで、サイズなどを連動させることも可能です。

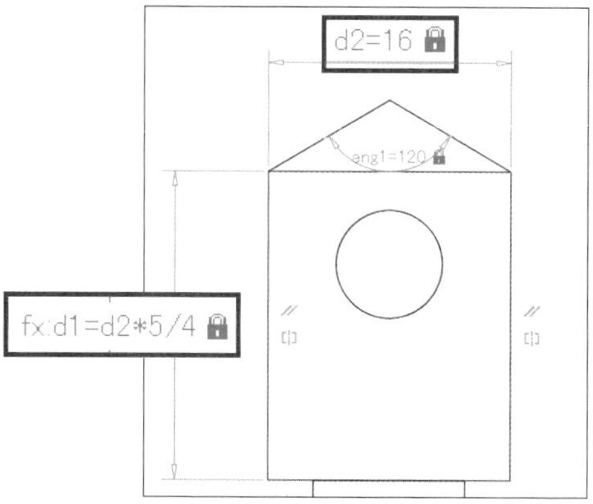

3.3 豆ジャッキ －本体－

3.3節では、次の内容を学習します。

- 断面図の作成
- 画層の移動
- パラメータの連動の方法
- パラメータを利用した設計変更
- ハッチングの作成
- 印刷レイアウトの作成
- ビュー登録
- レイアウトへのビュー挿入
- 寸法の追記
- 文字の追記

■この節の流れ

・「パラメトリック」タブの機能を使用して、本体の正面図を作成します。

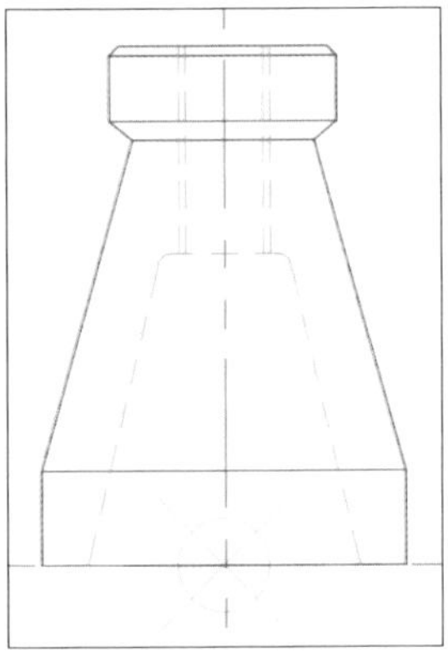

・正面図を複製し、断面図を作成します。

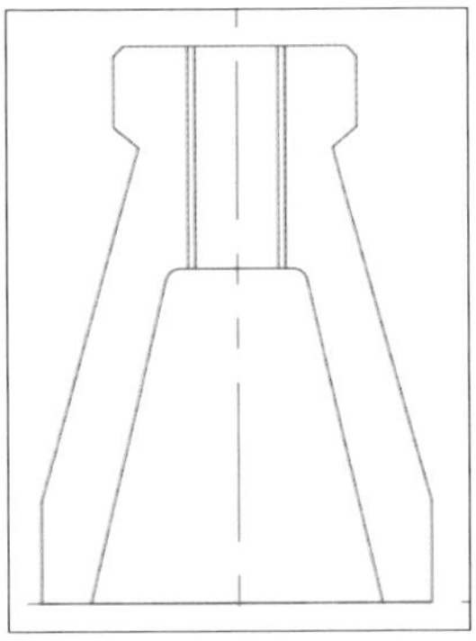

・パラメータを連動させます。

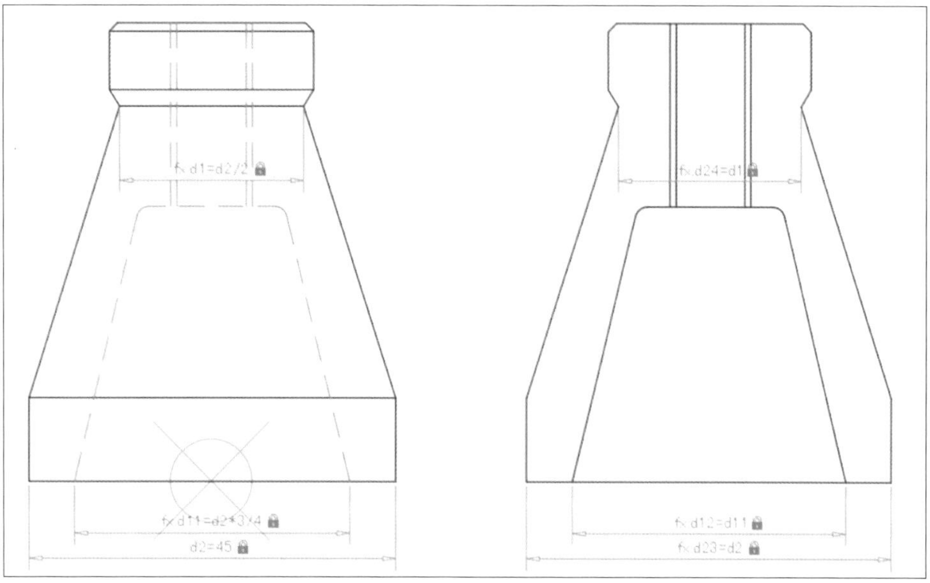

・印刷レイアウトを作成します。

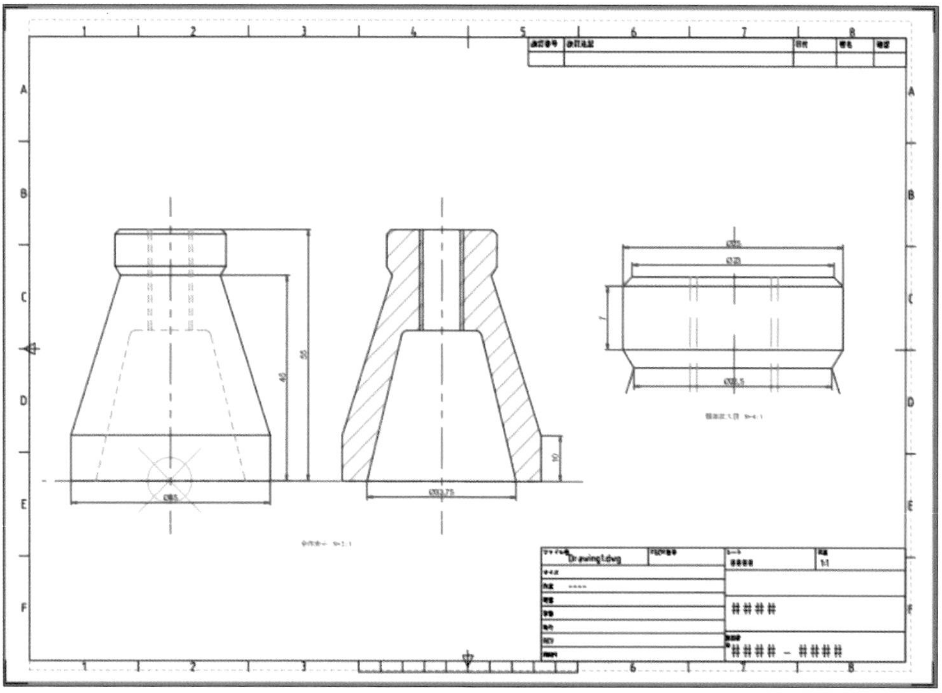

▶ 3.3.1　正面図の作成

1 ［ホーム］タブの［**画層**］をクリックし、「補助線」に切り替えます。

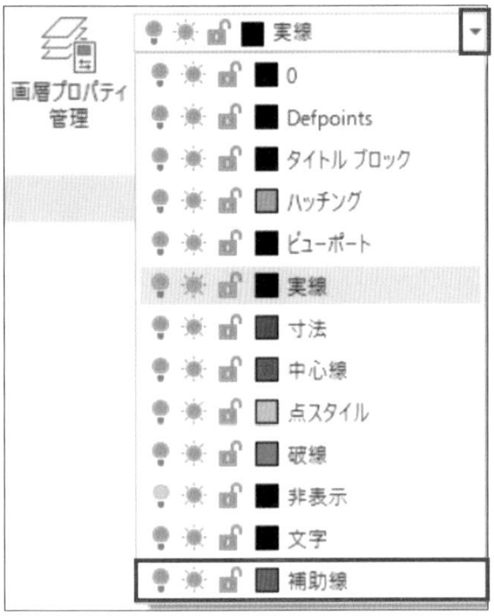

2 ［ホーム］タブの［**作成**］－［**構築線**］を選択し、基準点から水平・垂直の補助線を描きます。

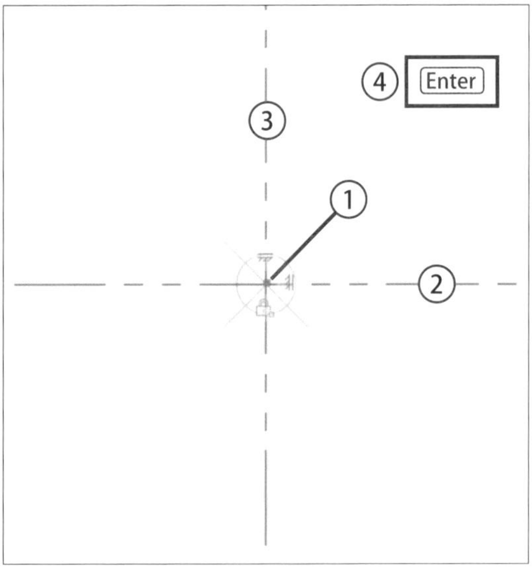

3 ［ホーム］タブの［**画層**］をクリックし、「実線」に切り替えます。

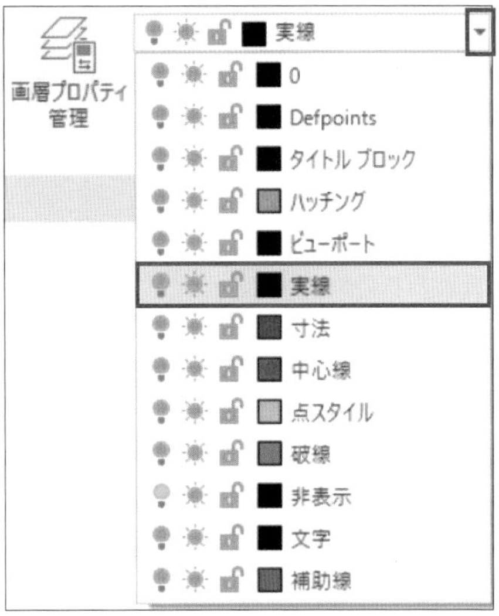

4 ［**作成**］－［**線分**］を選択し、土台となる長方形を作成します。水平・垂直に3点を選択します。

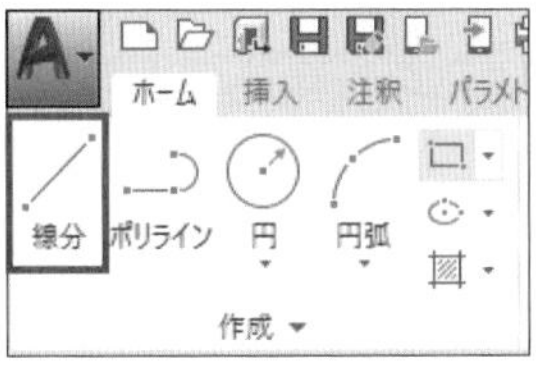

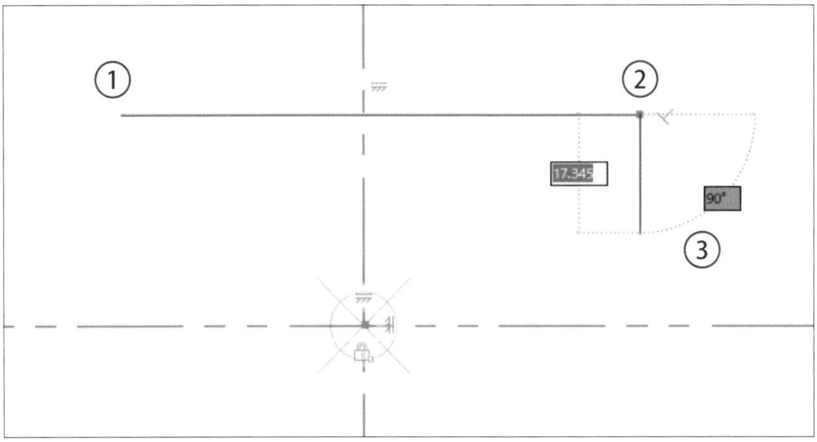

ワンポイントアドバイス

「幾何拘束」、「寸法拘束」を活用する場合は、形状の構成を先に作成し、後からサイズを調整する流れになります。

5 4点目の基準点として、最初の点にカーソルを重ねて「端点」を認識させます。

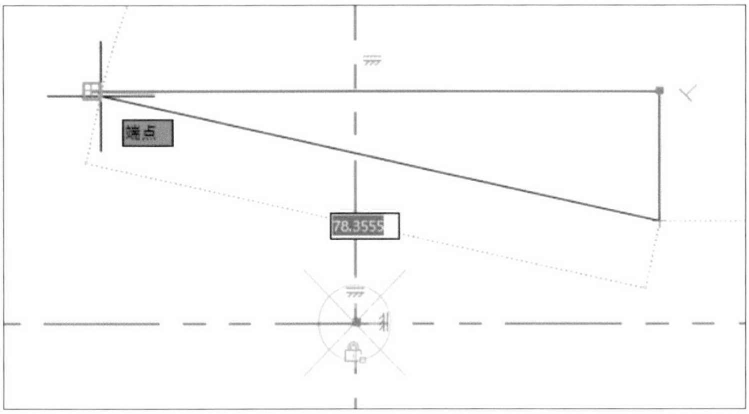

基準点を認識させるときは、クリックせずにカーソルを重ねて少し待ちます。

6 カーソルを下にずらし、ガイドが「1点目と垂直」で「3点目と水平」になる交点を4点目として選択します。

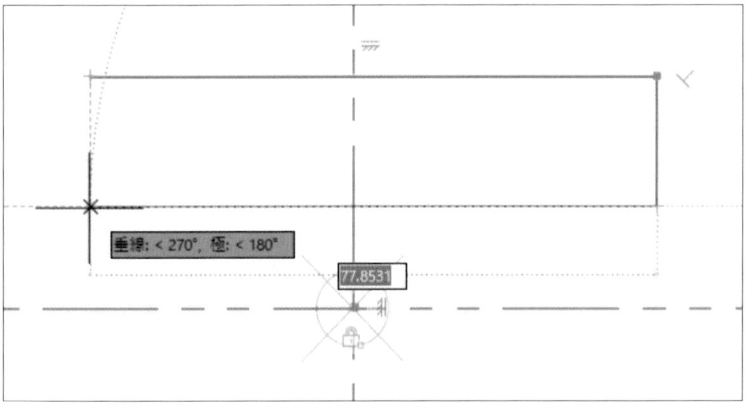

7 「閉じる(c)」オプションを使用して長方形を作成します。
次の点を指定： c Enter

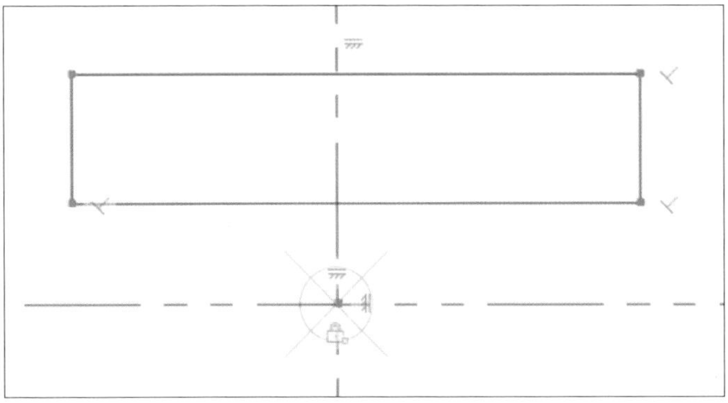

8 ［**作成**］－［**線分**］を選択し、長方形の上に台形になるように線分を描きます。

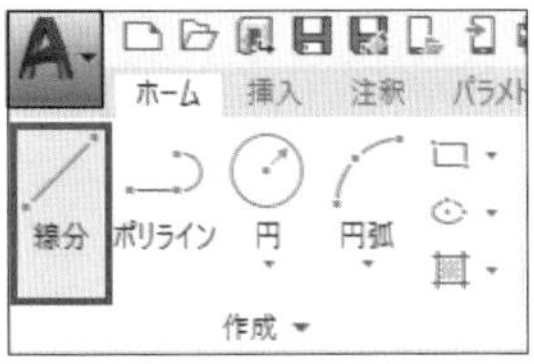

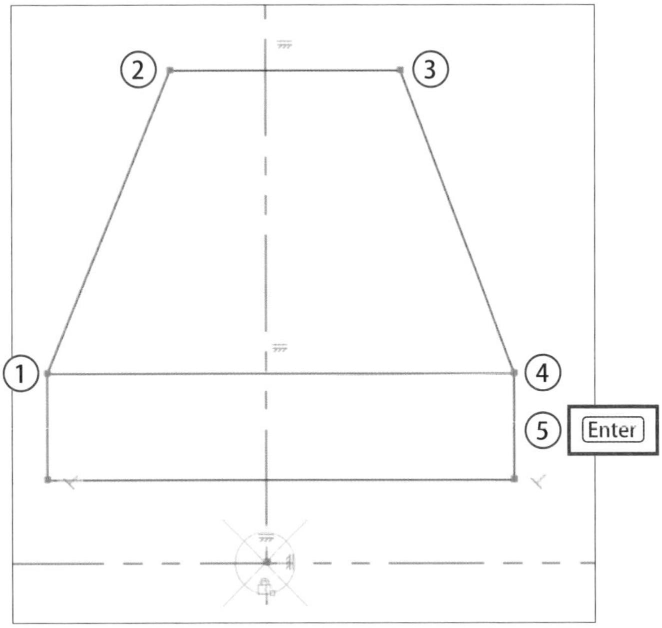

ワンポイントアドバイス

作業後に Enter を押すと、同じコマンドを連続して実行できます。

9 ［**作成**］－［**線分**］で、逆台形になるように線分を描きます。

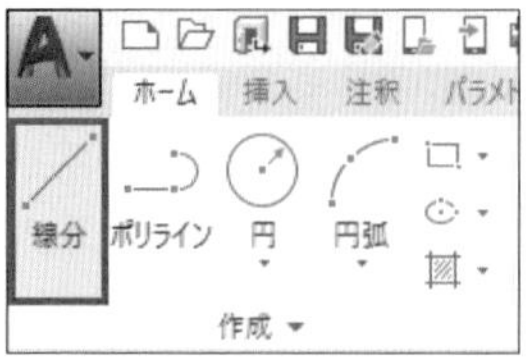

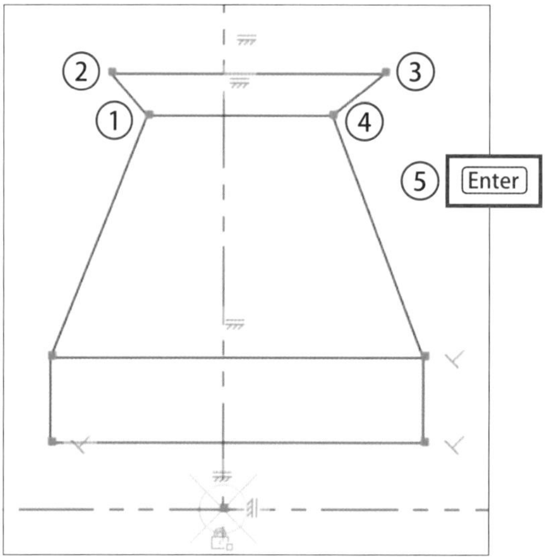

10 ［**作成**］－［**線分**］で、長方形になるように水平・垂直の線分を描きます。3点目を指定するときは、4点目を認識させた後、ガイドが水平・垂直になる交点を選択します。

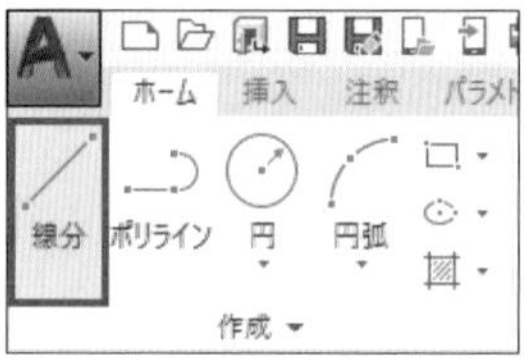

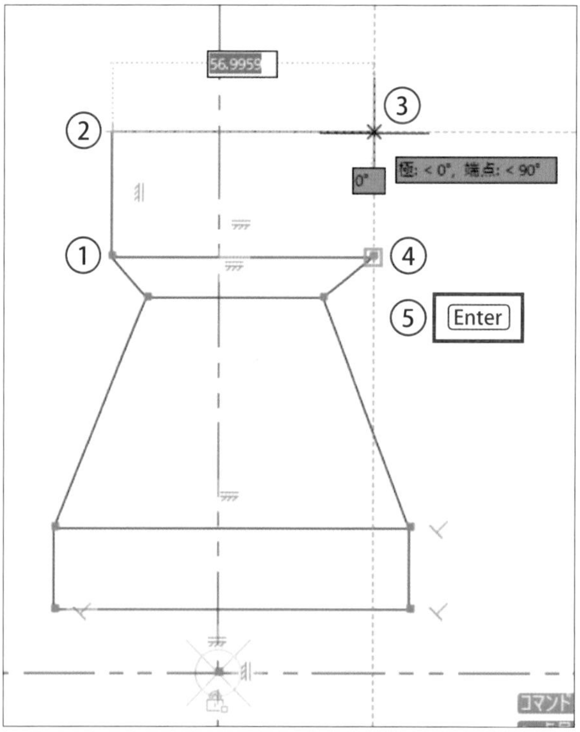

11 ［**作成**］－［**線分**］で、台形の線分を描いて外形のラインを作成します。

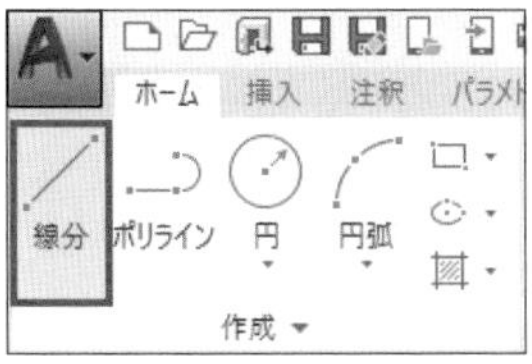

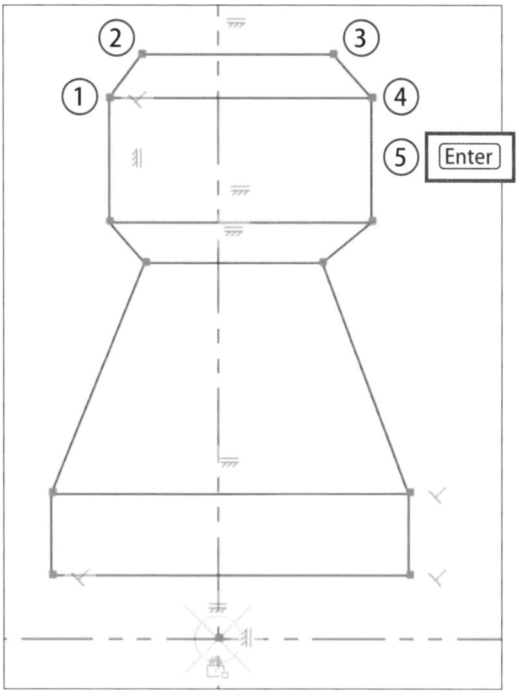

12 ［パラメトリック］タブの［**幾何拘束**］－［**対称**］を選択し、「1段目の長方形」を垂直補助線を基準に左右対称にします。

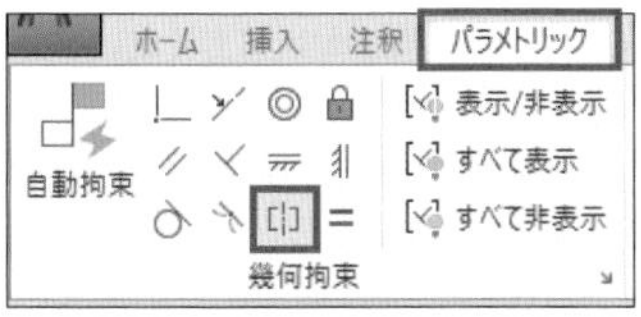

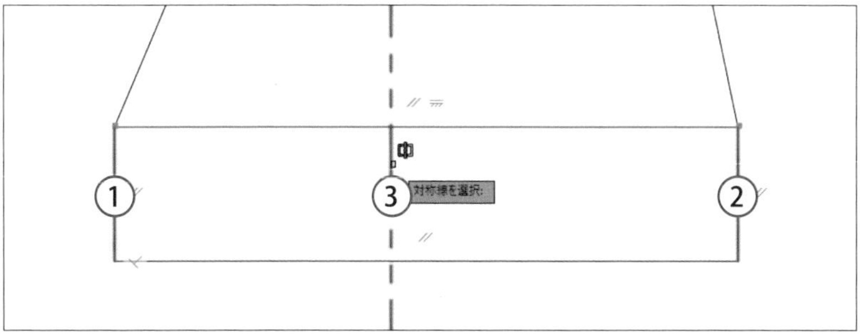

対称拘束を実行すると「2本目に選んだ線」が移動され、「1本目に選んだ線」と対称になるように配置されます。

13 同様の手順で「2段目、3段目、5段目の台形」を垂直補助線を基準に左右対称にします。

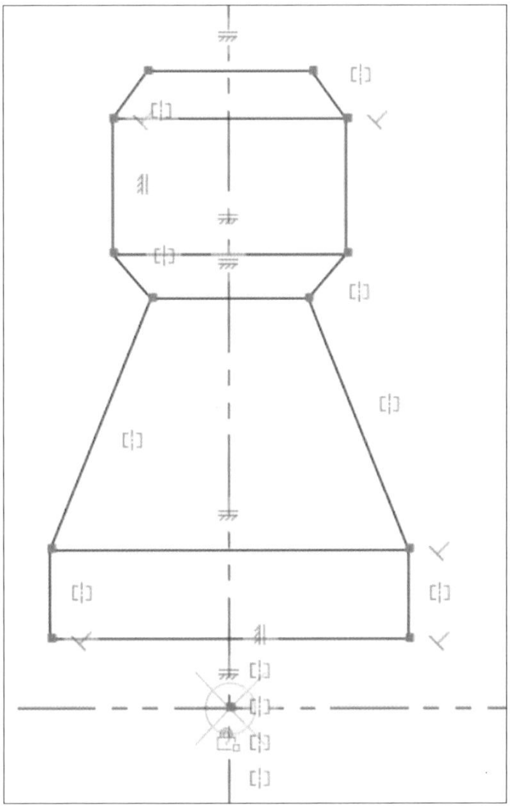

ワンポイントアドバイス

「4段目の長方形」は「3段目の台形」に対して水平・垂直に作成されているため、3段目を対称にした時点で4段目も連動して対称になります。このため、「4段目の長方形」を対称拘束しようとすると、「過剰拘束」のエラーが発生してしまいます。

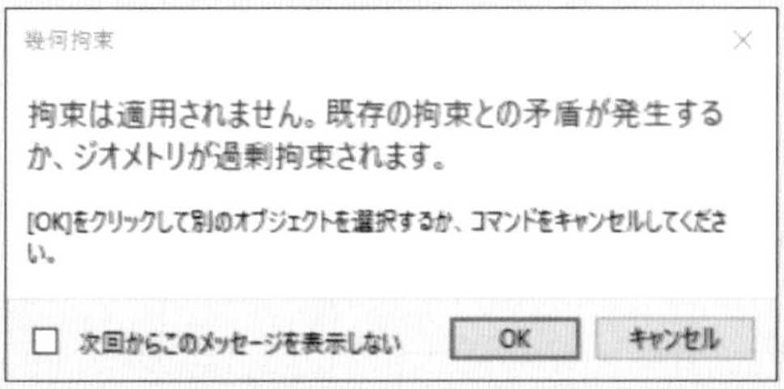

14 ［**幾何拘束**］－［**一致**］で、「底辺の中点」を基準点に一致させます。

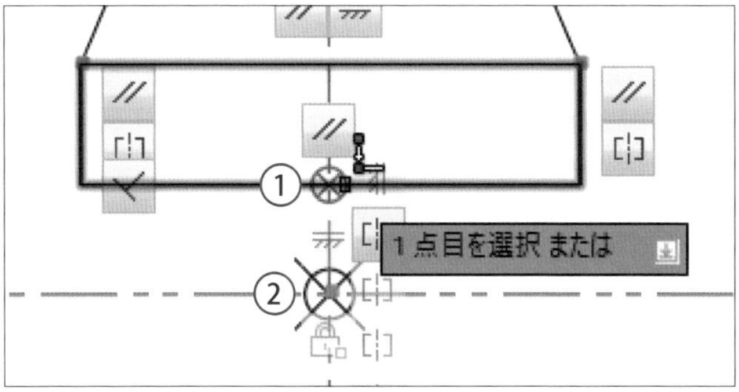

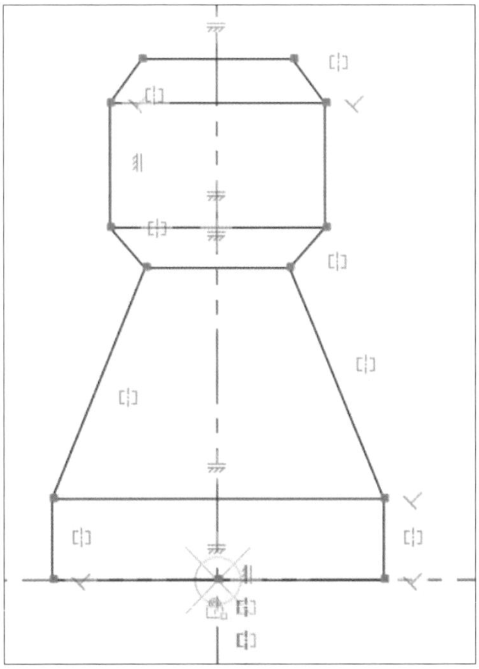

15 ［パラメトリック］タブの［**寸法拘束**］－［**長さ寸法**］で、以下の寸法拘束を付けます。

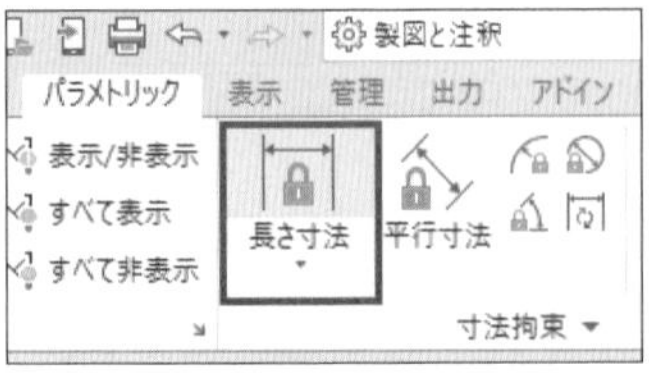

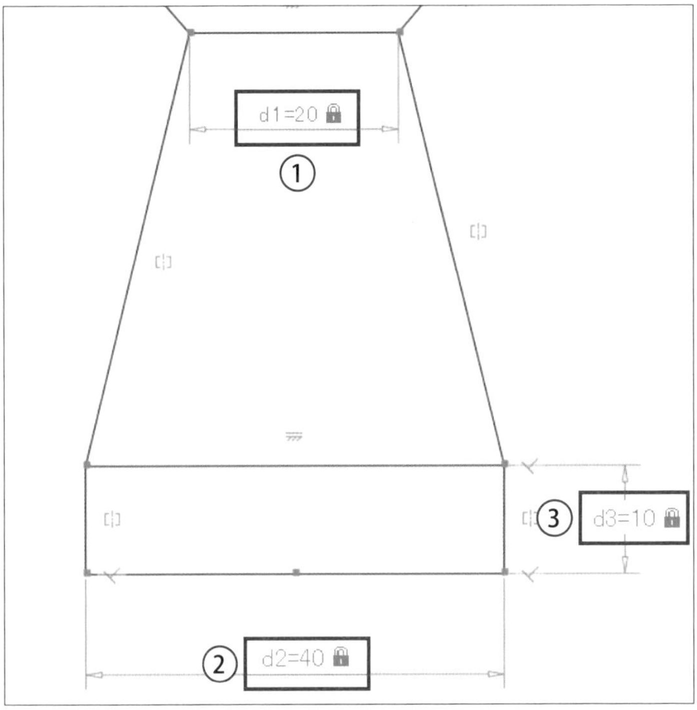

「寸法拘束」の寸法は、形を整えるための寸法であり、図面の寸法とは異なります。

「寸法拘束」は、ハイライトされている線の端点を認識します。基準線上の点になっているか確認してください。

16 ［**寸法拘束**］－［**長さ寸法**］で、以下の寸法拘束を付けます。

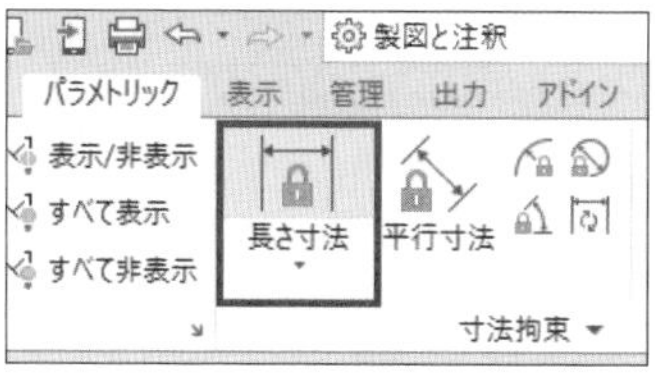

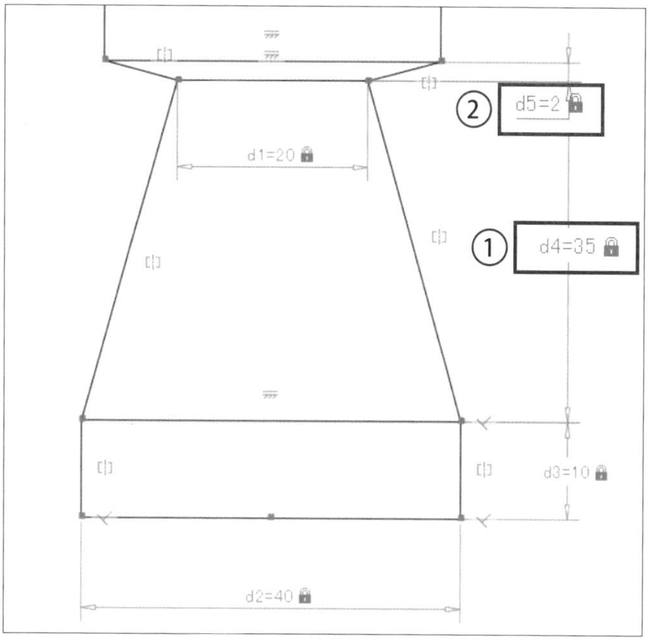

17 ［**寸法拘束**］－［**長さ寸法**］で、以下の寸法拘束を付けます。

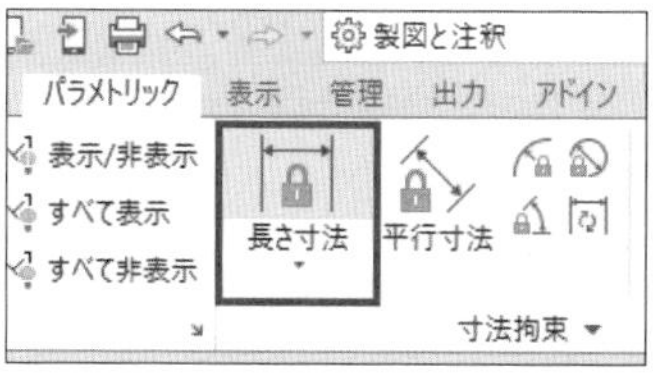

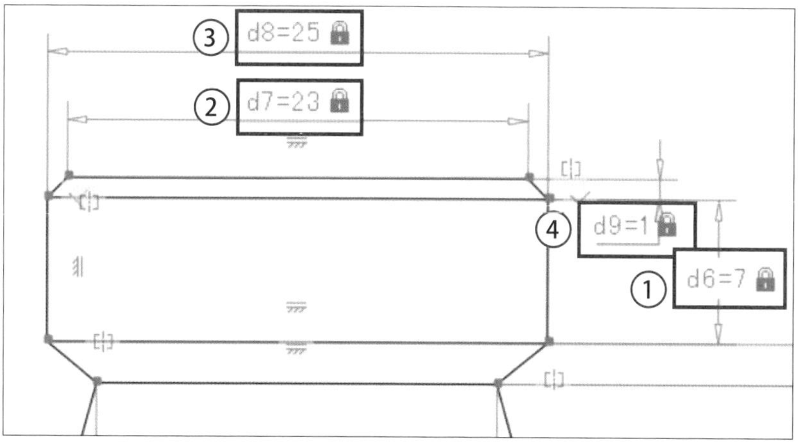

18 ［パラメトリック］タブの［**幾何拘束**］－［**すべて非表示**］と［**寸法拘束**］－［**すべて非表示**］を選択します。

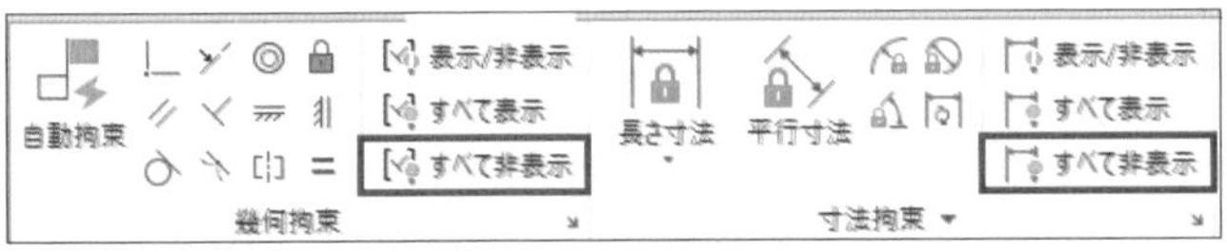

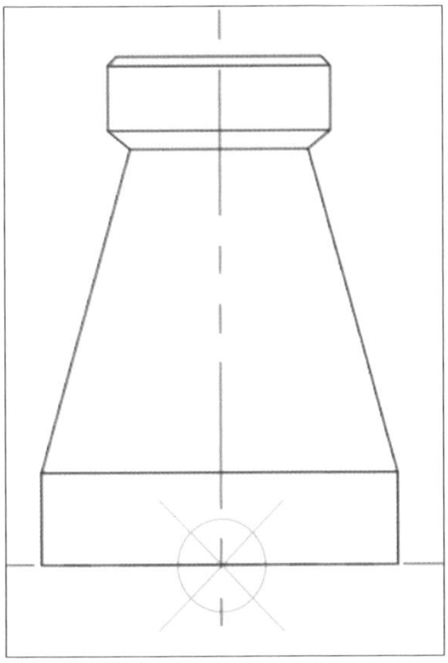

19 ［ホーム］タブの［**画層**］をクリックし、「破線」に切り替えます。

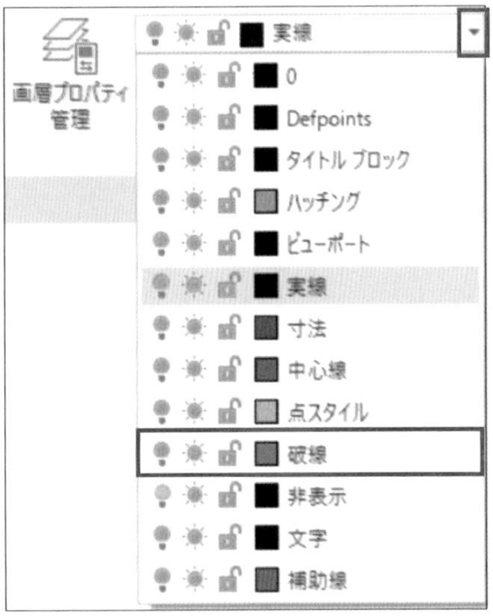

20 ［**作成**］－［**線分**］で、内側のラインを作成します（底面から台形を描きます）。

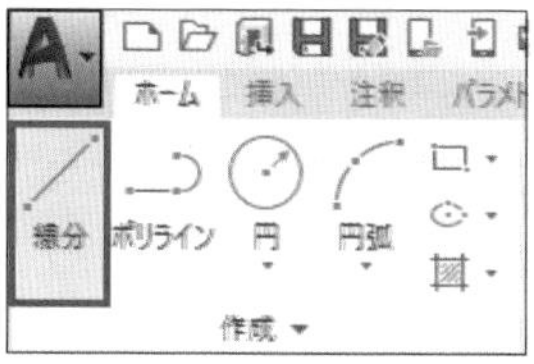

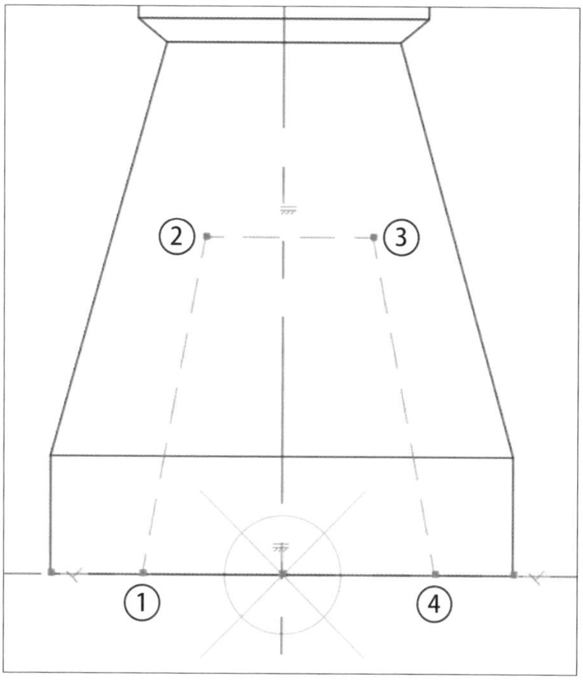

21 「内側の台形の上面」から「外形の上面」まで垂線を描きます。

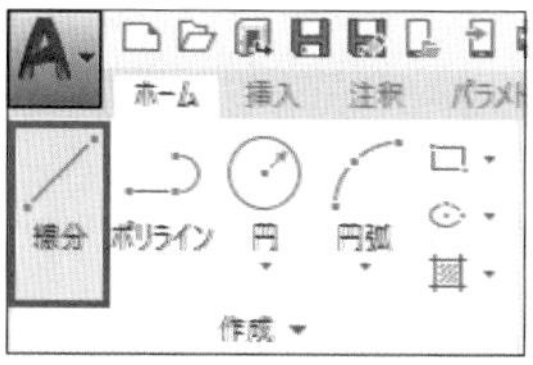

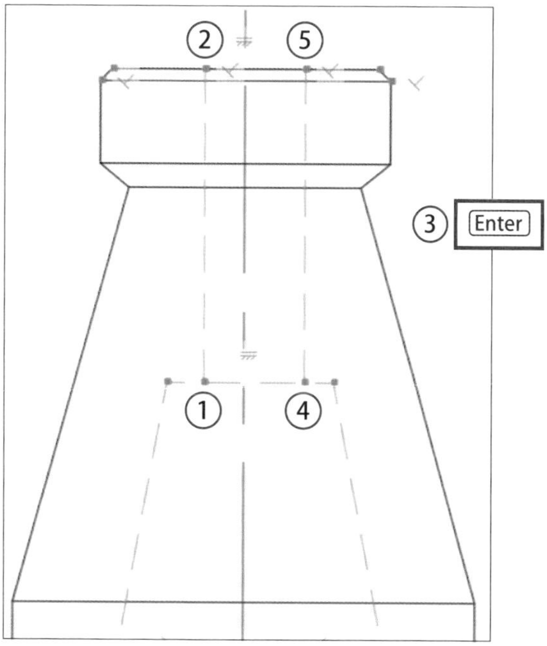

22 ［パラメトリック］タブの［**幾何拘束**］－［**対称**］を選択し、垂直補助線を基準に、すべてを左右対称にします。

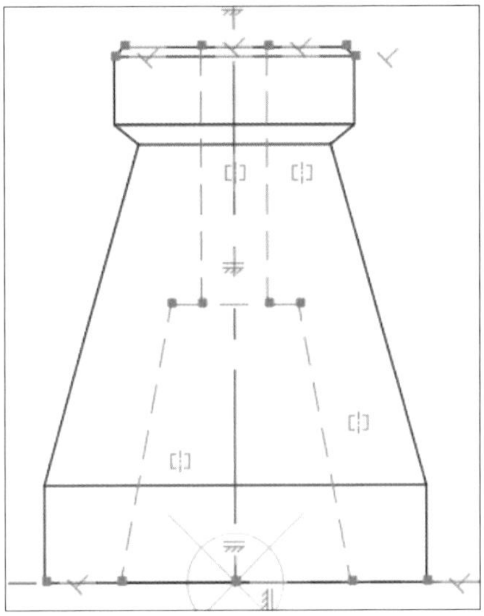

23 ［パラメトリック］タブの［**寸法拘束**］－［**長さ寸法**］で、以下の寸法拘束を付けます。

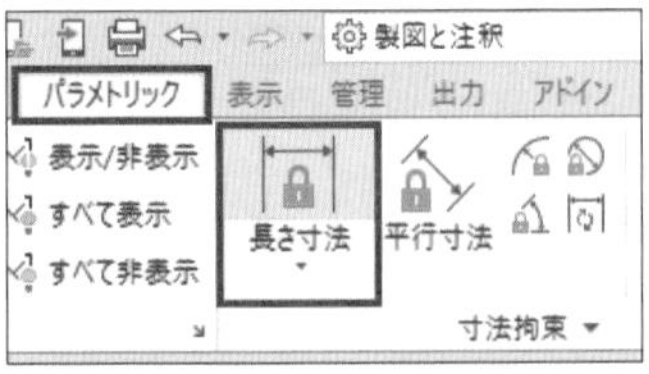

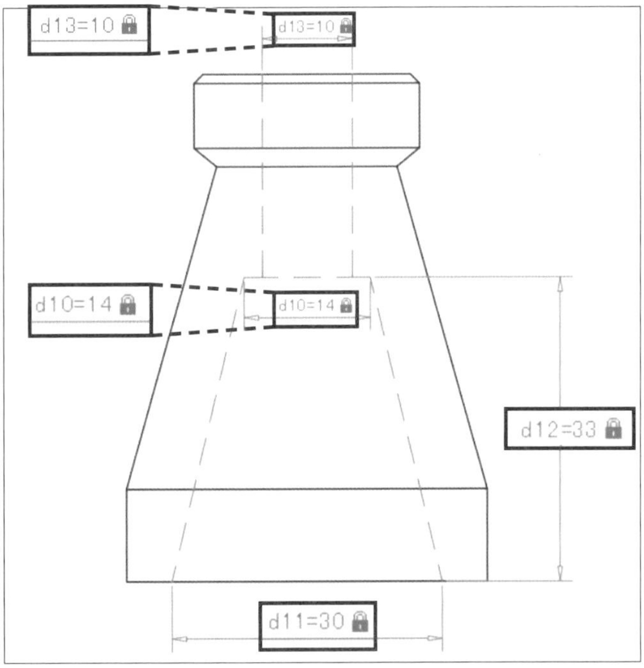

24 ［ホーム］タブの［**作成**］－［**線分**］で、内側に「ネジ山部分の線分」を描きます。

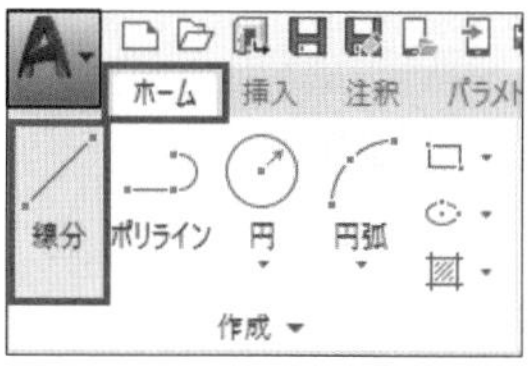

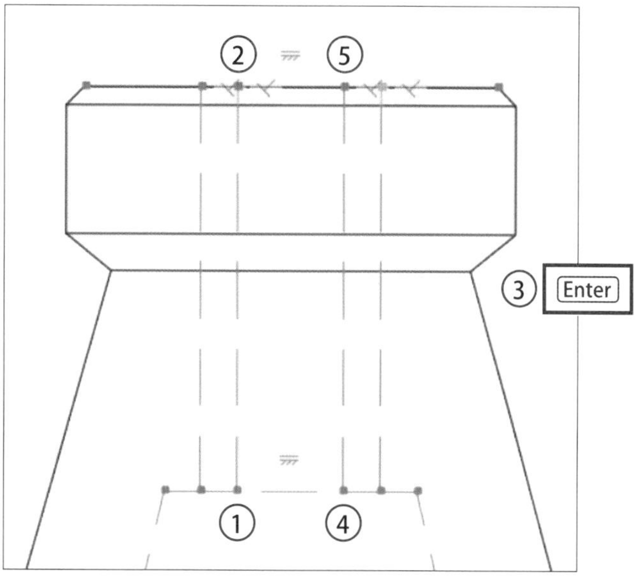

25 ［パラメトリック］タブの［**幾何拘束**］－［**対称**］を選択し、垂直補助線を基準にフィレットと追加した線分を左右対称にします。

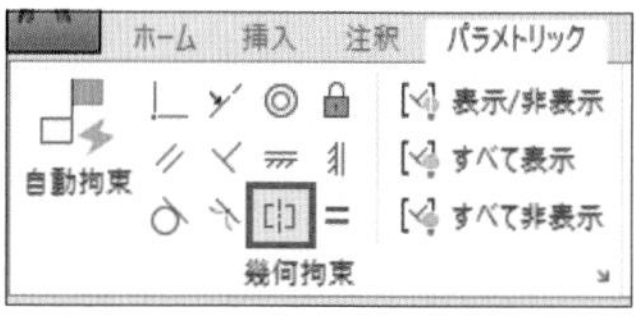

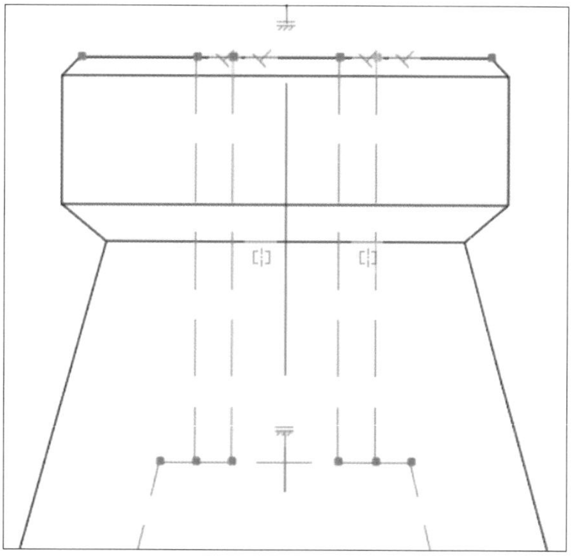

26 [パラメトリック] タブの [**寸法拘束**] − [**長さ寸法**] を選択し、ネジの内径に「8.5mm」と付けます。

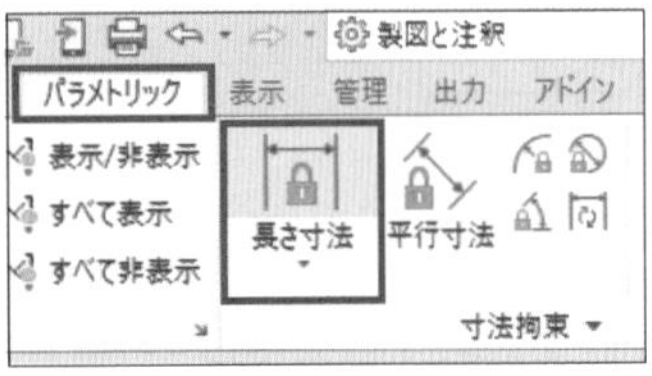

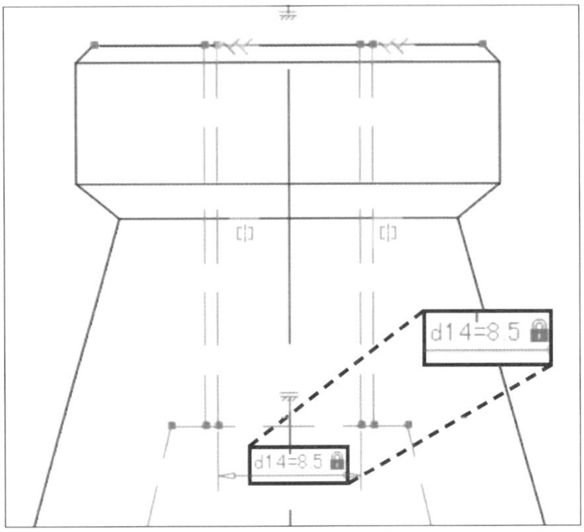

27 [ホーム] タブの [修正] − [フィレット] で、角にR1.5を付けます。

1. **最初のオブジェクトを選択**：R Enter
2. **フィレット半径を指定**：1.5 Enter
3. **最初のオブジェクトを選択**：M Enter
4. **最初のオブジェクトを選択**：以下に示した番号順に線分を選択

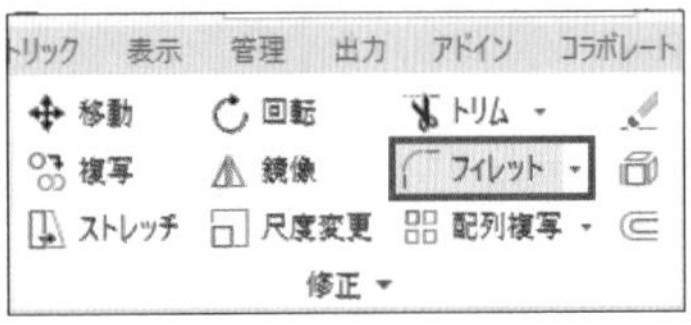

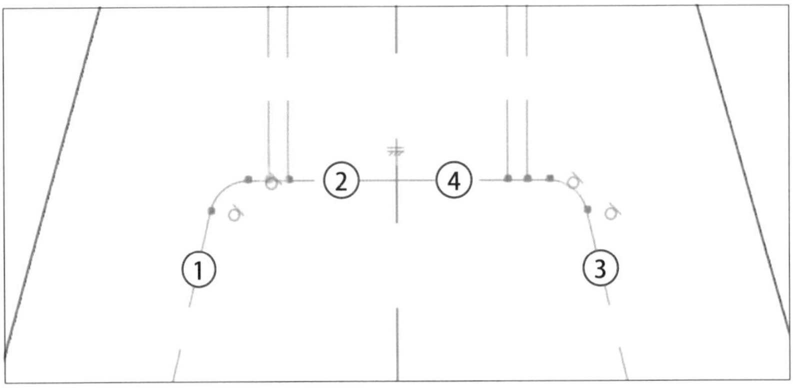

28 ［パラメトリック］タブの［**幾何拘束**］－［**対称**］を選択し、垂直補助線を基準にフィレットを左右対称にします。

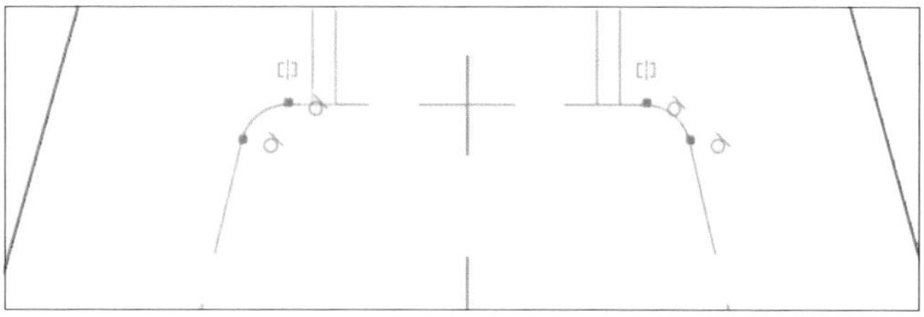

29 ［**寸法拘束**］－［**半径寸法**］で、Rを「1.5mm」と付けます。

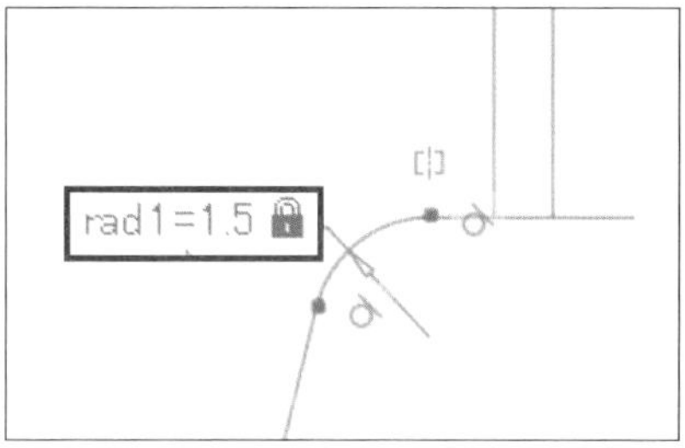

30 正面図の完成です！

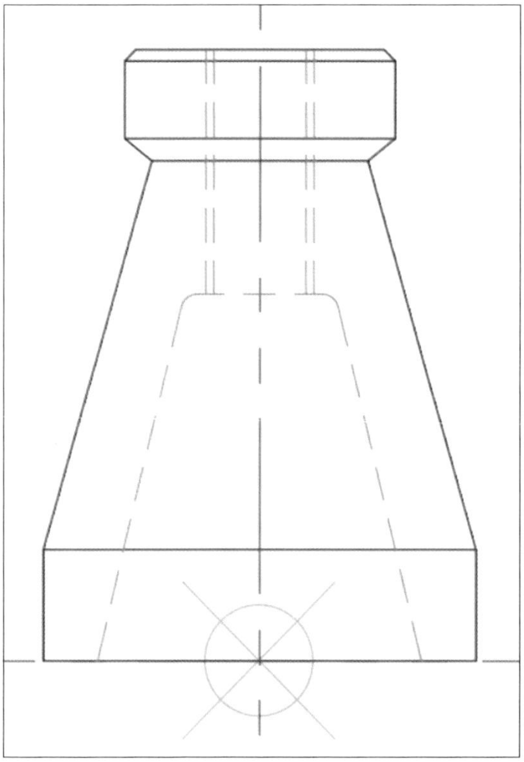

▶ 3.3.2 断面図の作成

1 ［ホーム］タブの［修正］−［複写］で正面図のコピーを作成し、断面図に利用します。まずは、正面図全体を選択します。

1. **オブジェクトを選択：**正面図全体を範囲選択で選択
2. 垂直線を選択し、Enter を押す

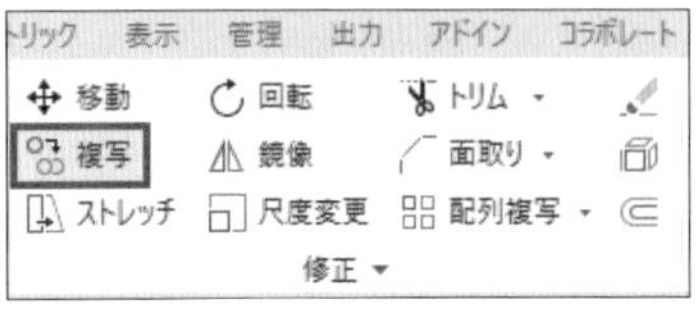

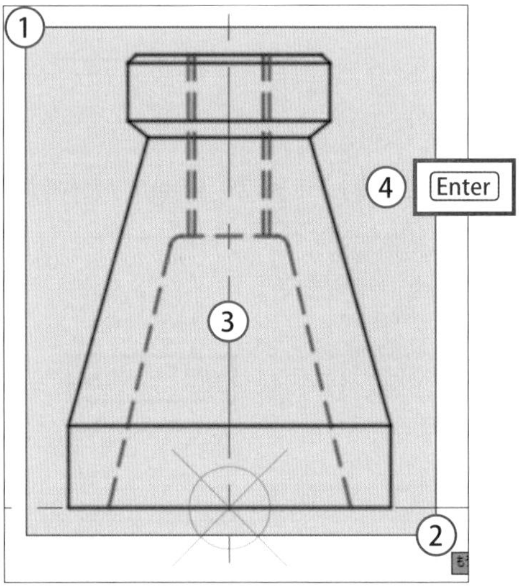

2 続けて、コピー先を指定します。

1. **基点を指定：**基準点を選択
2. **2点目を指定：**水平補助線上を選択 Enter

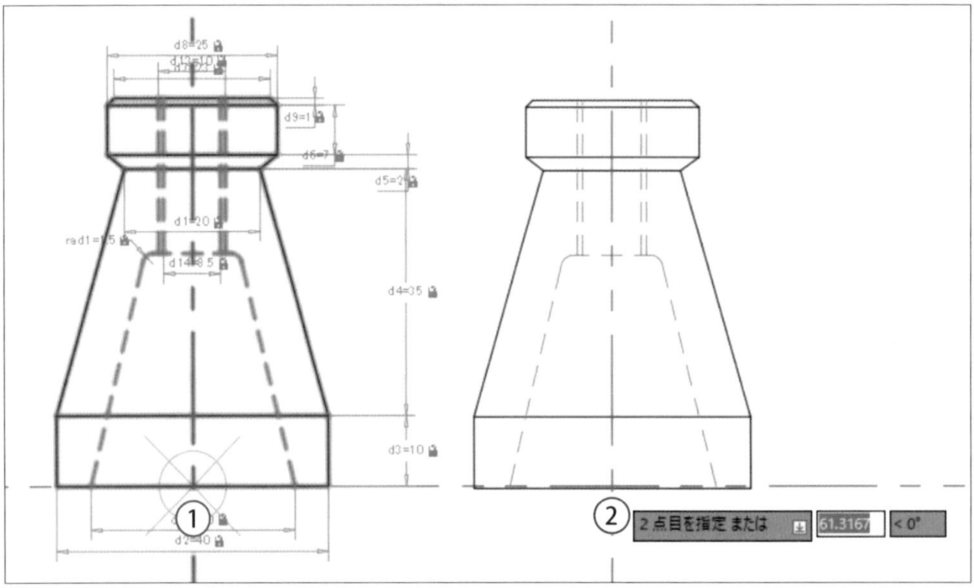

3 ［パラメトリック］タブの［幾何拘束］－［すべて非表示］と［寸法拘束］－［すべて非表示］を選択します。

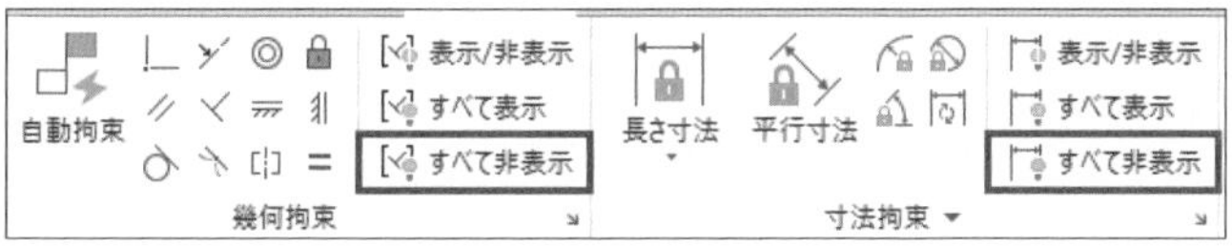

4 断面図に不要な線分を［非表示］画層へ移動させます。何もコマンドを実行していない状態で、複写した図形の4本の水平線を選択します。

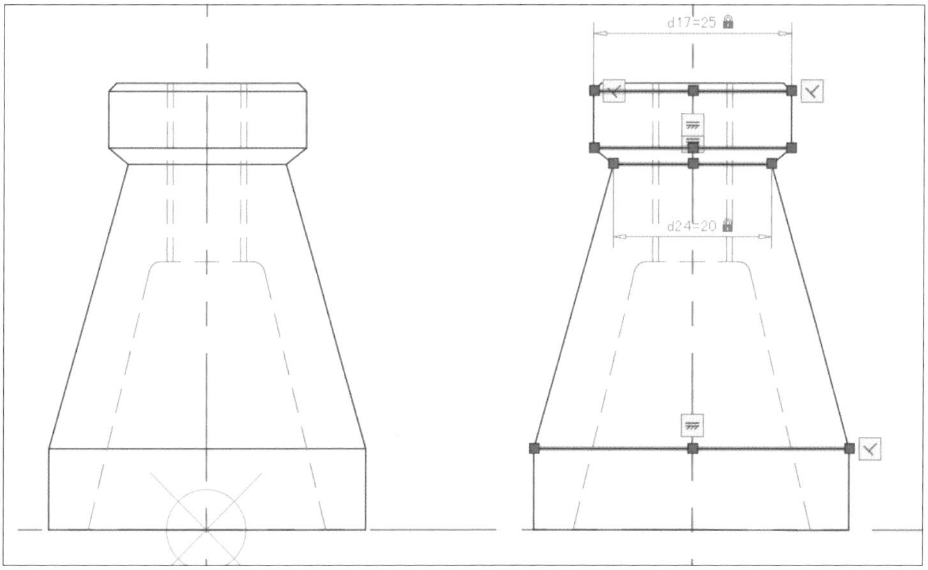

5 そのまま［ホーム］タブの画層ドロップダウンリストから「非表示」を選択します。

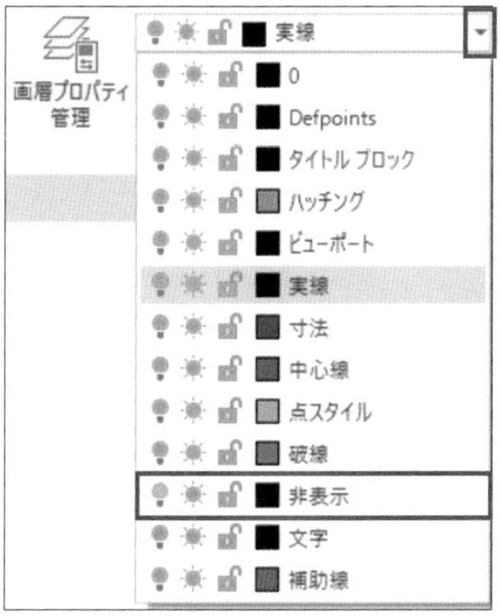

6 「非表示」の画層に移動したことを知らせる確認ダイアログボックスが表示されるので、[閉じる]ボタンをクリックします。

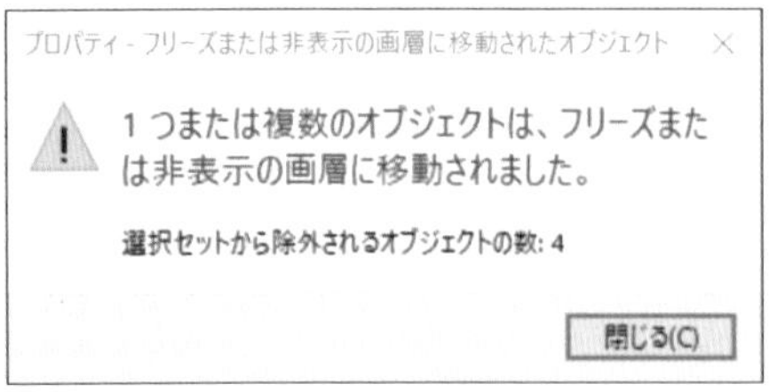

ワンポイントアドバイス

「幾何拘束」や「寸法拘束」を使用している場合は、線を削除すると拘束が解除される可能性が高くなります。よって、線を削除せずに、「非表示」の画層へ移動します。

7 断面図では、内側の破線を実線で表現する必要があります。内側の破線を[実線]画層へ移動します。

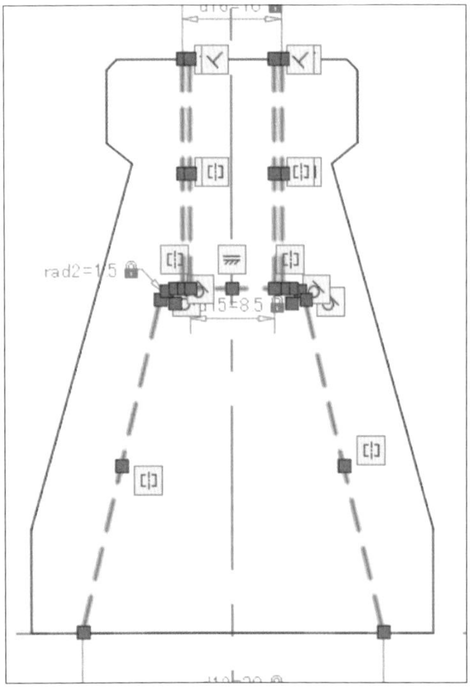

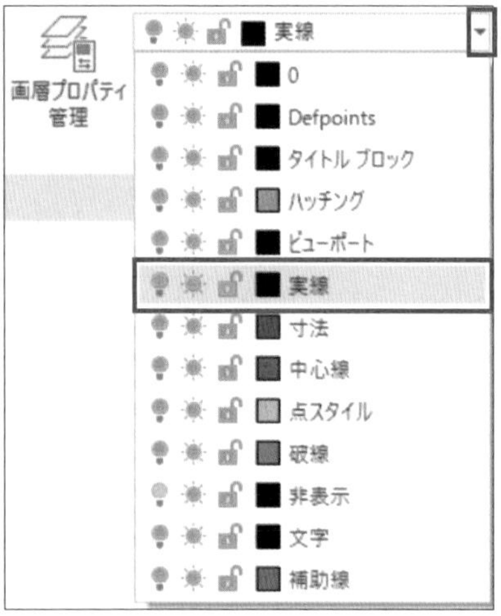

8 断面図のラインを作成できました。

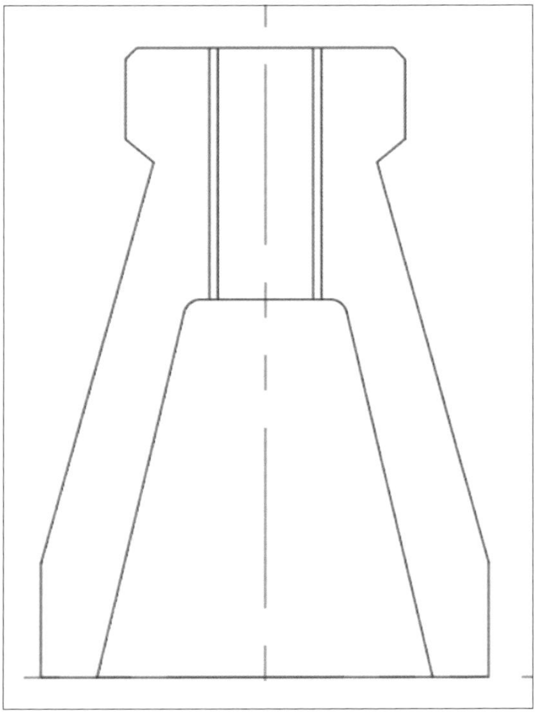

▶ 3.3.3 パラメータを利用した設計変更

1 ［パラメトリック］タブの［**管理**］－［**パラメータ管理**］を実行し、「パラメータ管理」ダイアログを表示します。

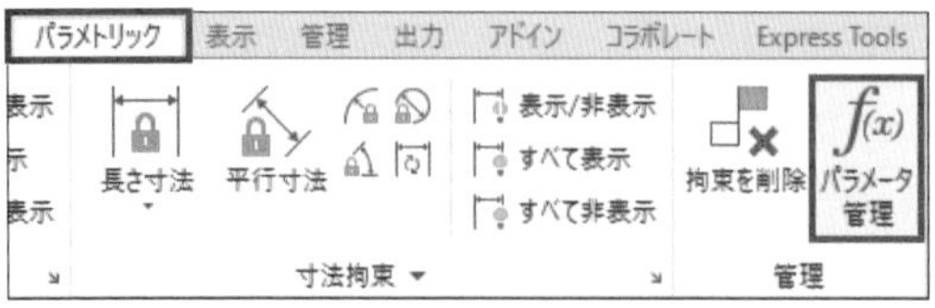

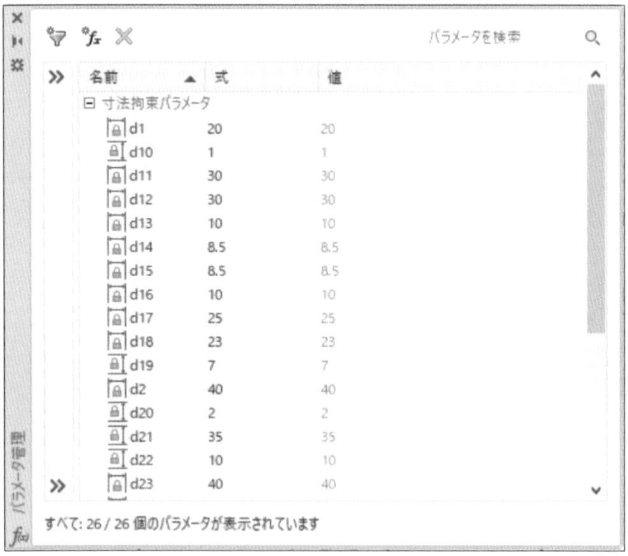

2 「値」をクリックして、値順にソートします。

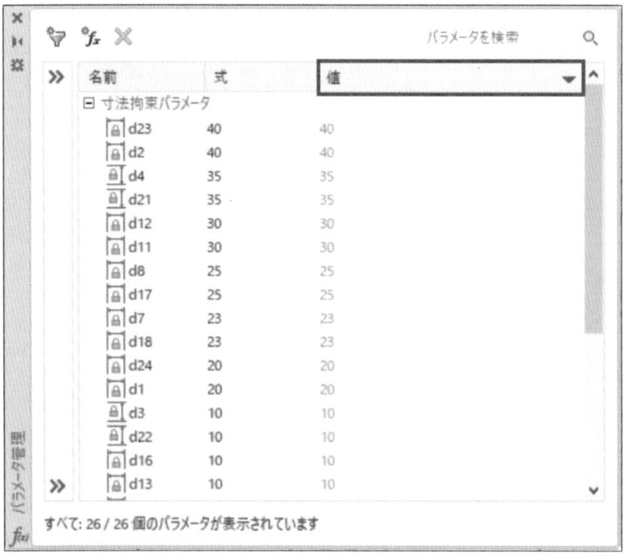

3 今回は、「底面の内径（d11）」＝「外径（d2）の3/4」、「くびれ（d1）」＝「外径（d2）の1/2」という関係性を設定します。「式」のカラムに「名前を含む計算式」を入力します。

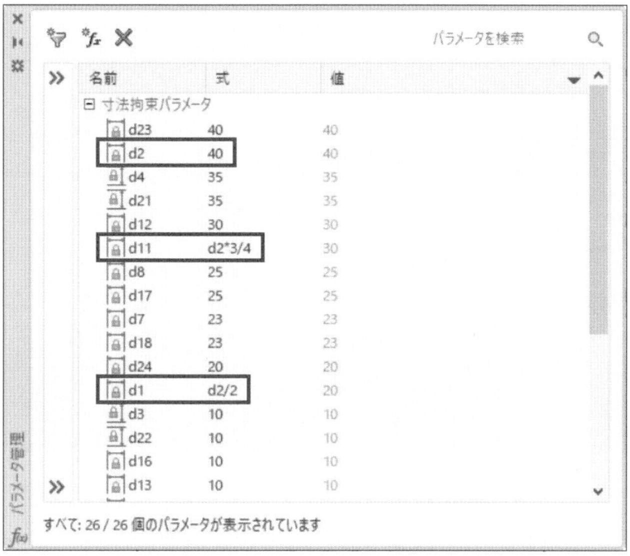

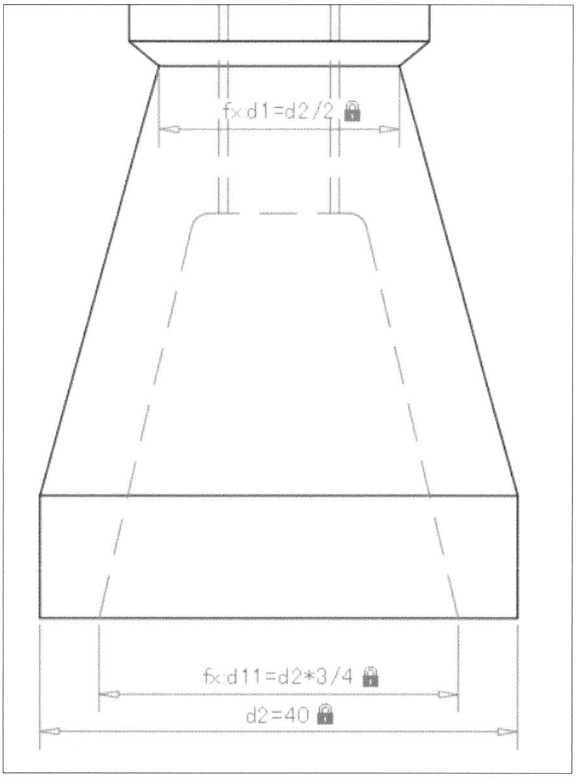

4 続いて、正面図と断面図の寸法を連動させます。断面図の寸法の「式」のカラムに「正面図寸法の名前」を入力します。

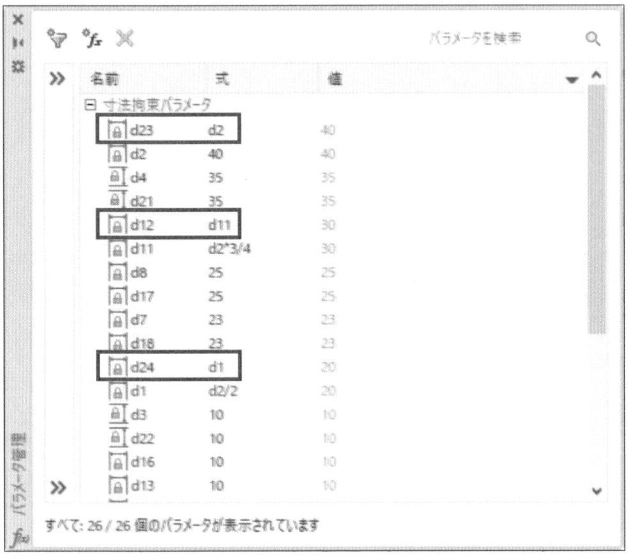

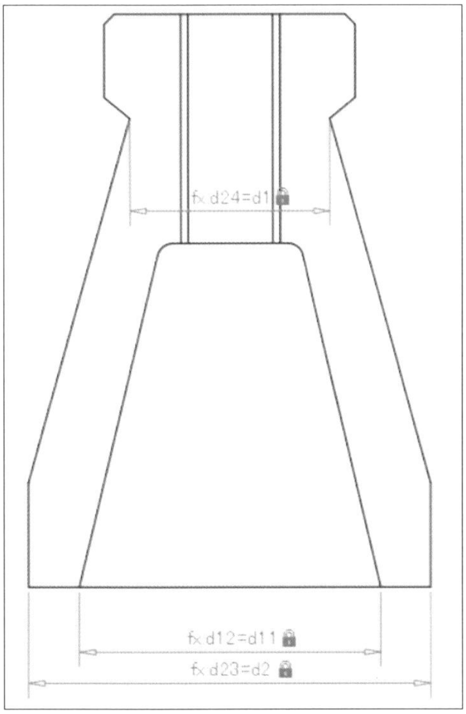

5 「d2＝40」を「d2＝45」に変更すると、正面図と断面図の「内径」や「くびれ」が連動して一括修正されます。

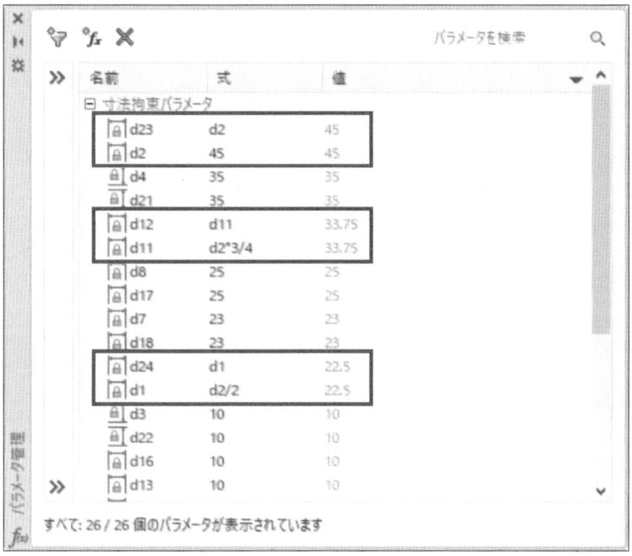

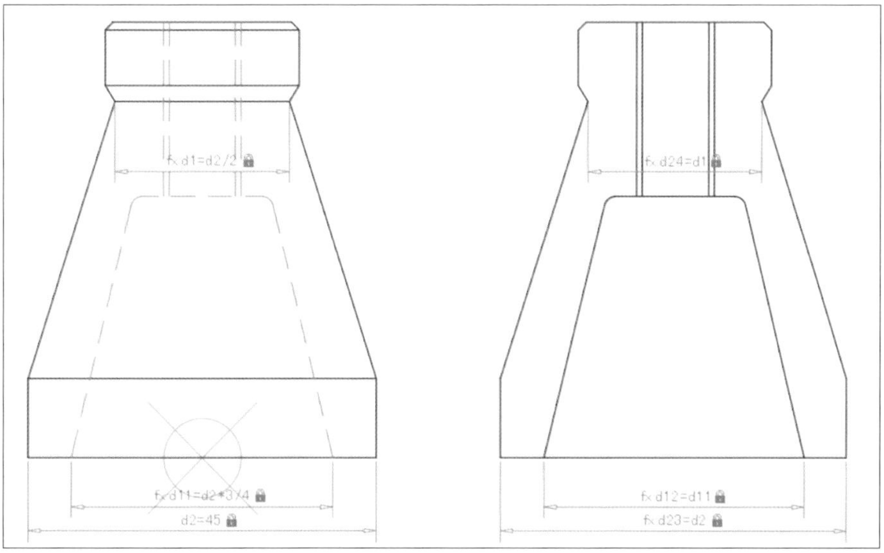

寸法値を変更したときに構造が崩れてしまう場合は、幾何拘束が足りていません。寸法値を変更前の数値に戻し、［パラメトリック］タブの［幾何拘束］－［自動拘束］で図形全体を選択すると、足らない拘束を自動で付けることができます。

▶3.3.4　ハッチングの作成

1 断面図の中身（詰まっているエリア）を塗りつぶすハッチングを作成します。［ホーム］タブの［**画層**］をクリックし、「ハッチング」に切り替えます。

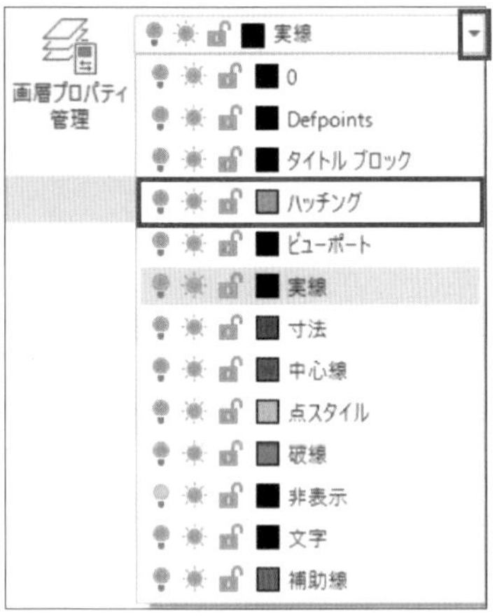

2 続いて、［**作成**］－［**ハッチング**］を選択して「ハッチング作成モード」に切り替えます。

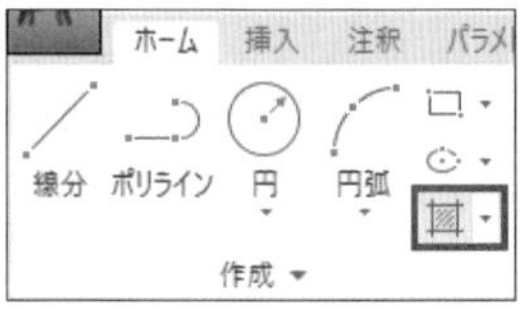

3 「パターン」から「ANSI31」を選択し、［**境界**］－［**点をクリック**］でハッチングエリアをクリックします。すると、囲われたエリアが認識され、ハッチングパターンが作成されます。

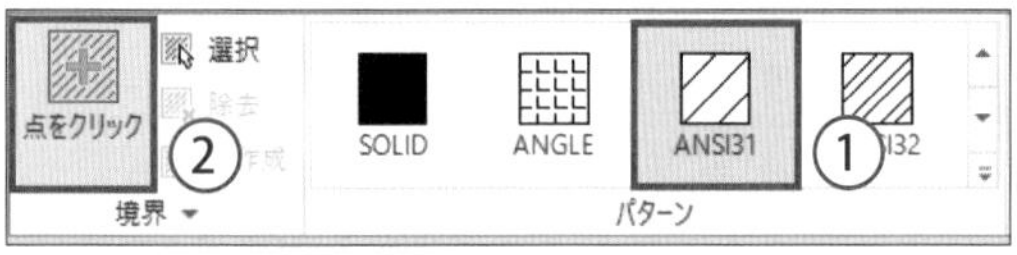

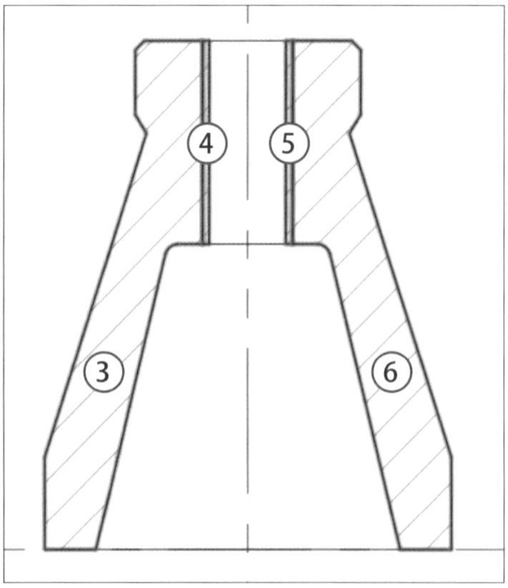

4［**ハッチング作成を閉じる**］をクリックし、ハッチングを終了します。

3.3.5　印刷レイアウトの作成

続いては、印刷レイアウトを作成するために「切り取り窓」を作成します。

1［ホーム］タブの［**画層**］をクリックし、「ビューポート」に切り替えます。

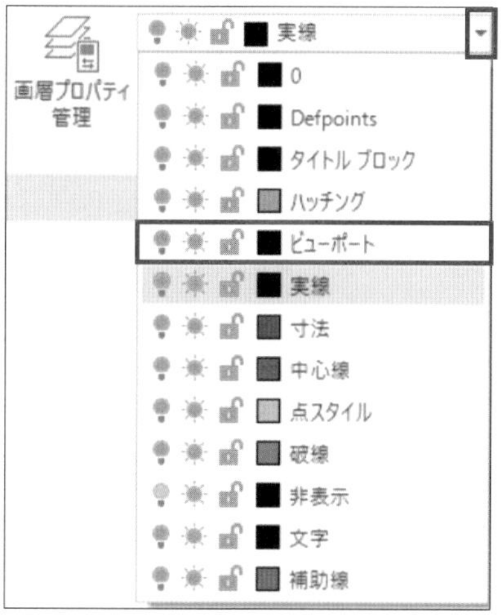

2［表示］タブの［**名前の付いたビュー**］－［**新しいビュー**］をクリックします。

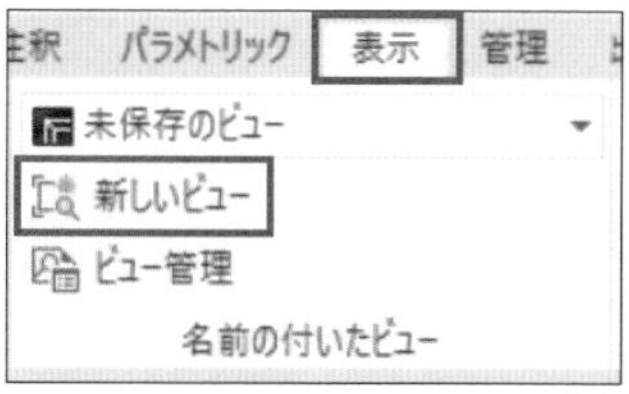

3 「新しいビュー / ショットのプロパティ」が表示されるので、「ビュー名」に「全体表示」と入力し、「窓で選択」を選択します。

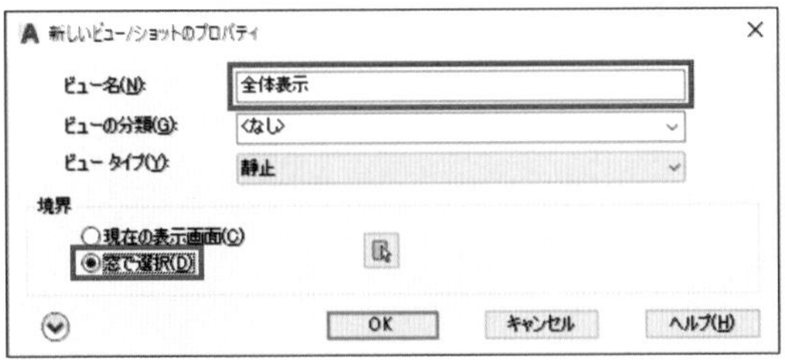

4 以下の範囲を選択し、 Enter で確定します。

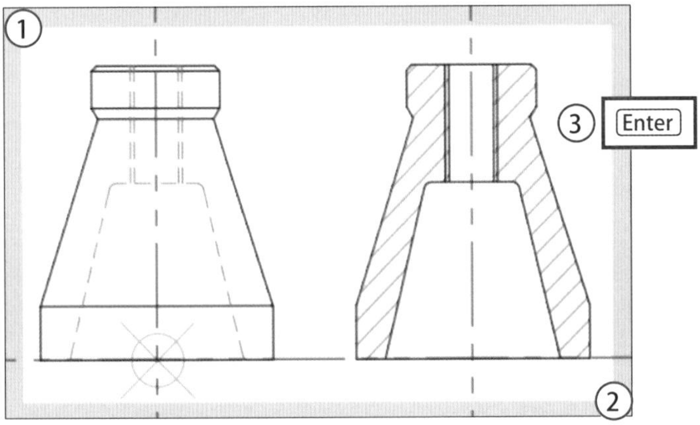

5 再び「新しいビュー / ショットのプロパティ」が表示されるので、[OK] ボタンをクリックして確定します。

6 もういちど [**名前の付いたビュー**] − [**新しいビュー**] をクリックします。

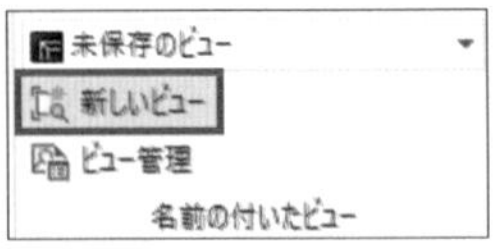

7 「ビュー名」に「頭部拡大図」と入力し、「窓で選択」を選択します。

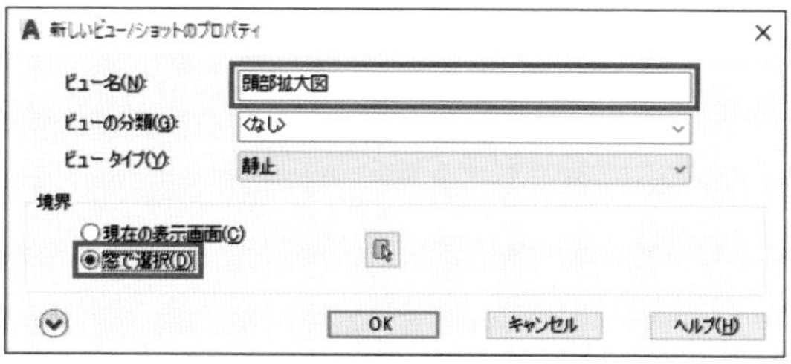

8 以下の範囲を選択し、[Enter] で確定します。

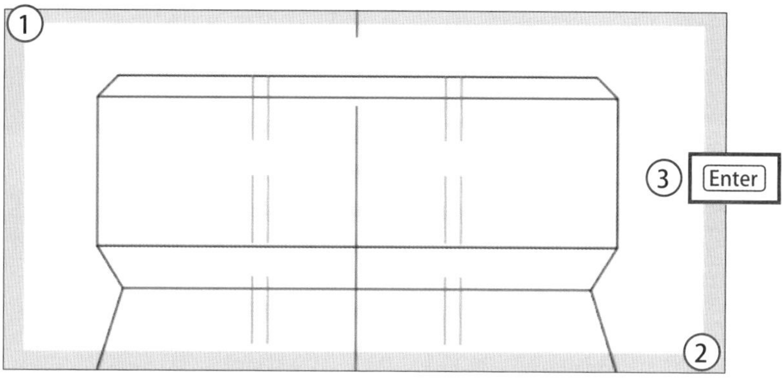

9 再び「新しいビュー/ショットのプロパティ」が表示されるので、[OK] ボタンをクリックして確定します。

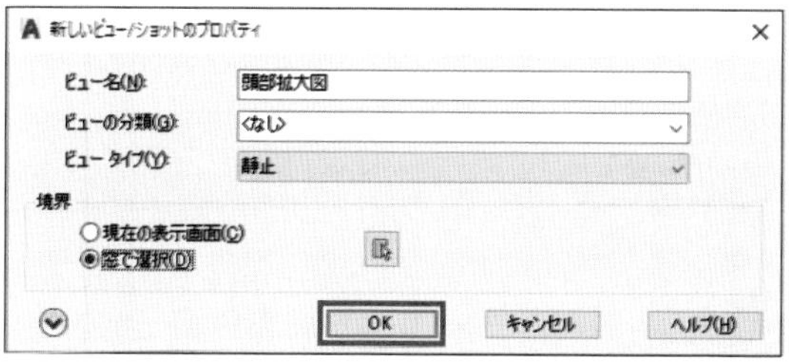

ワンポイントアドバイス

登録したビューは、[名前のついたビュー] パネルの一番上にあるドロップダウンリストを開くと確認できます。ビューを選択することで、いつでも同じ位置・サイズで図面を編集できるようになります。

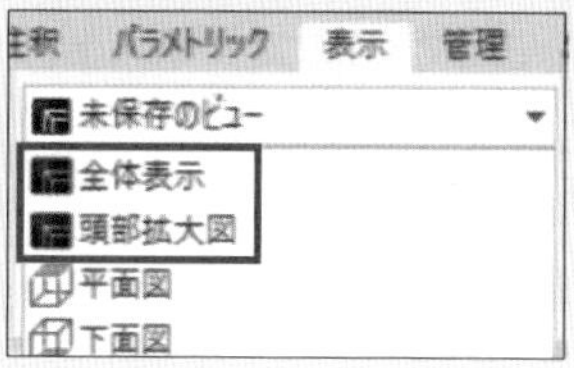

3.3.6 レイアウトへビューの挿入

1 左下にあるモデル・レイアウトタブを「ISO A3 タイトル ブロック」に切り替えます。

2 ［レイアウト］タブの［**レイアウト ビューポート**］－［**ビューを挿入**］から「全体表示」を選択します。

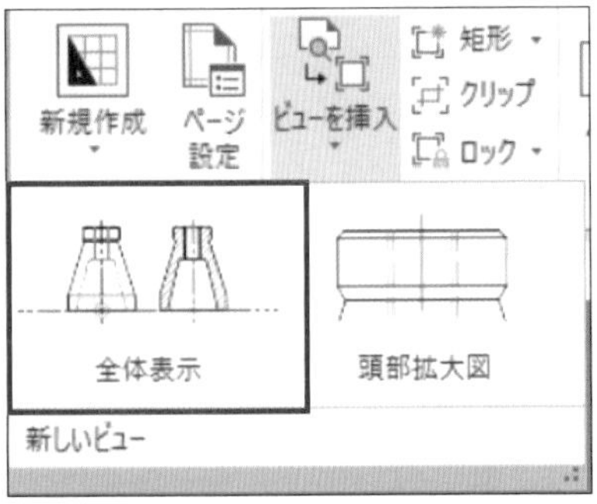

3 右クリックメニューで尺度を「2：1」に指定し、配置位置をクリックします。

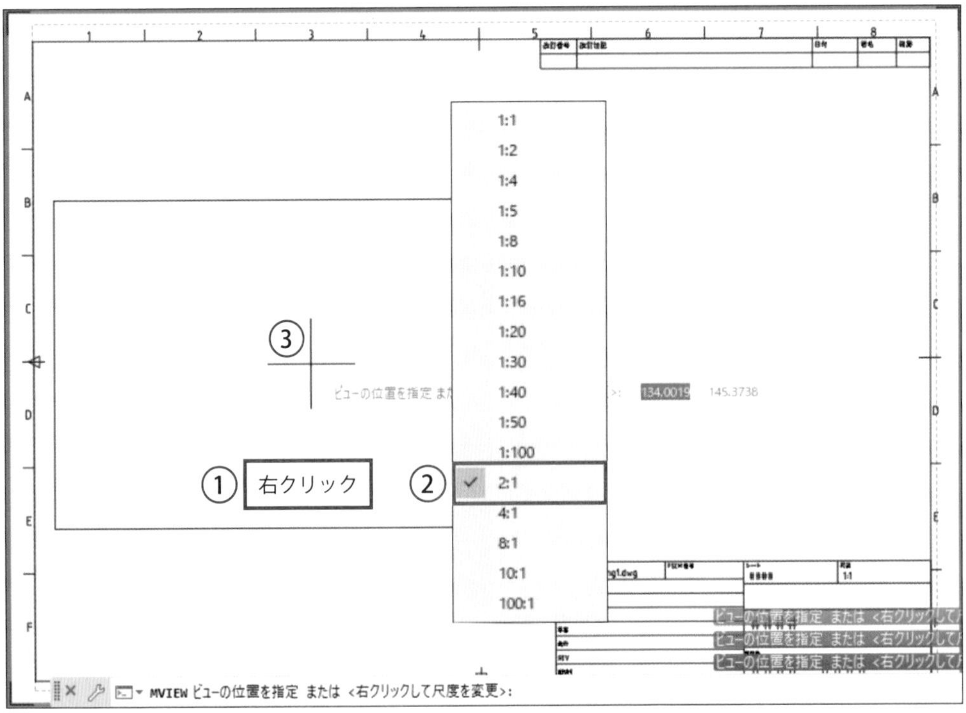

4 「全体表示」が挿入されました。

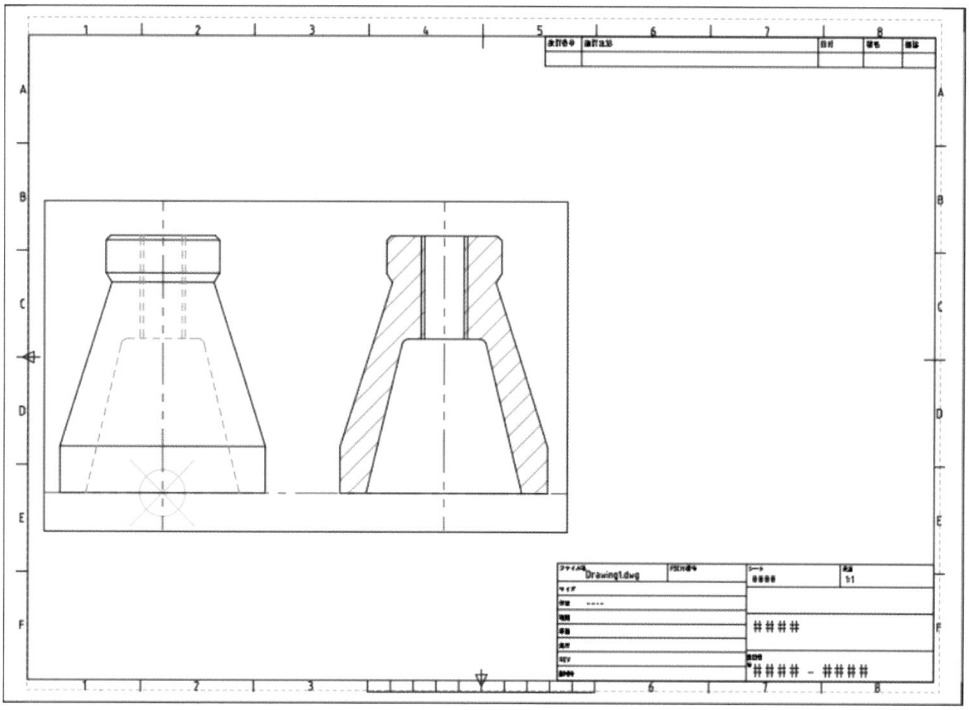

5 同様の手順で「頭部拡大図」を挿入します。［レイアウト］タブの［**レイアウト ビューポート**］-［**ビューを挿入**］から「頭部拡大図」を選択します。

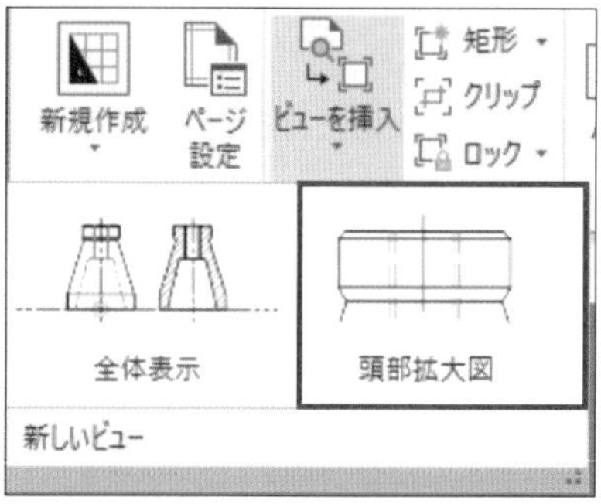

6 配置位置をクリックして「頭部拡大図」を挿入します。

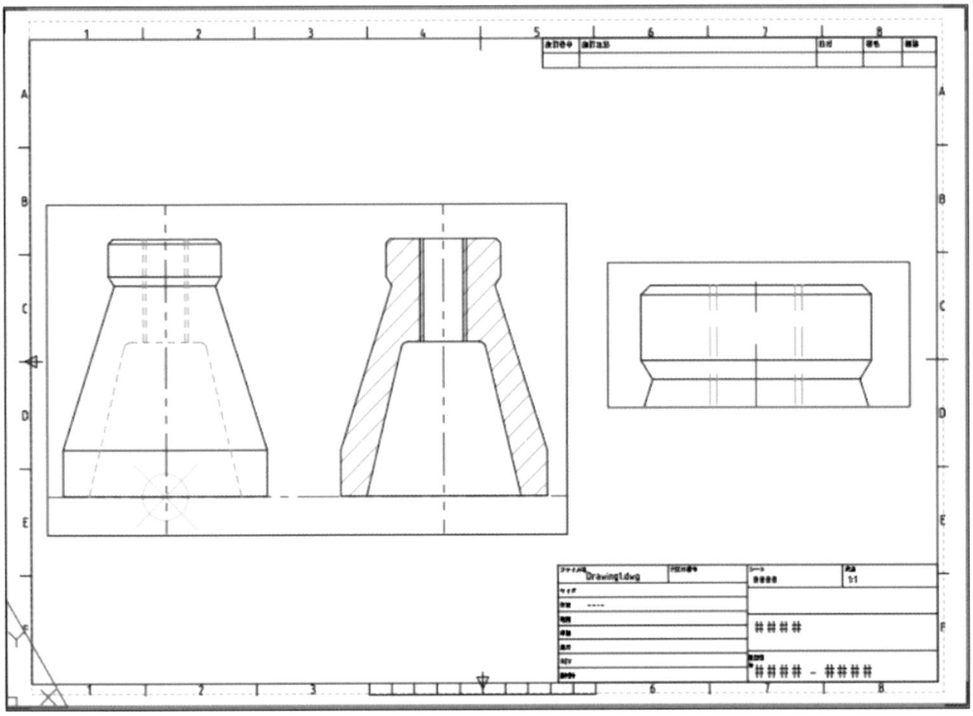

7 頭部拡大図の尺度を確認します。ビューポートを選択し、「▽」のアイコンをクリックすると尺度リストが表示され、尺度が「4：1」であることを確認できます。

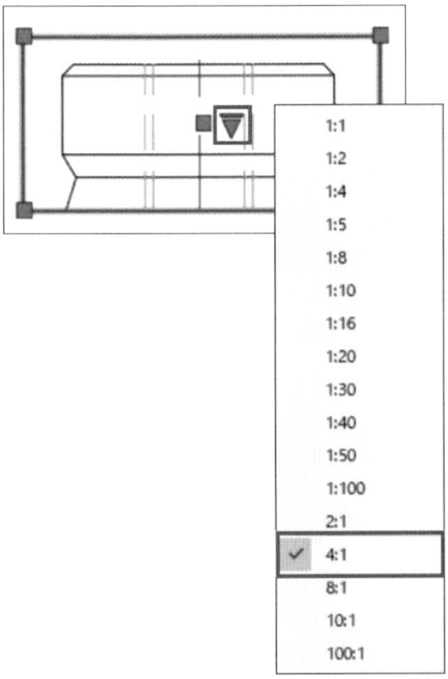

3.3.7　ビューポート内に寸法を記入

これでビューポートを配置してレイアウトすることができました。続いては、寸法を追記していきます。

1「全体表示」のビュー内部をダブルクリックすると、編集モードに切り替わります。

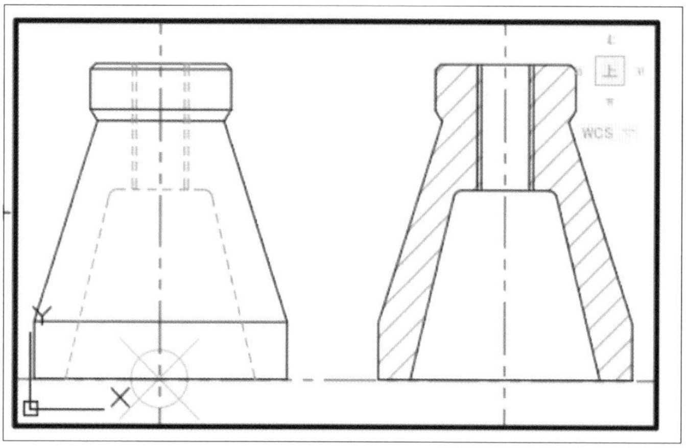

ワンポイントアドバイス

ビューポート内の編集モードに切り替えると、ビューキューブとXY方向が表示されます。

2［注釈］タブの［**寸法記入**］－［**寸法記入**］を選択し、必要な寸法を記載します。

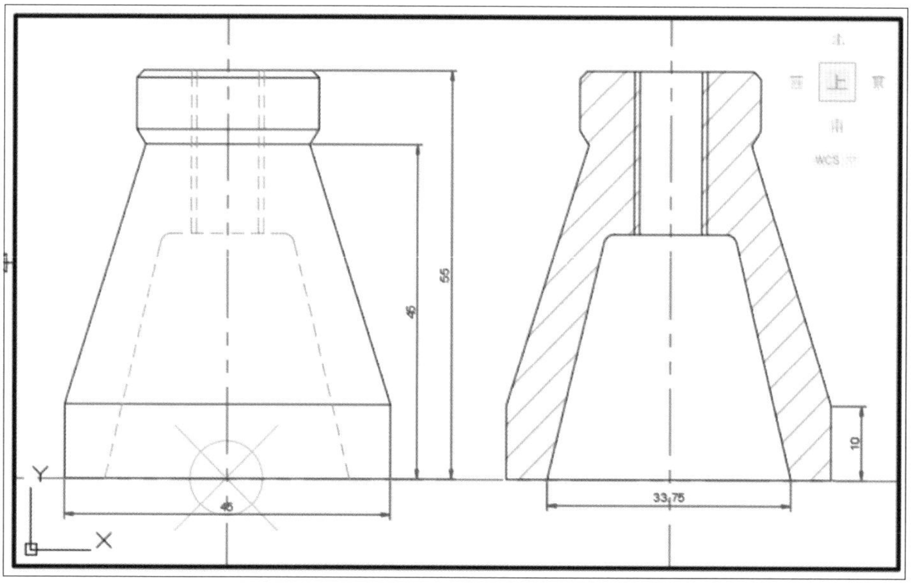

3 寸法を修正して直径記号を付けます。 Esc でコマンドをキャンセルした状態で寸法をダブルクリックすると、テキストエディターモードに切り替わります。

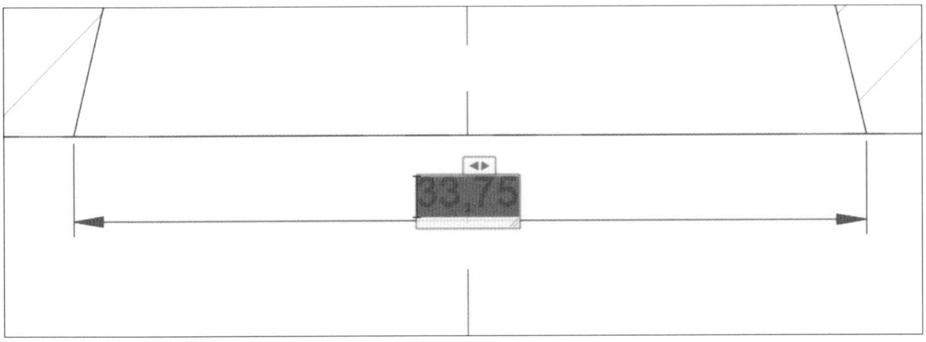

4 ［テキストエディタ］タブの［**挿入**］－［**シンボル**］の「直径」を選択し、直径記号を挿入します。

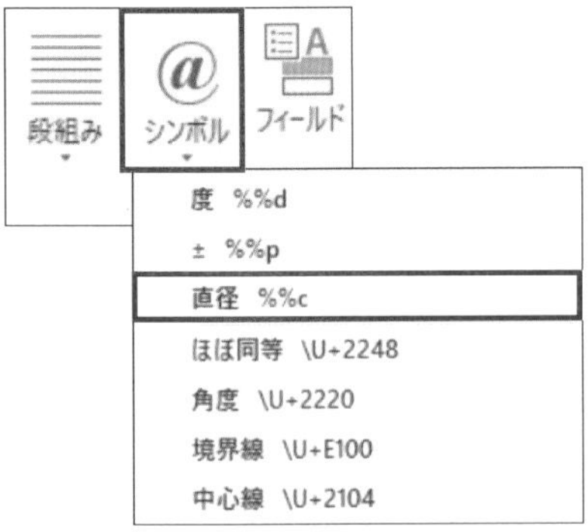

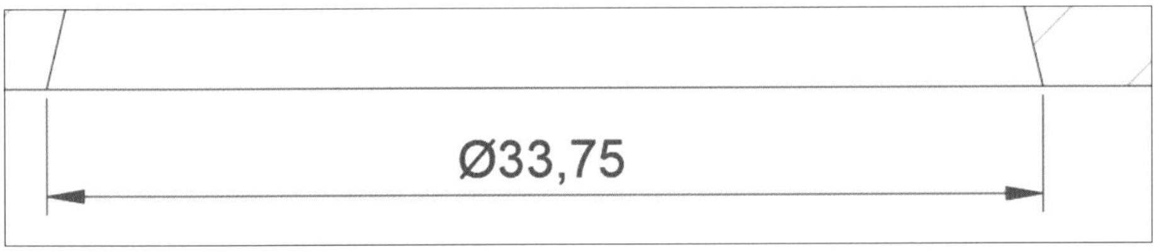

5 直径記号の挿入を確認できたら、［**テキストエディタを閉じる**］をクリックしてテキストエディターモードを終了します。

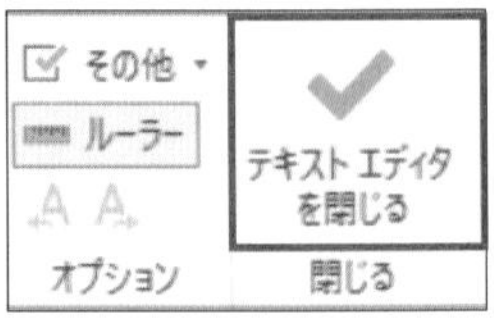

6 Esc でコマンドをキャンセルします。「全体表示ビューポート」の枠外をダブルクリックし、ビューポートの編集モードを終了します。

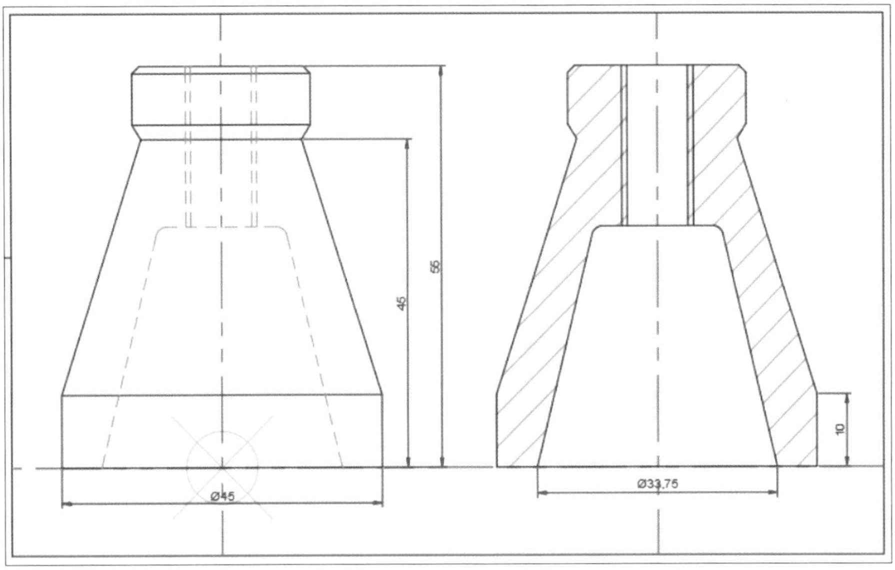

7 「頭部拡大図」についてもビュー内部をダブルクリックし、寸法を追記します。

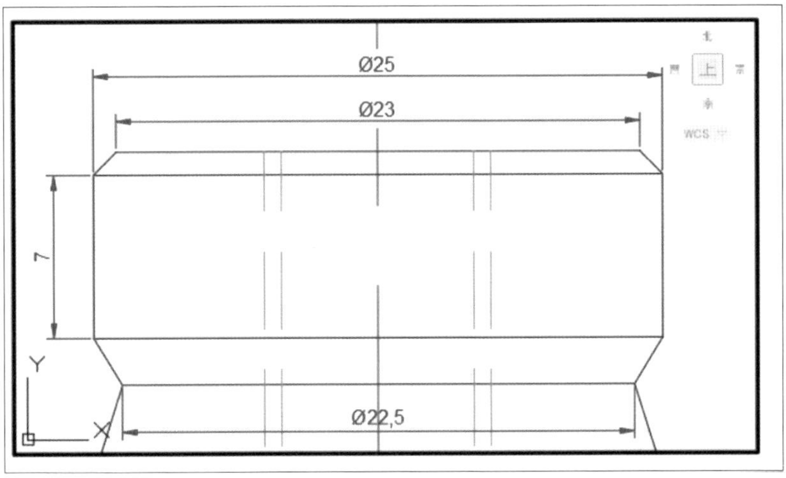

8 Esc でコマンドをキャンセルします。「頭部拡大図ビューポート」の外側をダブルクリックし、ビューポートの編集モードを終了します。

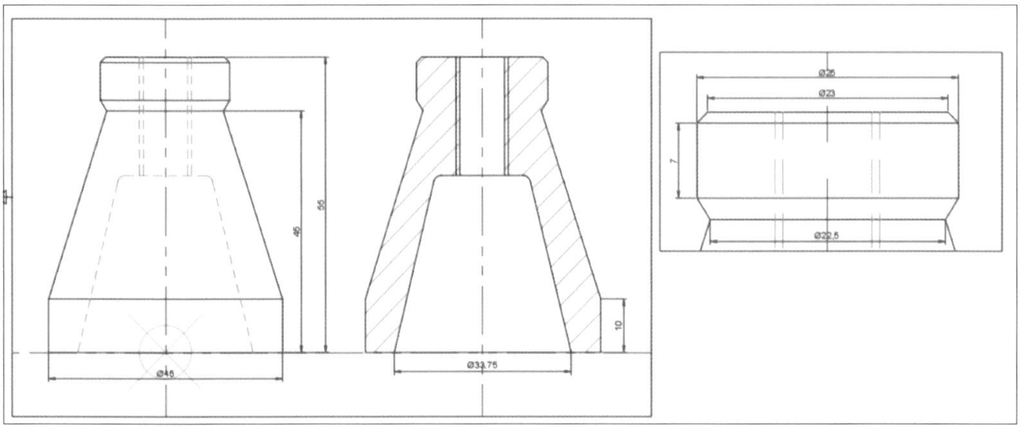

ワンポイントアドバイス

「全体表示の寸法サイズ」と「頭部拡大図の寸法サイズ」を確認すると、尺度は異なるのに同じ寸法サイズに自動調整されていることがわかります。これがAutoCADの特徴ともいえる「異尺度対応」の機能になります。

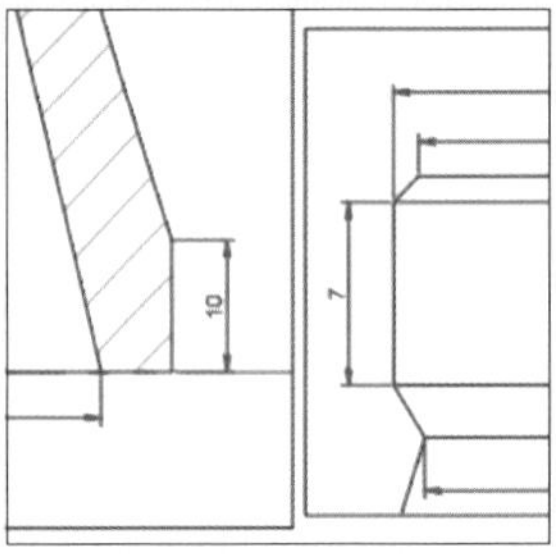

9 文字を配置するために［**画層**］を「文字」に切り替え、「ビューポート」を非表示にします。

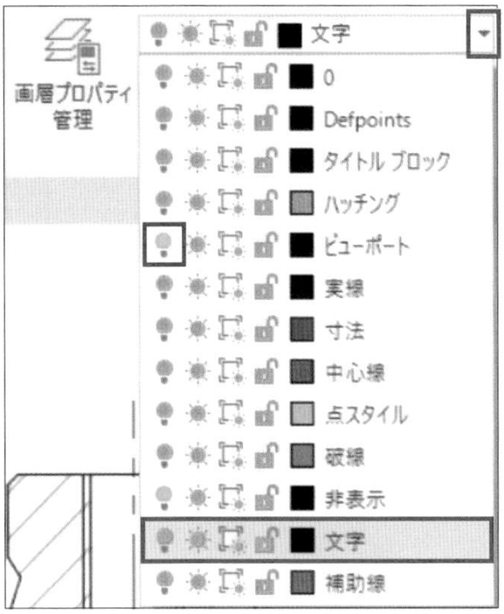

10 ［ホーム］タブの［**注釈**］−［**文字**］−［**マルチテキスト**］で2点を選択すると、テキストボックスが作成されます。それぞれのビューポートに下に「全体表示　S=2：1」、「頭部拡大図 S=4：1」と記入します。

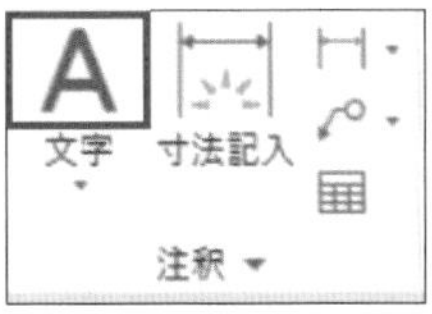

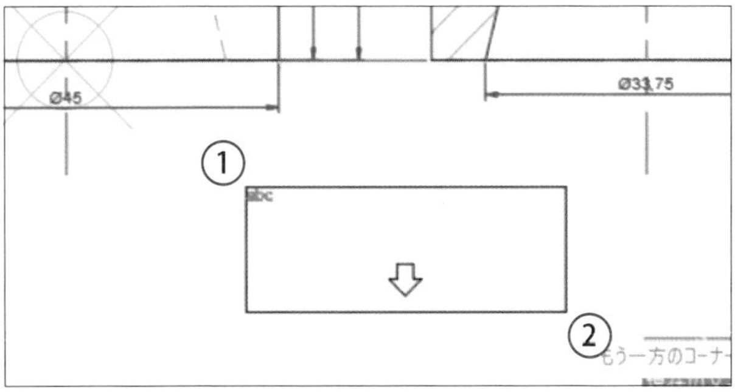

11 完成です！

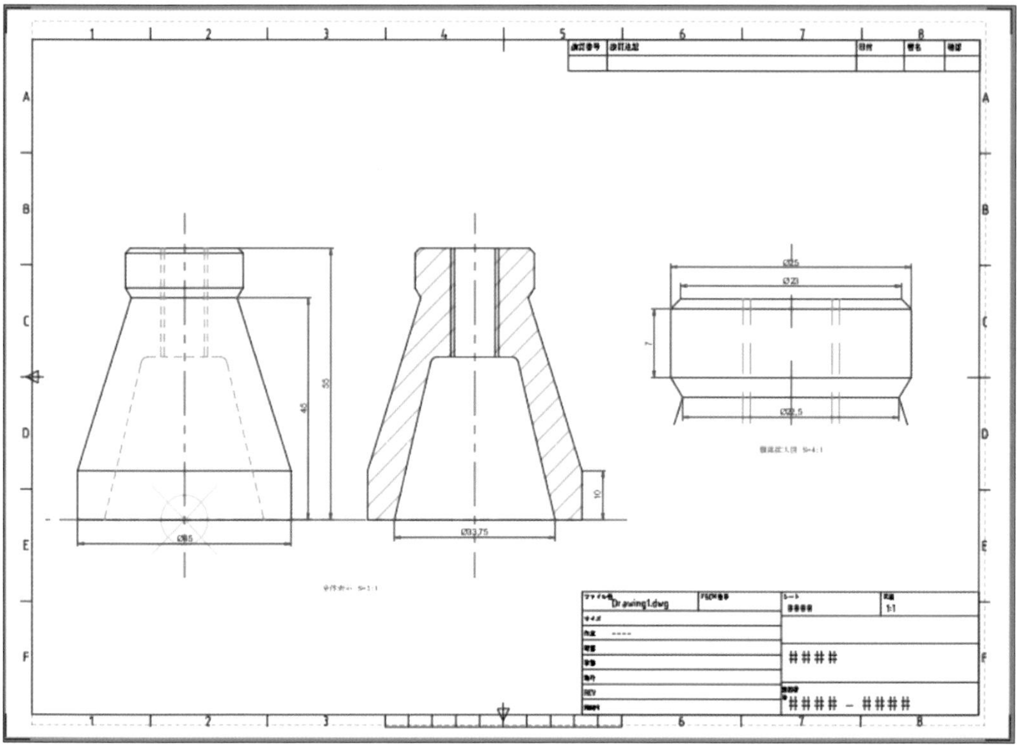

▶ 3.3.8 データの保存

1 クイックアクセスツールバーの［**上書き保存**］をクリックし、任意の場所に保存します。

2 「豆ジャッキ」フォルダーに、ファイル名「豆ジャッキ本体」として保存します。

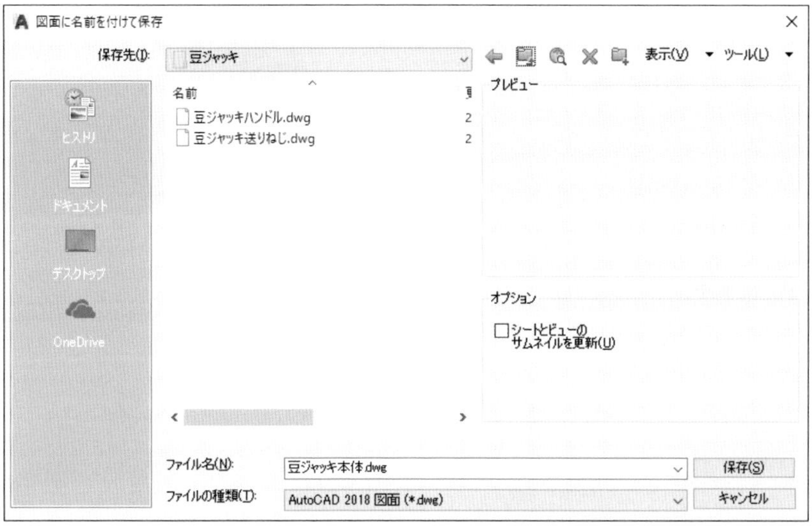

3.4 豆ジャッキ　－組図－

3.4節では、次の内容を学習します。

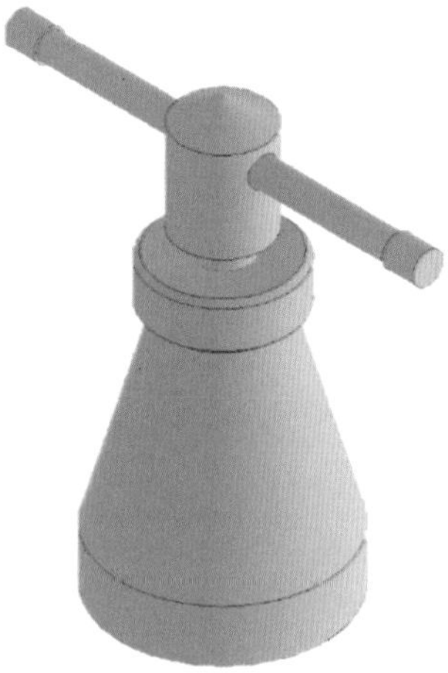

- 別ファイルの参照
- 部分的な表示（クリップ）
- 設計変更によるファイルの更新
- 隠線処理

■この節の流れ

・外部ファイルを読み込みます。

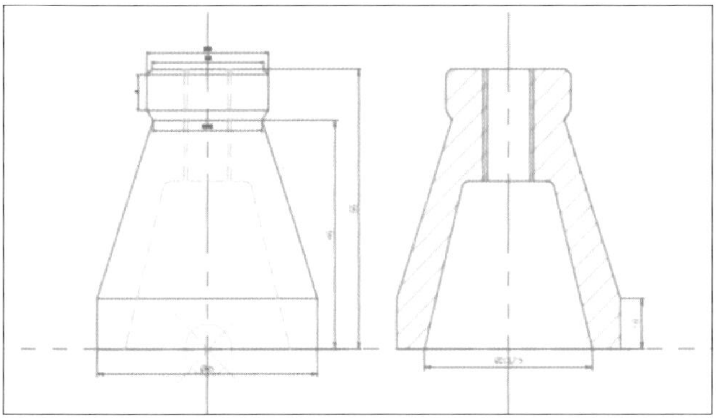

・必要な部分のみ抽出します。

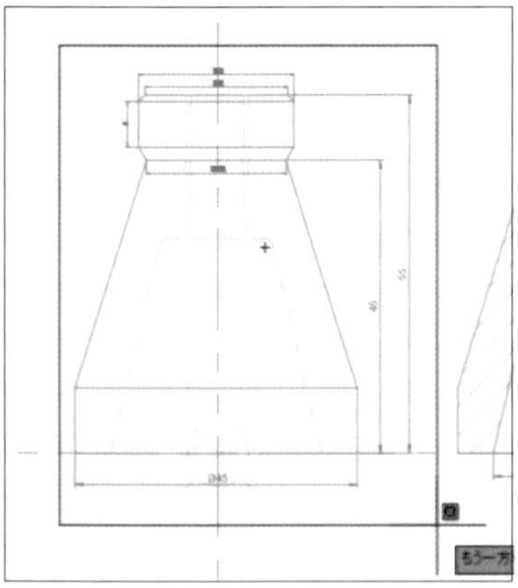

・配置位置を調整します。

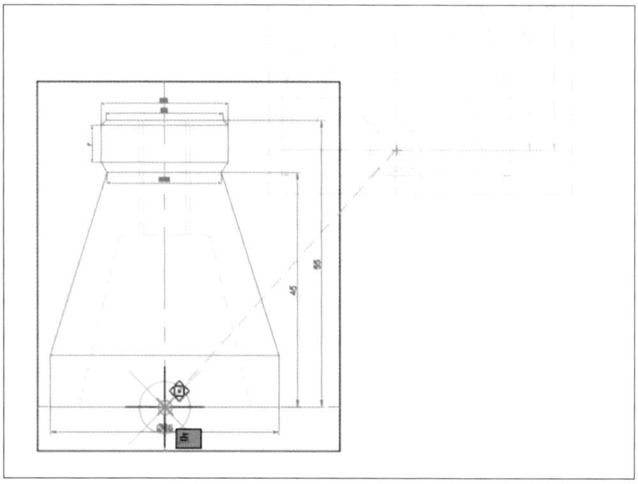

・前述の３ステップを３つの部品ファイルで繰り返し、組み合わせます。

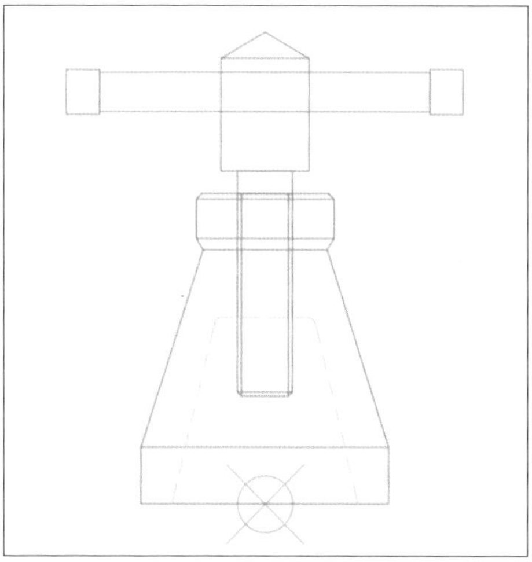

・組み合わせたときに気づいた修正点で設計変更します。

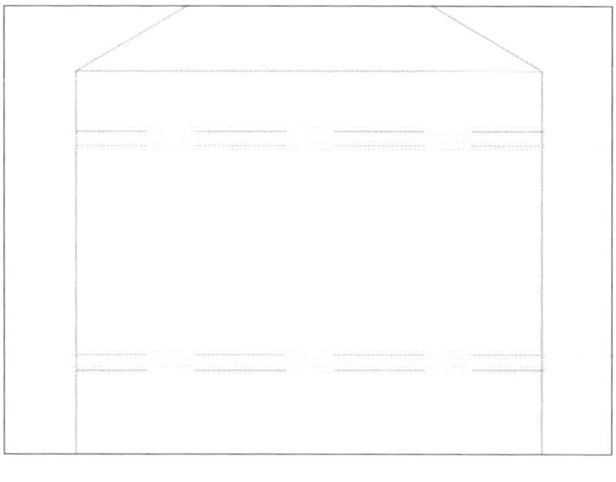

・隠線処理を行います。

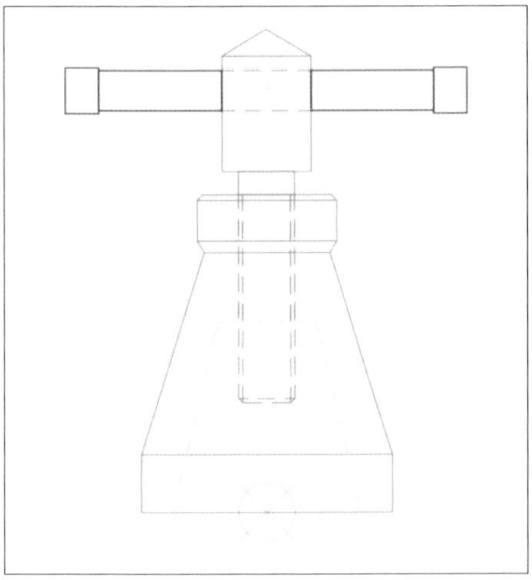

▶ 3.4.1　本体図面の参照読み込み（外部参照）

1 これまでに作成した部品図面を参照して組図を作成します。［挿入］タブの［**参照**］－［**アタッチ**］を選択します。

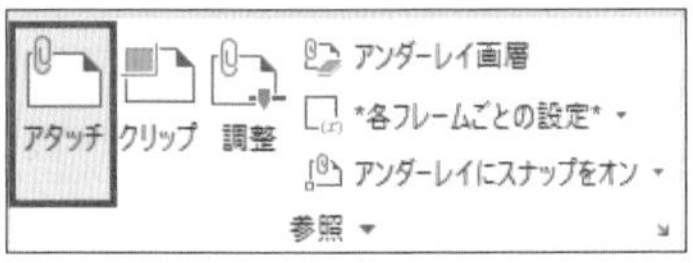

2 「参照ファイルを選択」ダイアログボックスで、「豆ジャッキ本体」を選択します。

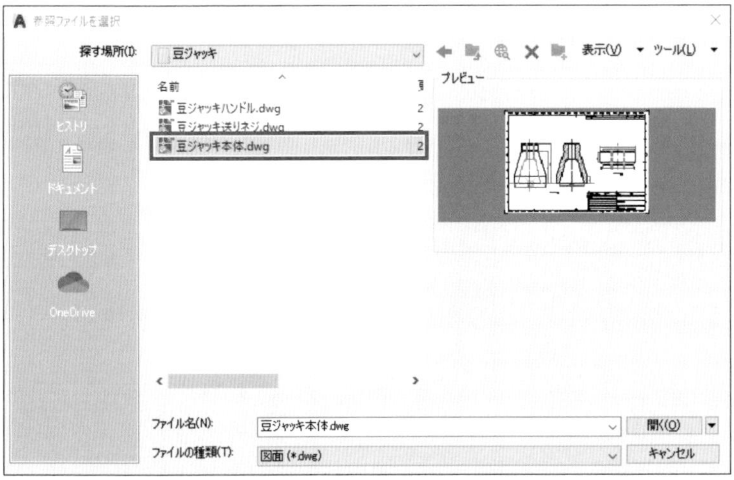

3 「外部参照アタッチ」ダイアログボックスが表示されるので、そのまま［OK］ボタンをクリックします。

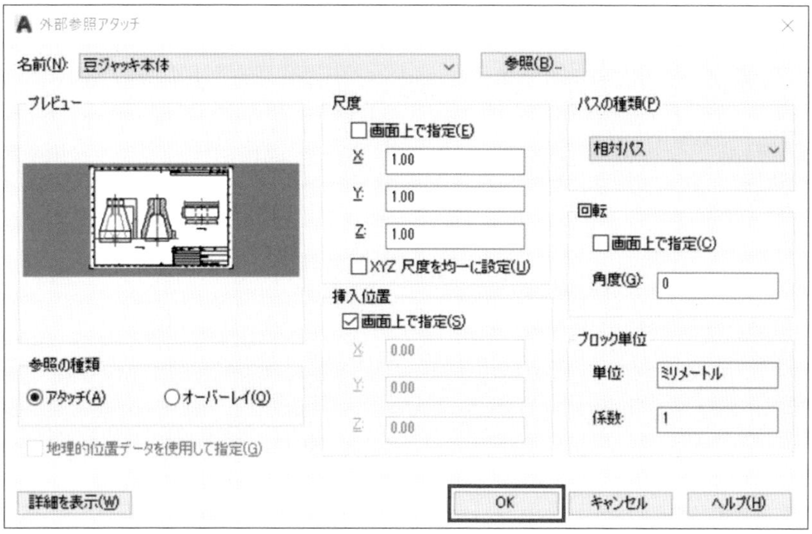

4 配置位置として、任意の位置を選択します。

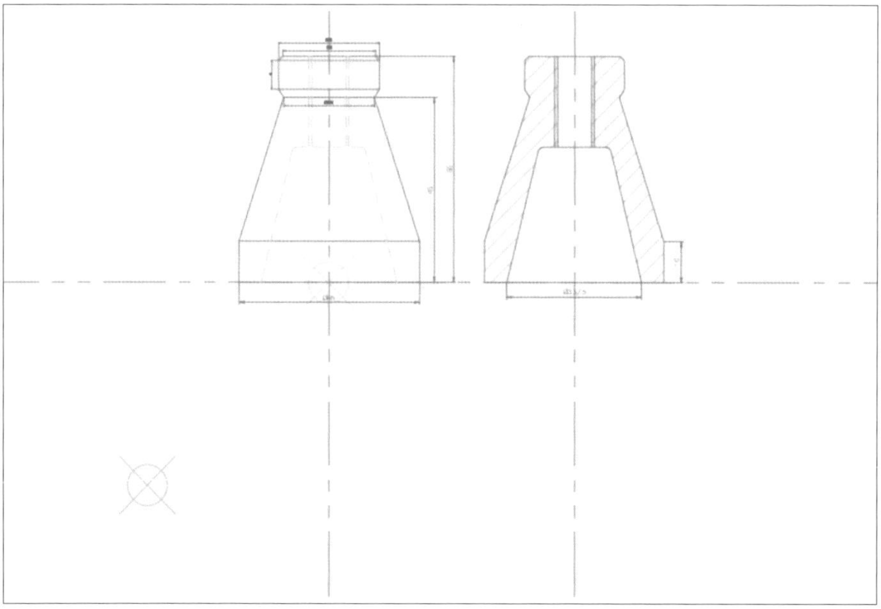

5 ［挿入］タブの**［参照］－［クリップ］**を選択し、必要なエリアのみ抽出します。

1. **クリップするオブジェクトを選択：**本体の任意のオブジェクト選択
2. **オプション：**［新しい境界］を選択
3. **オプション：**［矩形］を選択
4. **最初のコーナーを指定:/ もう一方のコーナーを指定：**正面図を２点で範囲選択

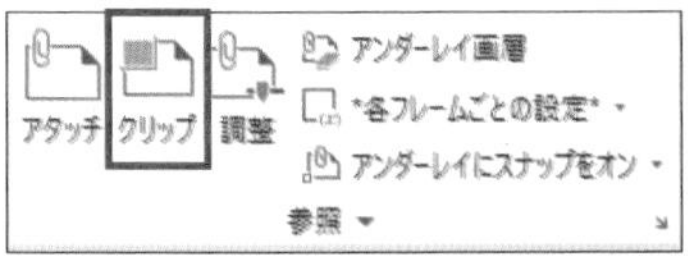

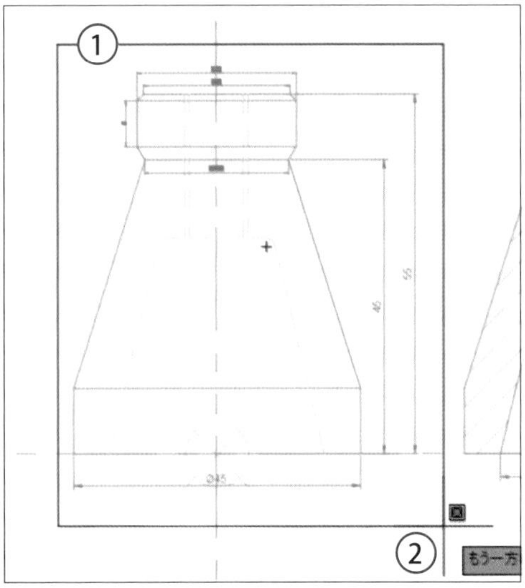

6 ［ホーム］タブの**［修正］－［移動］**を選択し、正面図の底辺中点を基準点に合わせます。

1. **オブジェクトを選択：**本体の任意のオブジェクト選択 Enter
2. **基点を指定：**本体の基準点を選択
3. **目的点を指定：**現在のファイルの基準点を選択

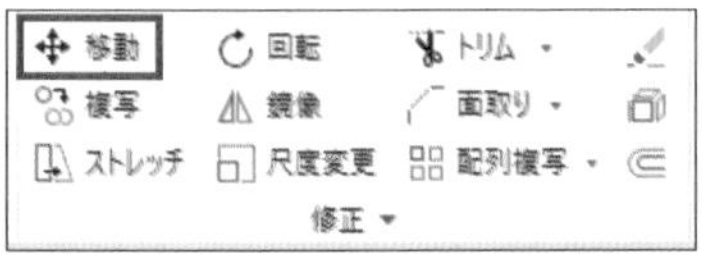

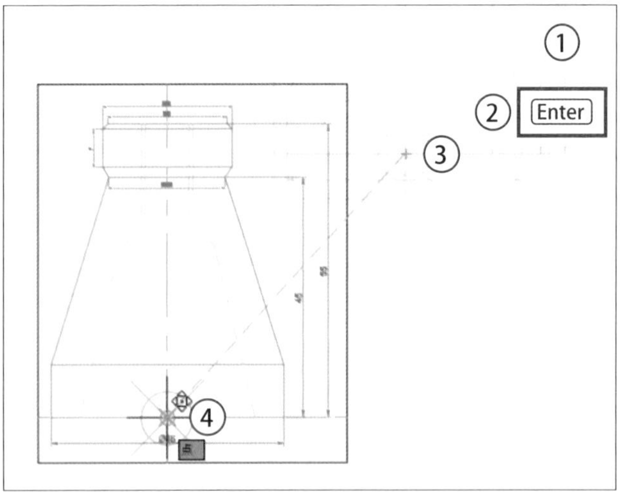

7 ［ホーム］タブの［**画層**］をクリックし、「豆ジャッキ本体 | 寸法」、「豆ジャッキ本体 | 点スタイル」、「豆ジャッキ本体 | 補助線」を非表示に切り替えます。

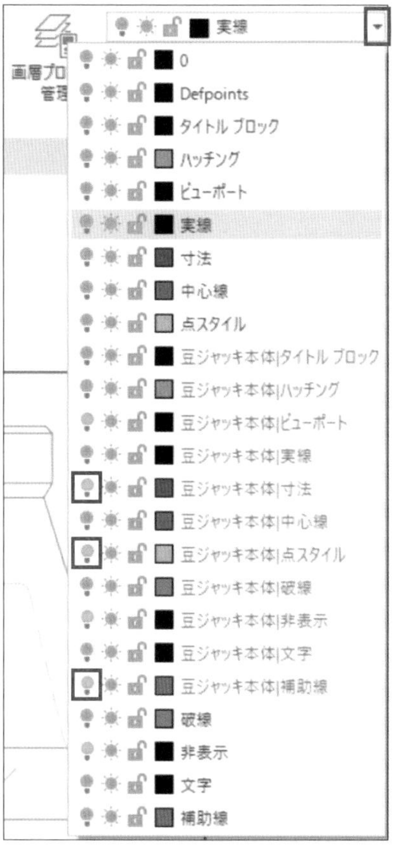

3.4.2　送りねじ図面の参照読み込み（外部参照）

1 ［挿入］タブの［**参照**］－［**アタッチ**］を選択します。

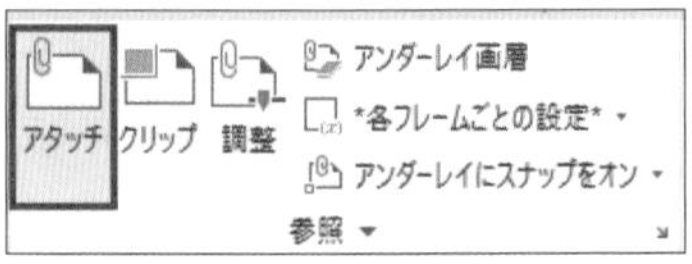

2 「参照ファイルを選択」ダイアログボックスで、「豆ジャッキ送りねじ」を選択します。

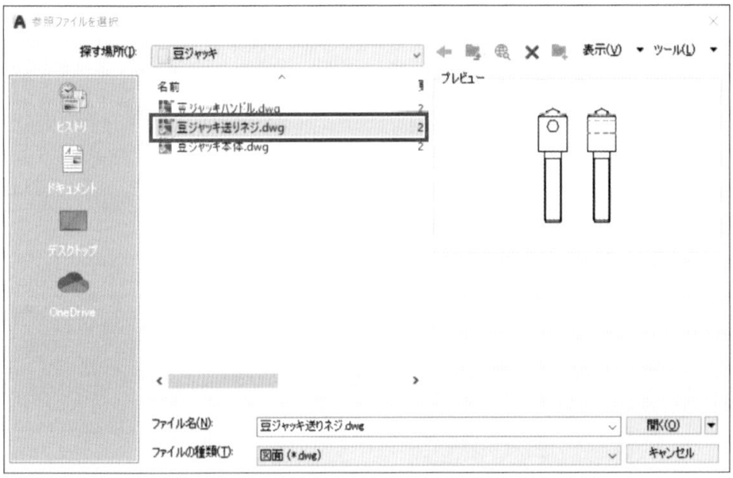

3 「外部参照アタッチ」ダイアログボックスが表示されるので、そのまま［OK］ボタンをクリックします。

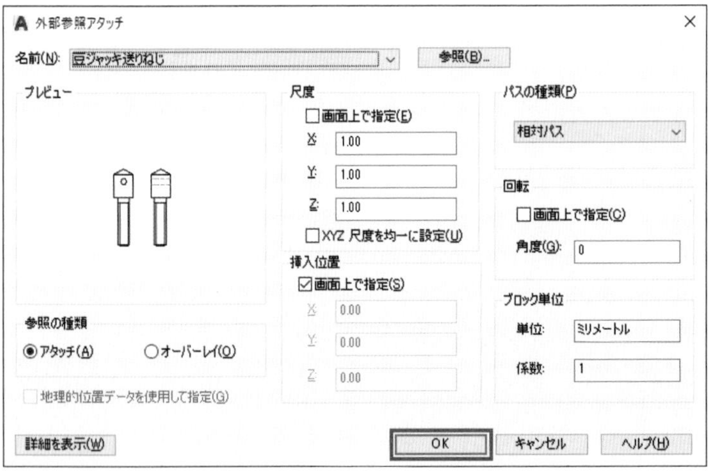

4 配置位置として、少し離した任意の点を選択します。

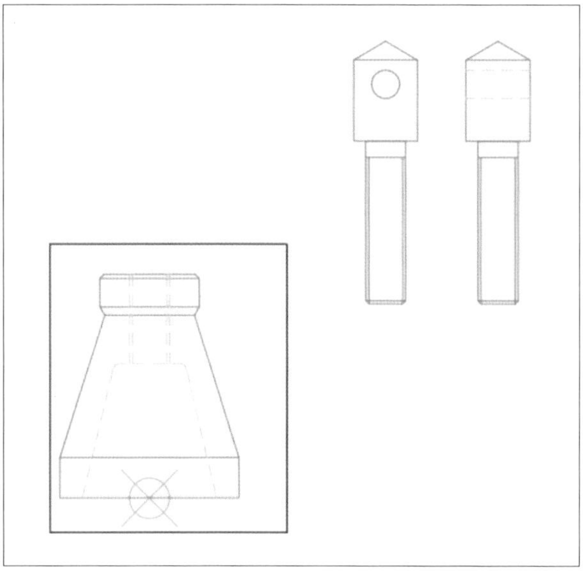

5 [**参照**]－[**クリップ**]で側面図のみ抽出します。

1. **クリップするオブジェクトを選択：**本体の任意のオブジェクト選択
2. **オプション：**[新しい境界]を選択
3. **オプション：**[矩形]を選択
4. **最初のコーナーを指定:/もう一方のコーナーを指定：**側面図を2点で範囲選択

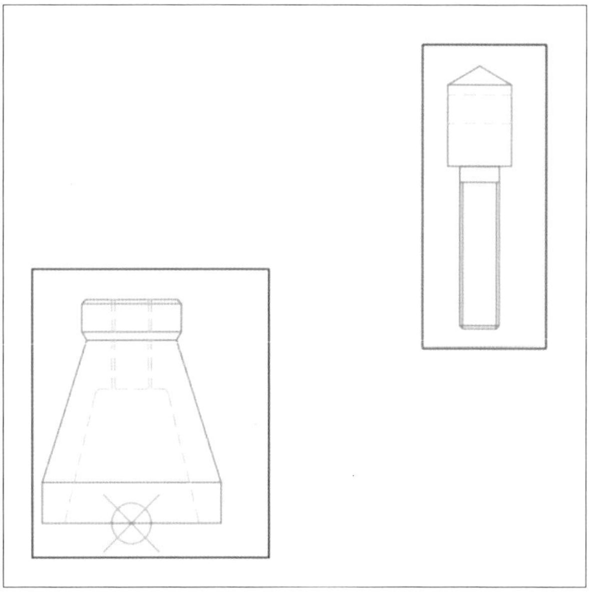

6 ［ホーム］タブの［**修正**］－［**移動**］で配置位置を調整します。

1. **オブジェクトを選択**：送りねじを選択 Enter
2. **基点を指定**：ネジの開始ラインの中点を選択

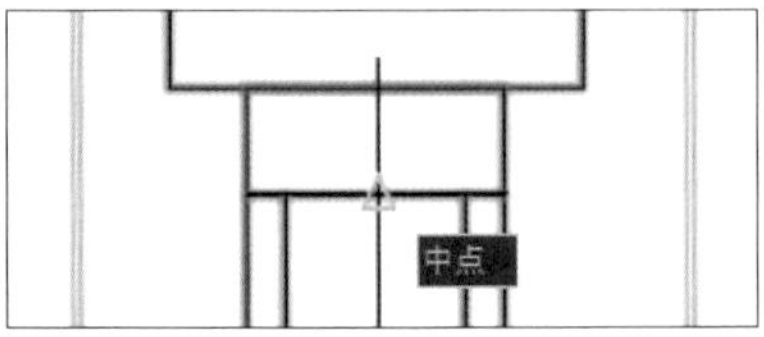

3. **目的点を指定**：本体の上辺の中点を選択

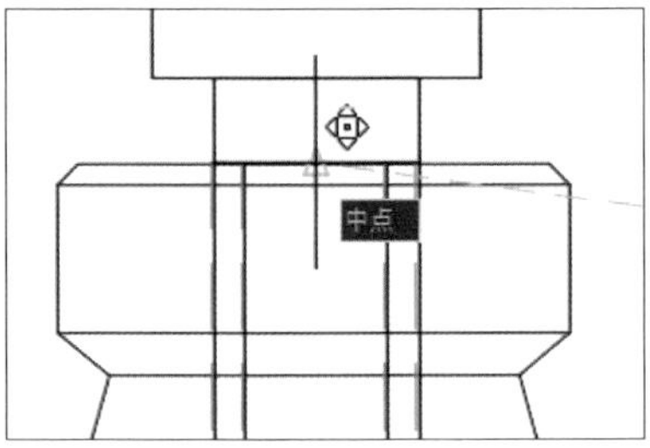

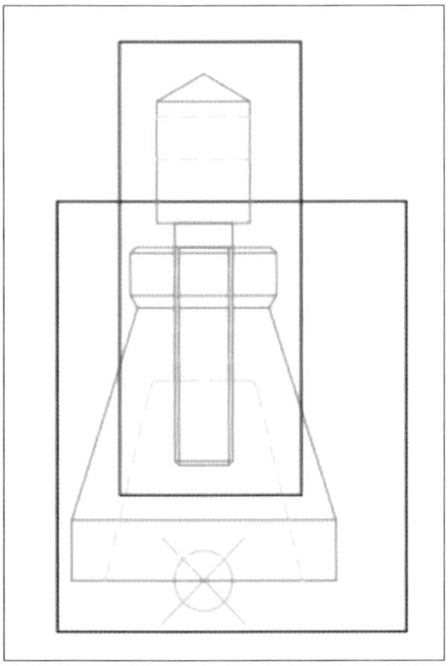

▶3.4.3 ハンドル図面の参照読み込み（外部参照）

1 ［挿入］タブの［**参照**］－［**アタッチ**］を選択します。

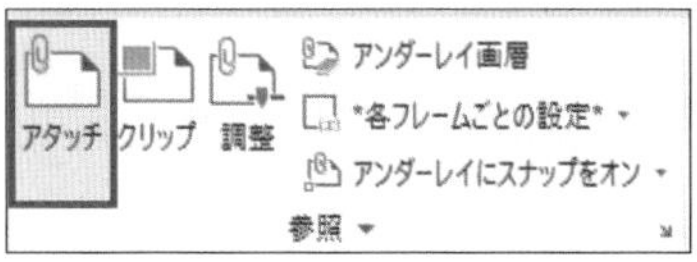

2 「参照ファイルを選択」ダイアログボックスで、「豆ジャッキハンドル」を選択します。

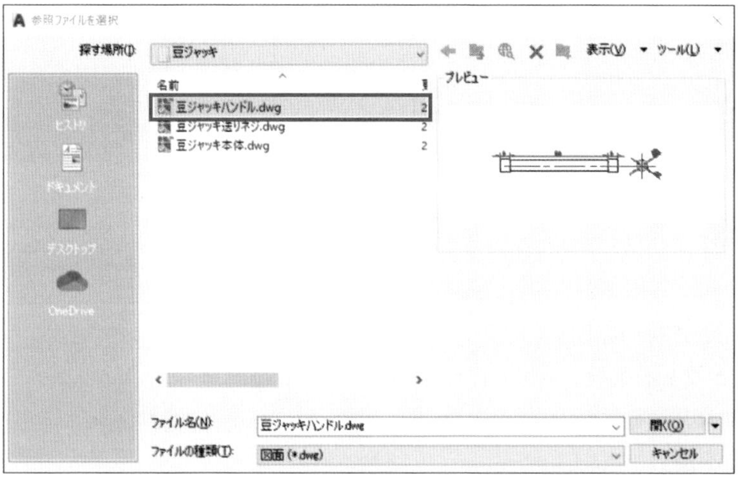

3 「外部参照アタッチ」ダイアログボックスが表示されるので、そのまま［OK］ボタンをクリックします。

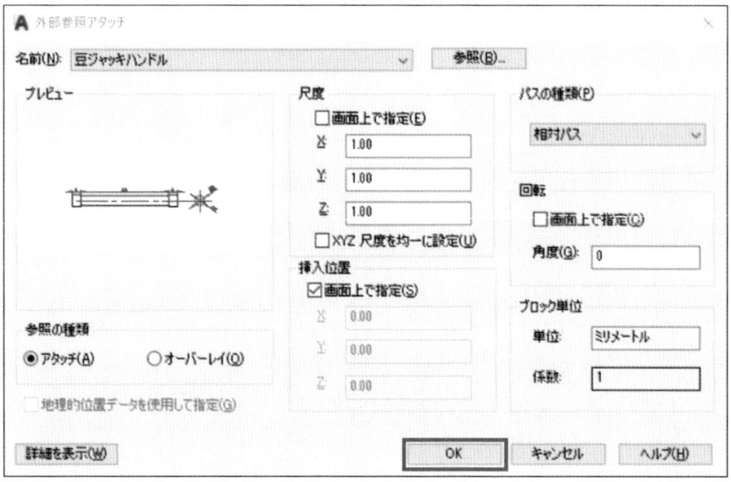

4 配置位置として、少し離した任意の点を選択します。

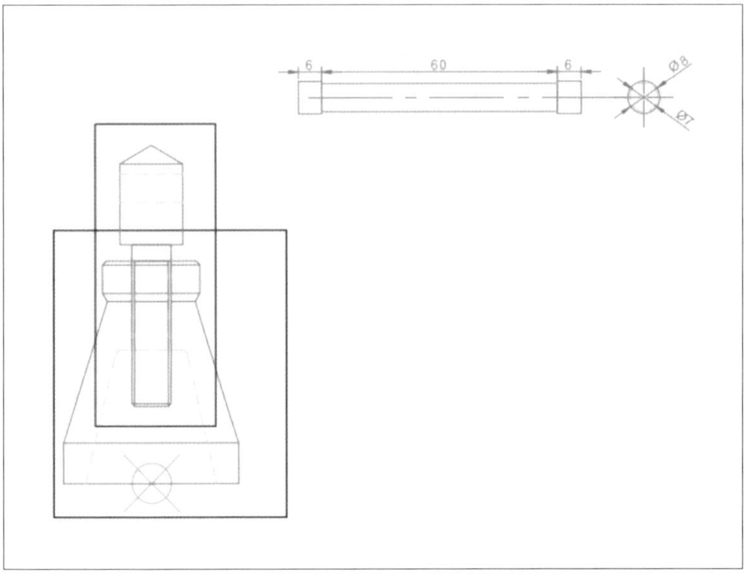

5 ［参照］－［クリップ］で正面図のみ抽出します。

1. **クリップするオブジェクトを選択：**本体の任意のオブジェクト選択
2. **オプション：**［新しい境界］を選択
3. **オプション：**［矩形］を選択
4. **最初のコーナーを指定:/ もう一方のコーナーを指定：**側面図を２点で範囲選択

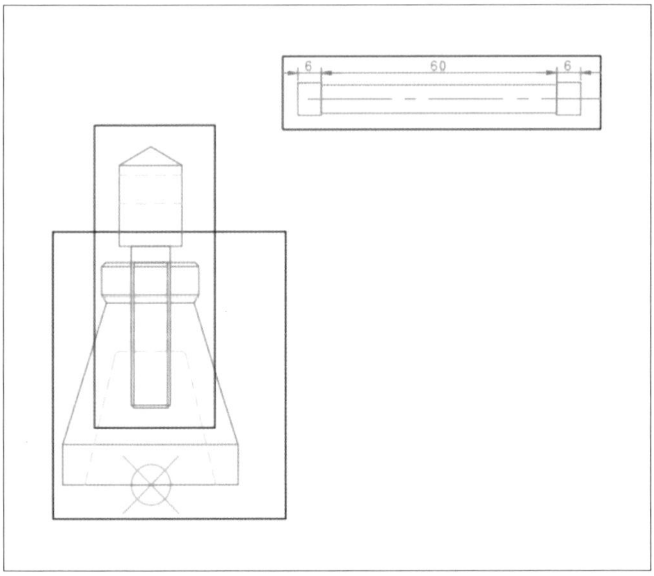

6 ［ホーム］タブの［**修正**］－［**移動**］で配置位置を調整します。

1. **オブジェクトを選択：**ハンドルを選択 Enter
2. **基点を指定：**ハンドルの中点を選択

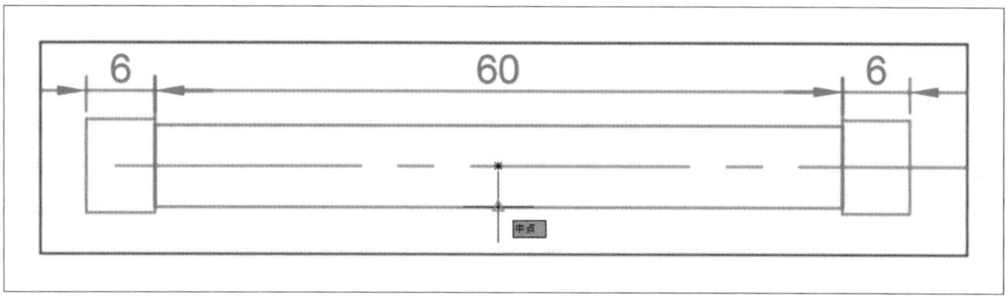

3. **目的点を指定：**送りネジの穴のエッジの中点を選択

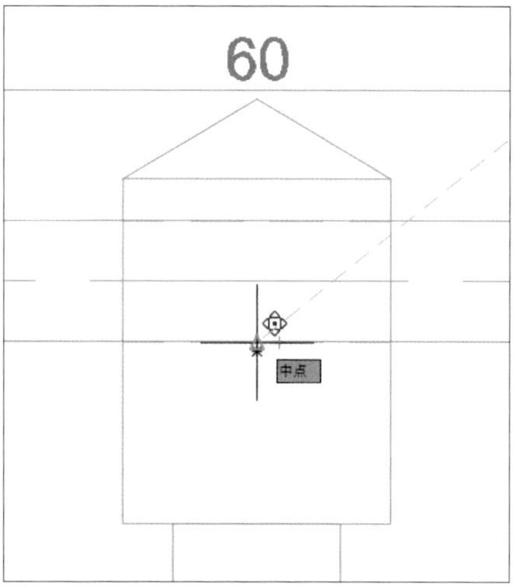

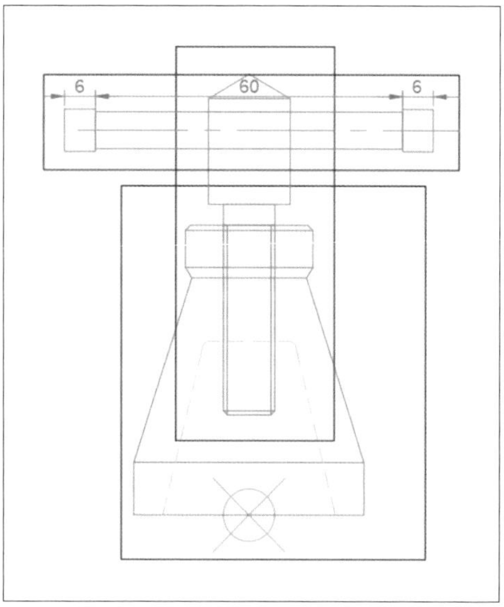

7 ［ホーム］タブの［**画層**］をクリックし、「豆ジャッキハンドル｜寸法」、「豆ジャッキハンドル｜中心線」を非表示に切り替えます。

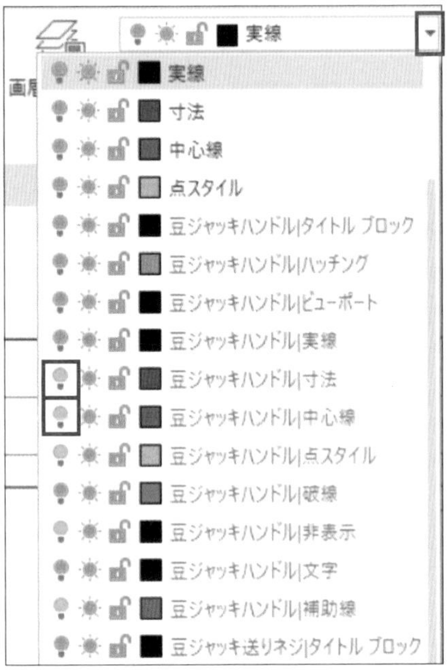

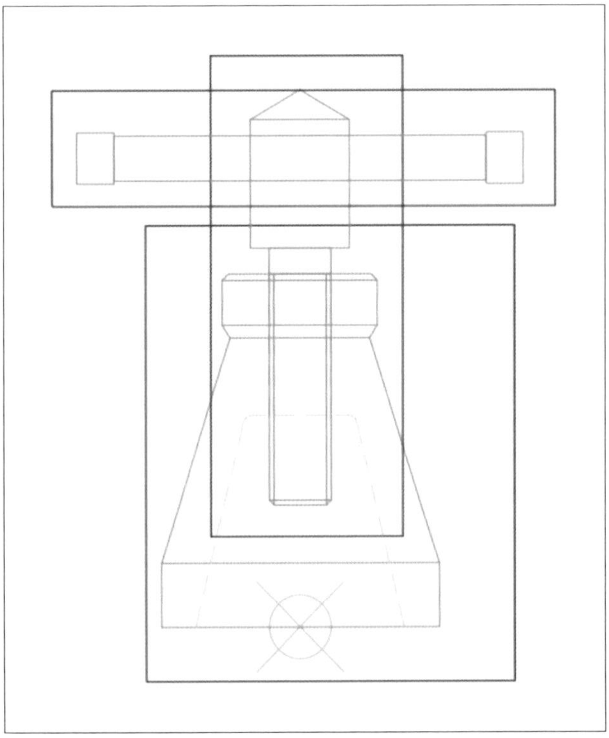

3.4.4 部品ファイルの設計変更

3つの部品ファイルを組み合わせた結果、「ハンドルのシャフトの直径」と「送りねじの貫通穴の直径」をピッタリ同じ寸法にしていることがわかりました。そこで、「送りねじの貫通穴」を広げる設計変更を行います。

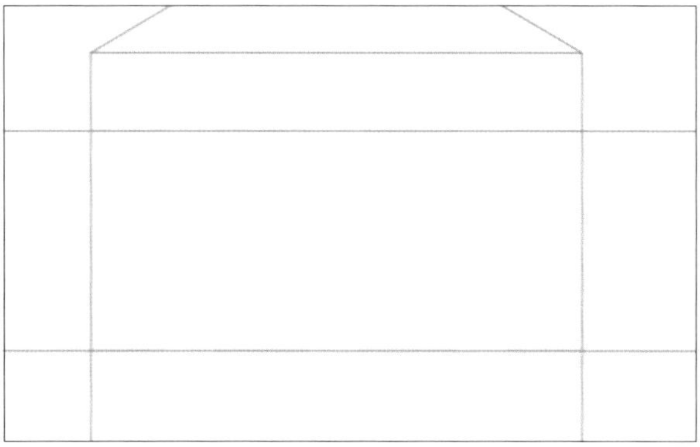

1 送りねじのクリップ枠を選択し、右クリックメニューから［**外部参照ファイルを開く**］を選択します。

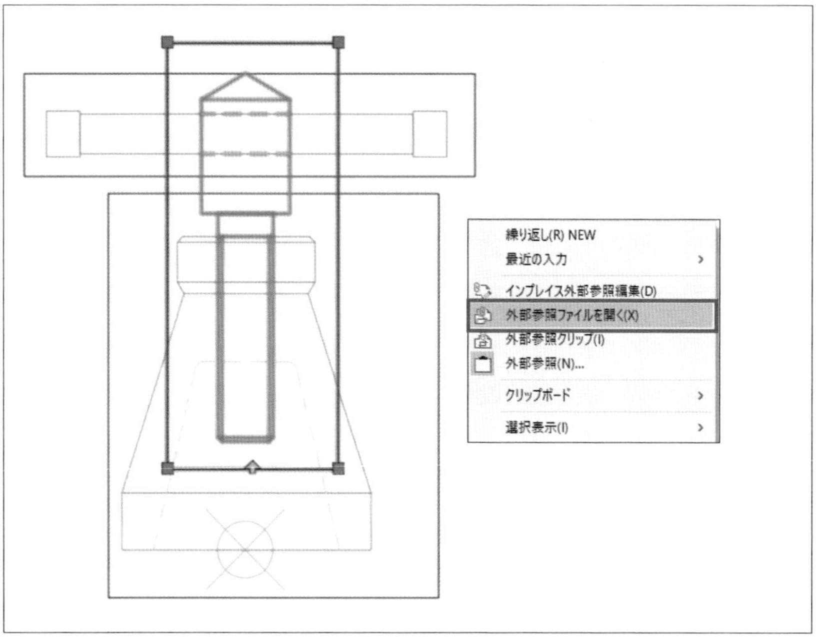

2 「豆ジャッキ送りねじ」ファイルが開きます。

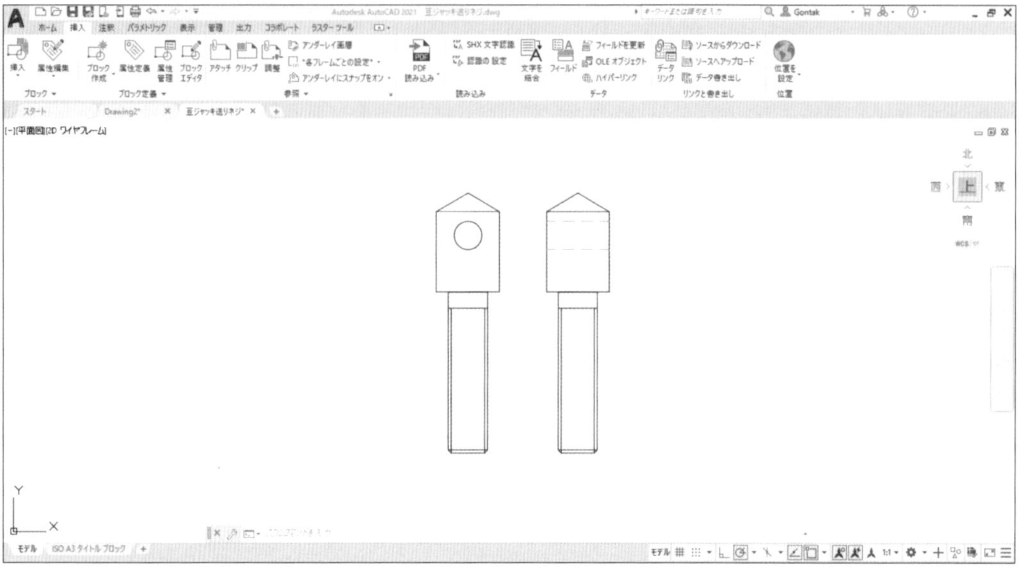

3 ［パラメトリック］タブの［**寸法拘束**］－［**表示/非表示**］を選択し、貫通穴の寸法拘束を表示します。

1. **オブジェクトを選択：**貫通穴を選択 Enter
2. **オプションを入力：**「表示」を選択

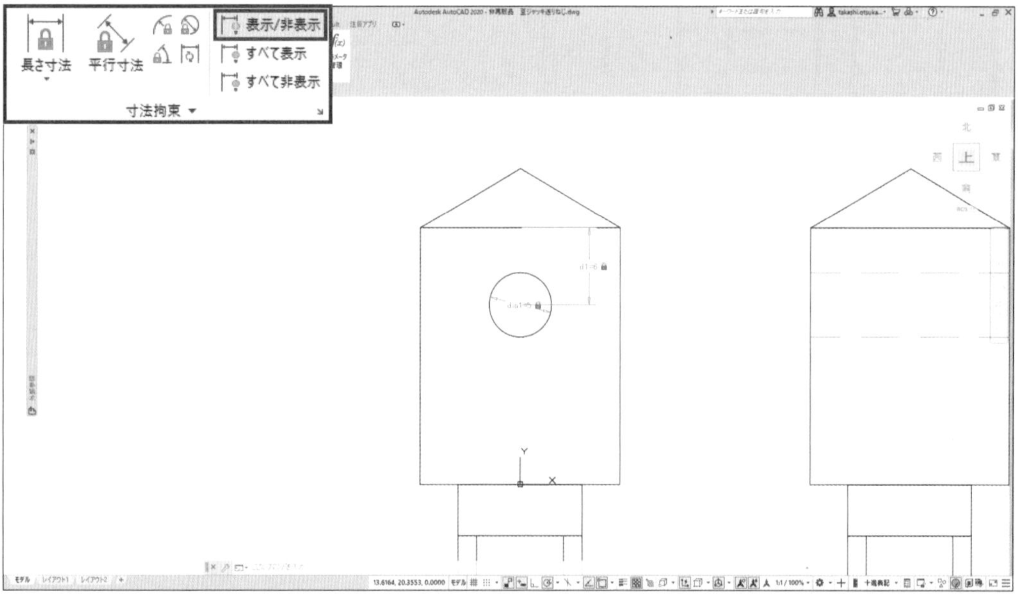

4 表示された直径寸法をダブルクリックし、「8mm」に修正します。

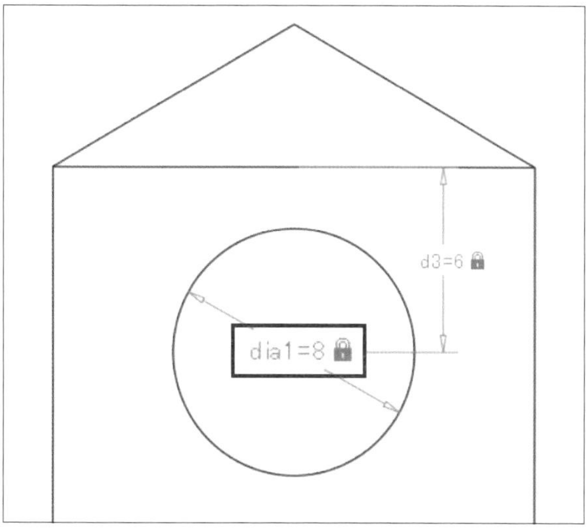

5 クイックアクセスツールバーの［**上書き保存**］をクリックし、保存します。

6 組図ファイルに戻ると、右下に警告メッセージが表示されます。「再ロード」のリンクをクリックします。

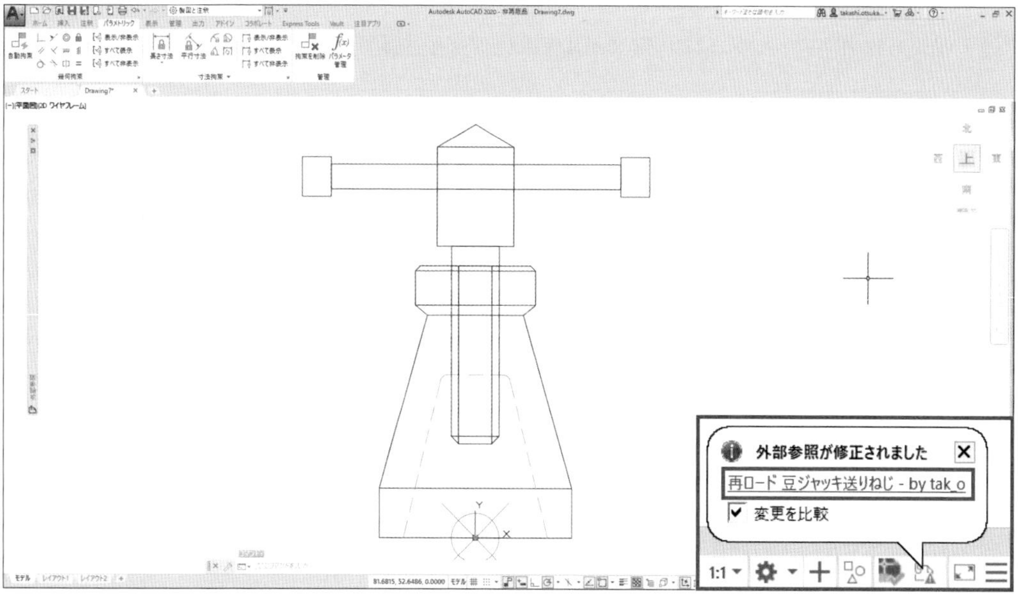

7 「豆ジャッキ送りねじ」のファイルが再ロードされ、組図ファイルが更新されます。「外部参照の比較」モードになり、更新された部分が緑色で表示されます。確認できたら、[**外部参照の比較を終了**]で終了します。

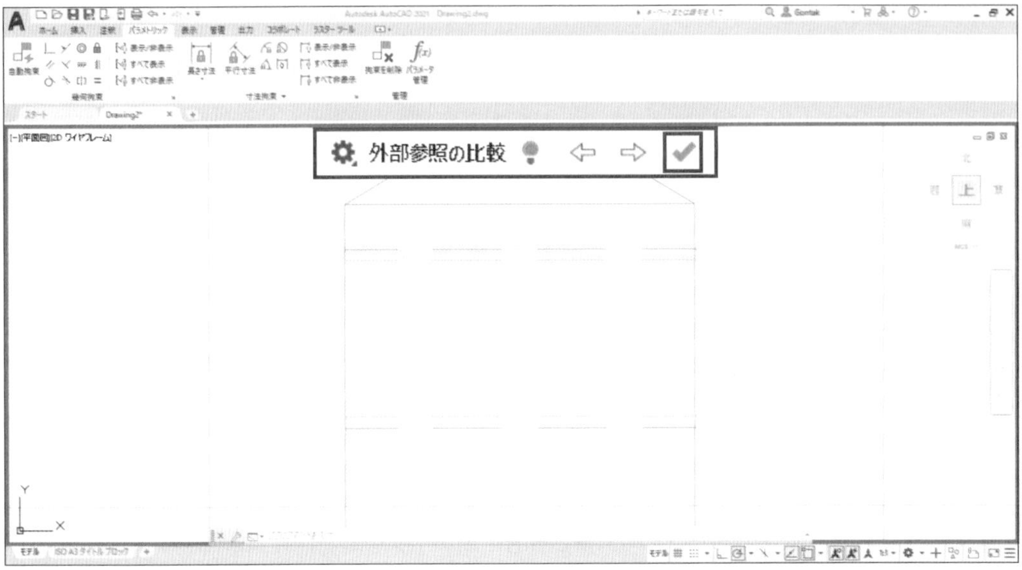

8 クイックアクセスツールバーの[**上書き保存**]をクリックし、任意の場所に保存します。

9 「豆ジャッキ」フォルダーに、ファイル名「豆ジャッキ組図」として保存します。

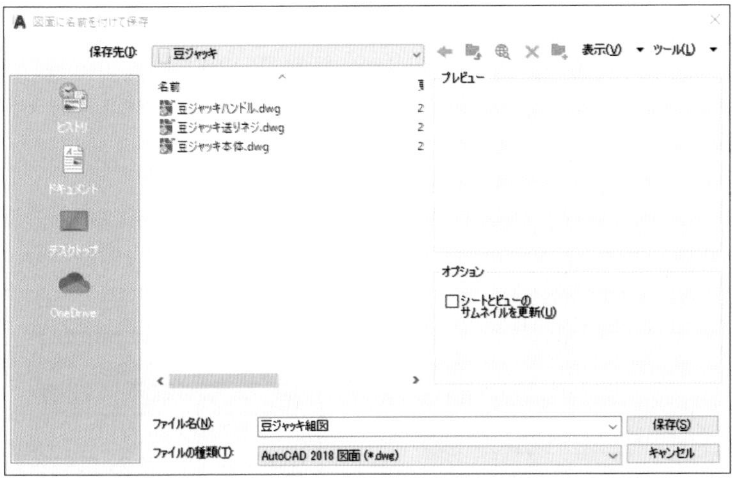

3.4.5 組図の陰線処理

参照ファイルは保存状態を読み込んでいるため、部品の重なりによる陰線処理は自動的に行われません。続いては、陰線処理として、部品ファイルの線分を利用して「組図ファイルの陰線」を作成します。

1 ［ホーム］タブの［**画層**］をクリックし、「破線」を選択します。

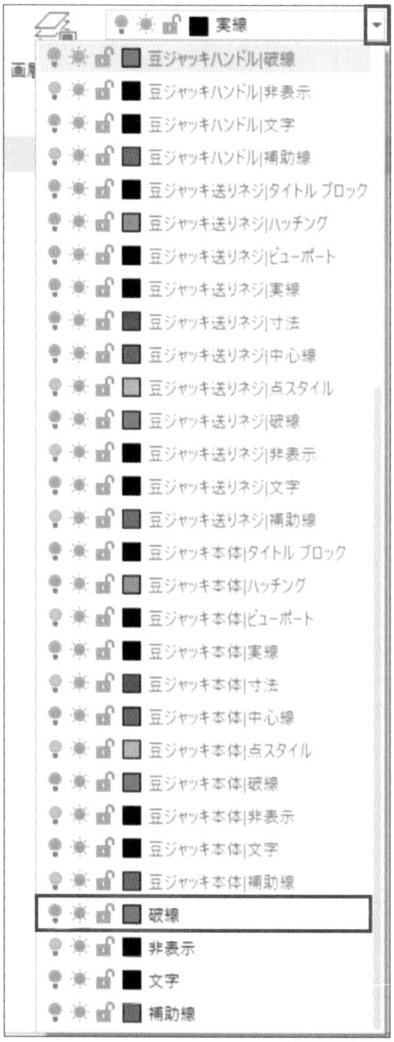

2 [**作成**] − [**線分**] で、送りねじの「ネジ部分」をなぞります。

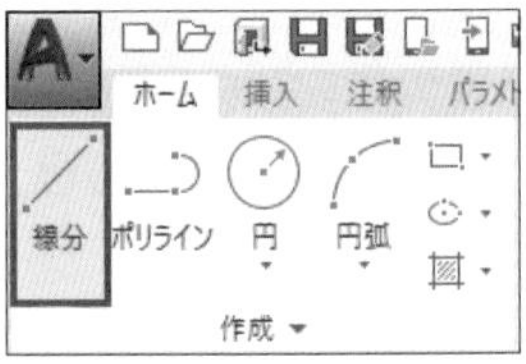

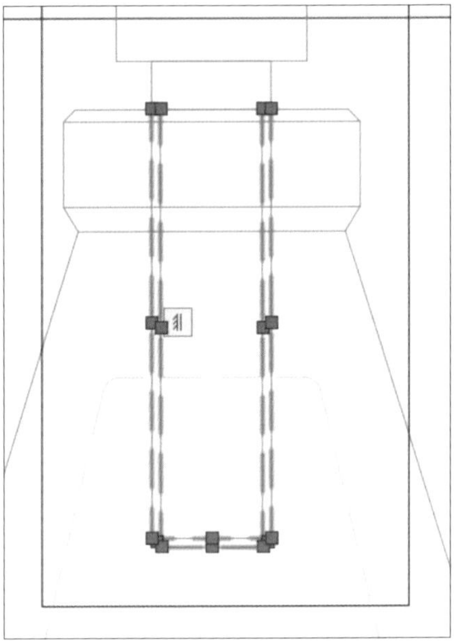

3 「送りねじのクリップ枠」の「下の角」をクリックし、クリップを以下のエリアに変更します。

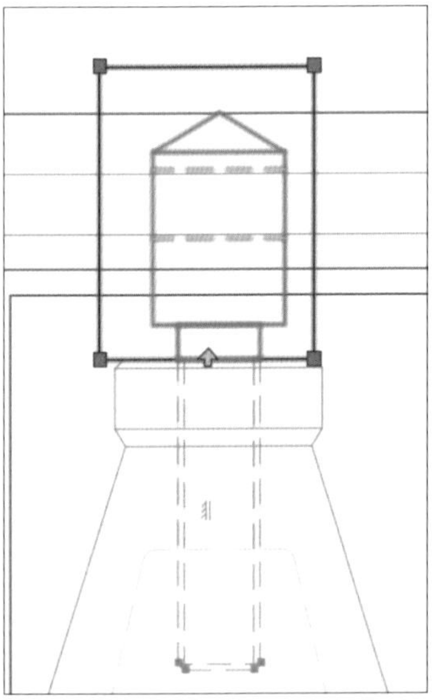

4 ネジ部分を陰線表示に変更できました。

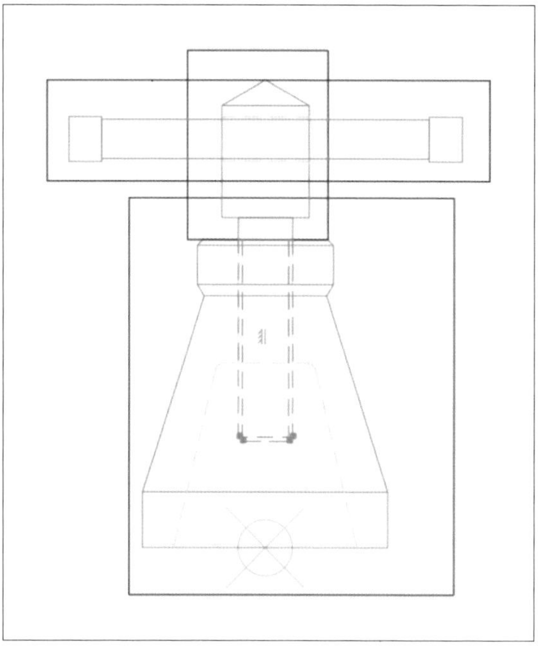

クリップのエリアは1つしか設定できないため、同様の手法で「ハンドル」と「送りねじ」の重なり部分を陰線にすることはできません。そこで、「実線」と「破線」の両方をなぞって再描画し、ハンドル全体を非表示にすることで陰線処理を行います。

1 まずは、破線部分を［**作成**］－［**長方形**］でなぞります。

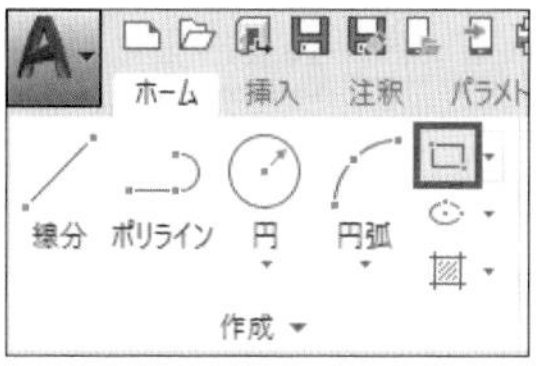

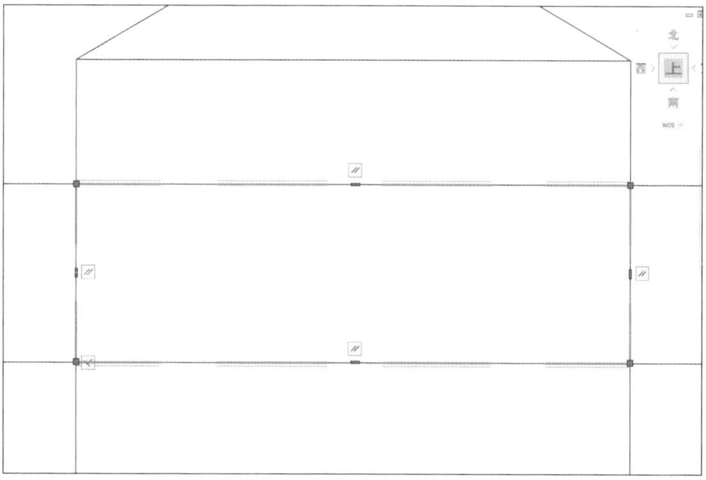

2 ［ホーム］タブの［**画層**］をクリックし、「実線」に切り替えます。

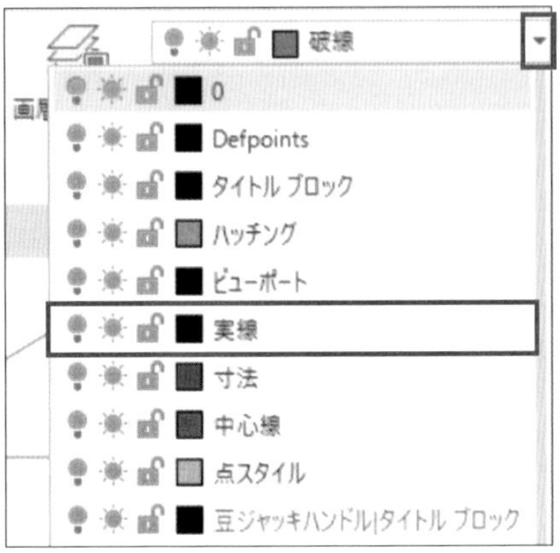

3 ［**作成**］－［**長方形**］で、4箇所の実線部分をなぞります。

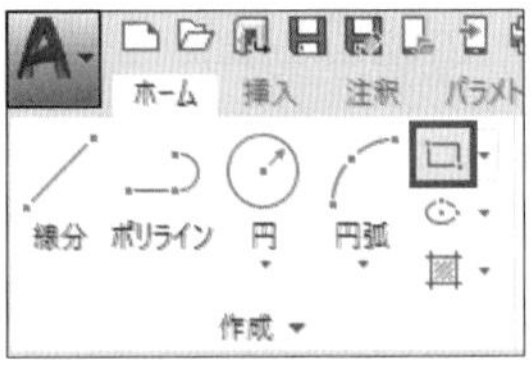

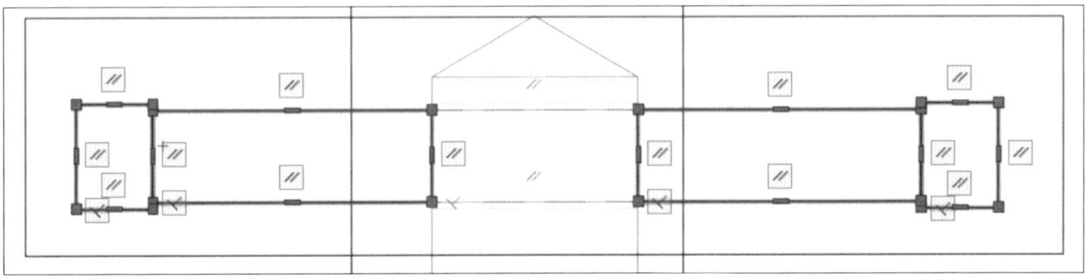

4 ［**参照**］－［**クリップ**］を選択し、クリップのエリアを「何も線分が含まれない範囲」に変更します。

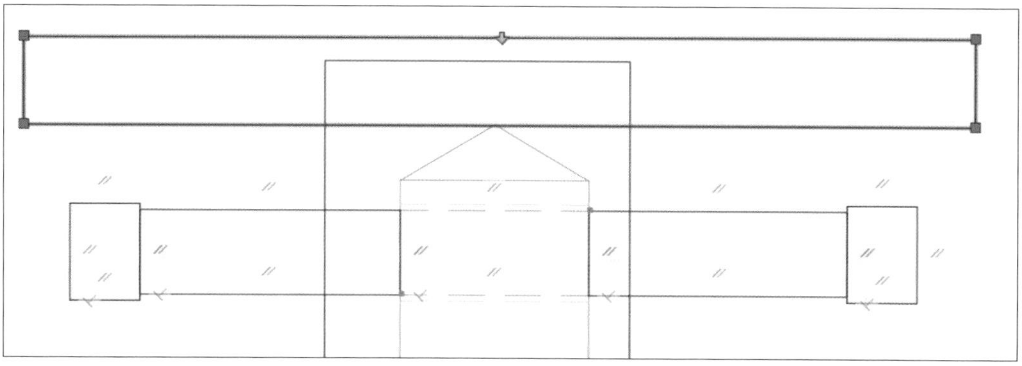

ワンポイントアドバイス

今回の例では「豆ジャッキハンドル.dwg」のラインを1つも使用していませんが、ファイルのリンク関係を保つために、「削除」ではなく、「何もラインがないところを抽出」としています。

5 ［挿入］タブの［**各フレームごとの設定**］を「フレームを非表示」に切り替えます。

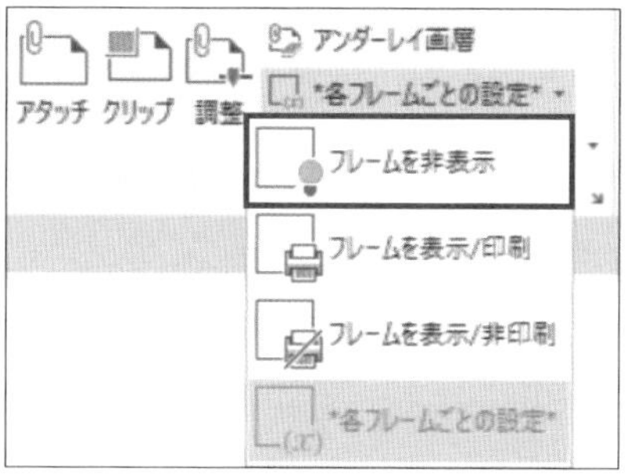

6 完成です！

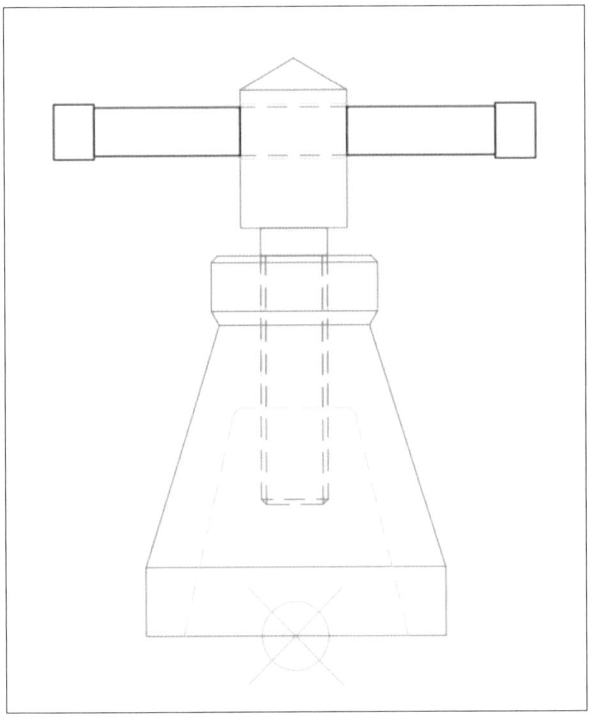

4

平面図を作図しよう

第４章では、平面図を作図しながら、以下の操作方法を学習します。

- ブロック配置
- 文字スタイル
- 寸法スタイル
- フィールドの挿入
- 図面比較

■この章で学習する内容

「壁の芯と壁の作成」では、基準線に対する複数ラインの作成方法を学びます。

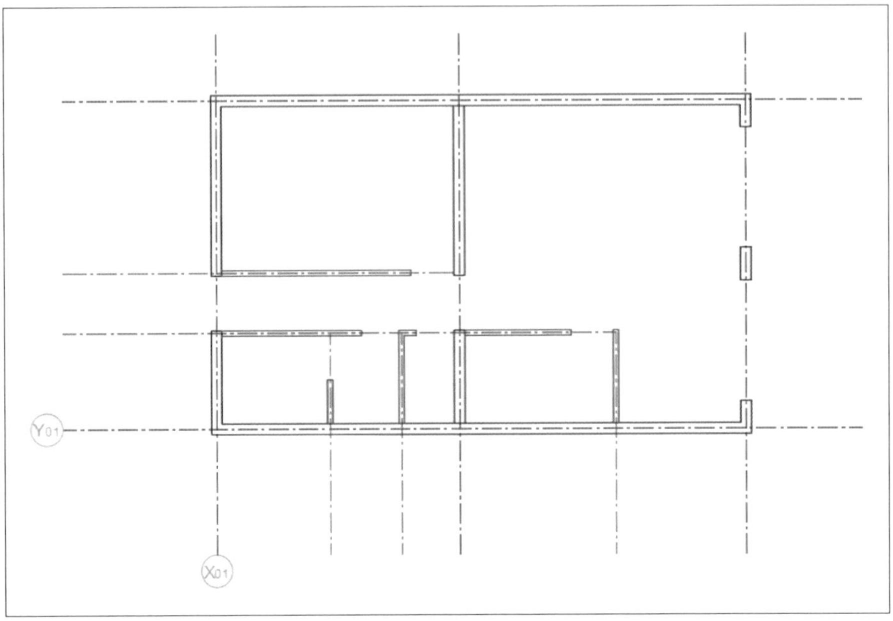

「住宅機器・建具の配置」では、同じ図形を簡単に繰り返して使用できる「ブロック機能」を学びます。

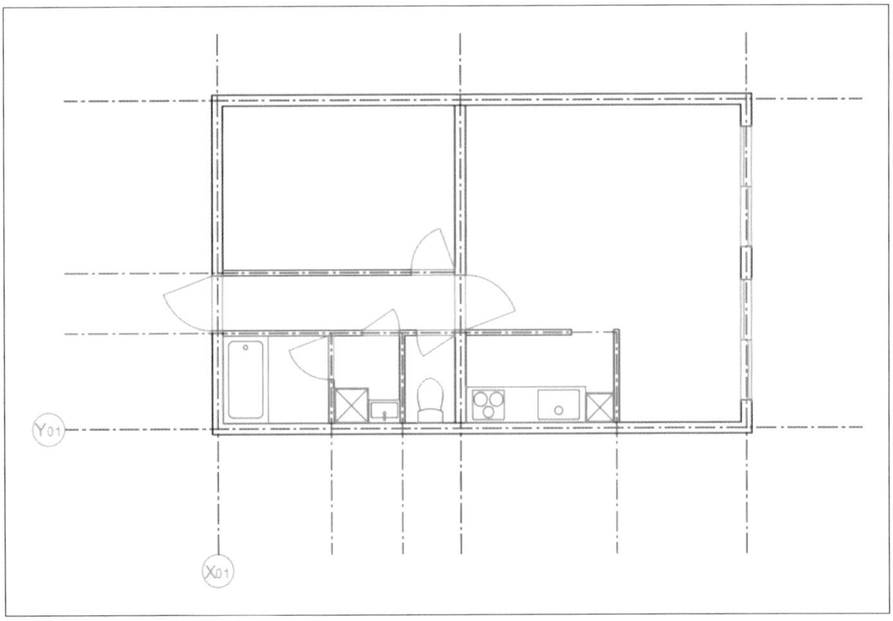

「部屋名と面積の配置」では、テキストの設定である「文字スタイル」の作成方法と、すでに作成した図形から情報を読み取り、テキストを配置する方法を学びます。

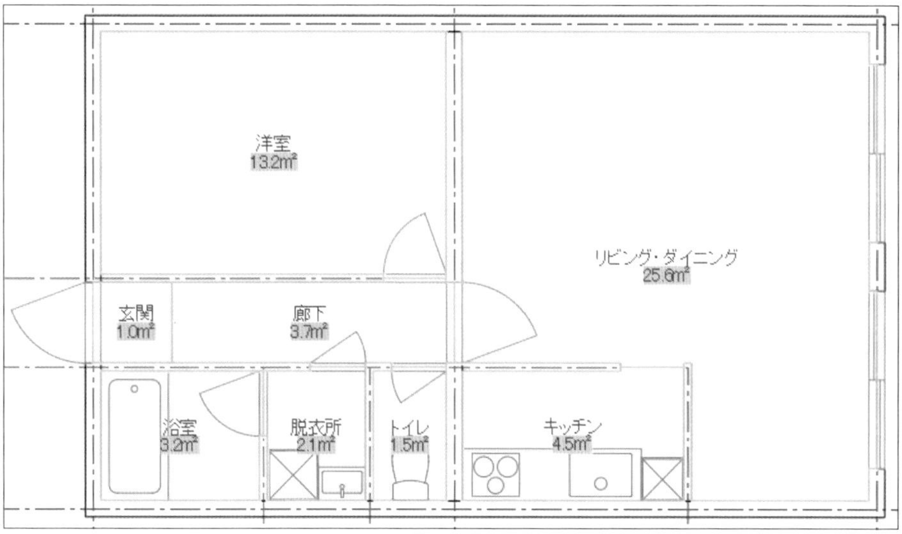

「図面の仕上げ」では、「ハッチング」、「属性情報付きブロック」、「寸法スタイル」の使い方を学びます。

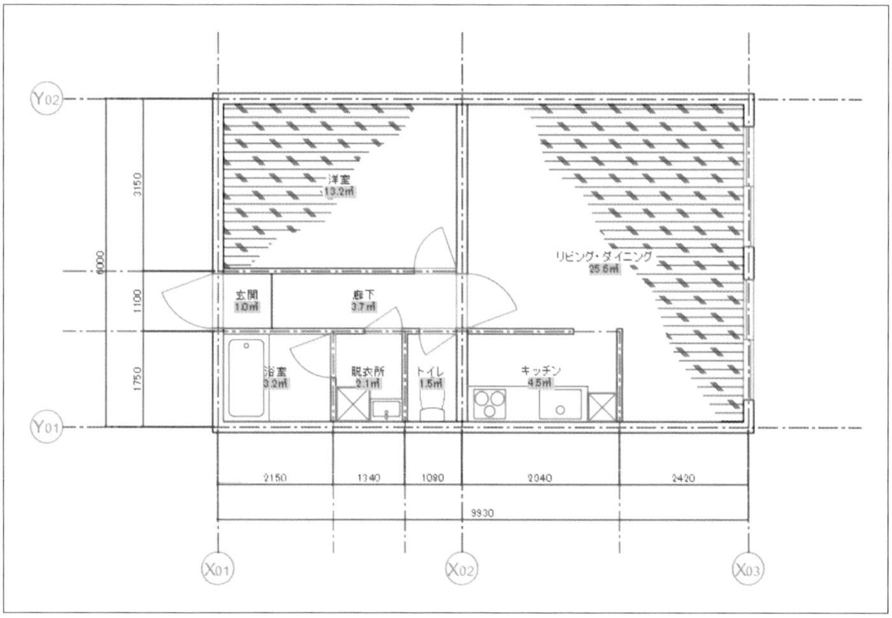

4.1 壁の芯と壁の作成

4.1節では、次の内容を学習します。

- 直交モードの切り替え
- 通り芯の作成（オフセット）
- 壁の作成（マルチライン）
- 線の編集（グリップ編集、トリム）

■この節の流れ

・通り芯符号から「基準となる通り芯」を作成し、オフセットで部屋枠を作成します。

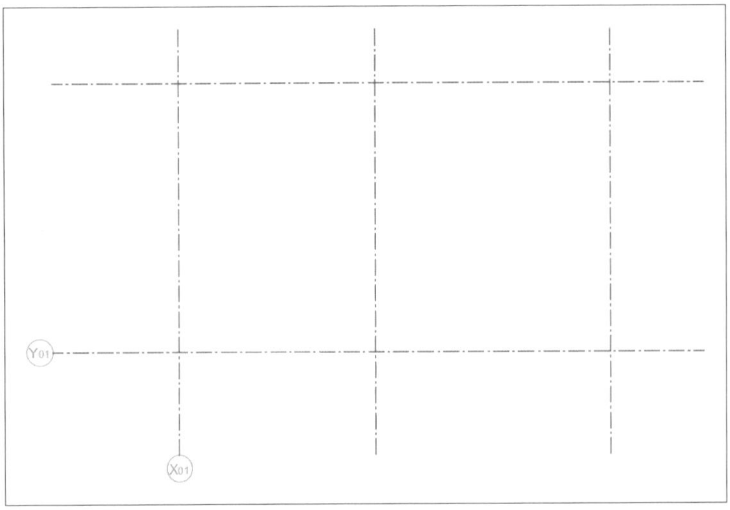

・通り芯をなぞって壁を作成します。

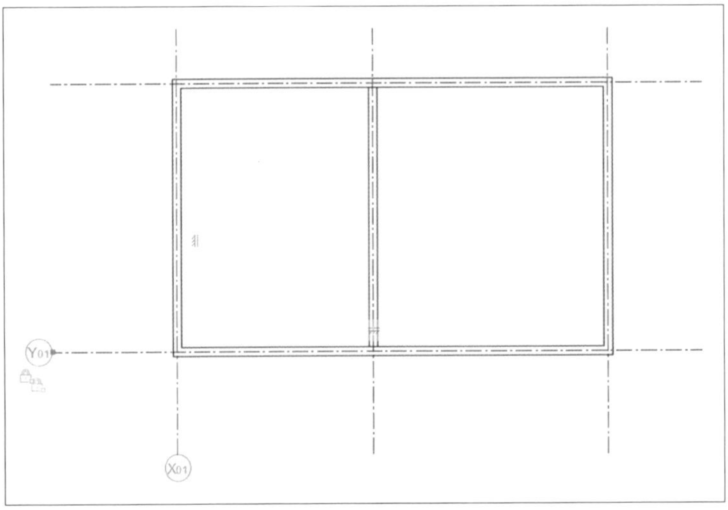

・開口部を作成します。

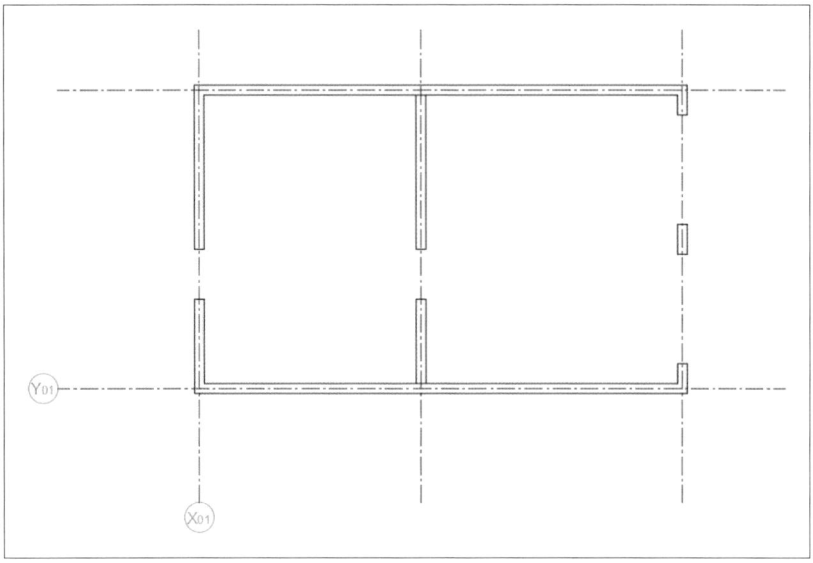

・「間仕切り芯」と「間仕切り壁」を作成します。

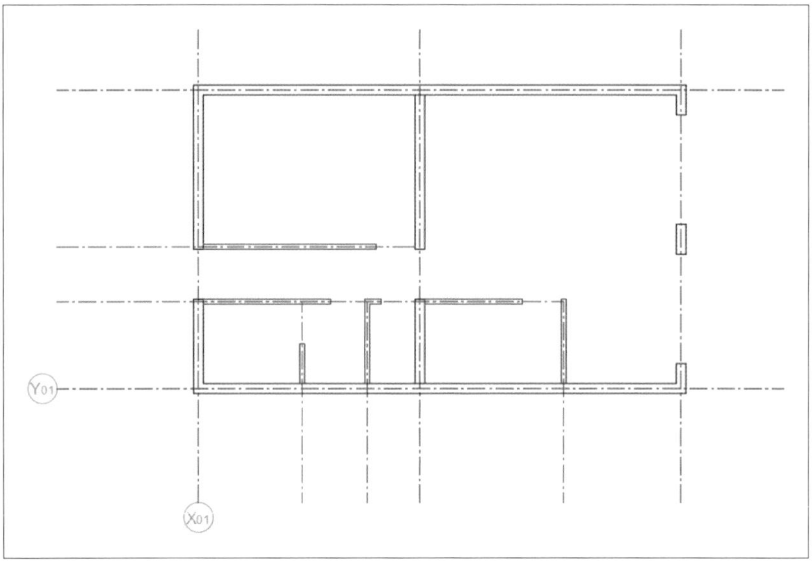

▶4.1.1　テンプレートファイルから開く

スタートアップのテンプレートの［▼］をクリックし、「平面図テンプレート」を選択します。

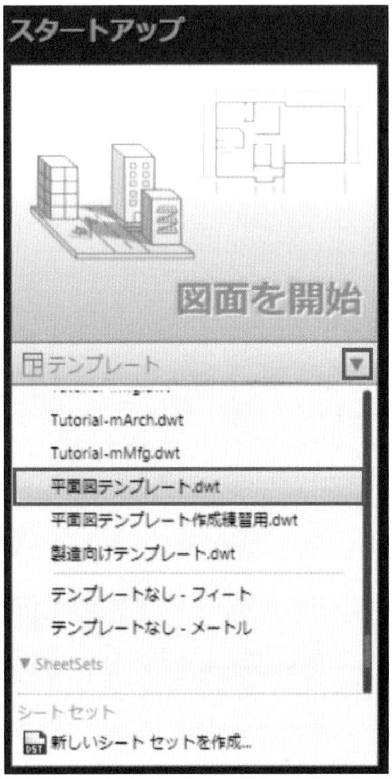

▶4.1.2　オプションの設定

平面図を作成する上で、お勧めの設定項目を設定します。

■直交モードを有効

ステータスバーの［**カーソルの動きを直交に強制**］をクリックし、オンに切り替えます。

▶4.1.3 通り芯と壁の作成

壁の中心線にする「通り芯」を以下の手順で作成します。

1 ［ホーム］タブの［**画層**］をクリックし、「通り芯」に切り替えます。

2 ［**作成**］－［**線分**］を選択し、「X01」の上の頂点から垂直に、長さ「9500」、角度「90°」の通り芯を描きます。

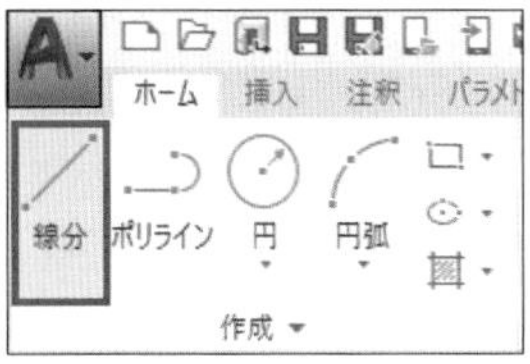

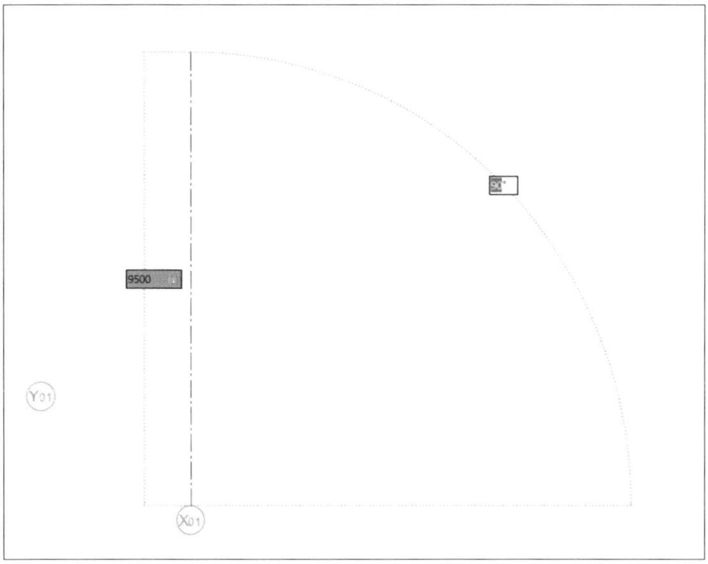

3 「Y01」の右の頂点から水平に、長さ「15000」、角度「0°」の通り芯を描きます。

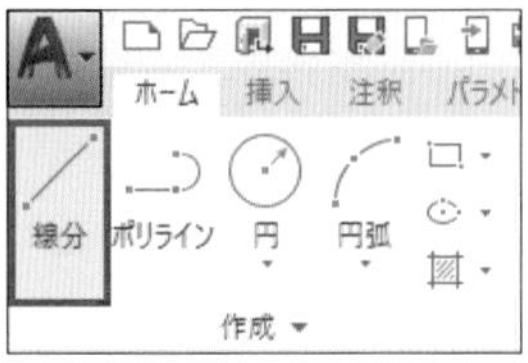

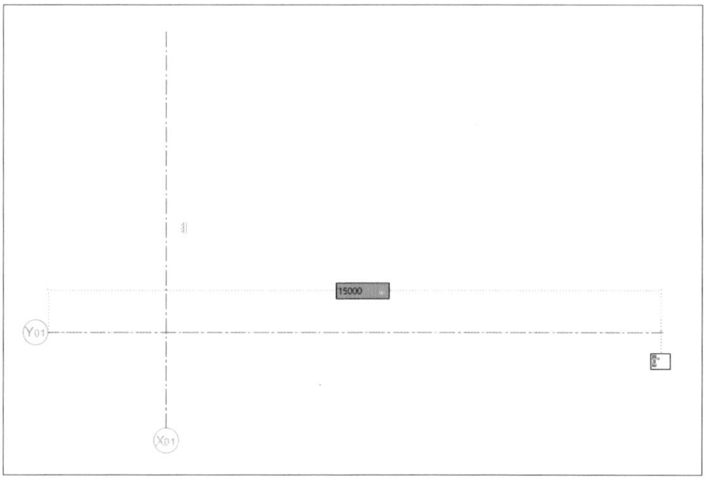

4 ［**修正**］－［**オフセット**］を選択し、水平線を「Y01」から上方向に「6000」オフセットします。

1. **オフセット距離を指定：**6000 Enter
2. **オフセットするオブジェクトを選択：**水平線を選択（Y01）
3. **オフセットする側の点を指定：**上側を選択

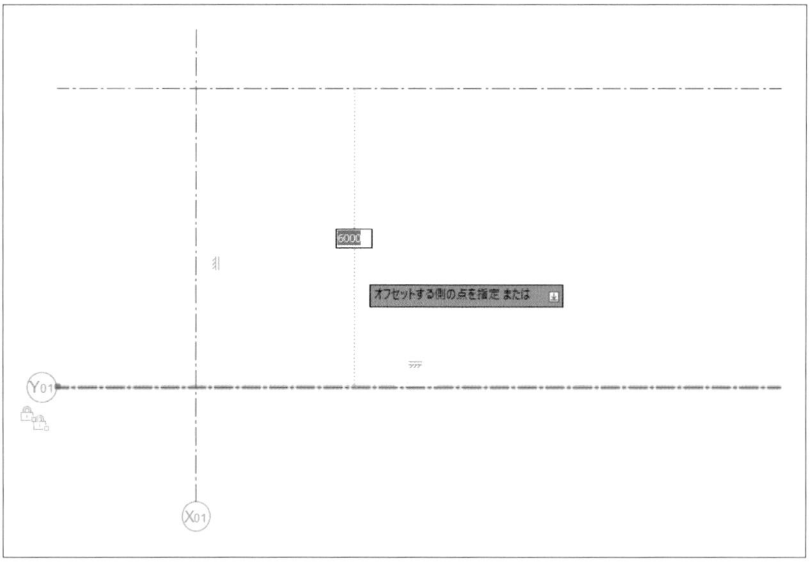

5 いちど［Enter］で終了した後、再度［**修正**］－［**オフセット**］を選択し、垂直線を「X01」から右方向に「4570」オフセットします。

1. **オフセット距離を指定：**4570［Enter］
2. **オフセットするオブジェクトを選択：**垂直線を選択（X01）
3. **オフセットする側の点を指定：**右側を選択

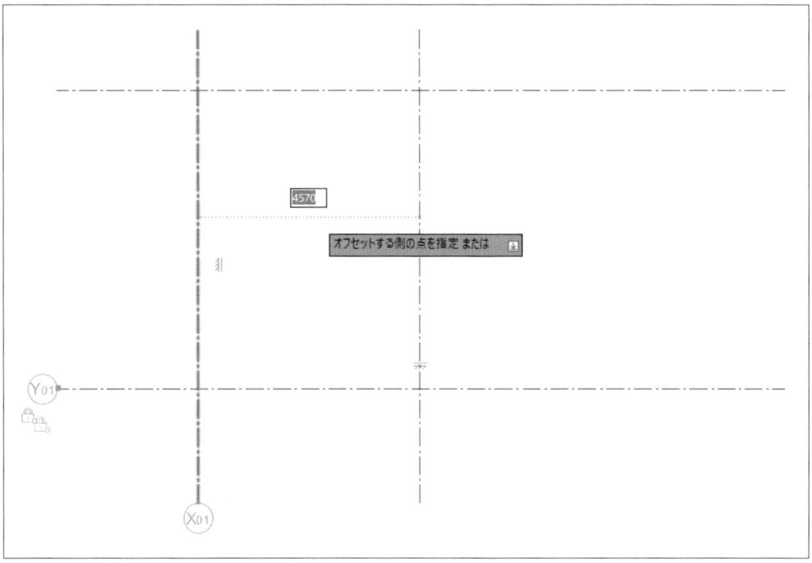

6 いちど［Enter］で終了し、先ほどオフセットした垂直線から「5360」オフセットします。

1. **オフセット距離を指定：**5360［Enter］
2. **オフセットするオブジェクトを選択：**垂直線を選択
3. **オフセットする側の点を指定：**右側を選択

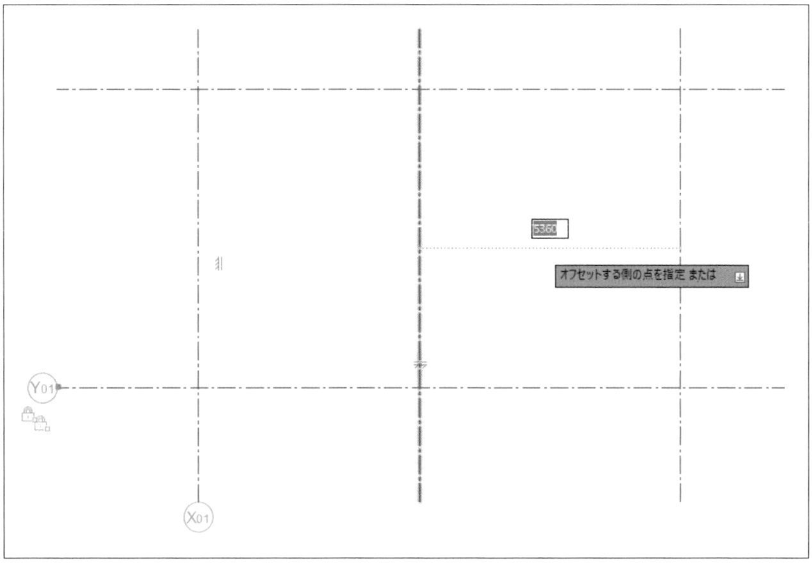

7 続いて、壁を作成します。［ホーム］タブの［**画層**］をクリックし、「壁」に切り替えます。

8 初期設定では表示されていない［**マルチライン**］を使用するために、メニューバーの表示を増やします。クイックアクセスツールバーの［▼］をクリックし、［**メニューバーを表示**］を選択します。

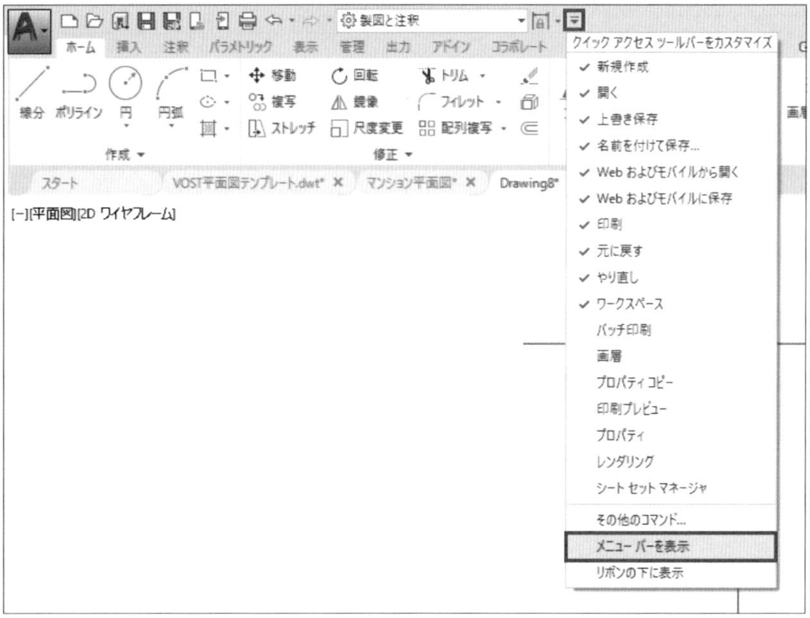

9 メニューバーの［**作成**］－［**マルチライン**］を実行します。

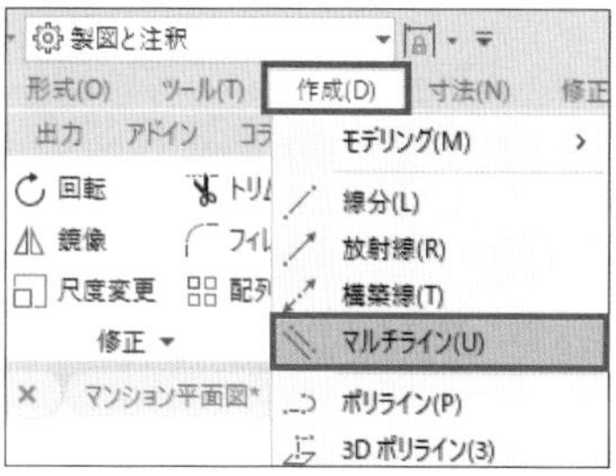

ワンポイントアドバイス

［マルチライン］は、複数の平行線を同時に描くコマンドです。初期値では2本線が作成されます。これにより壁を描く操作を簡略化できます。

ワンポイントアドバイス

［マルチライン］は、LTでは利用できないコマンドとなります。LTで作業する場合は、［2重線（DLINE）］を利用してください。

10 右クリックメニューの［位置合わせ］を実行します。

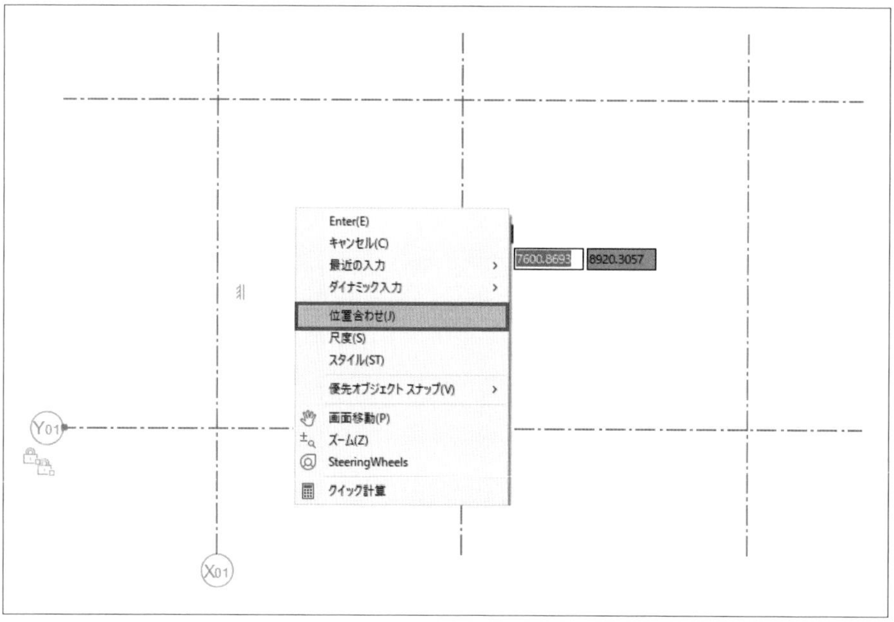

11 「位置合わせタイプを入力」で「ゼロ」を選択します。

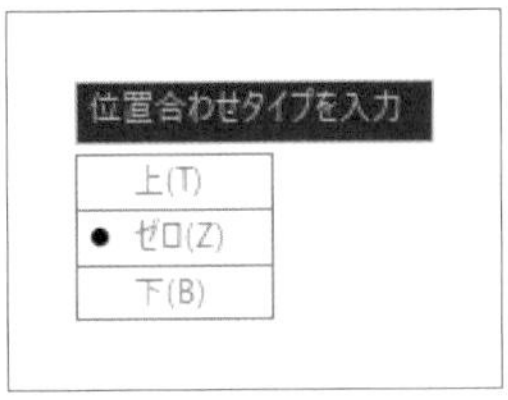

ワンポイントアドバイス

「位置合わせ」は、これから作成するマルチラインの基準線が「2本線のどこに位置するか」を設定する項目です。「ゼロ」を選択すると、「2本線の中間」に基準線が位置するため、通り芯をなぞるだけで壁を作成できます。

12 再度、右クリックメニューを表示し、［尺度］を実行します。

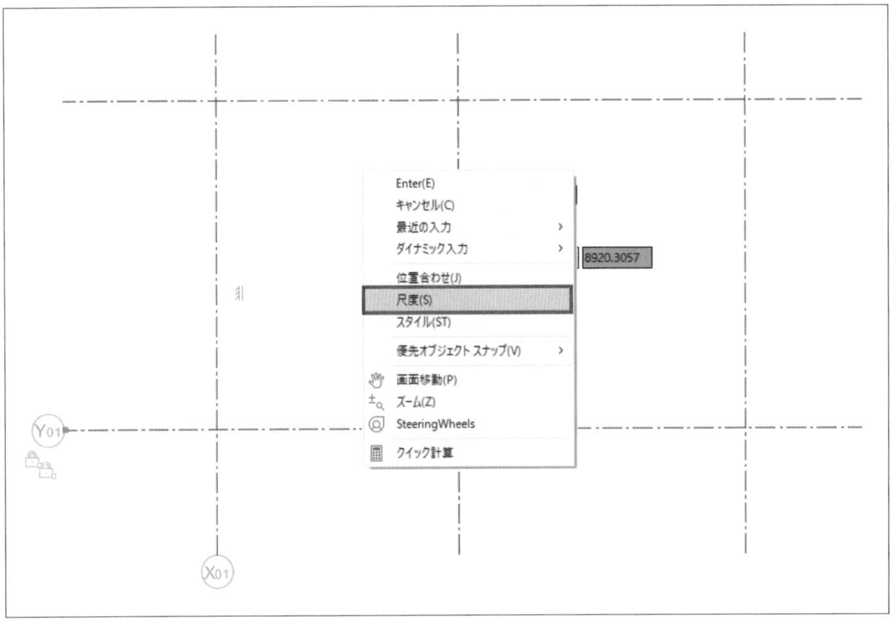

ワンポイントアドバイス

「尺度」では、マルチラインの「2本線の間隔」を設定します。今回は「壁の厚み」を設定します。

13 「マルチラインの尺度を設定」を「200」とします。

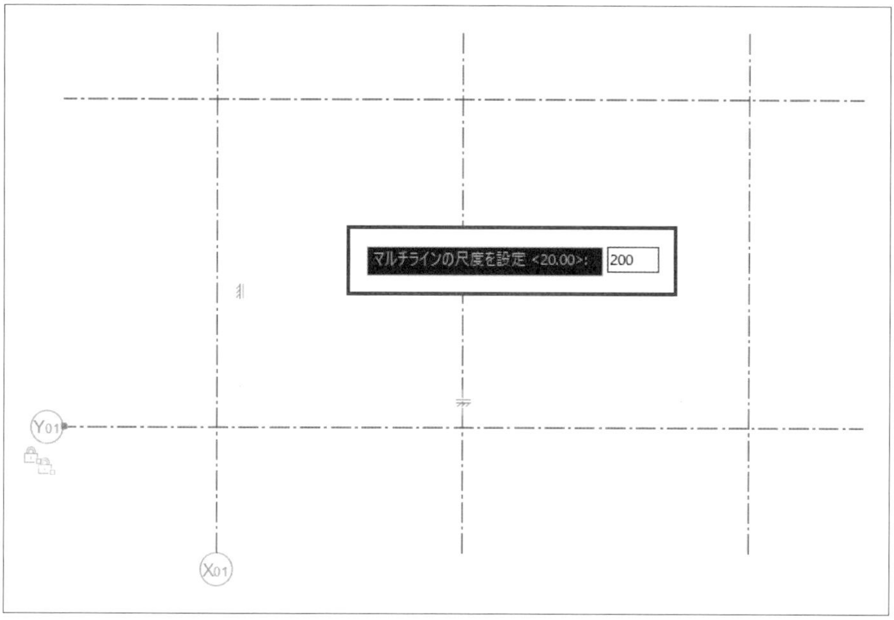

14 通り芯の交点を選択しながら壁を作成していきます。

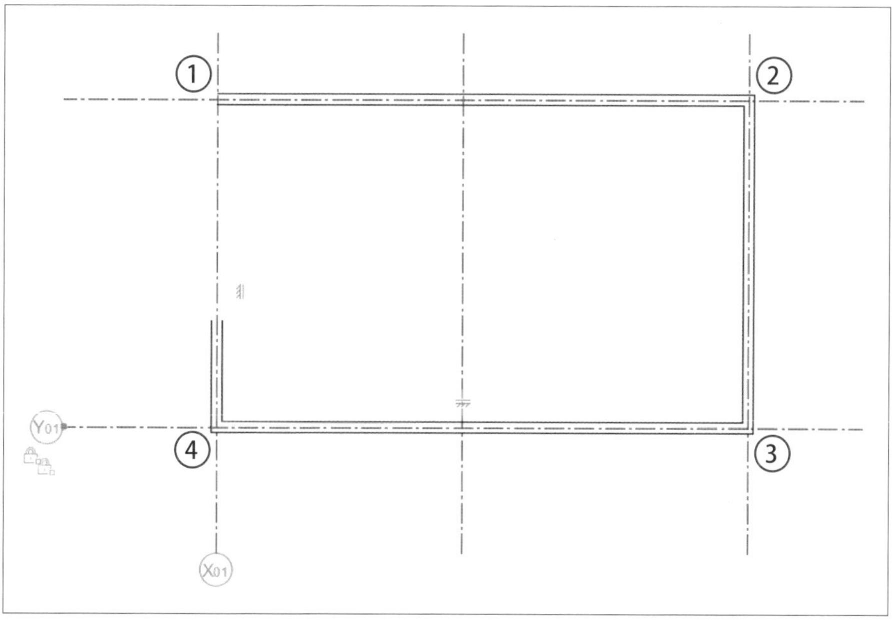

15 4点目まで選択したら、最後は「最初の点」となります。オプションの［閉じる］を実行して閉じたマルチラインを作成します。

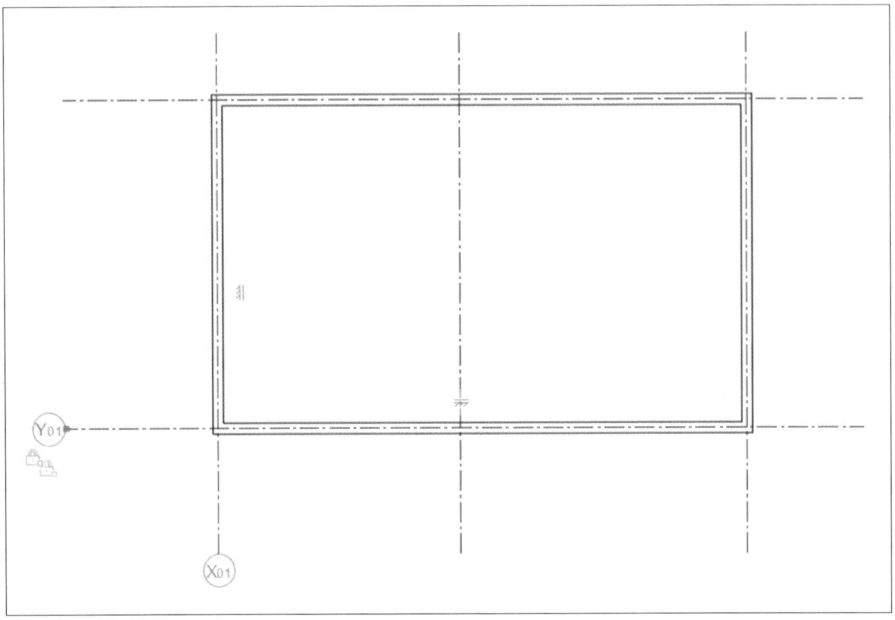

ワンポイントアドバイス

［マルチライン］でライン同士を結合させるときは、［閉じる］オプションを使用する必要があります。オプションを使用しなかった場合、ラインは結合されません。

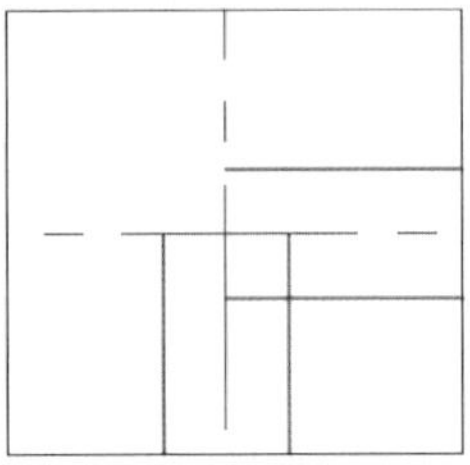
オプション未使用

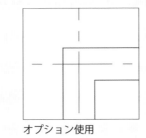

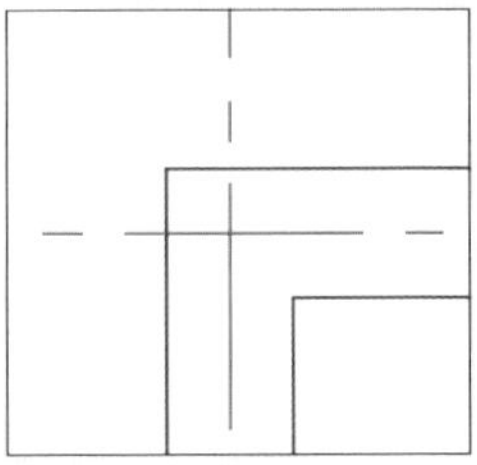
オプション使用

16 再度、［マルチライン］を実行します。「マルチライン」と「通り芯」の交点を選択し、中間の壁を作成します。

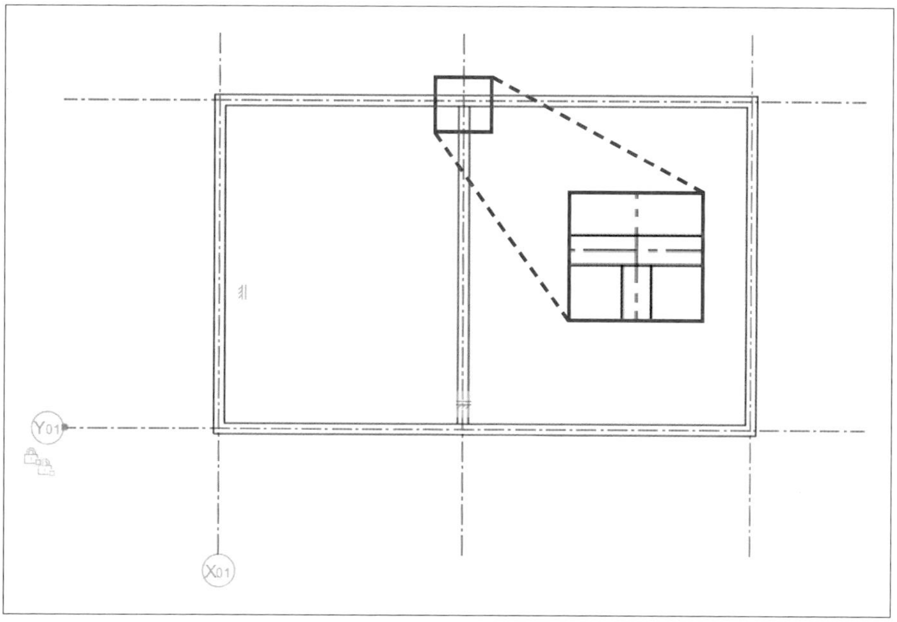

▶ 4.1.4　開口部の作成

続いては、窓を配置する部分の壁に開口部を作成します。

1 ［**修正**］－［**オフセット**］でオプションの「画層」を「現在の画層」に指定し、上下の通り芯から「500」の位置に補助線を作成します。

1. **オフセット距離を指定**：L Enter
2. **オフセットで作成したオブジェクトの画層オプションを指定**：C Enter
3. **オフセット距離を指定**：500 Enter

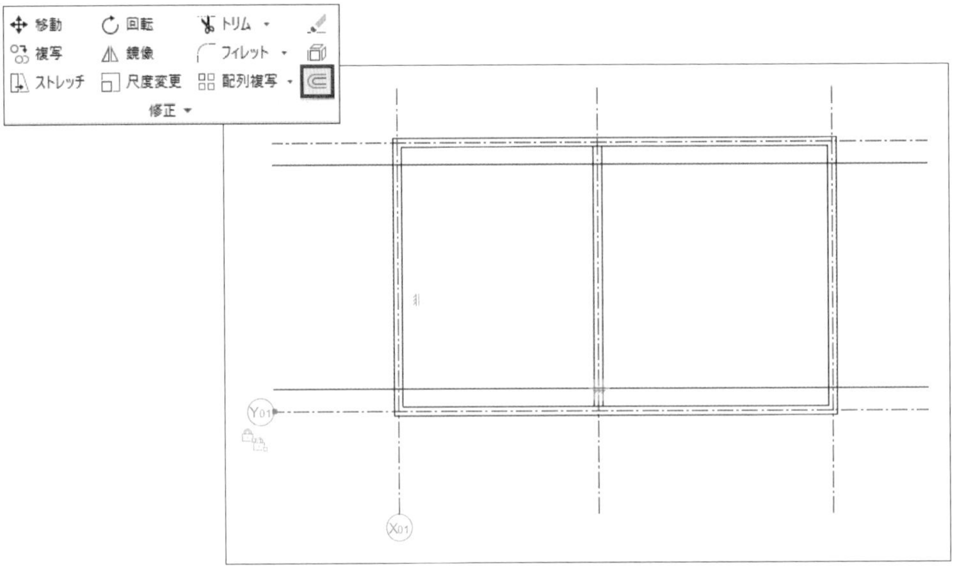

2 再度、［**修正**］－［**オフセット**］を選択し、作成した補助線から「2200」の位置に補助線を追加します。

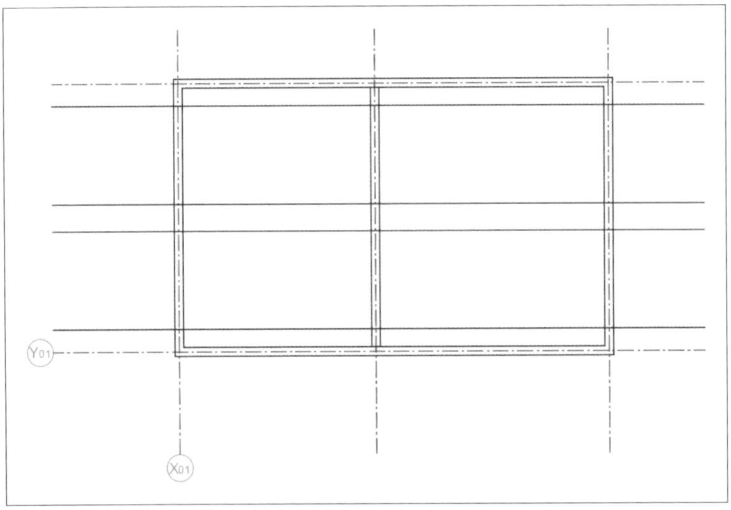

3 ［修正］－［ストレッチ］で、「補助線の左端」を右側から範囲選択します。

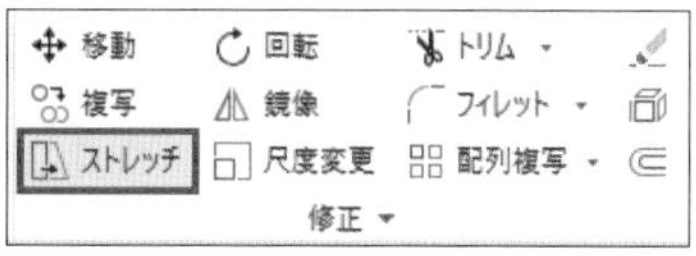

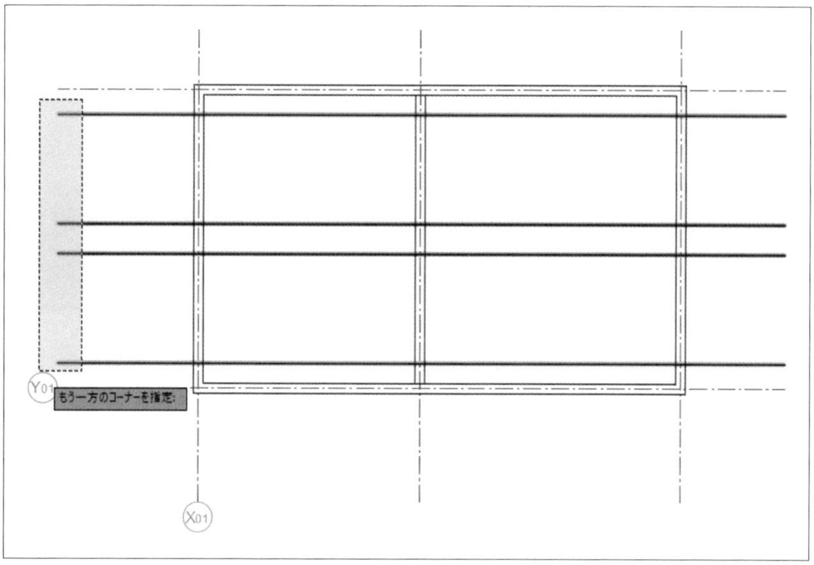

3 補助線の線分を短くします。

1. **オブジェクトを選択：** Enter
2. **基点を指定：**オフセットしたラインの端点を選択
3. **目的点を指定：**水平に移動させて任意の点を選択

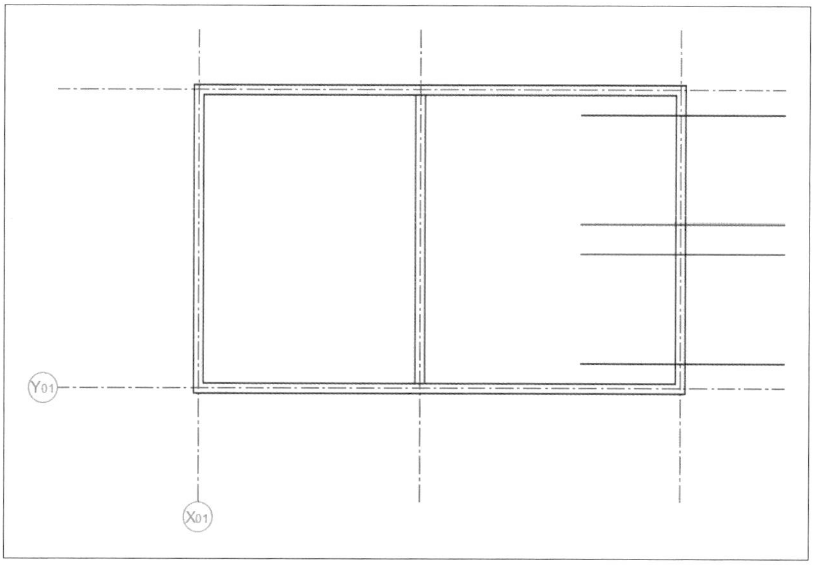

5 ［**修正**］－［**トリム**］を選択し、線分を作成するようにマウスを操作して、余分なラインを削除します。

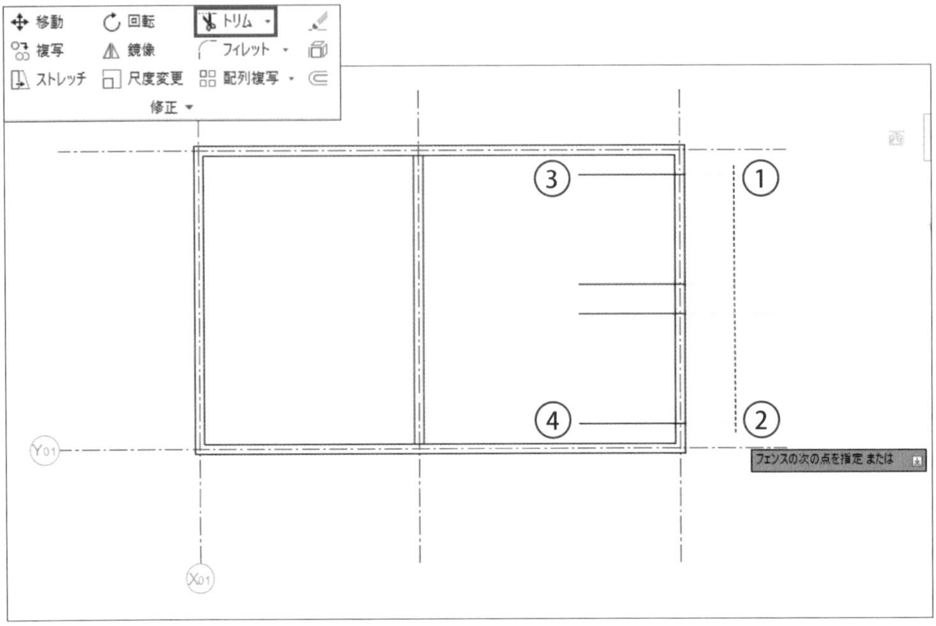

6 不要な壁のマルチラインを選択し、以下のように開口部を作成します。

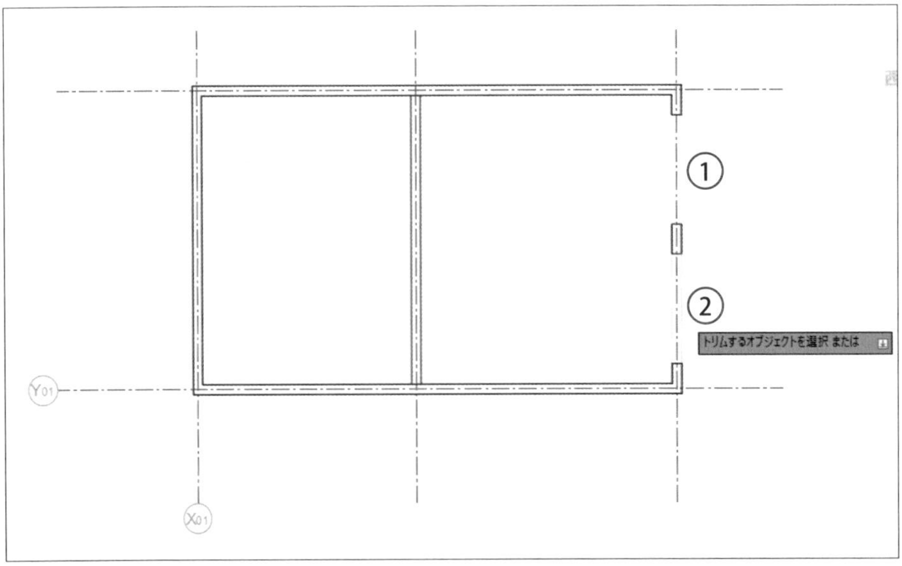

垂直のラインを先に削除すると、切り取るための境界線がなくなってしまうため、水平線を処理できなくなります。今回のような場合は、水平線を先に削除してください。

7 同様の手順で、中央と左側の壁にも開口部を作成します。[**修正**]－[**オフセット**]を選択し、下の通り芯から「1800」の位置に補助線を作成します。

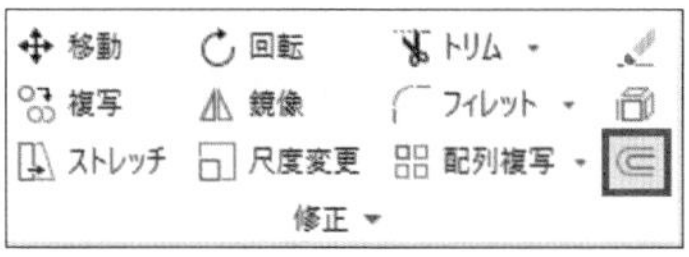

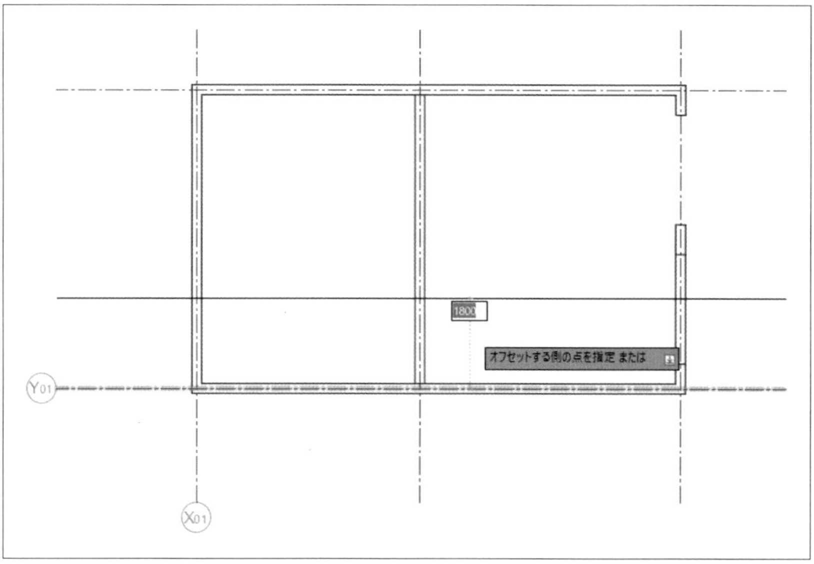

8 再度、[**修正**]－[**オフセット**]を選択し、作成した補助線から「1000」の位置に補助線を追加します。

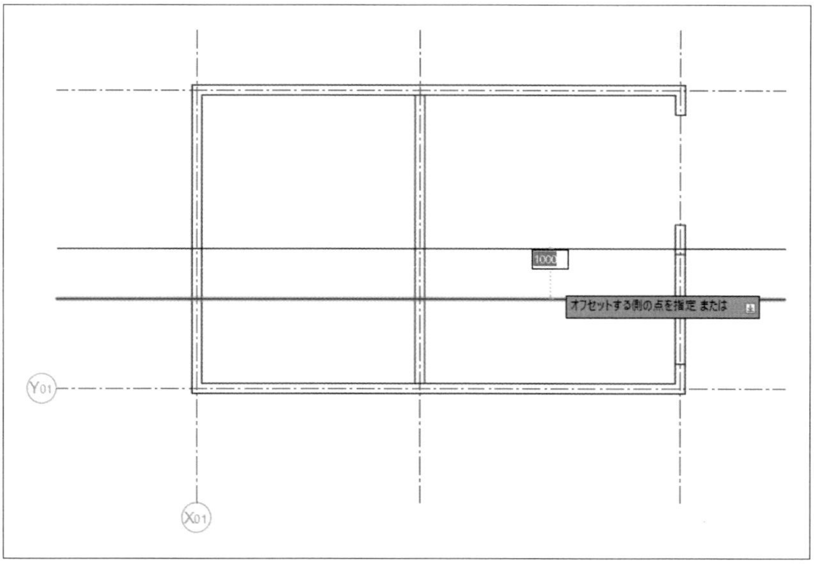

9 ［**修正**］－［**ストレッチ**］で、補助線の線分を短くします。

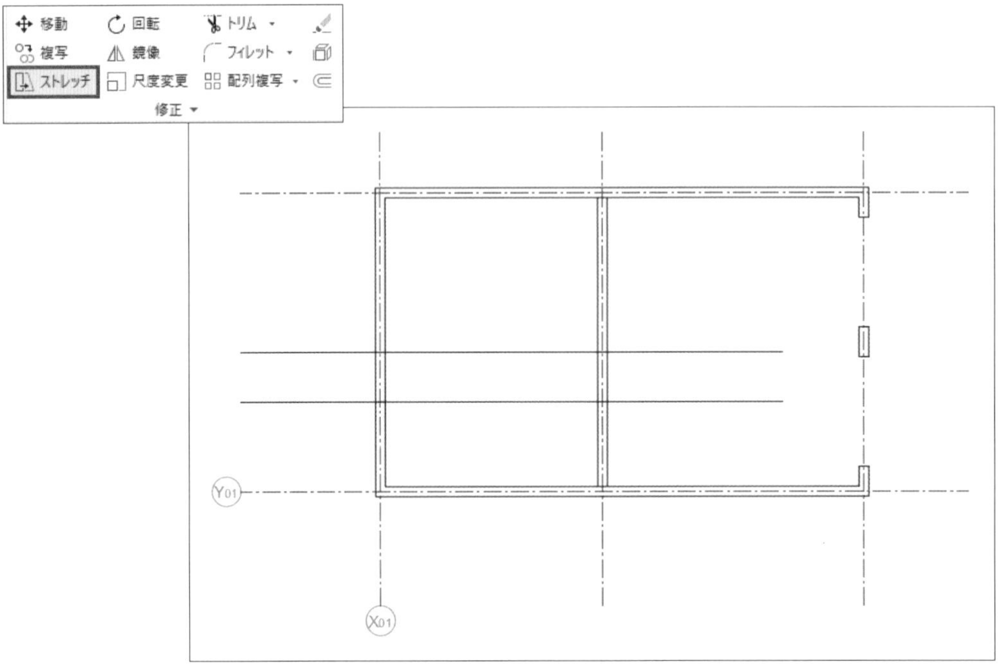

10 ［**修正**］－［**トリム**］で、余分なラインを削除します。

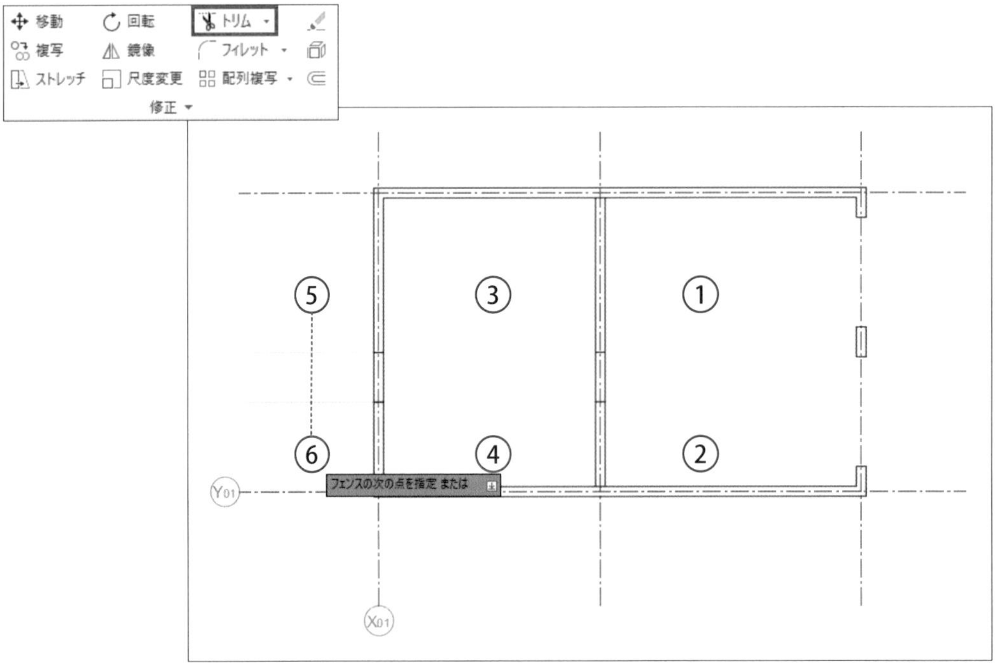

11 不要な壁のマルチラインを選択し、以下のように開口部を作成します。

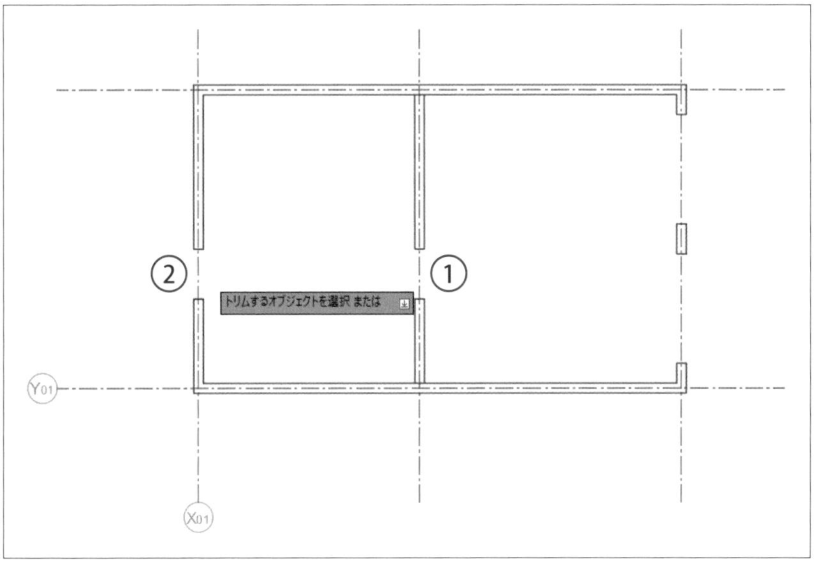

▶4.1.5　間仕切りの作成

続いては、「間仕切り芯」と「間仕切り壁」を作成し、部屋を細かく分けていきます。

1 ［**画層**］を「間仕切り芯」に切り替えます。

2 ［**修正**］－［**オフセット**］で、上の通り芯から「3150」の位置に「間仕切り芯」を作成します。

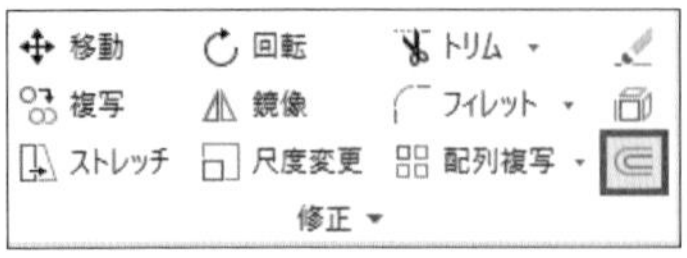

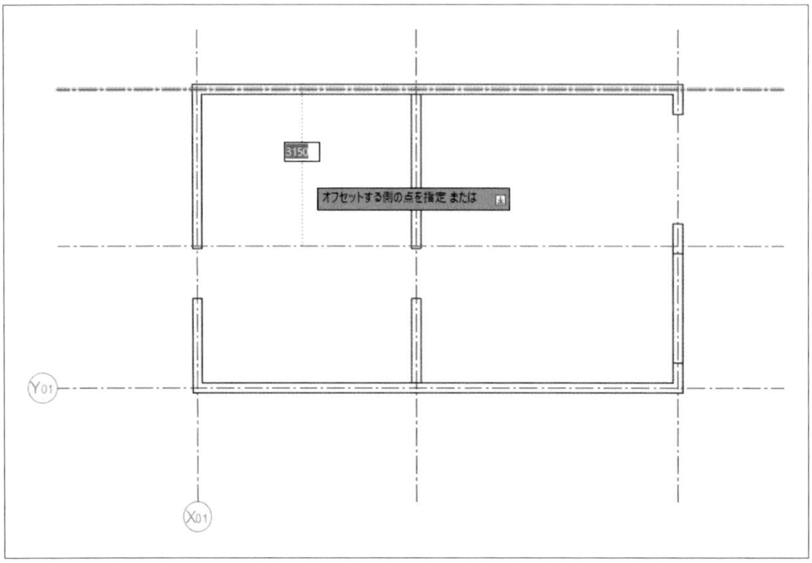

3 グリップ編集で、「間仕切り芯」を壁まで短くします。

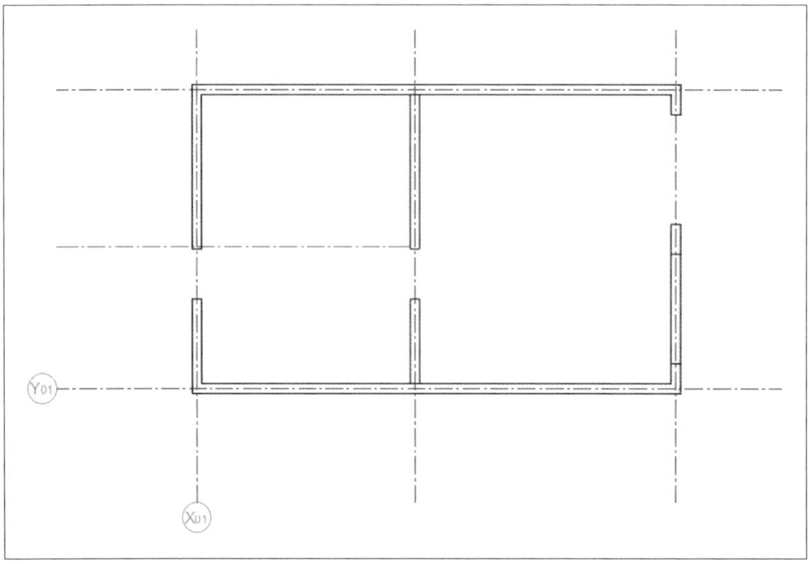

4 ［**画層**］を「間仕切り壁」に切り替えます。

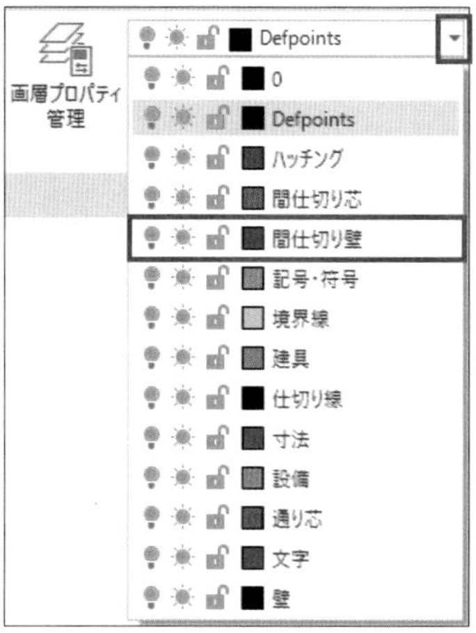

5 メニューバーの［**作成**］－［**マルチライン**］を実行します。

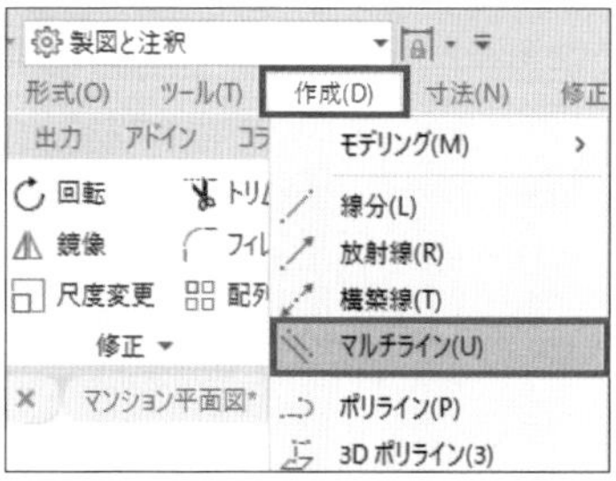

6 右クリックメニューを表示し、［**尺度**］を実行します。

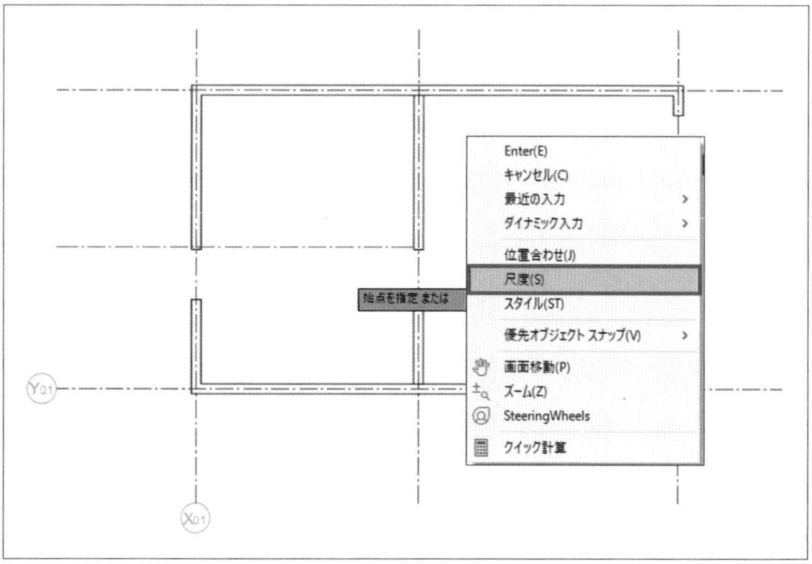

7 「マルチラインの尺度を設定」を「100」とします。

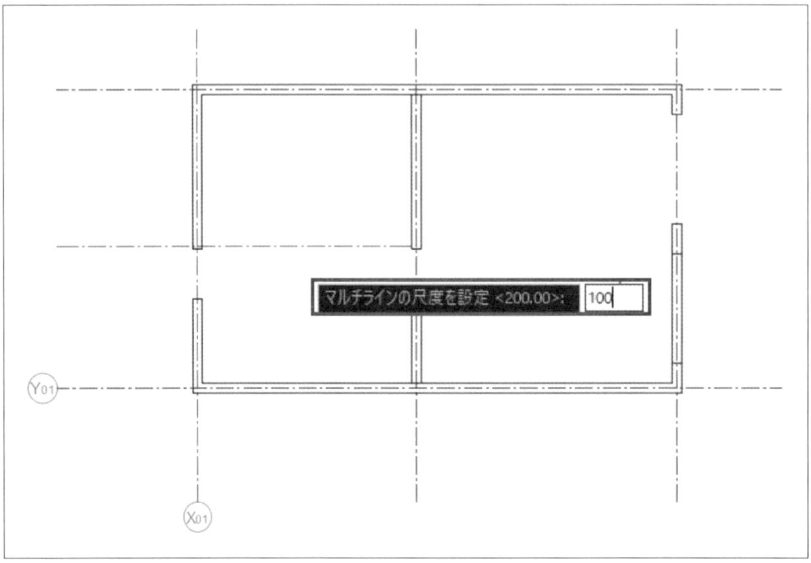

8 「壁」と「間仕切り芯」の交点を選択し、「間仕切り壁」を作成します。

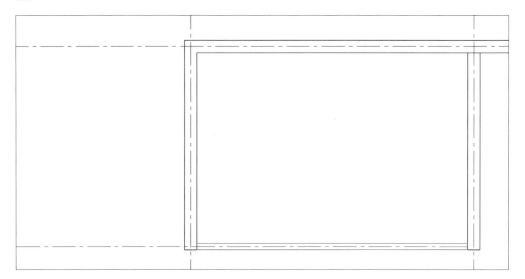

9 [Esc] でコマンドをキャンセルしてから「間仕切り壁」を選択し、グリップを表示します。

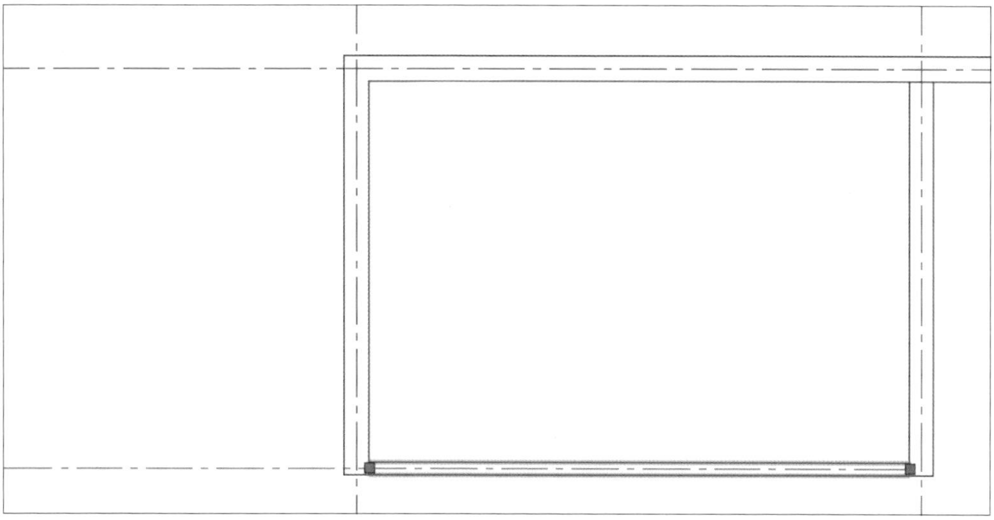

10 右側のグリップを選択し、カーソルを左方向へ移動させます。キーボードから「800」と入力し、[Enter] で確定します。

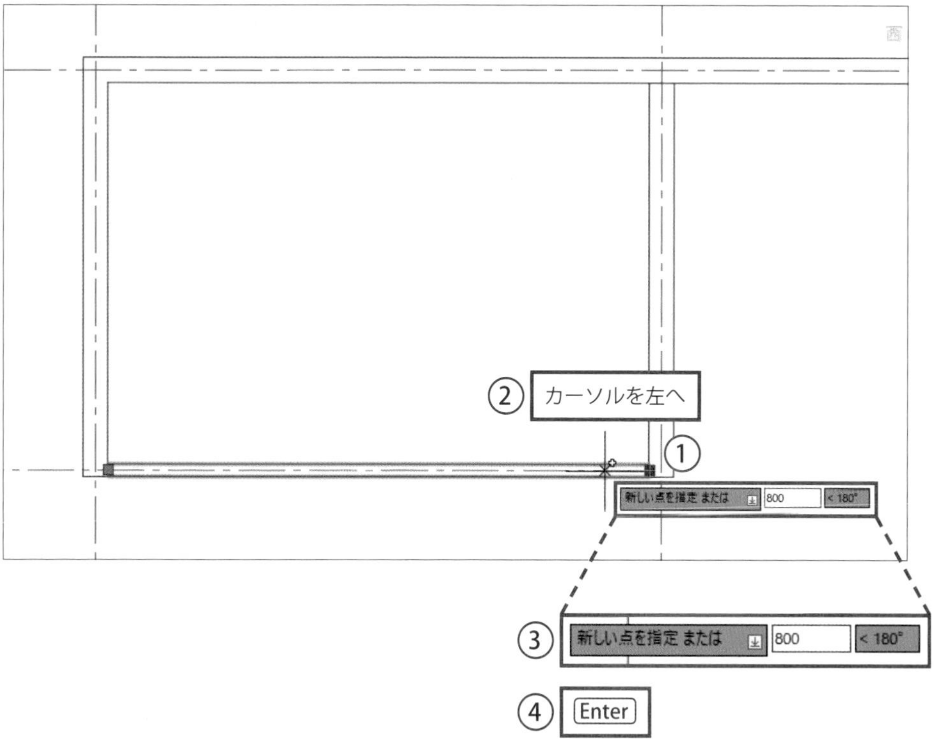

11 マルチラインの端が開いているため、[**作成**]－[**線分**]で閉じます。

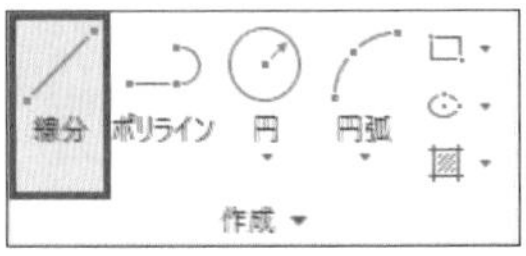

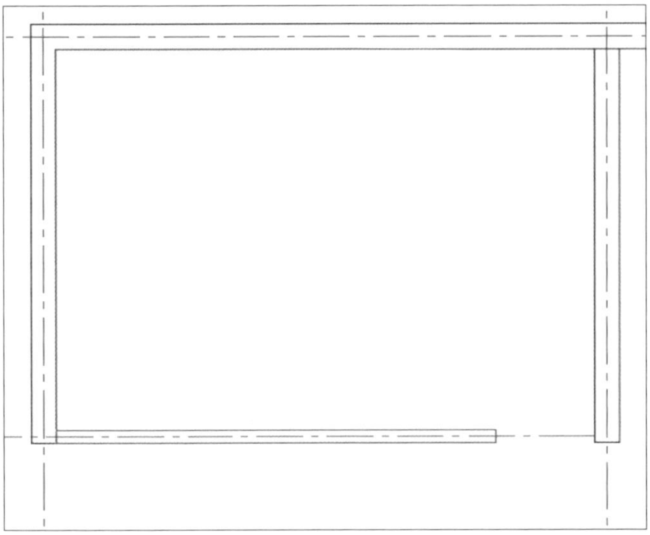

12 [**画層**]を「間仕切り芯」に切り替えます。

13 ［**修正**］－［**オフセット**］で、下の通り芯から「1750」の位置に「間仕切り芯」を作成します。

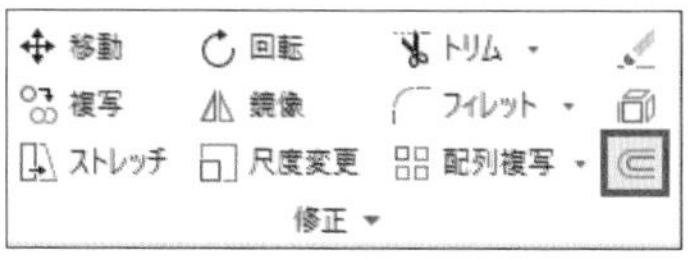

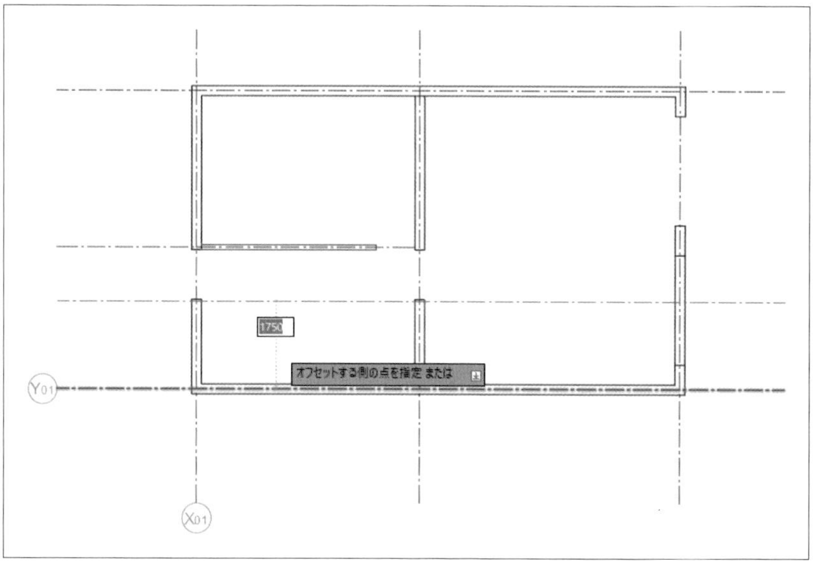

14 再度、［**修正**］－［**オフセット**］を選択し、中央の通り芯から右方向へ「2940」の位置に「間仕切り芯」を作成します。

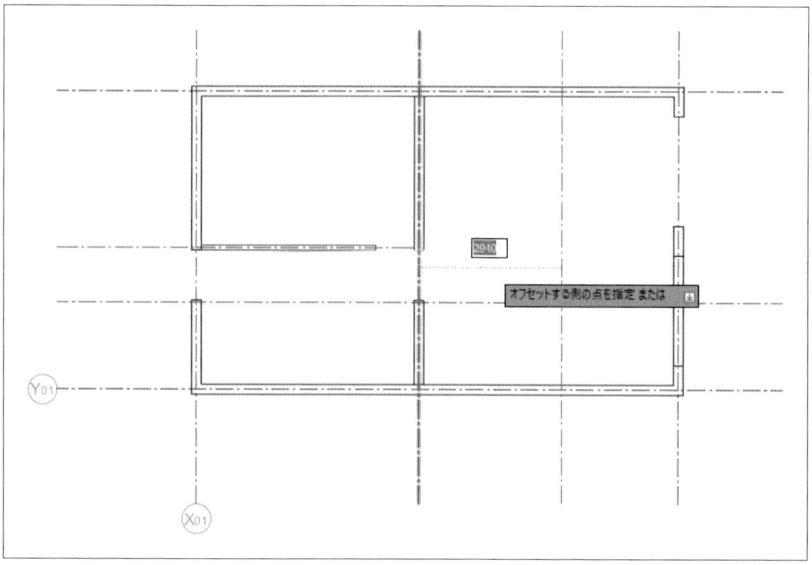

15 クリップ編集で、それぞれの交点まで短くします。

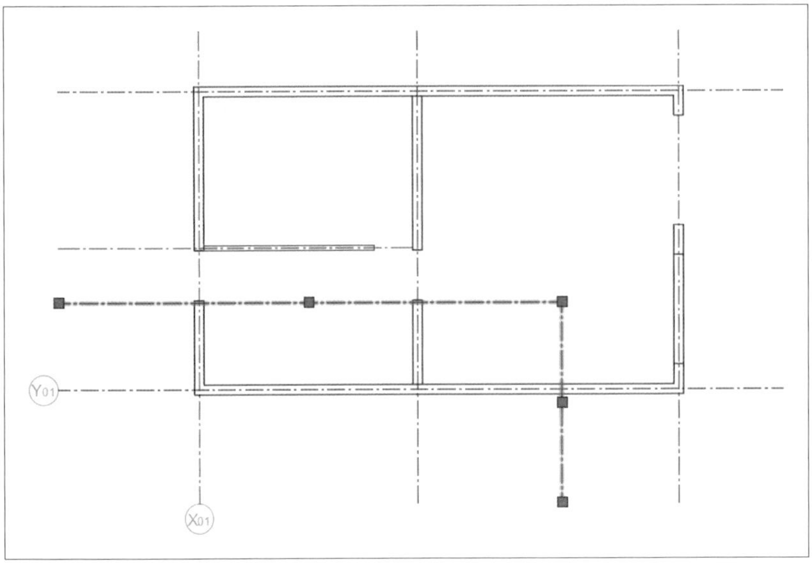

16 ［**修正**］－［**オフセット**］で、左の通り芯から「2150」の位置に「間仕切り芯」を作成します。

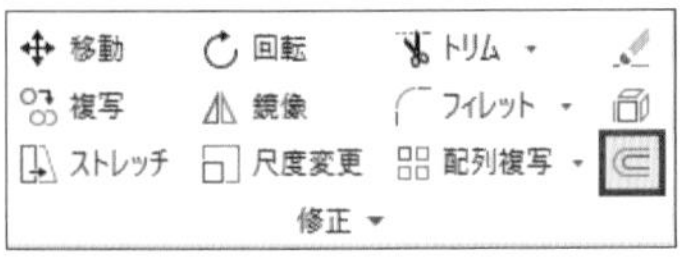

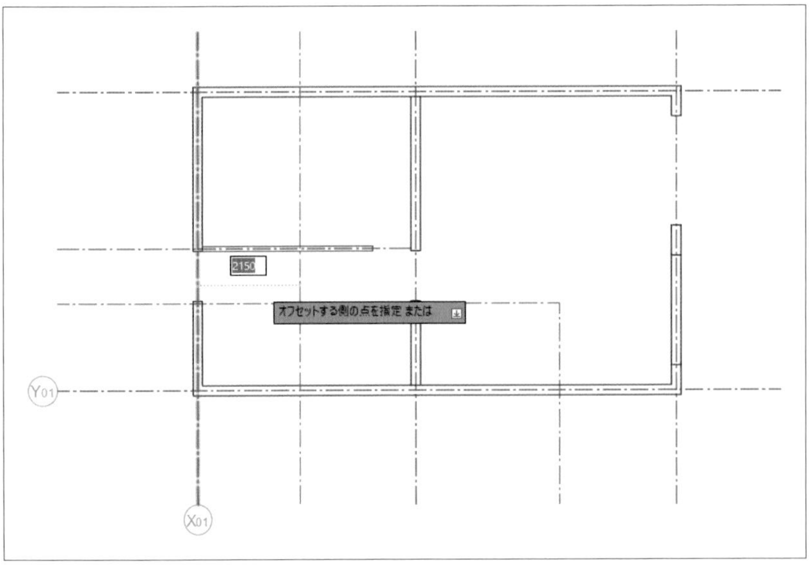

17 グリップ編集で、「間仕切り芯」まで短くします。

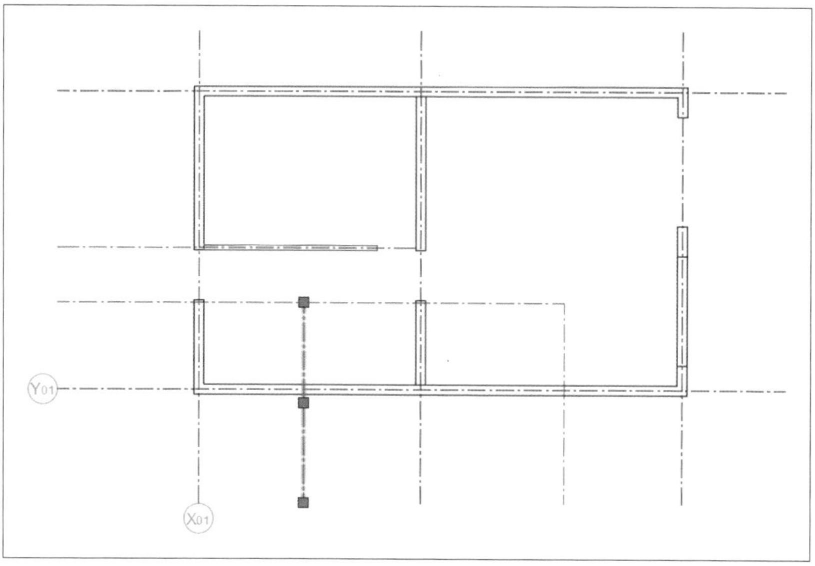

18 ［**修正**］－［**オフセット**］を選択し、先ほど作成した「間仕切り芯」から右方向へ「1340」の位置に「間仕切り芯」を作成します。

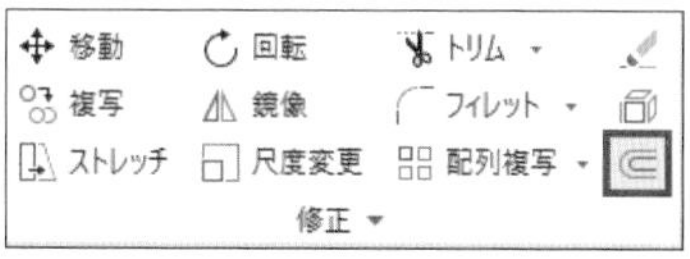

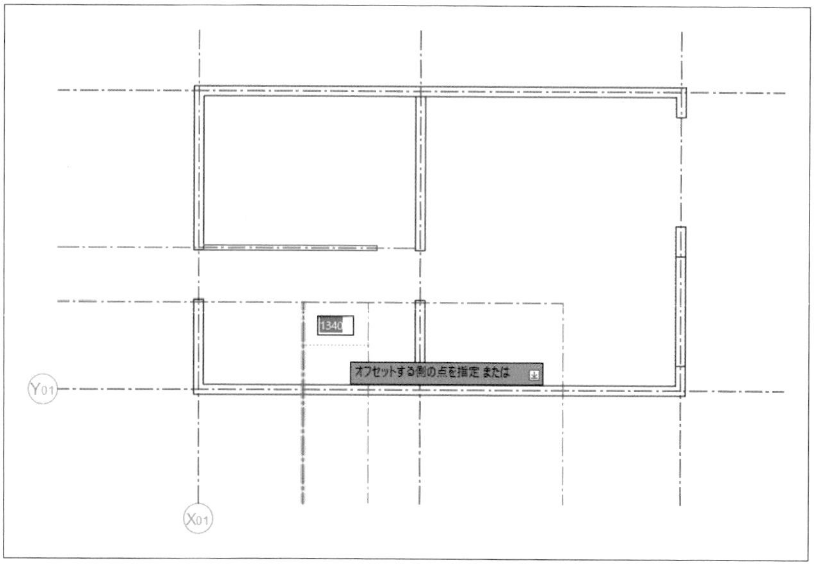

19 [**画層**]を「間仕切り壁」に切り替えます。

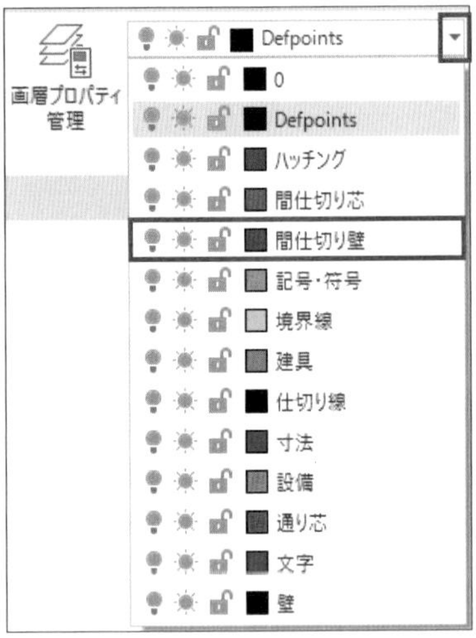

20 メニューバーの[**作成**]−[**マルチライン**]を実行します。

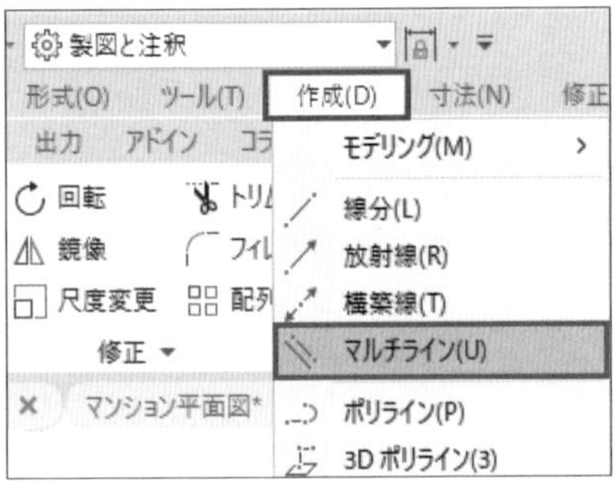

21 「壁」と「間仕切り芯」の交点を選択し、以下の順番で3つの「間仕切り壁」を作成します。

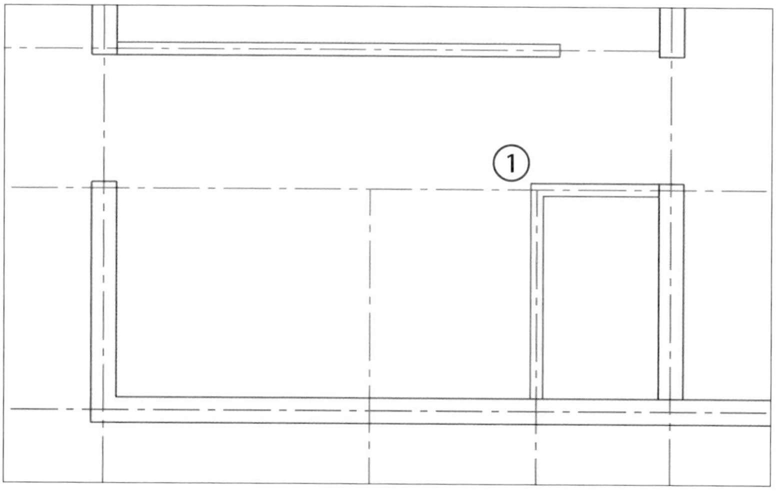

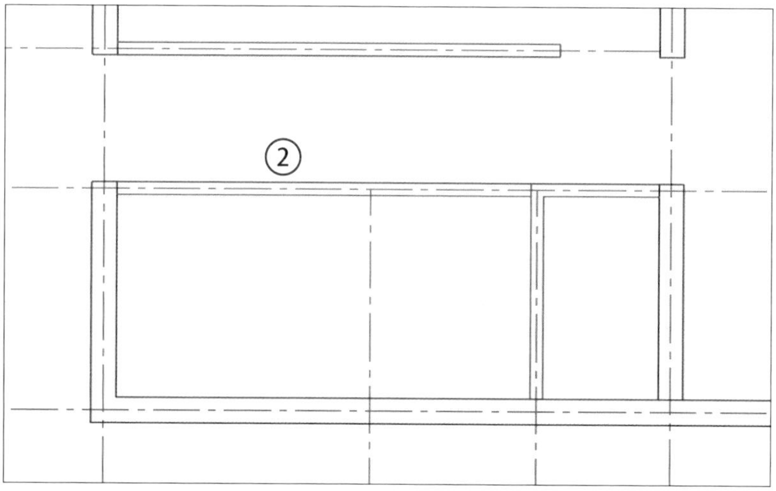

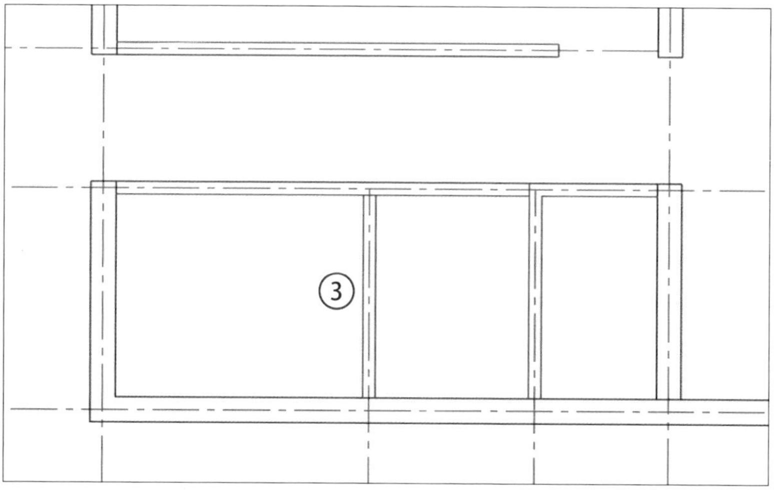

22 グリップ編集で、以下のように隙間を空けます。

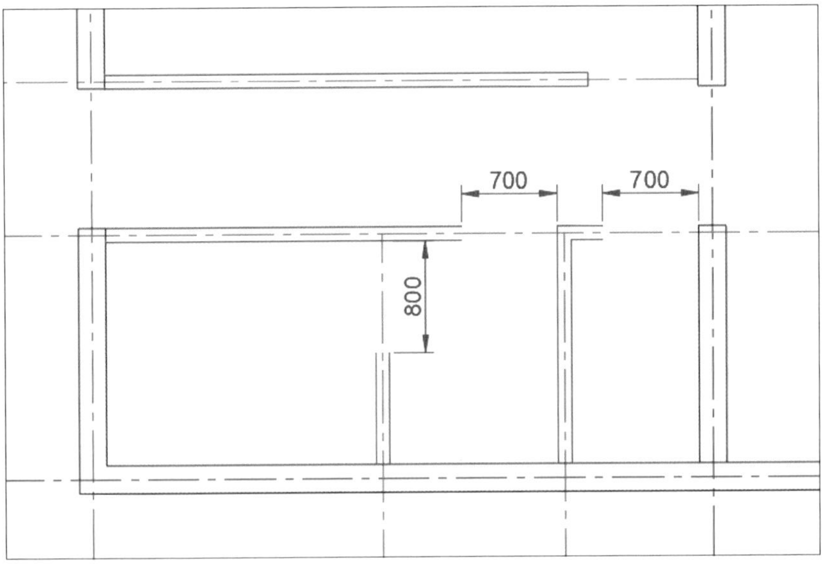

23 右側の部屋も以下のように「間仕切り壁」を作成し、グリップ編集で長さを調整します。

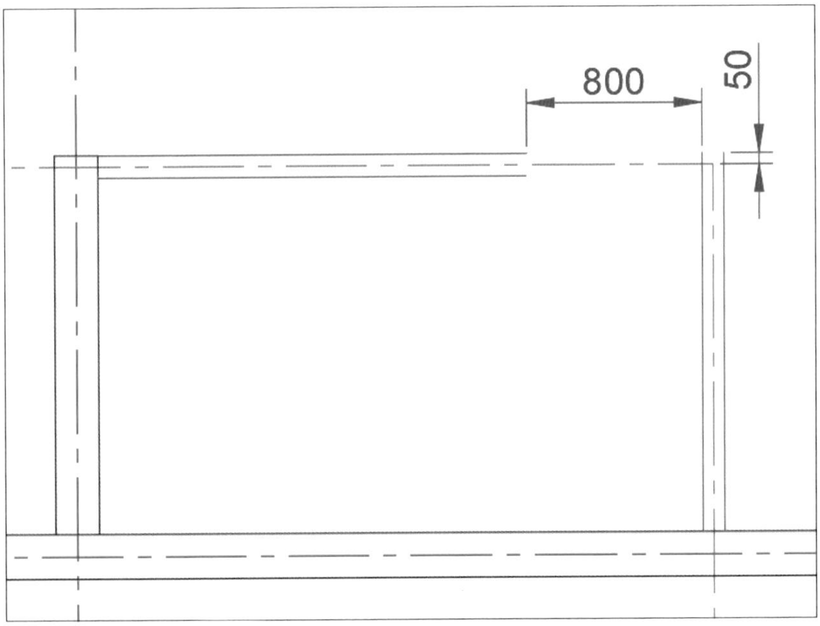

24 マルチラインの端が開いているため、［**作成**］－［**線分**］で閉じます。

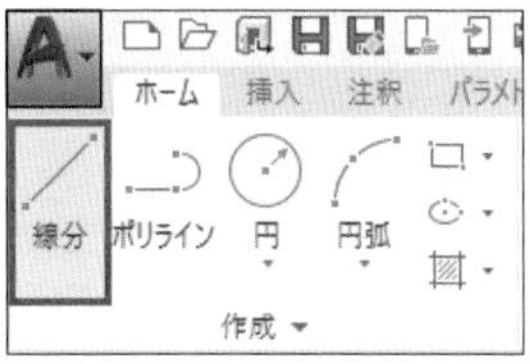

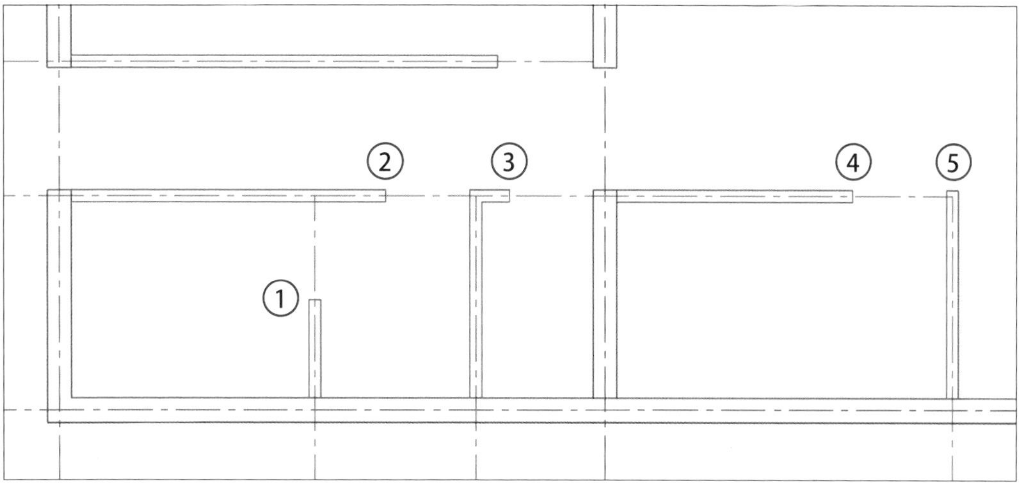

4.2 住宅機器・建具の配置　-ブロック配置-

4.2節では、次の内容を学習します。

・ブロックの配置
・ブロックの回転、配置基準点の選択方法

■この節の流れ

ここでは、「ブロック」というファイルに保存されている「グループ化された図形」を配置する方法を学びます。

▶4.2.1　住宅機器の配置

1 ［挿入］タブの［**ブロック**］－［**挿入**］をクリックし、ブロックライブラリから「ユニットバス」を選択します。

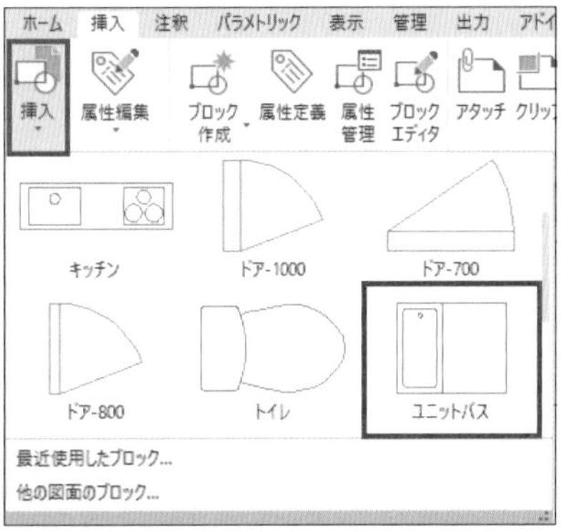

2 左下の交点を選択し、「ユニットバス」を配置します。

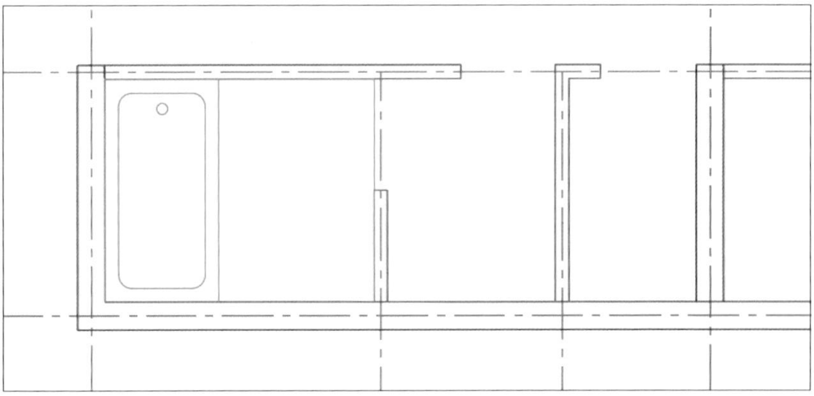

3 ［挿入］タブの［**ブロック**］－［**挿入**］をクリックし、ブロックライブラリから「洗濯機パン」を選択します。

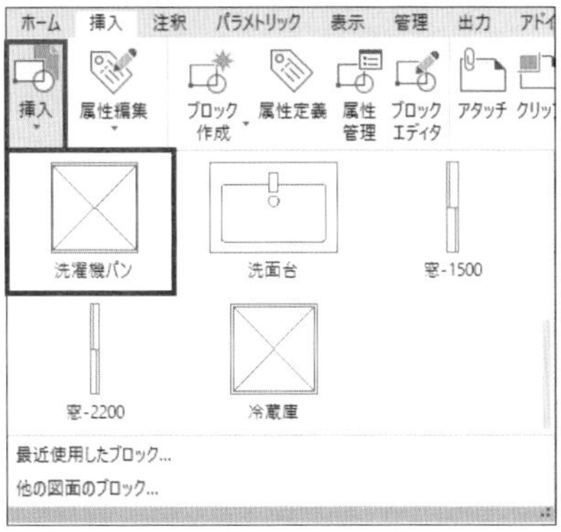

4 「中央の部屋」の左下の交点を選択し、「洗濯機パン」を配置します。

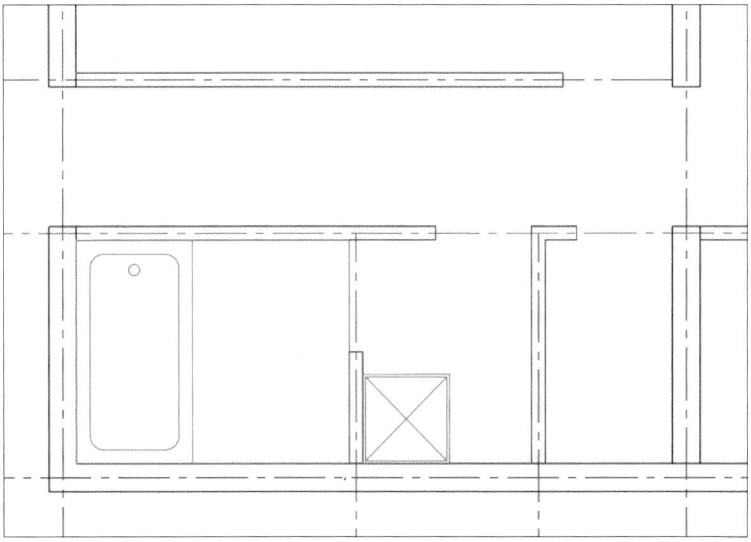

5 ［挿入］タブの［**ブロック**］－［**挿入**］をクリックし、ブロックライブラリから「洗面台」を選択します。

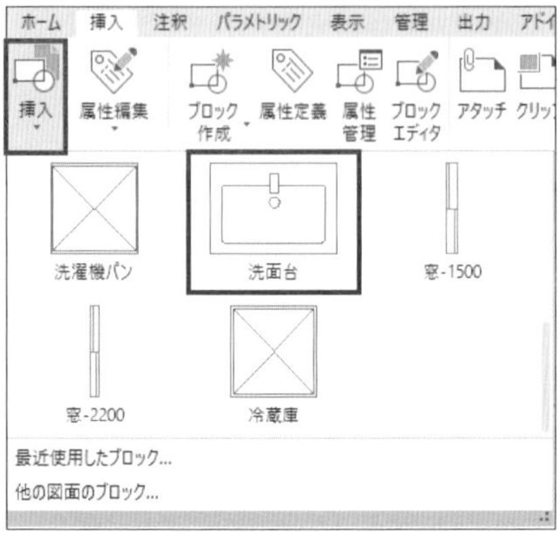

6 右クリックメニューの［**回転**］を選択し、「180」回転させます。

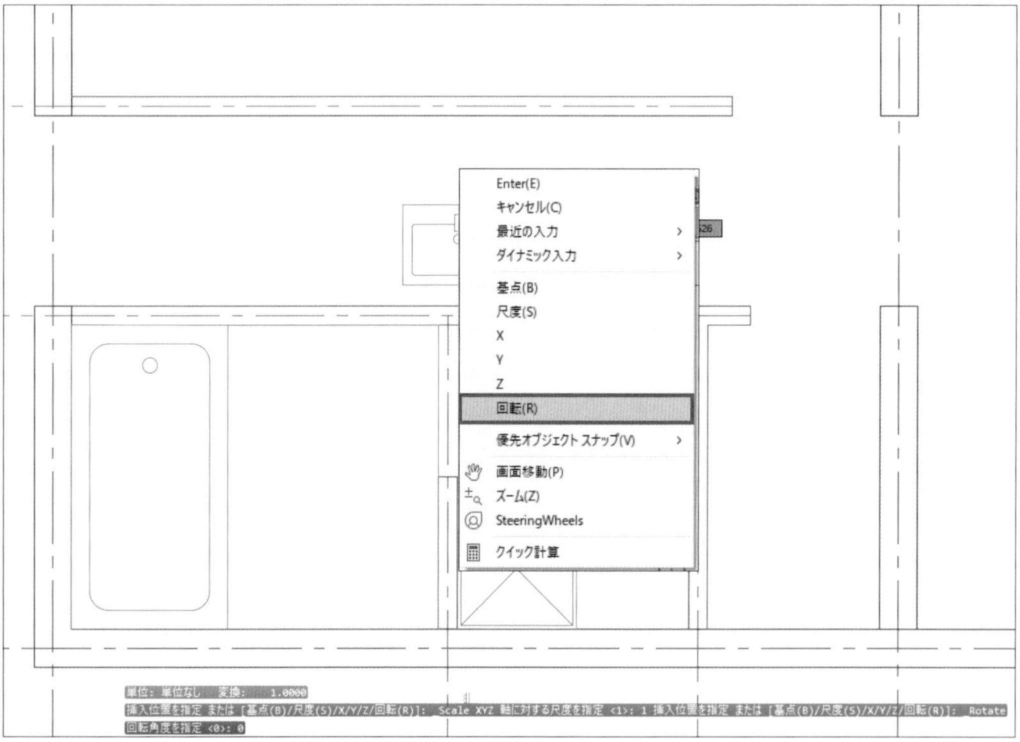

7 Shift を押しながら右クリックメニューを開き、[2点間中点]を選択します。

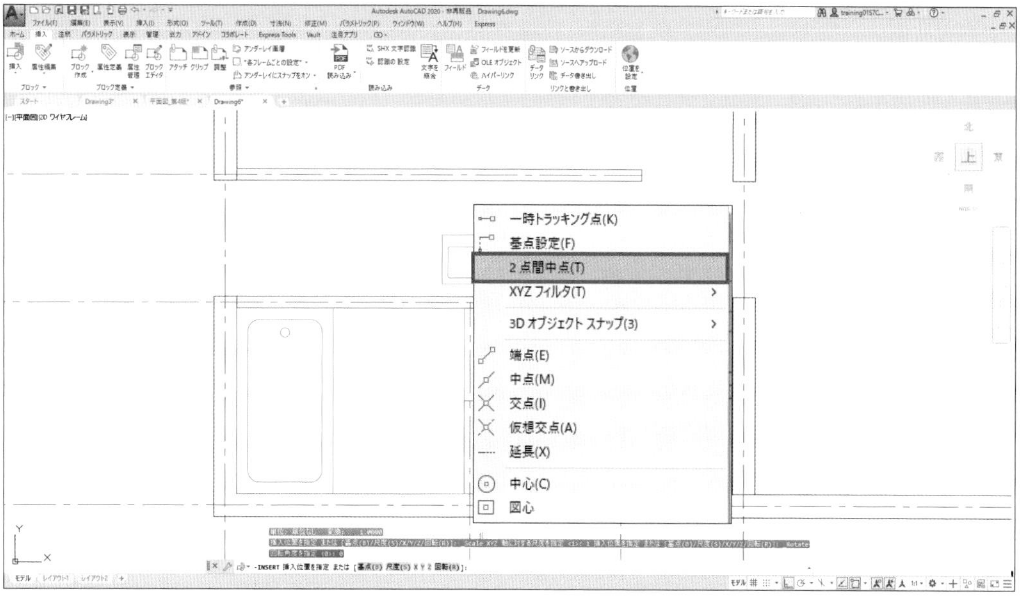

8 「洗濯機パン」と「間仕切り壁」の交点2点を選択し、中心に「洗面台」を配置します。

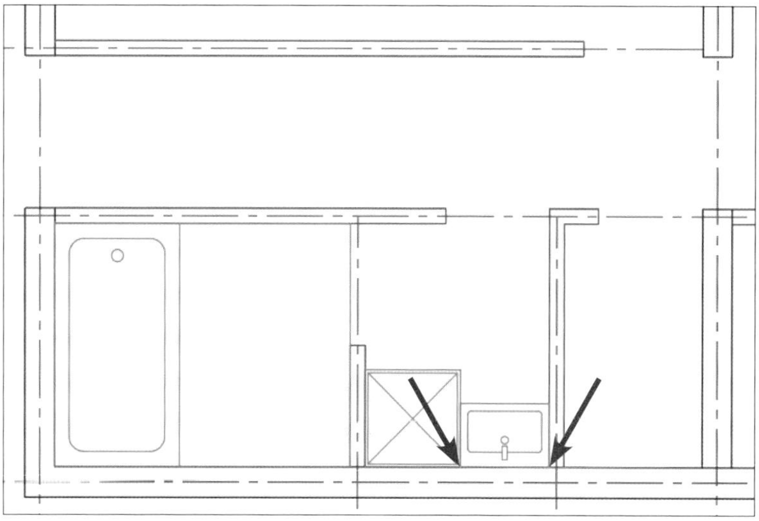

9 ［挿入］タブの［**ブロック**］－［**挿入**］をクリックし、ブロックライブラリから「トイレ」を選択します。

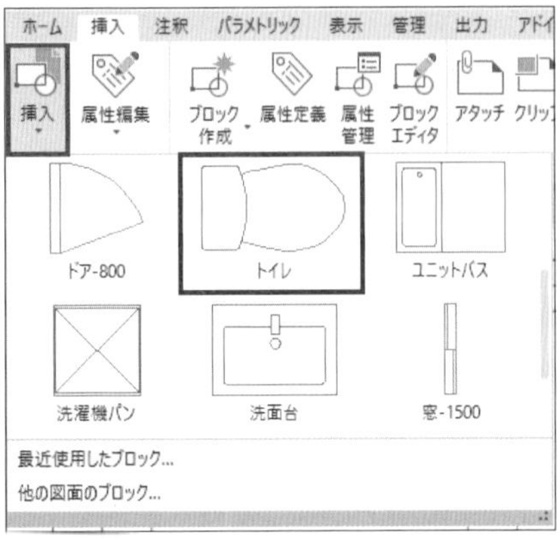

10 右クリックメニューの［**回転**］を選択し、「90」回転させます。

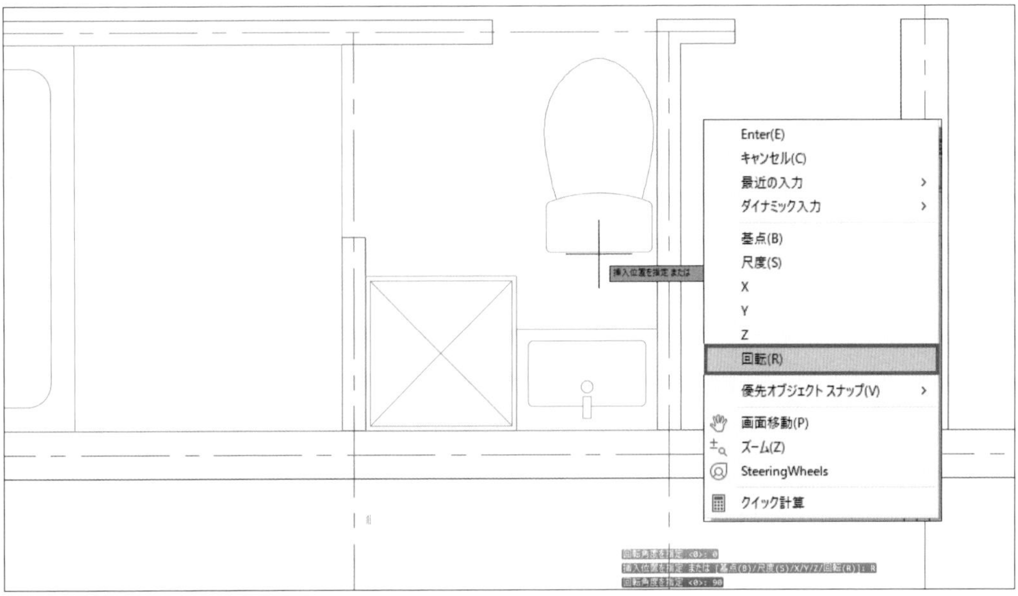

11 Shift を押しながら右クリックメニューを開き、［2点間中点］を選択します。「間仕切り壁」の交点2点を選択し、中心にトイレを配置します。

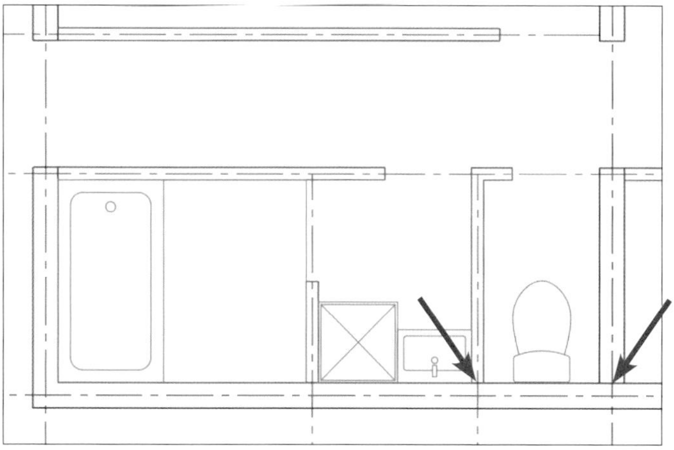

12 同様に、ブロックライブラリから「キッチン」と「冷蔵庫」を以下の場所に設置します。

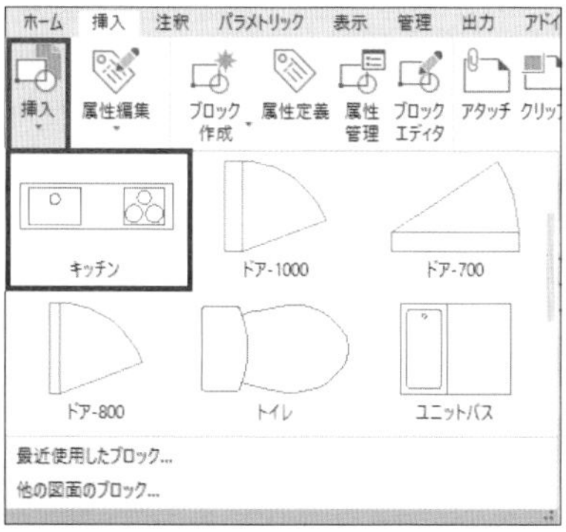

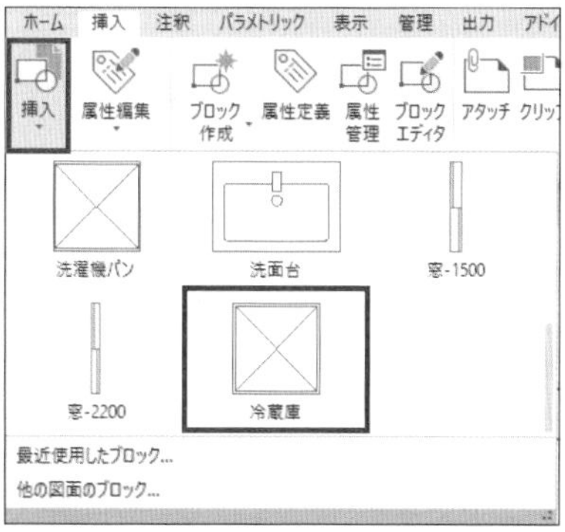

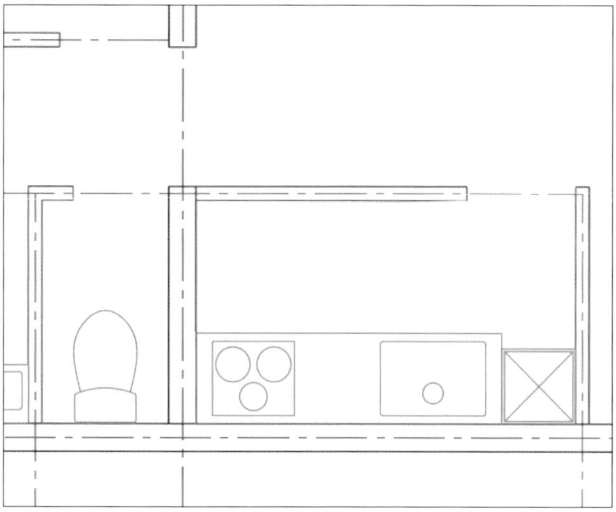

▶ 4.2.2　建具の配置

建具も住宅機器と同様に、［挿入］タブの［**ブロック**］－［**挿入**］をクリックし、ブロックライブラリから設置します。

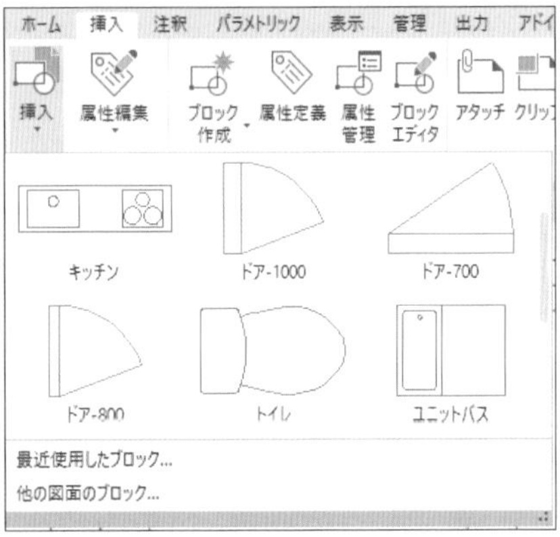

今回は、以下のように配置します。

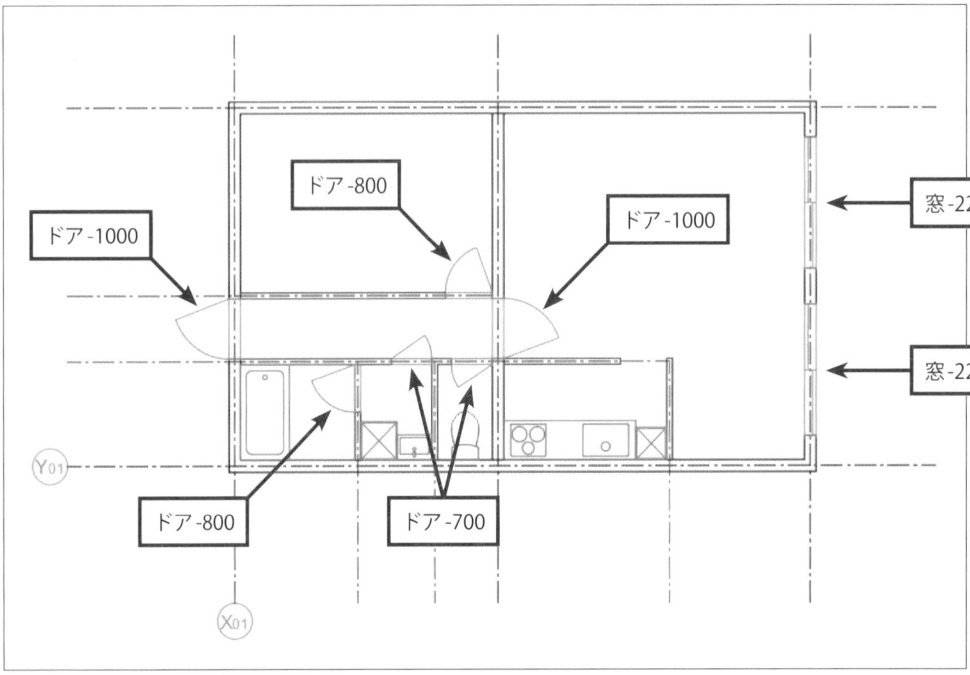

4.3 部屋名と面積の配置　-テキストの配置-

4.3節では、次の内容を学習します。

・境界線の作成（境界作成）
・文字スタイルの設定
・テキストの配置
・フィールドの挿入

■この節の流れ

・部屋の面積を計測するために境界線を作成します。

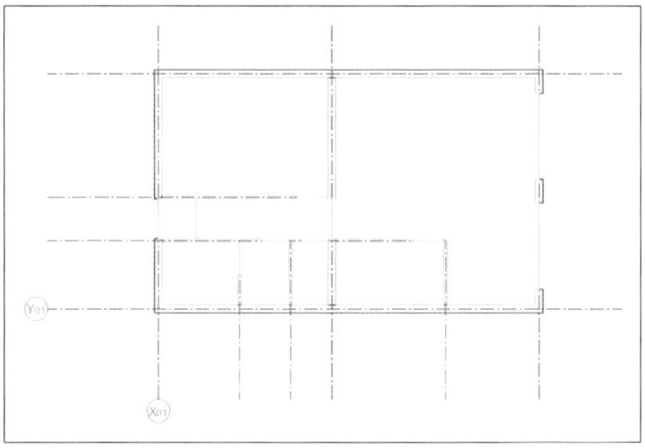

・文字の書式をあらかじめ設定する「文字スタイル」を作成します。

・境界線に囲まれた面積を読み取り、テキストとして表示します。

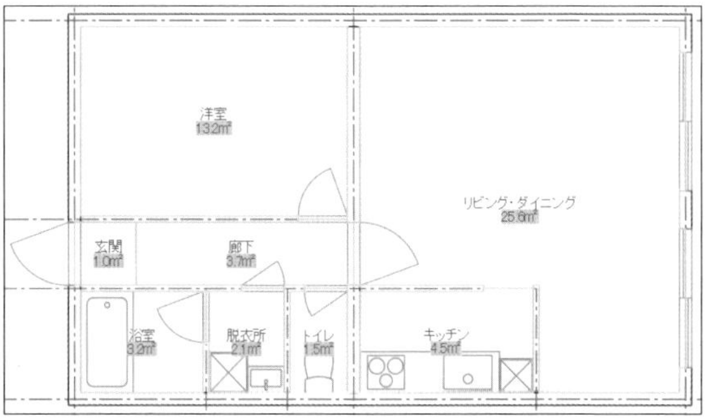

▶ 4.3.1 玄関の仕切り線の作成

1 ［**画層**］を「仕切り線」に切り替えます。

2 ［**作成**］−［**線分**］を選択し、基点として「玄関ドアの端点」にカーソルを重ねて認識させます。

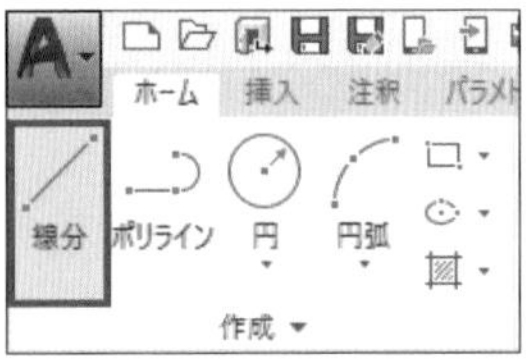

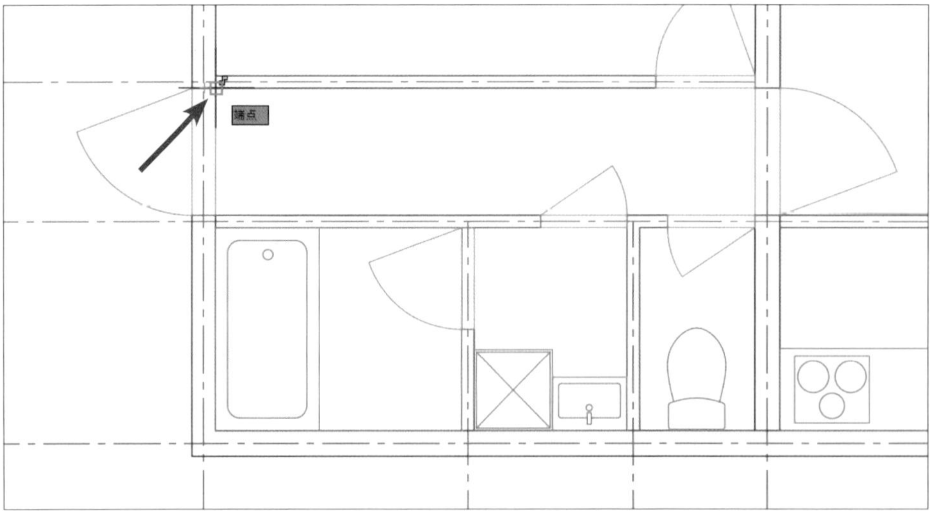

3 右方向へ水平にカーソルを移動させて「900」と入力し、Enter で確定します。

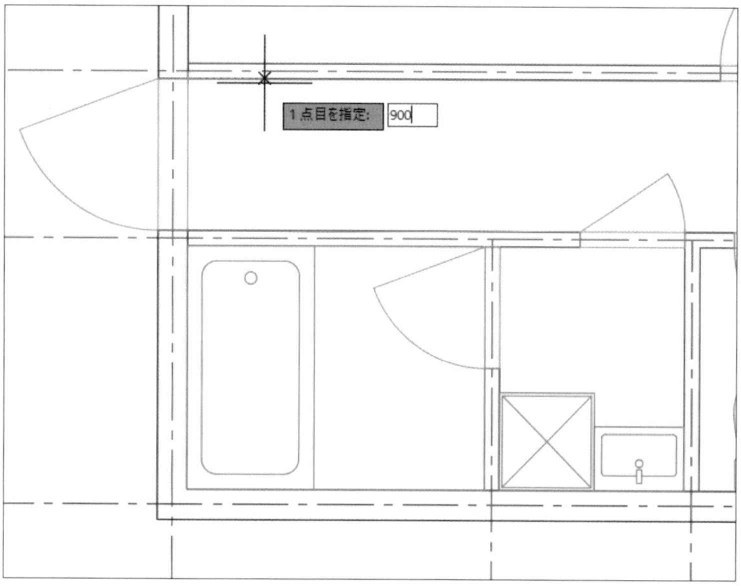

4 そのまま真下にカーソルを移動し、「間仕切り壁」まで線分を作成します。

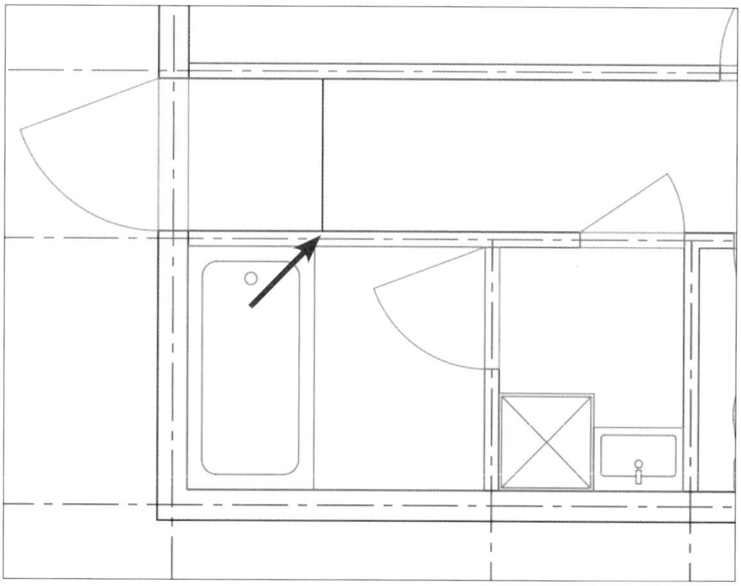

▶4.3.2　境界線の作成

続いては、面積を計算するために、各部屋に境界線を作成します。

1 ［**画層**］を「境界線」に切り替え、「建具」と「設備」を非表示にします。

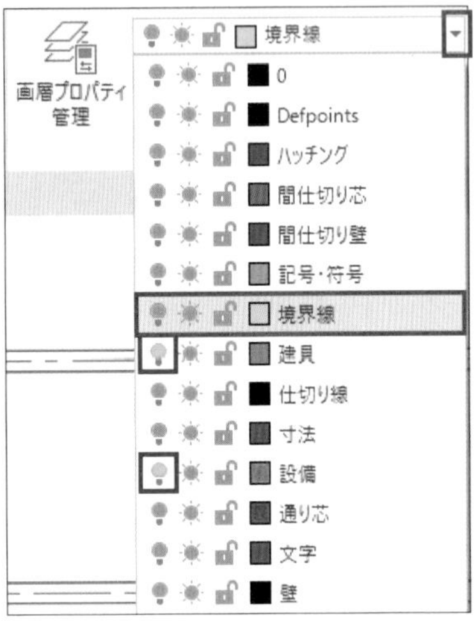

2 ［ホーム］タブの［**作成**］－［**境界作成**］を実行します。

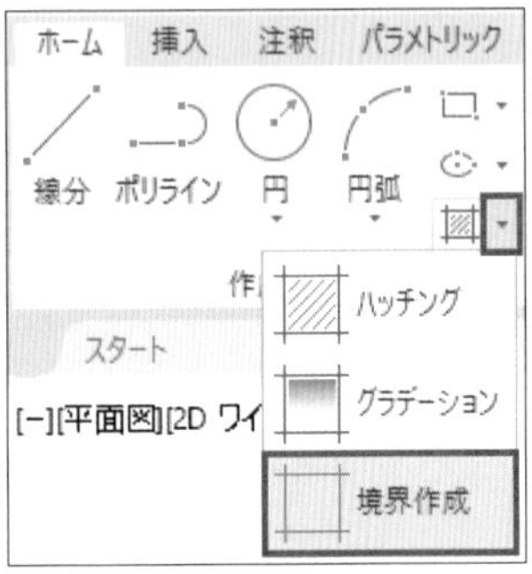

3 「境界作成」ダイアログボックスが表示されるので、「点をクリック」を選択します。

4 各部屋の内側をクリックし、すべて選択できたら Enter で確定します。

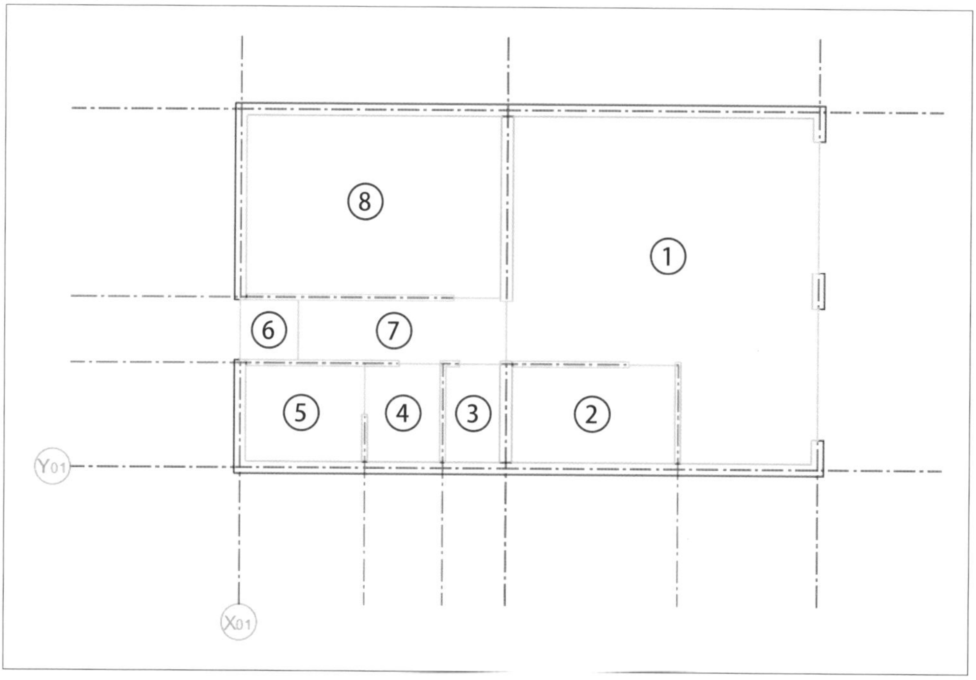

▶ 4.3.3 文字スタイルの設定

続いては、配置する文字のスタイルを設定します。

1 ［注釈］タブの［**文字**］－［**文字スタイル管理**］をクリックします。

2 「Annotative」を選択し、［新規作成］ボタンをクリックします。

3 「スタイル名」を設定します。今回は「MS Pゴシック」を使用するので、「MS-PG」と入力します。

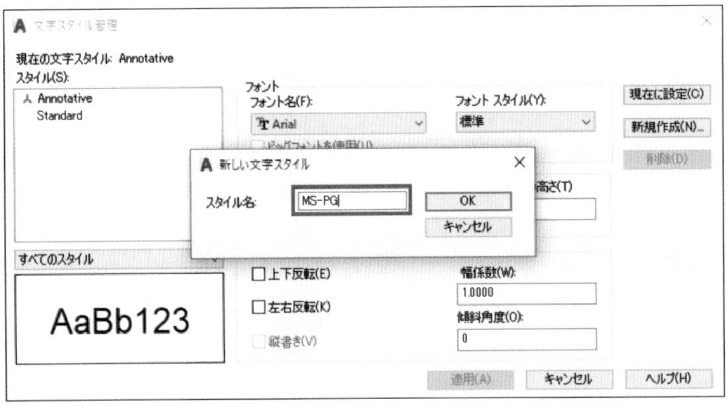

4 「フォント名」に「MS Pゴシック」、「用紙上の文字の高さ」に「3」を設定し、［現在に設定］ボタンをクリックします。

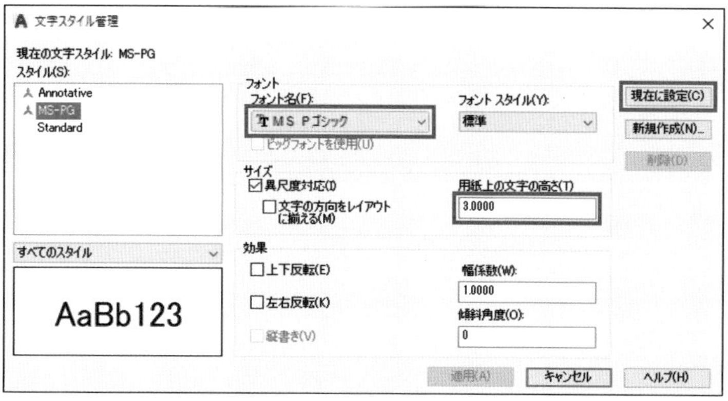

5 変更保存の確認画面が表示されるので、［はい］ボタンをクリックして完了します。

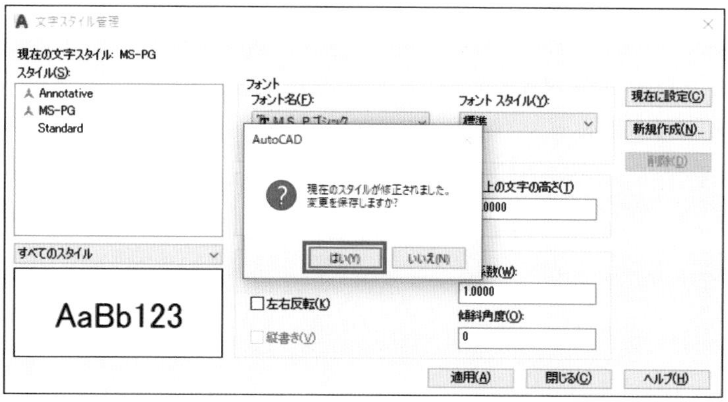

6 ［キャンセル］ボタンをクリックして「文字スタイル管理」ダイアログボックスを閉じます。

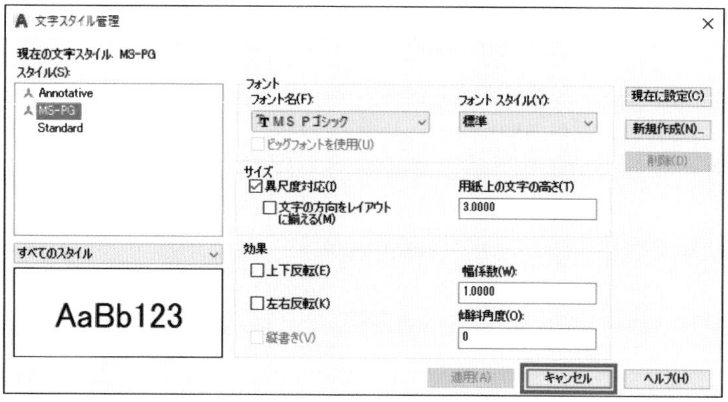

▶4.3.4　部屋名と面積の配置

1 ［**画層**］を「文字」に切り替え、「建具」と「設備」を表示します。

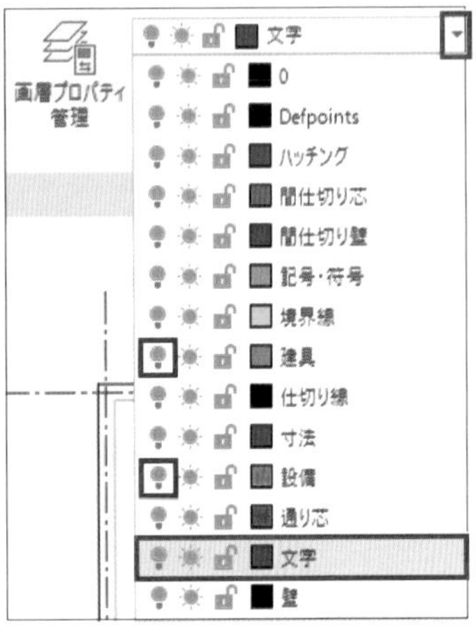

2 ［**注釈**］－［**文字**］をクリックし、［**文字記入**］を選択します。続いて、右クリックメニューの［**位置合わせオプション**］を実行します。

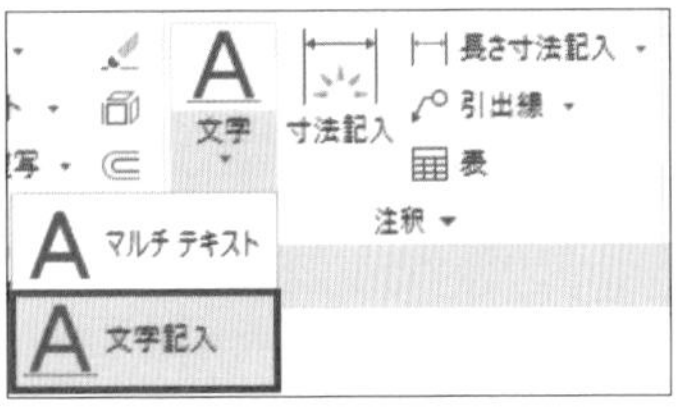

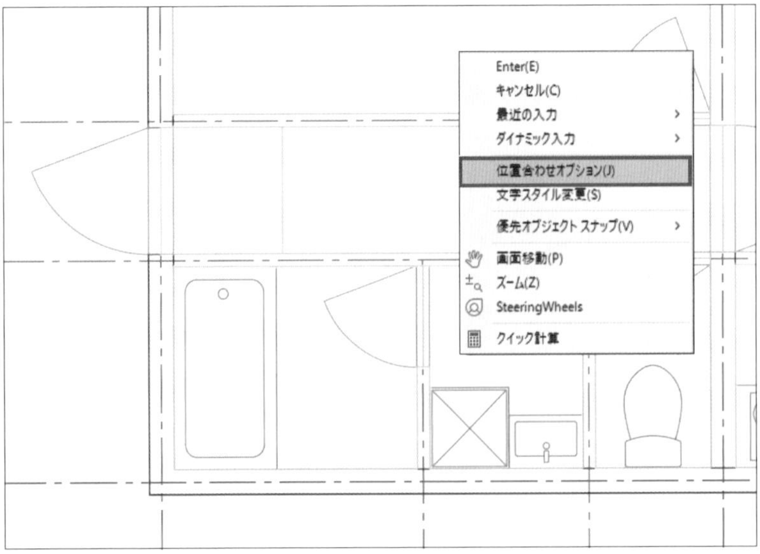

3 オプションに［**下中心**］を選択します。

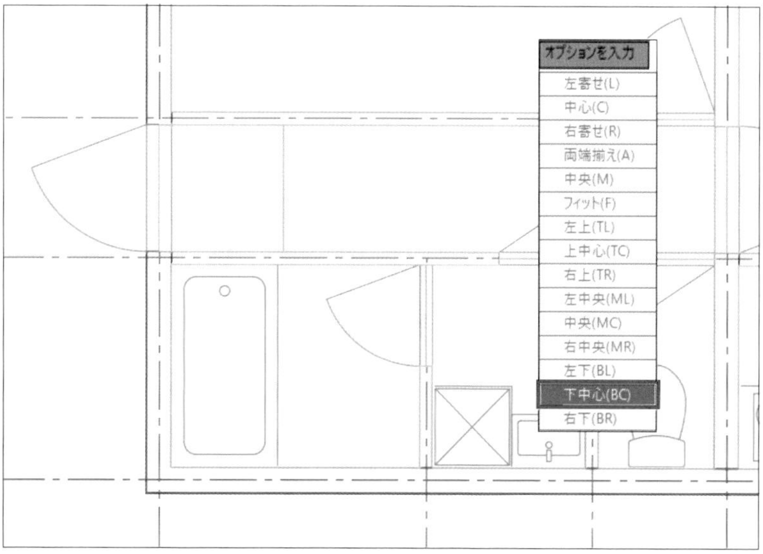

4 Shift を押しながら右クリックメニューを開き、［**2点間中点**］を選択します。

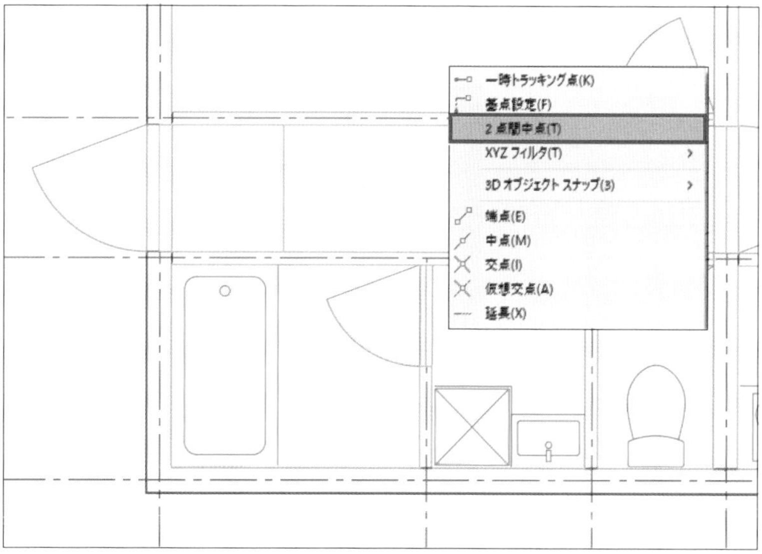

5 玄関スペースの対角点を選択します。

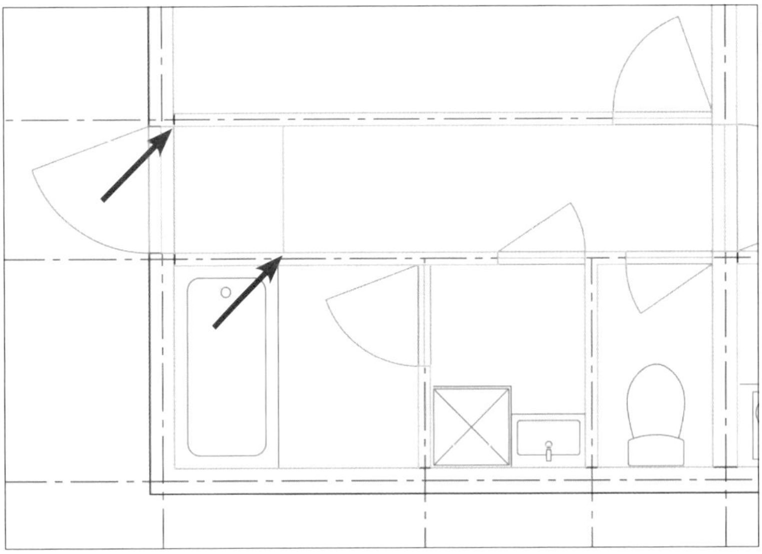

6 以下の設定で文字を配置します。

1. **文字列の角度指定：**0 Enter
2. **文字入力：**「玄関」 Enter Enter

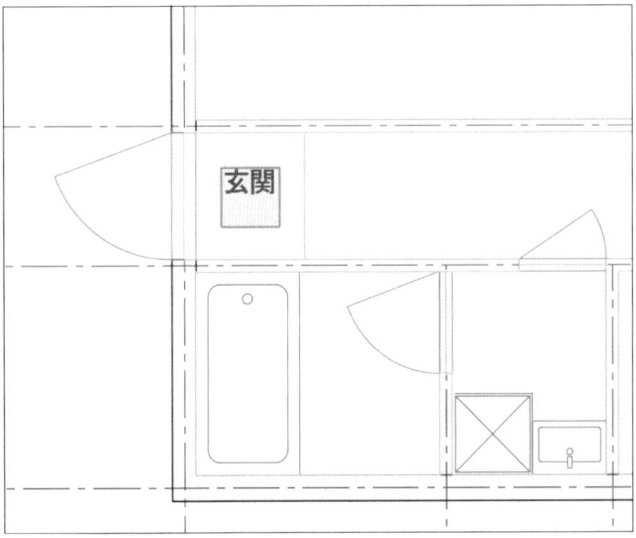

7 2段目に面積を挿入します。右クリックメニューの［**フィールドの挿入**］を選択します。

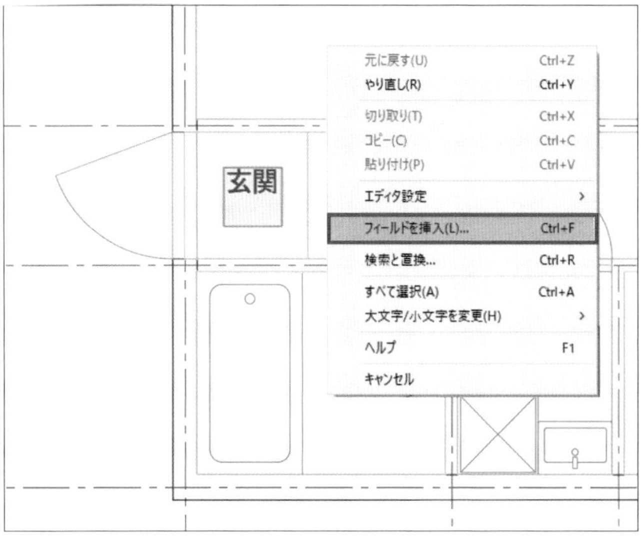

8「フィールド分類」に「オブジェクト」を選択します。

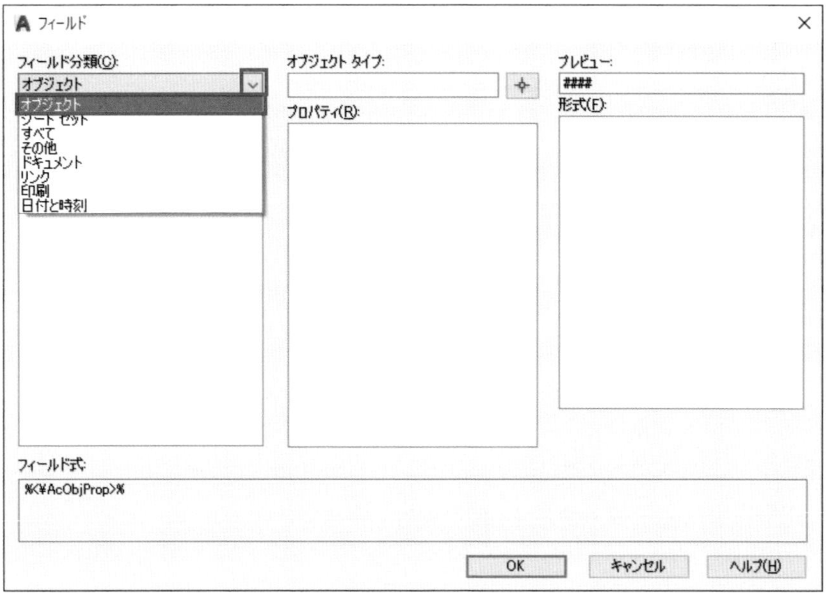

9 「フィールド名」に「オブジェクト」を選択し、「オブジェクトタイプ」の右端にある「オブジェクトを選択」をクリックします。

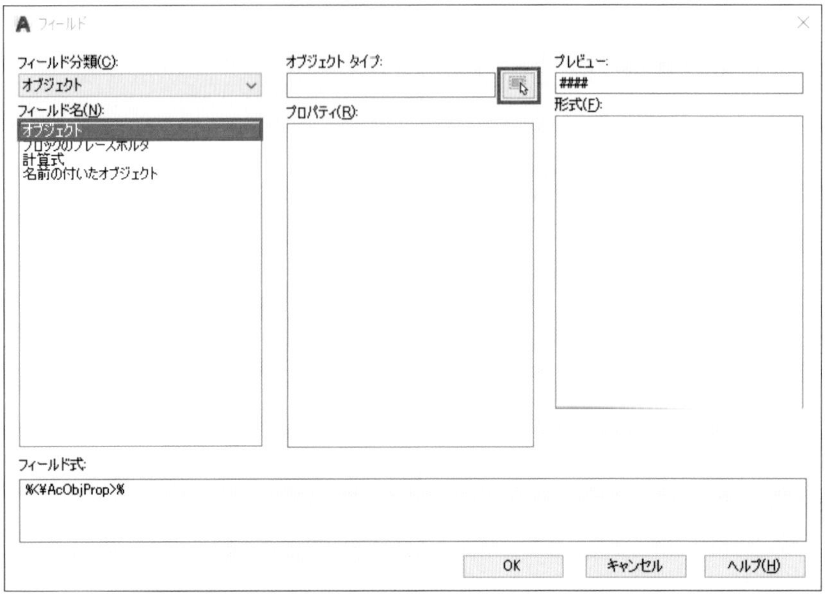

10 玄関の周囲に作成した境界線を選択します。

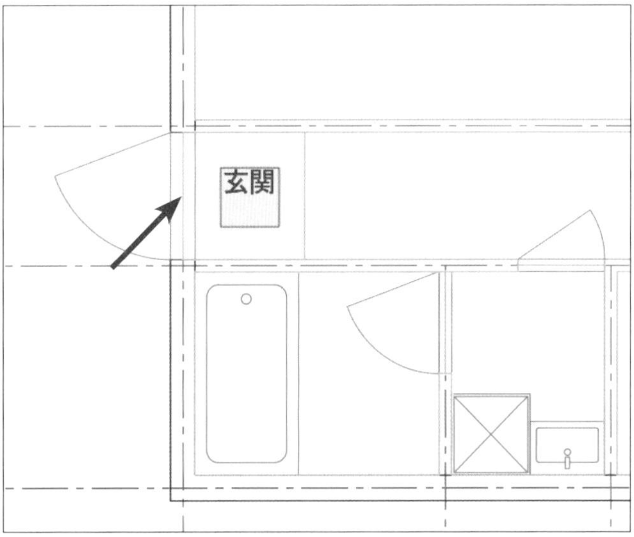

11 選択した境界線が読み込まれます。「プロパティ」に「面積」、「形式」に「十進表記」、「精度」に「0.0」を選択し、［その他の形式］ボタンをクリックします。

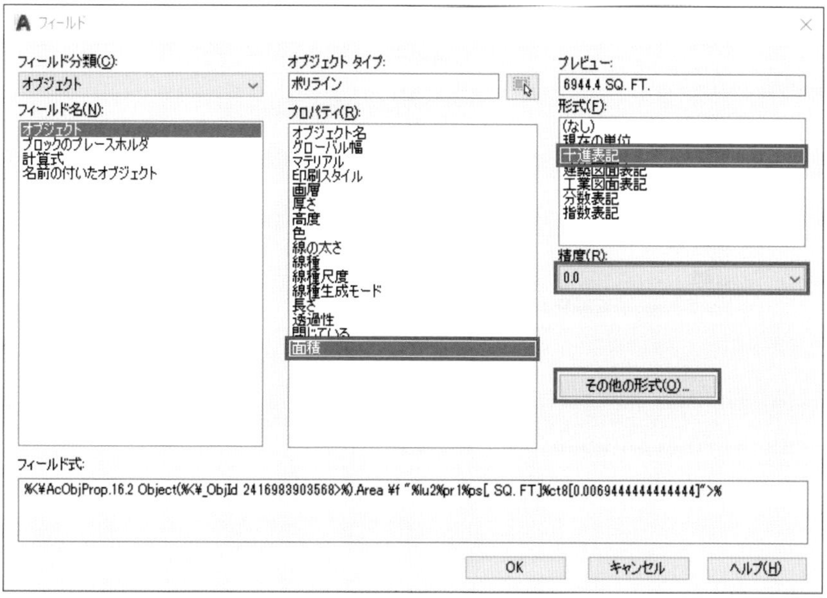

12 「その他の形式」ダイアログボックスが表示されるので、「変換係数」に「0.000001」を設定し、平方メートルに変換します。「接尾表記」に「㎡」と入力します。

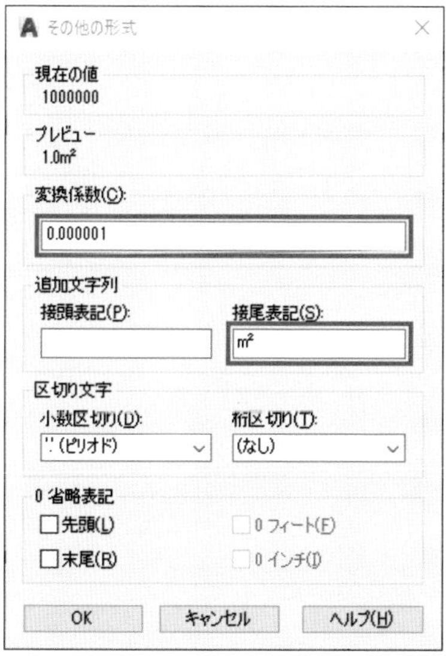

13 右上の「プレビュー」を確認してから、[OK]ボタンをクリックします。

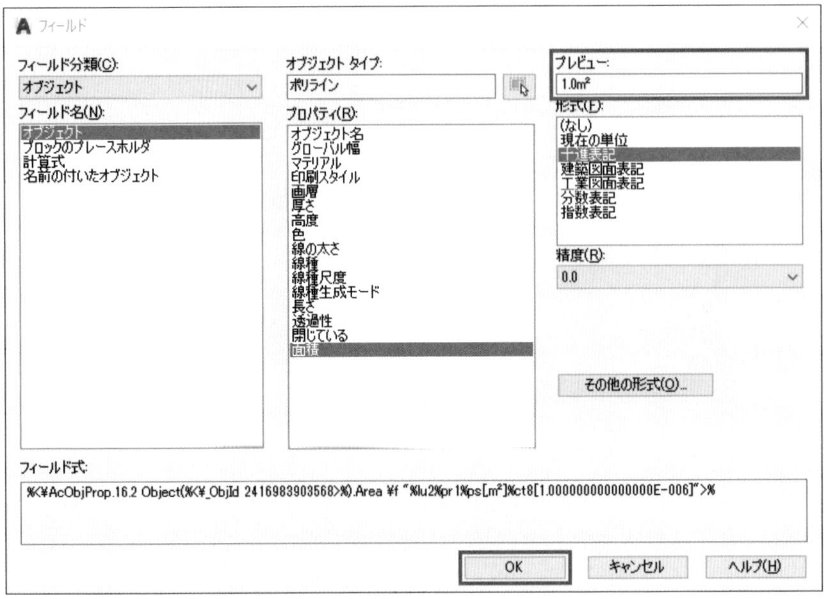

14 境界線から情報が読み込まれ、面積が配置されます。Enter を押して3段目まで進めてから Esc でキャンセルします。

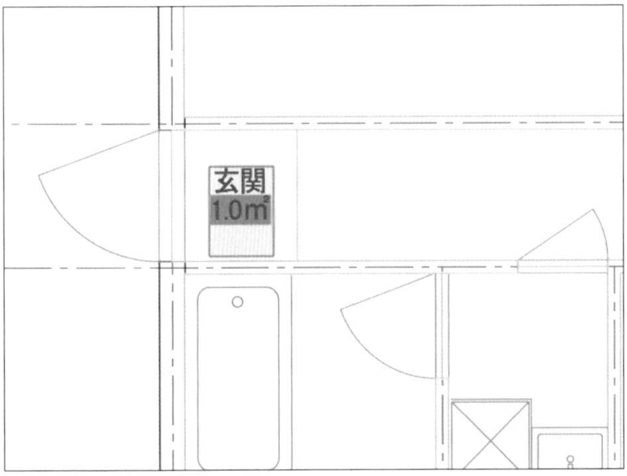

15 同様の操作を繰り返して、他の部屋にも「部屋名」と「面積」を配置します。

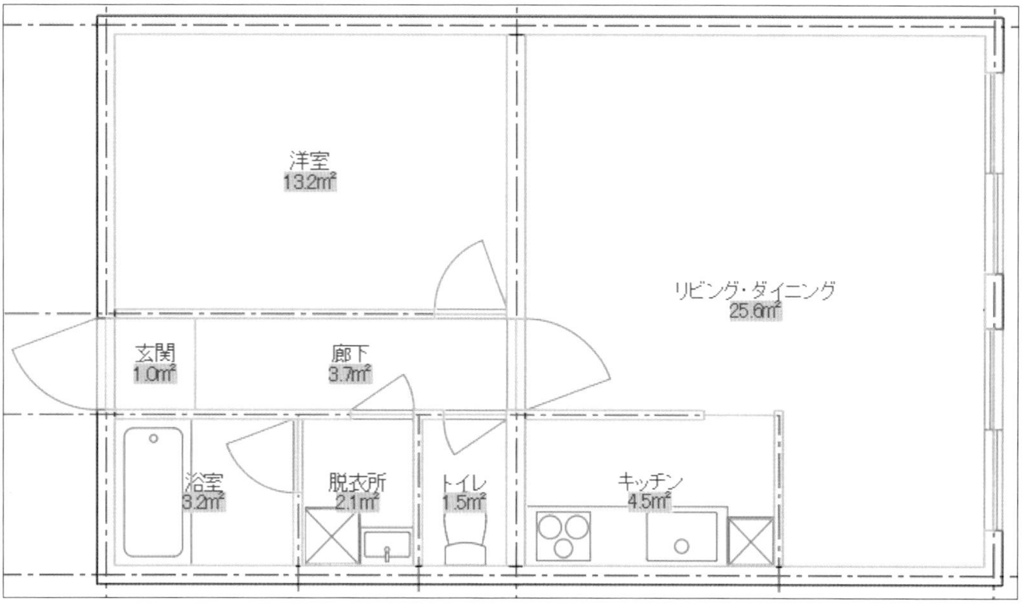

4.4 図面の仕上げ　－ハッチング・属性情報付きブロック・寸法－

4.4節では、次の内容を学習します。

・ハッチングの調整
・属性情報付きのブロック配置
・寸法スタイルの設定
・直列寸法

■この節の流れ

・床のイメージの強化として、[ハッチング]を利用します。

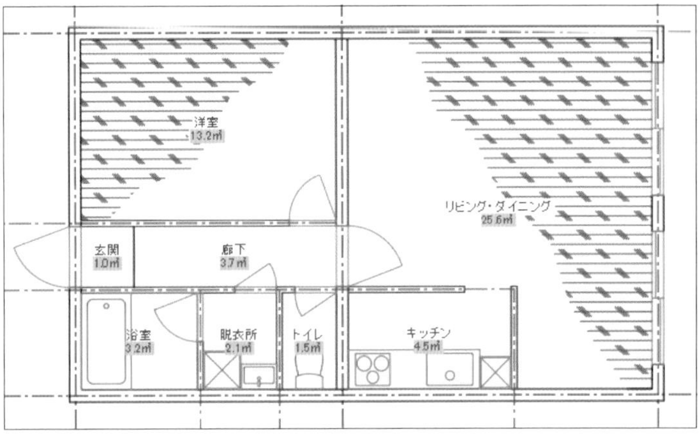

・「属性情報付きブロック」の動作を学びます。

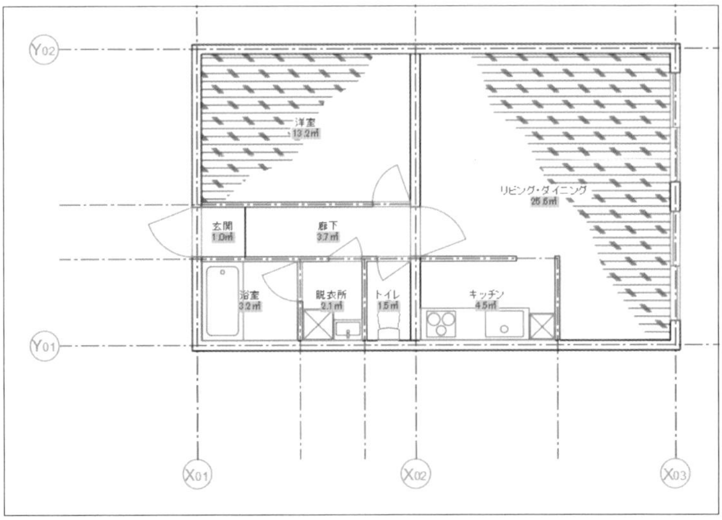

・寸法の様々な書式をあらかじめ設定する「寸法スタイル」を作成します。

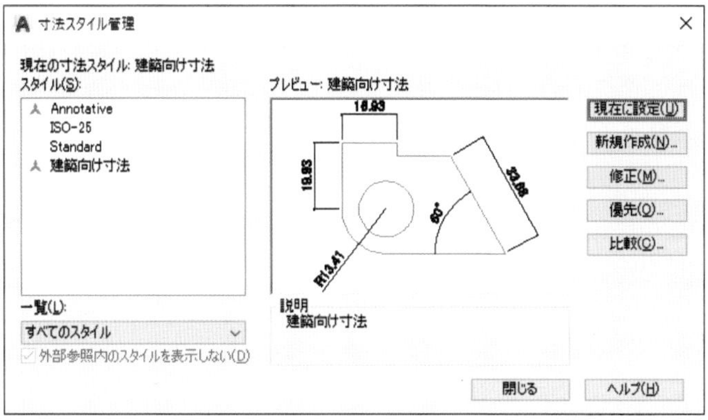

・作成した「寸法スタイル」で寸法を配置します。

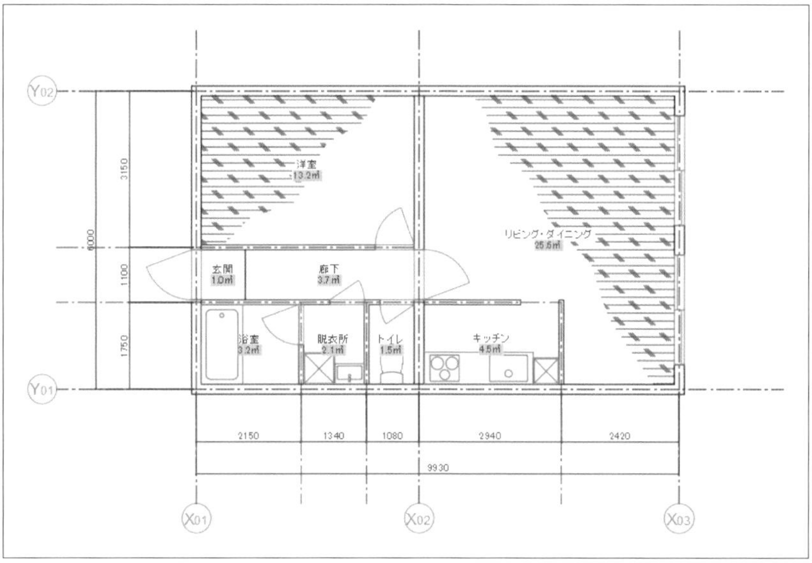

▶ 4.4.1　ハッチングの作成

ハッチングを利用して部屋を表現します。

1 ［**画層**］を「ハッチング」に切り替え、「境界線」を非表示にします。

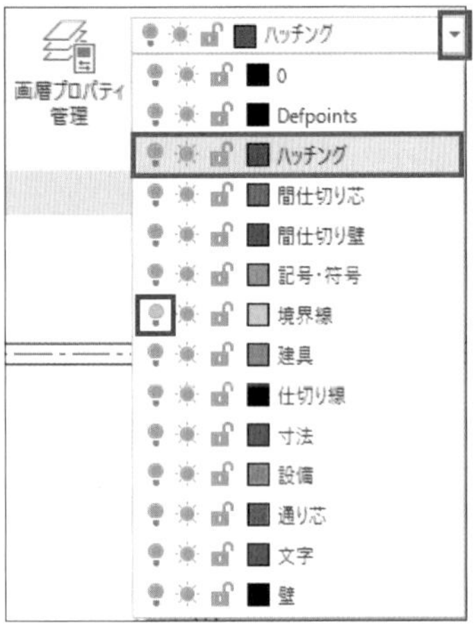

2 ステータスバーで［**直交モード**］をオフに切り替えます。

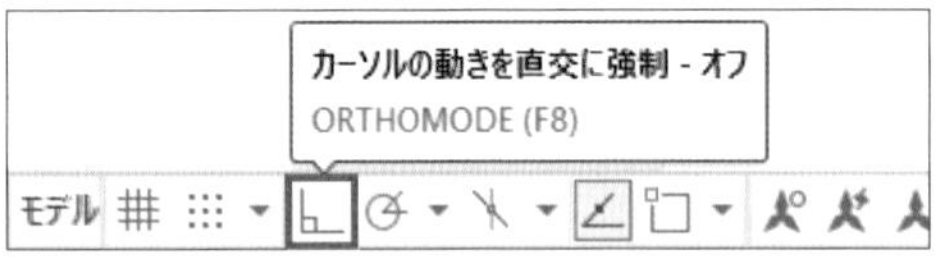

3 ［ホーム］タブの［**作成**］－［**ポリライン**］で、ハッチングを作成するエリアを区切ります。

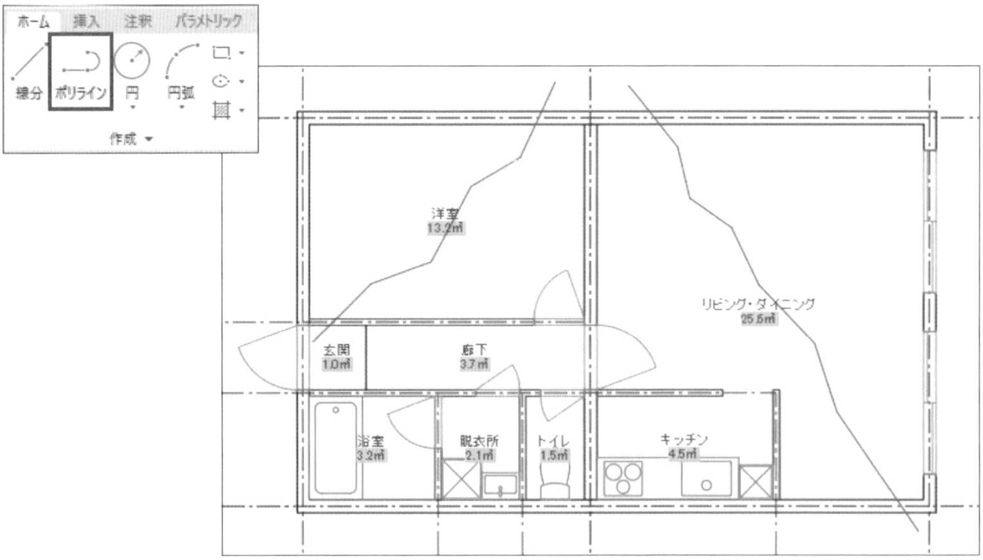

4 ［ホーム］タブの［**作成**］－［**ハッチング**］を選択します。

5 パネルがハッチングモードに変わるので、［**パターン**］から任意のパターンを選択し、［**オプション**］－［**異尺度対応**］を有効にします。

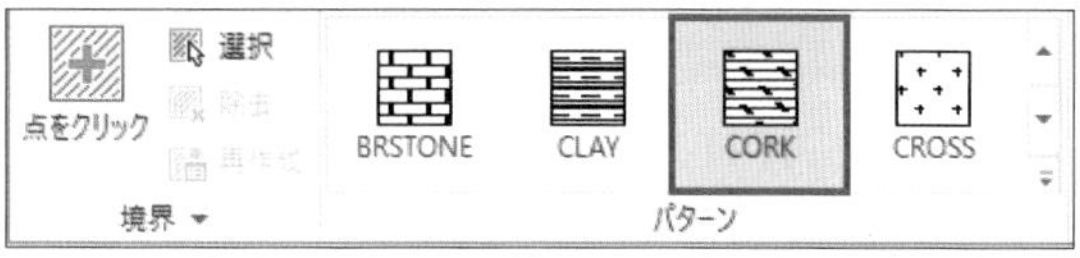

ワンポイントアドバイス

「異尺度対応」を有効にすると、どの尺度でも常に同じパターンでハッチングが表示されるようになります。

6 ［**境界**］－［**点をクリック**］を選択し、ハッチングしたいエリアにカーソルを移動すると、プレビューが表示されます。そのままマウスをクリックしてハッチングを作成していきます。すべて選択できたら、Enter で確定します。

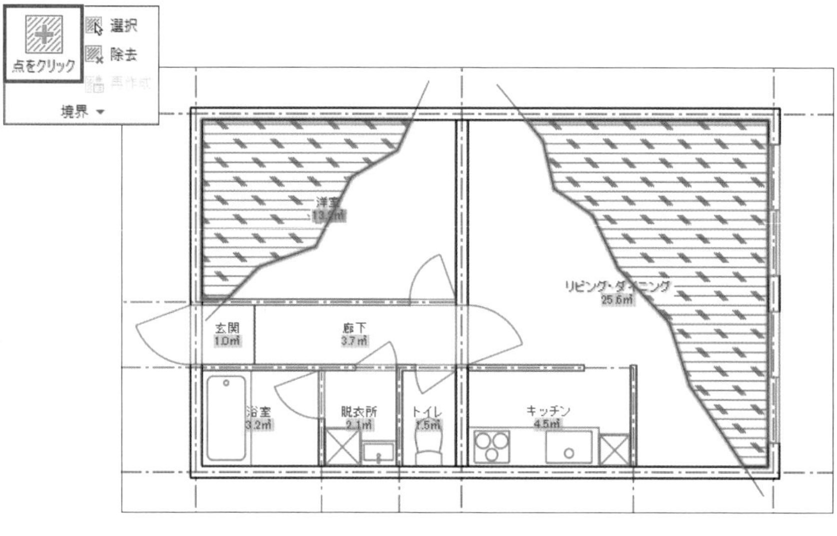

7 不要となったポリラインを選択し、Delete で削除します。

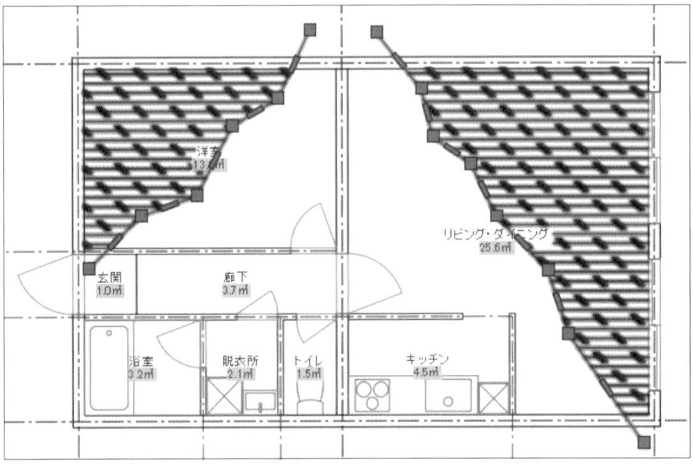

ワンポイントアドバイス

テキストと重なる部分のハッチングは、自動的に回避されます。

▶4.4.2　通り芯符号の配置

続いては、「通り芯記号」を配置します。

1 ［ホーム］タブの**［画層］**を「記号・符号」に切り替えます。

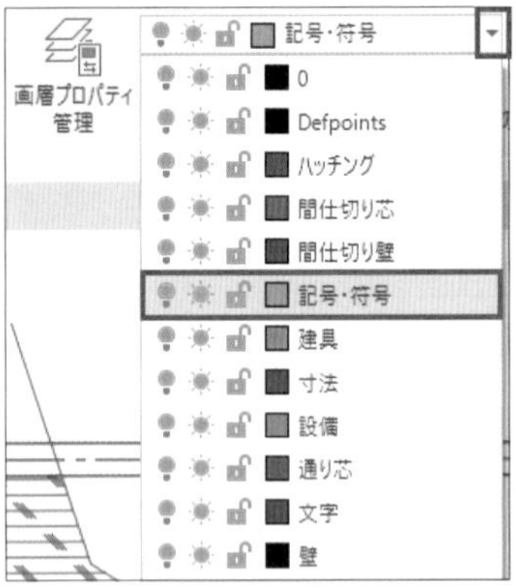

2 ［挿入］タブの［**ブロック**］－［**挿入**］をクリックし、「最近利用したブロック」を選択します。

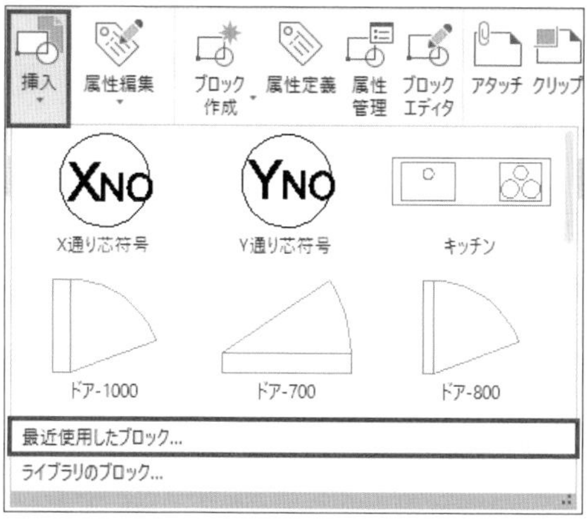

3 ブロックパネルが表示されるので、［現在の図面］タブに切り替えます。「挿入オプション」の「尺度」に「XYZ尺度を均一に設定」を選択し、尺度を「50」とします。

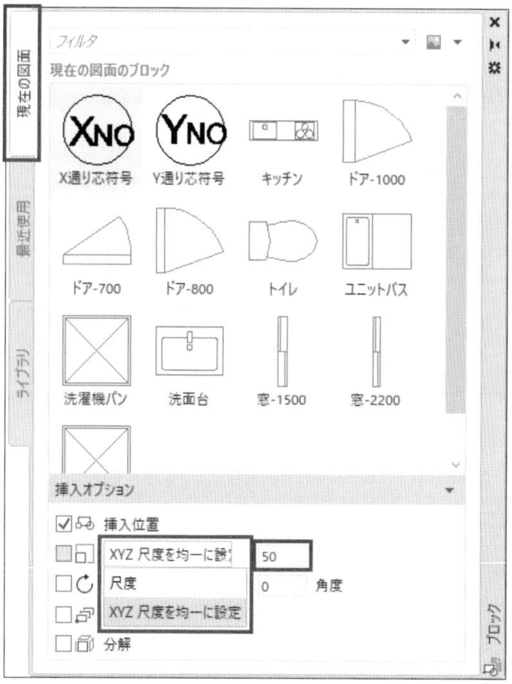

4 ブロックパネルから「X通り芯符号」を選択し、配置します。

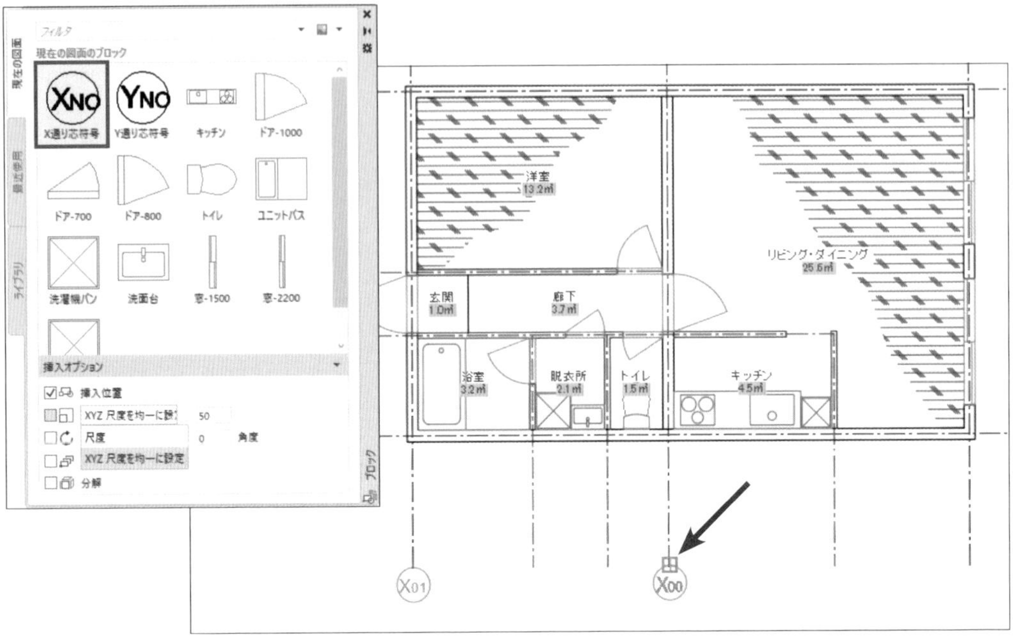

5 「属性編集」ダイアログボックスが表示されるので、通り芯番号を「02」と入力し、[OK]ボタンをクリックします。

6 番号が更新された「通り芯符号」が挿入されます。

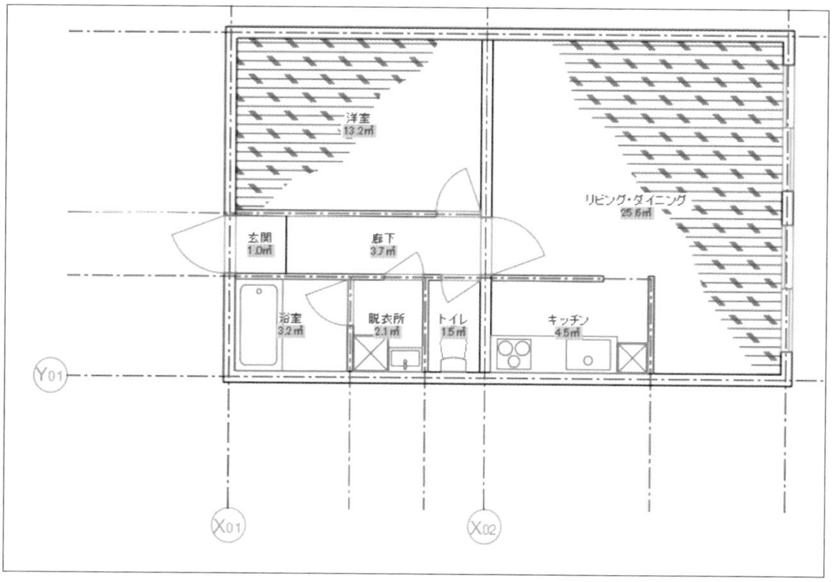

7 同様の手順で、他の「通り芯符号」を配置します。

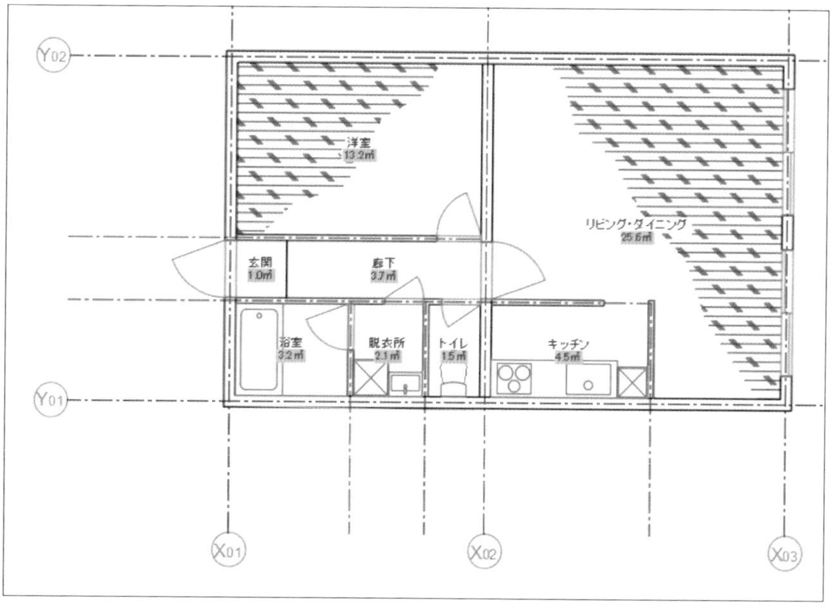

▶ 4.4.3　寸法スタイルの設定

続いては、寸法スタイルの設定を行います。

1 ［注釈］タブの［**寸法記入**］－［**寸法スタイル管理**］をクリックします。

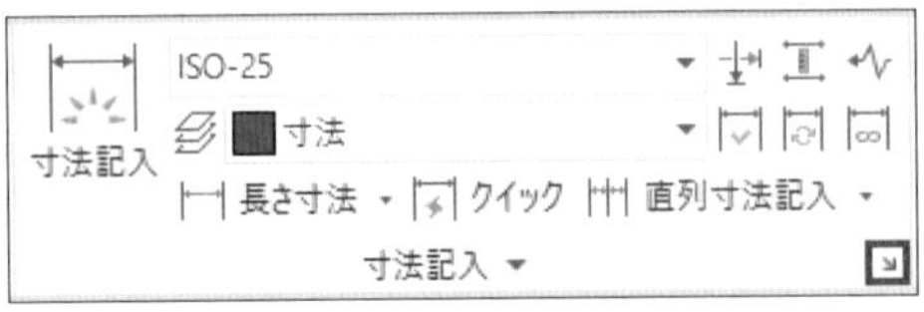

2 「寸法スタイル管理」ダイアログボックスが表示されるので、「Annotative」を選択し、［新規作成］ボタンをクリックします。

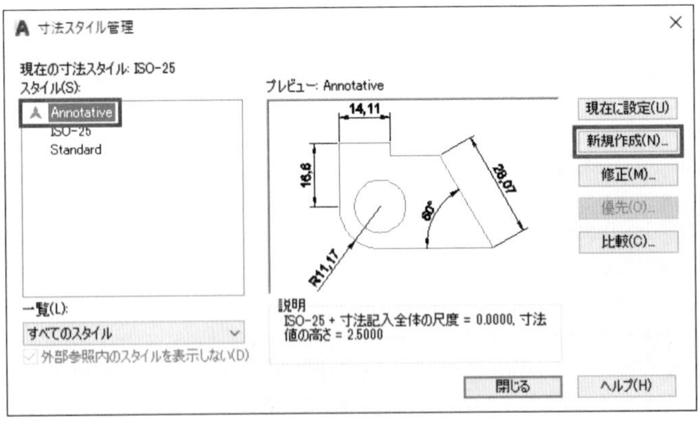

3 「新しいスタイル名」に「建築向け寸法」と入力し、「異尺度対応」を有効に設定してから［続ける］ボタンをクリックします。

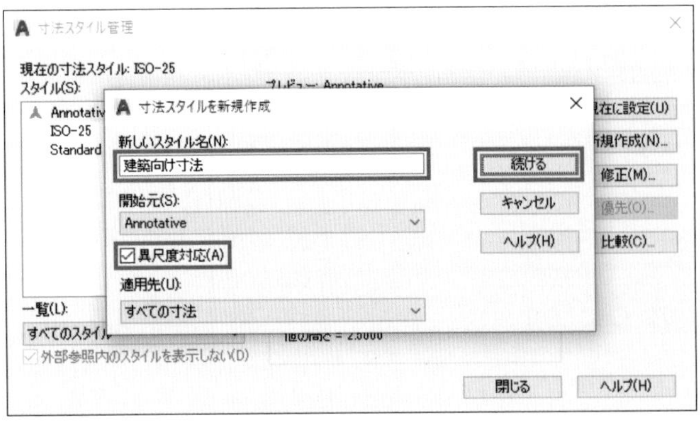

4 ［寸法線］タブを選択し、「補助線延長長さ」に「0」、「起点からのオフセット」に「0.98」を設定します。

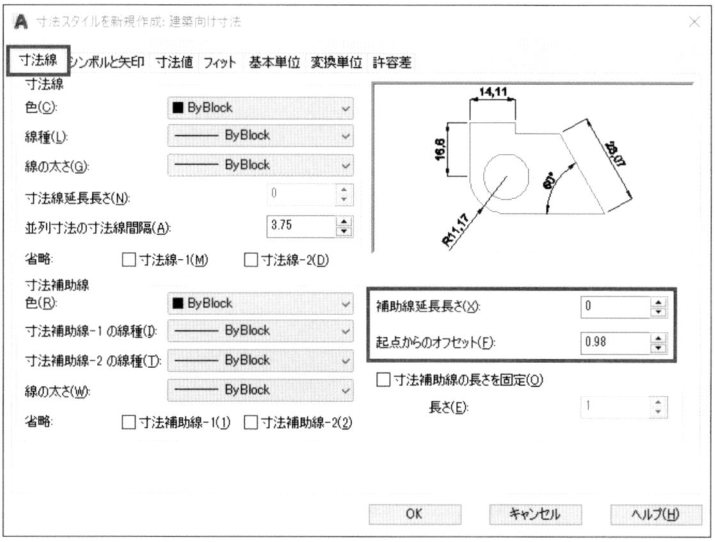

選択ミスに気付きやすくなるように、「起点からのオフセット」には端数が出る数値を設定すると便利です。

5 ［シンボルと矢印］タブを選択し、「1番目」に「小黒丸」、「2番目」に「小黒丸」を設定します。

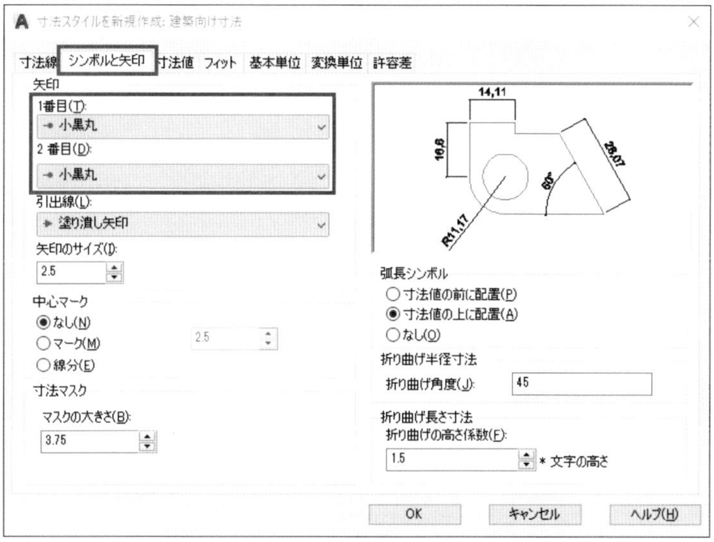

6 ［寸法値］タブを選択し、文字スタイルに「MS-PG」を設定します。その後、［OK］ボタンをクリックします。

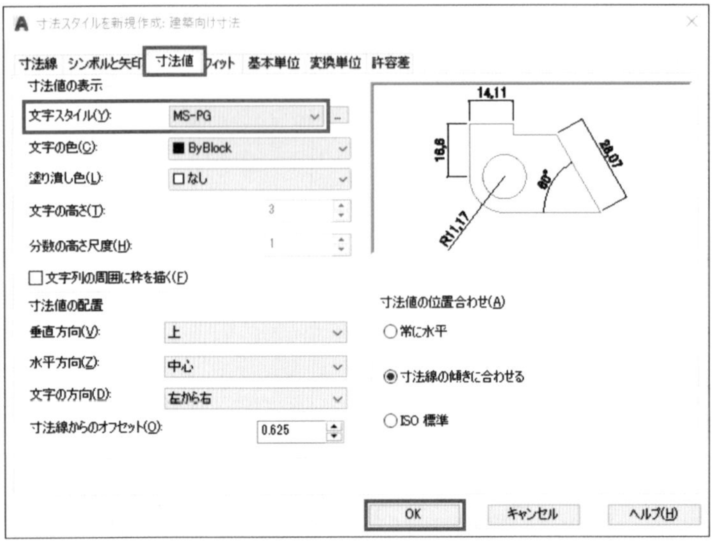

7 「現在の寸法スタイル」が「建築向け寸法」になっていることを確認し、［閉じる］ボタンをクリックします。

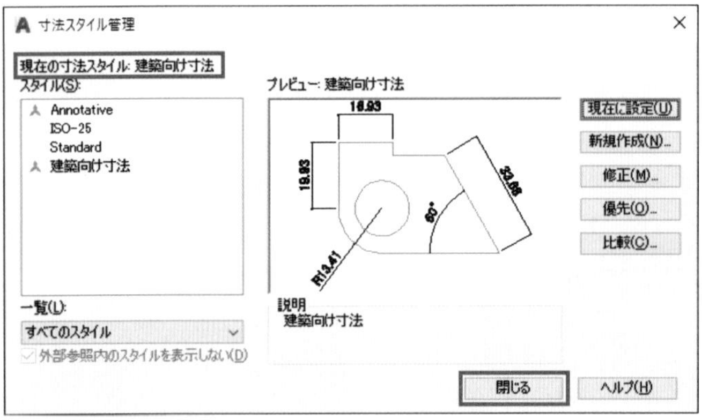

のアイコンが付いたスタイルは、「異尺度対応」のスタイルです。尺度が変わっても表示サイズが同じになるように自動調整されます。

8 ［注釈］タブの［**寸法記入**］－［**寸法画層を優先**］をクリックし、「寸法」を選択します。

ワンポイントアドバイス

この設定を行うと、［ホーム］タブで設定されている画層に関係なく、［注釈］タブで作成した寸法は「寸法」の画層に作成されます。

▶4.4.4　寸法の作成

続いては、「通り芯」と「間仕切り芯」を利用して寸法を作成します。

1 ［注釈］タブの［**寸法記入**］－［**寸法記入**］で、X方向に1つ目の寸法を配置します。

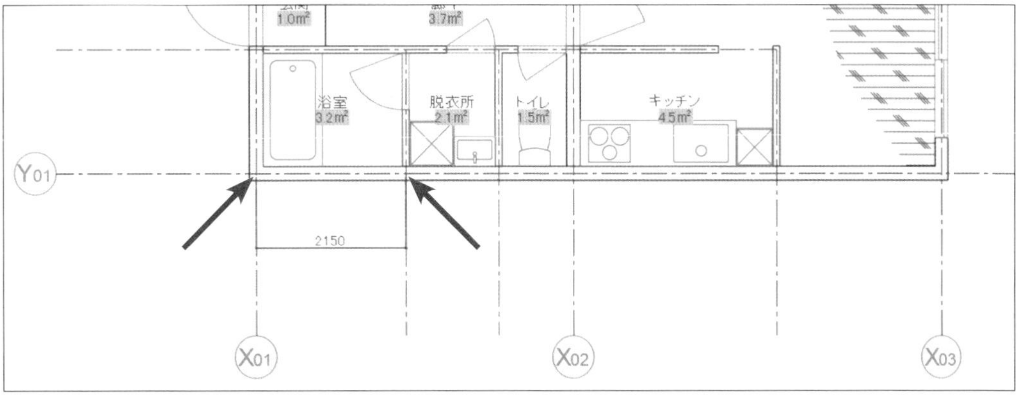

2 [**寸法記入**] – [**直列寸法記入**] を選択し、「間仕切り芯」と「通り芯」の交点を順番に選択します。寸法を配置できたら Enter で完了します。

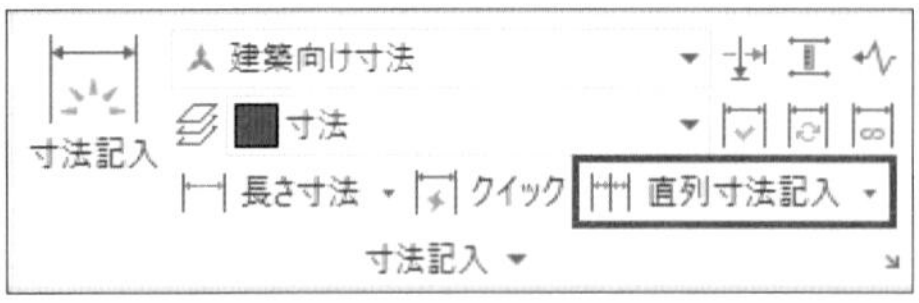

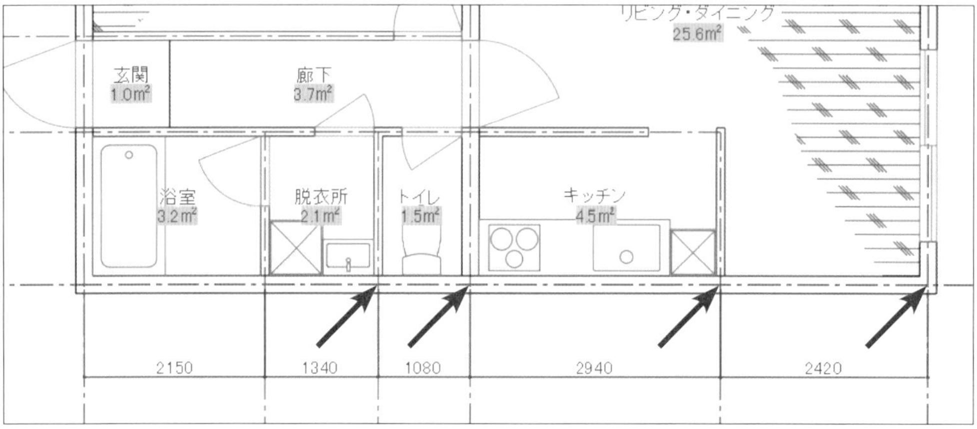

3 さらに [**寸法記入**] で全長の寸法を配置します。

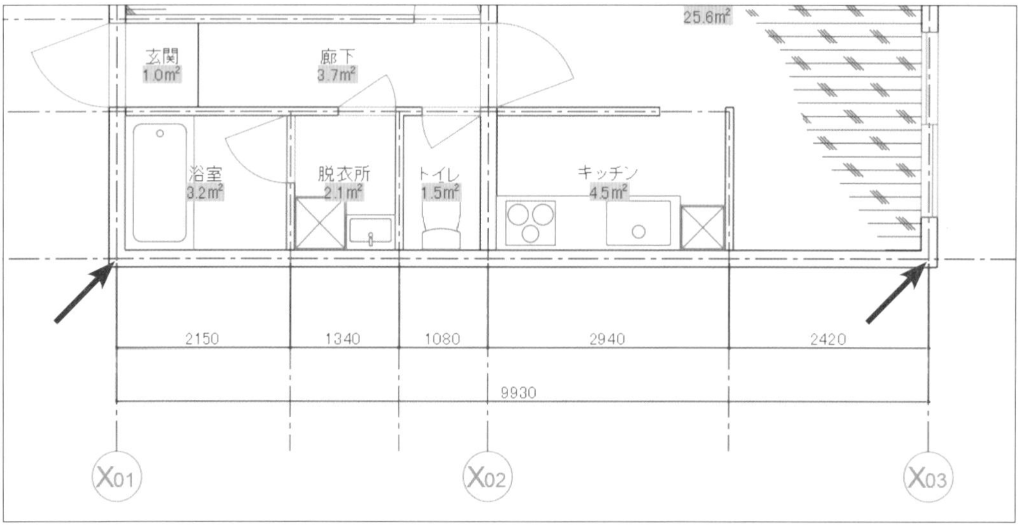

4 Y方向も同様に、1つ目の寸法を配置し、その後［**直列寸法記入**］で寸法を配置します。

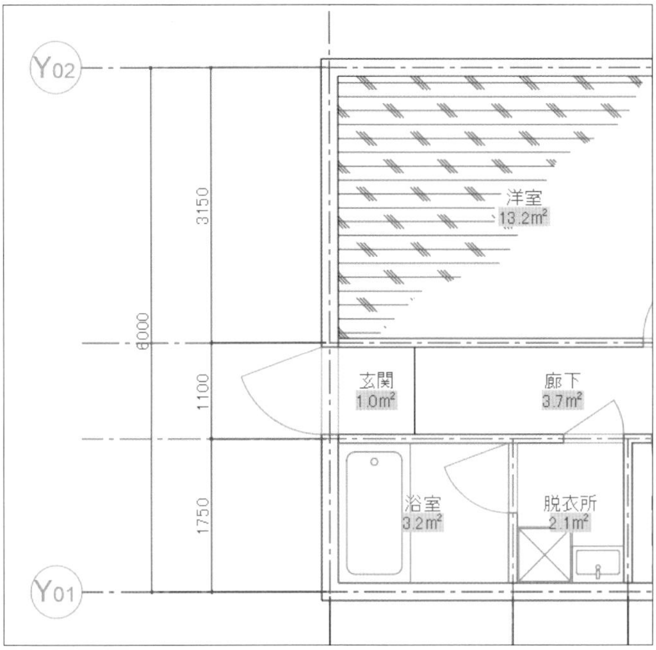

5 完成です！

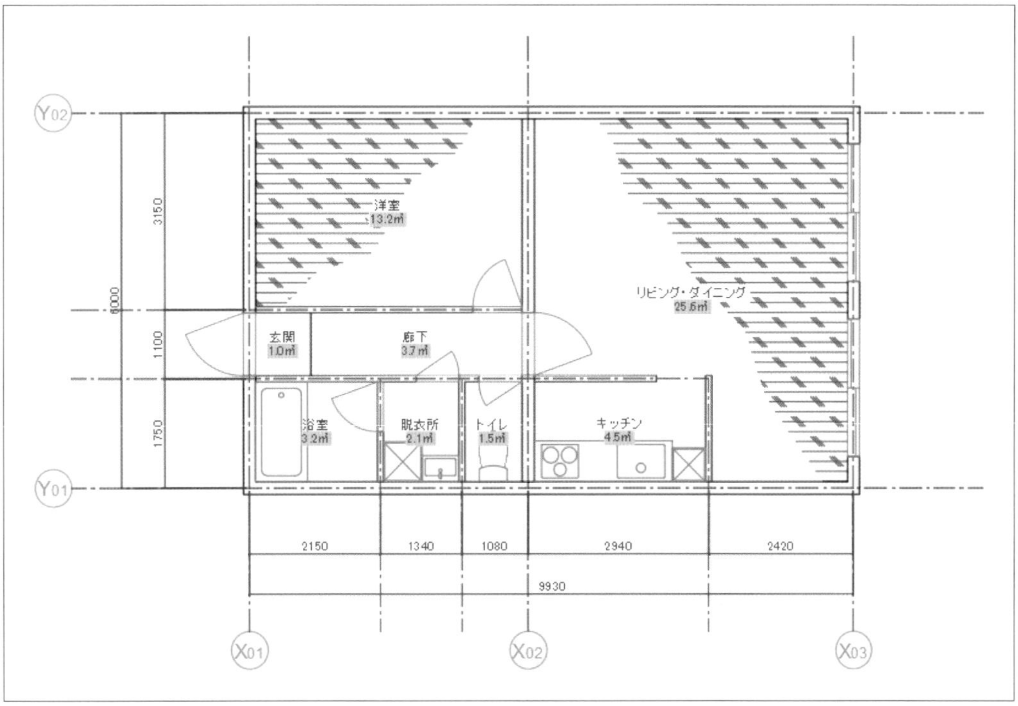

4.5 図面の比較機能

4.5節では、次の内容を学習します。

・フィールドの背景設定
・図面比較機能の使い方

▶4.5.1　フィールドの背景表示の変更

比較結果を見やすくするために、フィールドの背景表示を変更します。アプリケーションメニューを開き、[オプション]ボタンをクリックします。

［基本設定］タブの「フィールドの背景を表示」を無効にし、［OK］ボタンをクリックします。

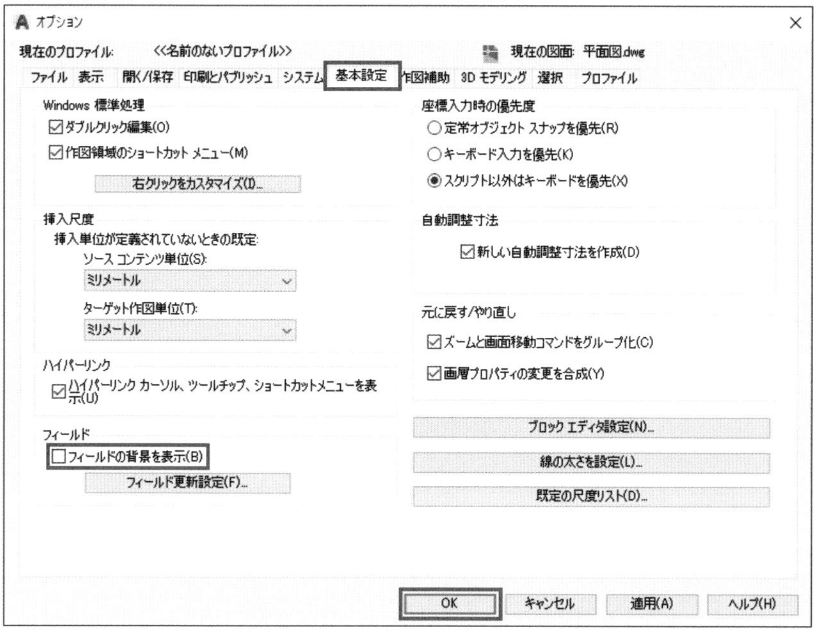

背景表示「有効」

背景表示「無効」

▶ 4.5.2　図面の比較

1　［コラボレート］タブの［**比較**］－［**図面比較**］をクリックします。

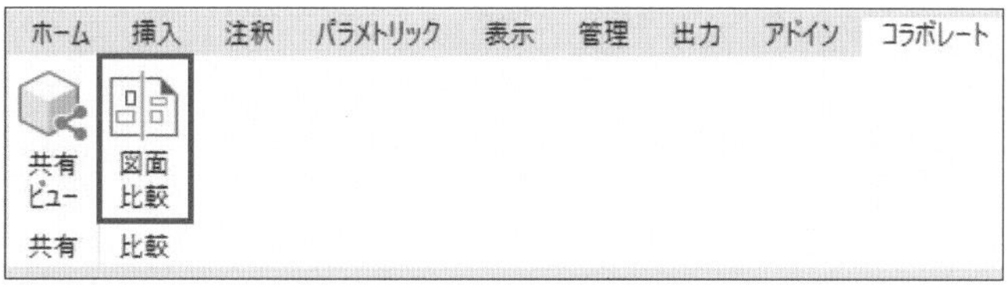

2 「比較する図面を選択」ダイアログボックスが表示されるので、比較対象となる「平面図比較用.dwg」を選択します。

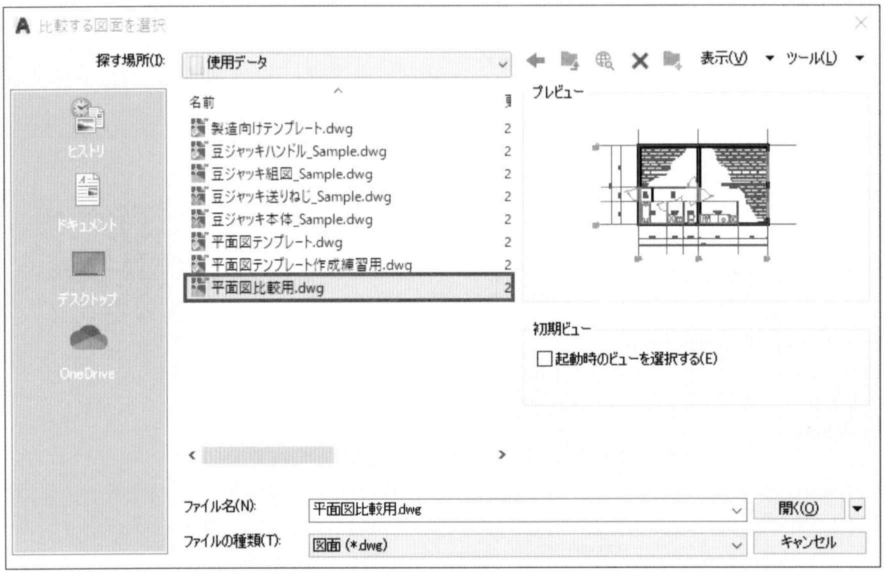

3 図面の比較結果が表示されます。

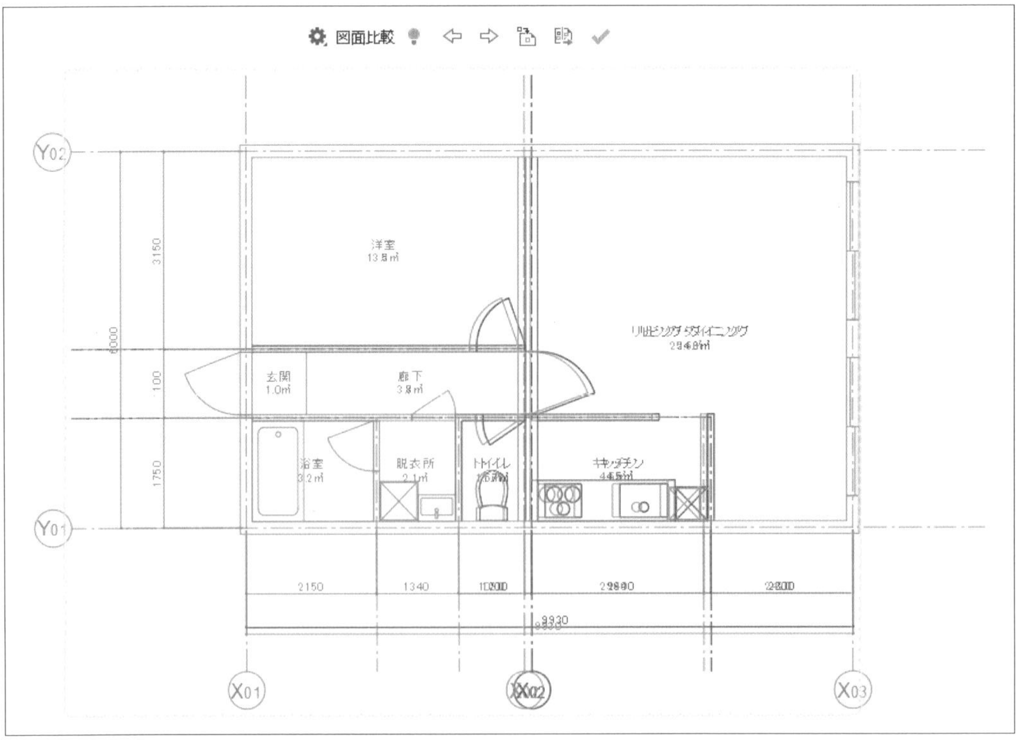

4 画面の中央上部に図面比較のツールバーが表示されます。［**設定**］のアイコンをクリックします。

5 結果は3色で表現されます。表示状態を任意に切り替えることも可能です。

6 「**現在の図面内のみ**」を非表示にして確認してみます。

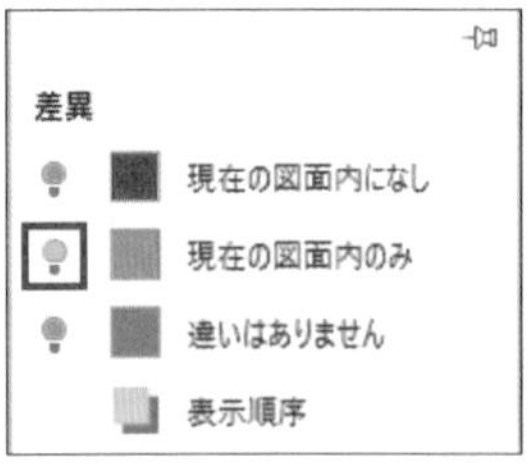

7 「X02」の通り芯の位置が異なるため、部屋のサイズが異なることがわかります。

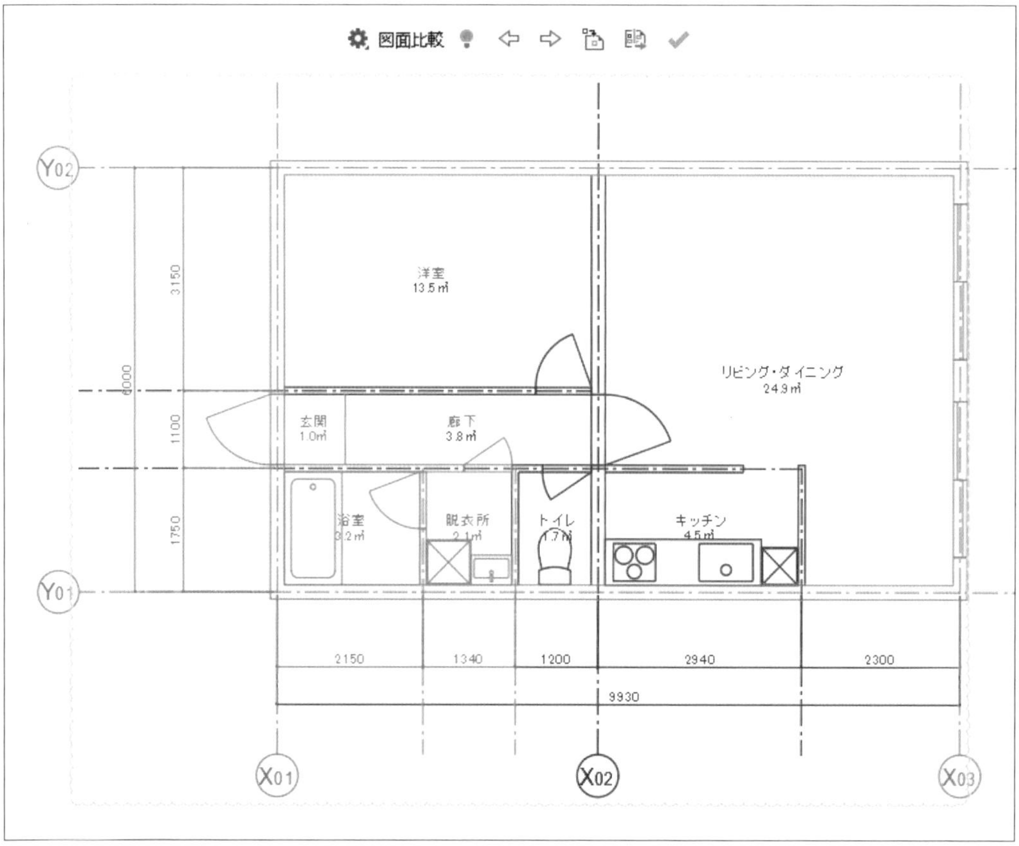

8 今度は、表示を「**現在の図面内のみ**」に切り替えて確認します。

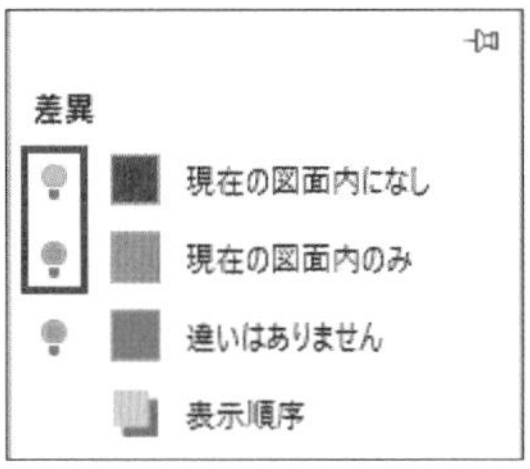

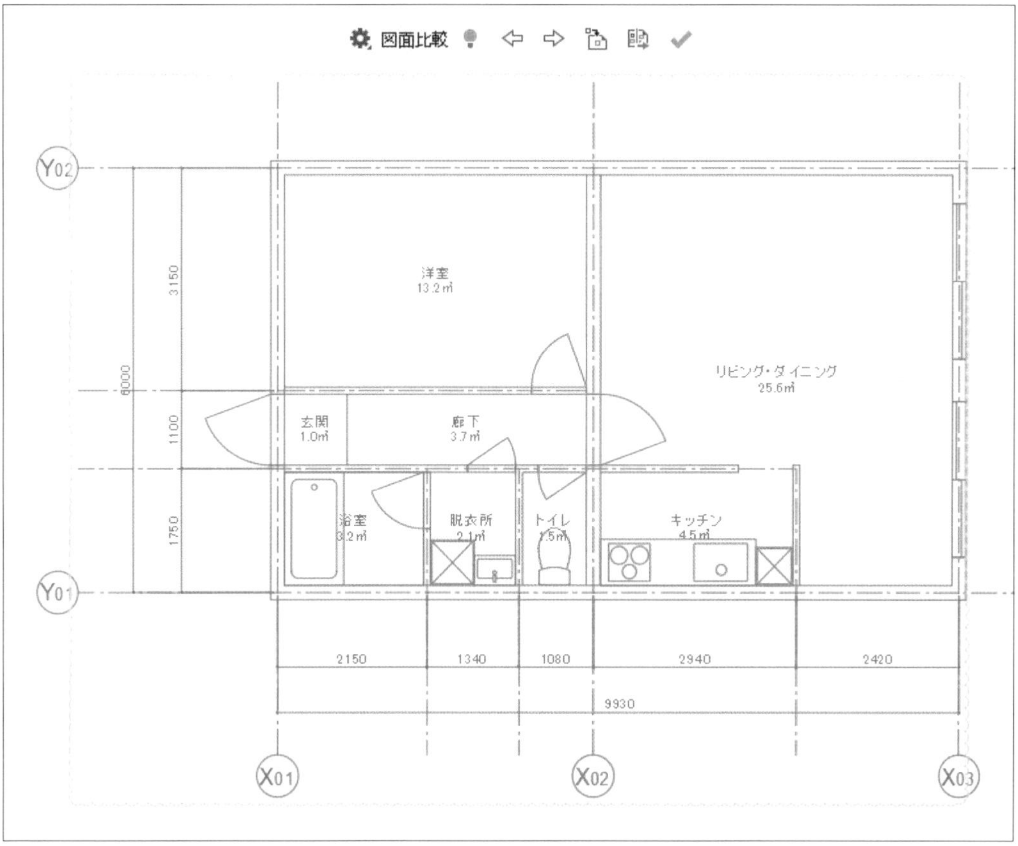

9 [**比較を終了**]のアイコンをクリックし、図面比較を終了します。

10 元の表示に戻りました。

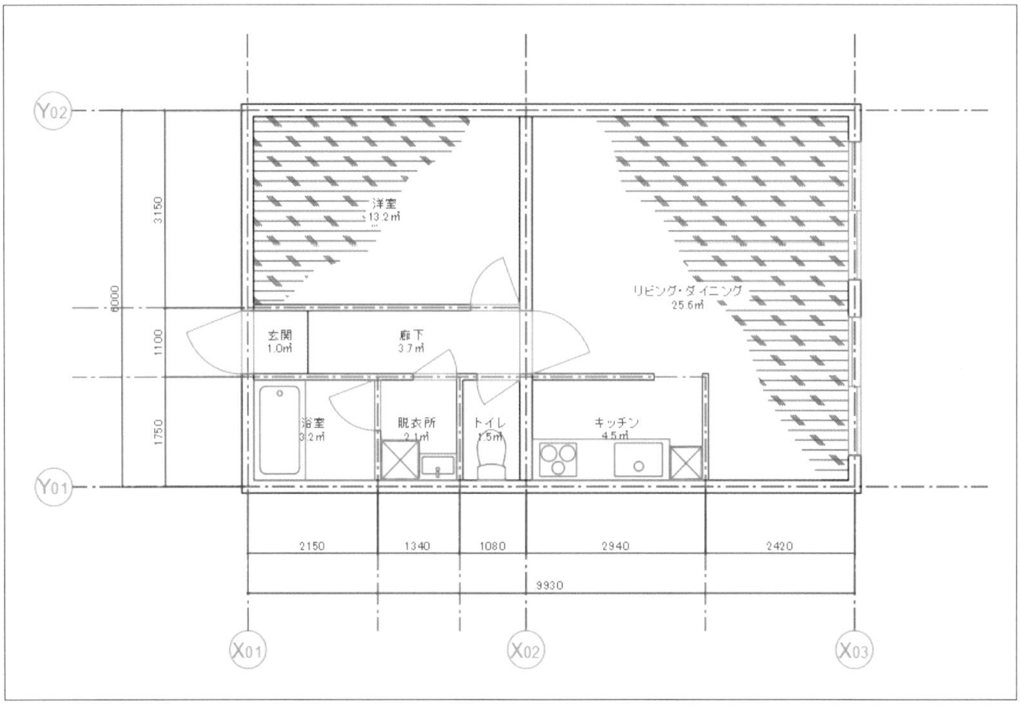

5

建築向けテンプレートを作成しよう

第 5 章では、以下の内容を学習します。

- 注釈尺度の設定
- 画層の設定
- ブロックの登録
- 属性情報付きブロックの登録

ここでは、第4章で使用した「平面図テンプレート」の作成方法を学習します。

5.1 ベースのテンプレートファイル

スタートアップのテンプレートの[▼]をクリックし、「平面図テンプレート作成練習用.dwt」を開きます。

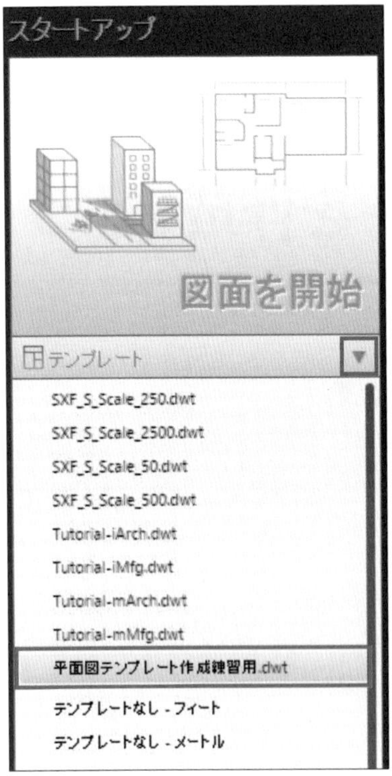

5.2 注釈尺度の設定

AutoCADは実寸大で線を描くため、注釈尺度を変更することにより注釈を見やすくします。ステータスバーの「**現在のビューの注釈尺度**」をクリックし、「1：50」に設定します。

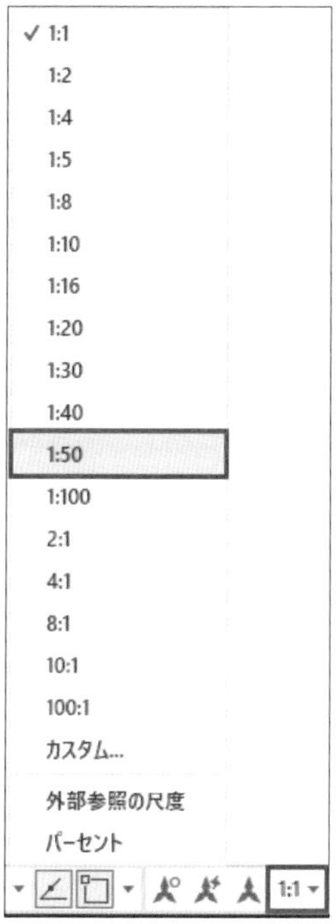

5.3 画層の設定

1 ［ホーム］タブの［**画層プロパティ管理**］をクリックし、ダイアログボックスを表示します。

2 以下の図のように「画層の一覧」が表示されます。

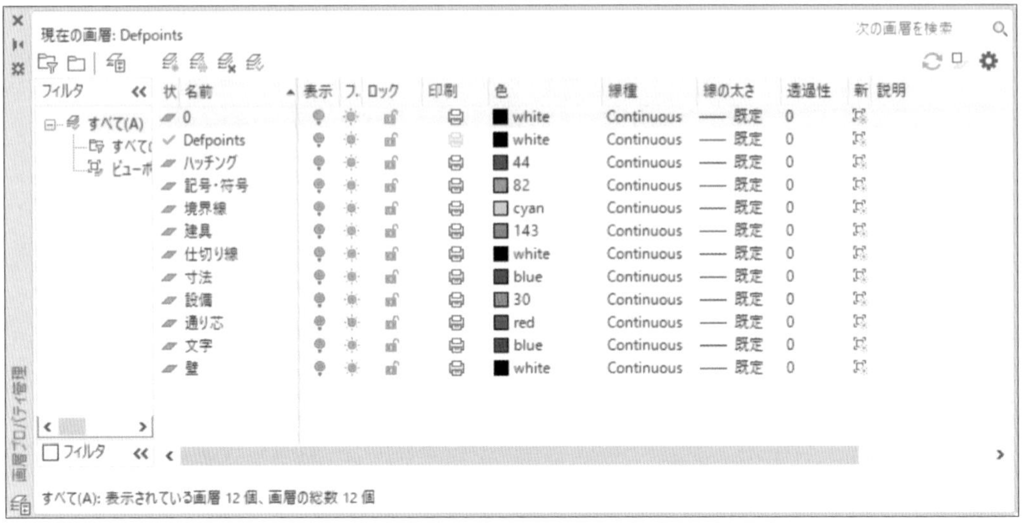

3 ［**新規作成**］をクリックし、新しい画層を作成します。

4 作成された画層の名前を「間仕切り壁」とします。

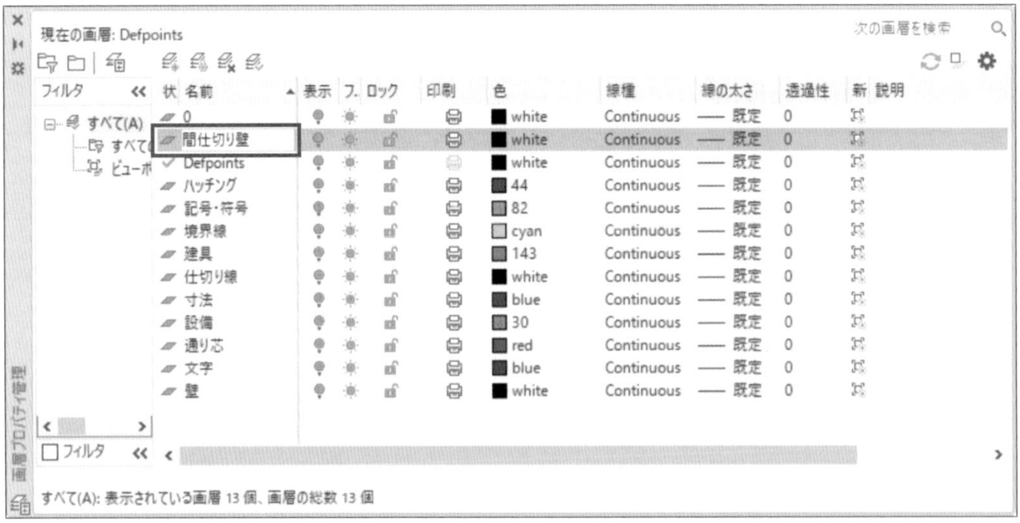

5 「間仕切り壁」の「色」をクリックします。

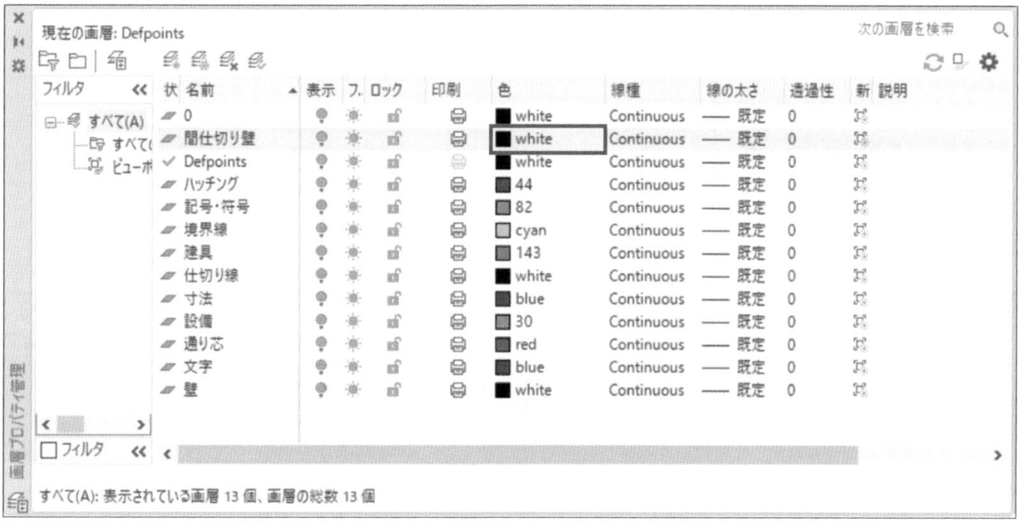

6 「色選択」ダイアログボックスが表示されるので、「blue」を選択します。

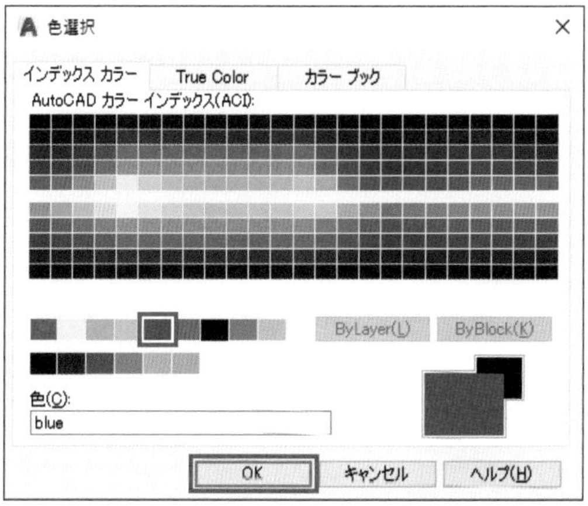

7 再度、［**新規作成**］をクリックします。

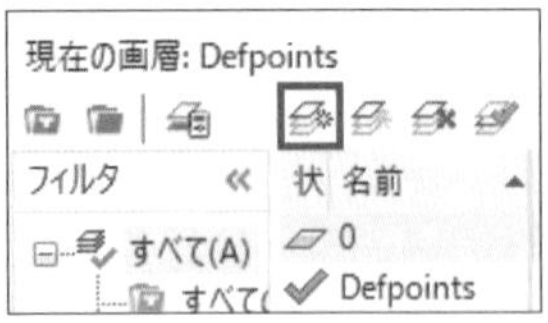

8 作成された画層の名前を「間仕切り芯」とし、「色」を選択します。

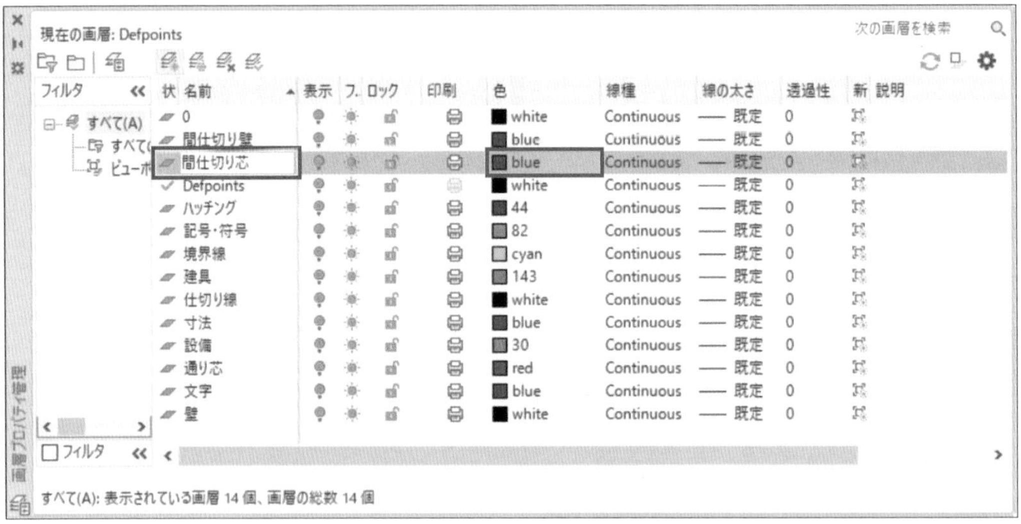

9 「色選択」ダイアログボックスで「magenta」を選択します。

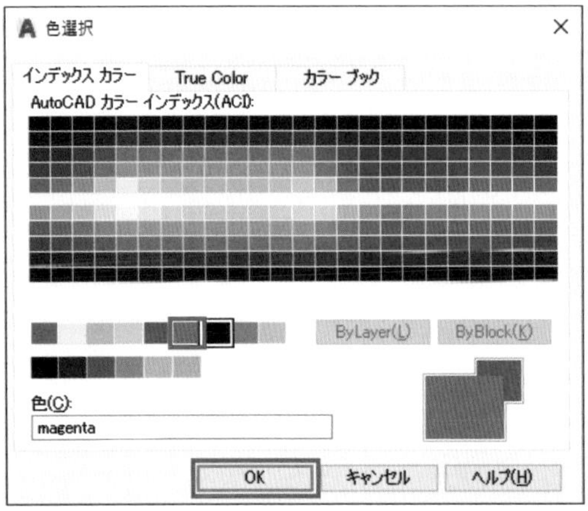

10 続いて、線種の設定を変更します。「間仕切り芯」の「線種」をクリックします。

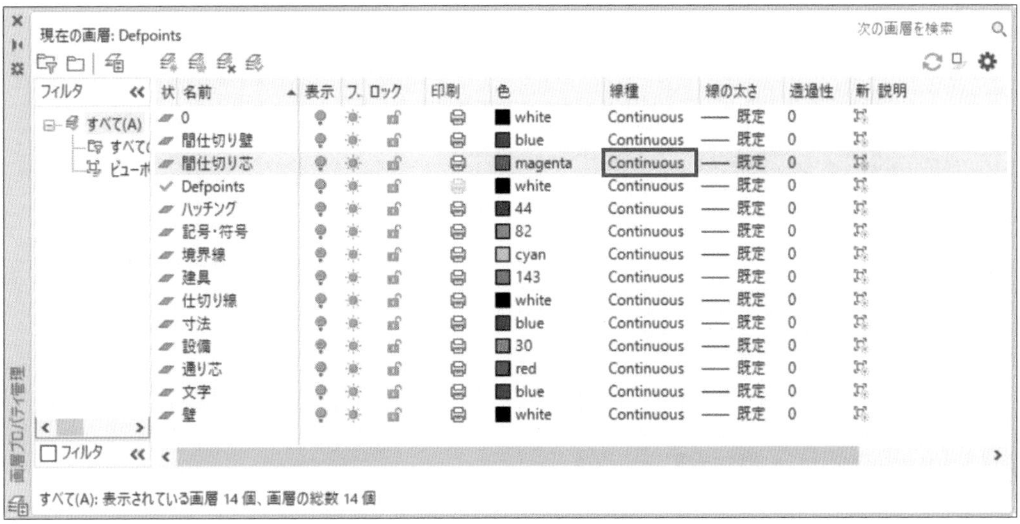

11 新たな線種を使用するために［ロード］ボタンをクリックします。

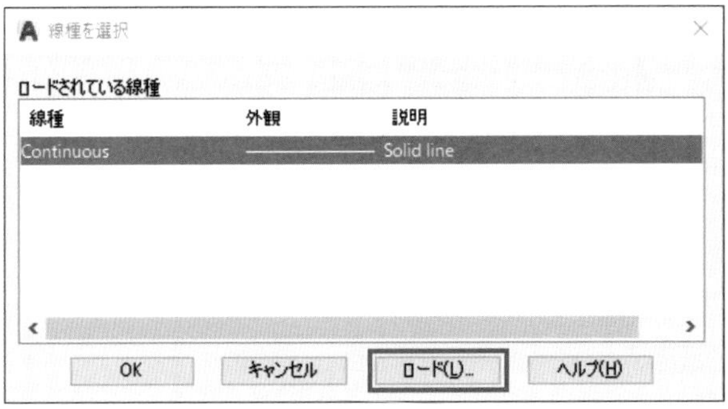

12 「線種のロードまたは再ロード」ダイアログボックスが表示されるので、「CENTER2」を選択し、［OK］ボタンをクリックします。

13 「線種を選択」ダイアログボックスに「CENTER2」が読み込まれ、使用可能な状態になります。「CENTER2」を選択し、［OK］ボタンをクリックします。

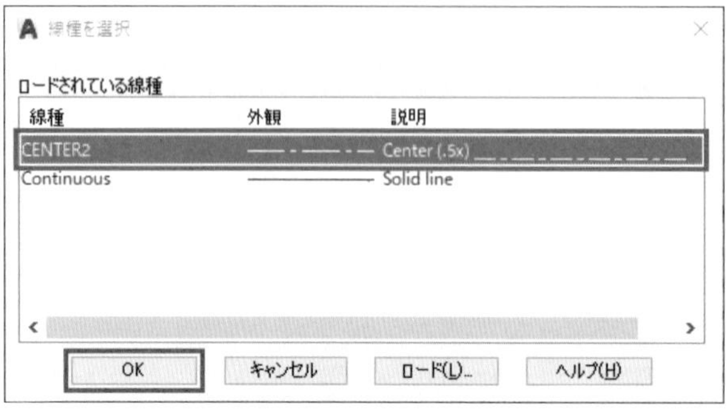

14 以下の図のように画層が設定されます。

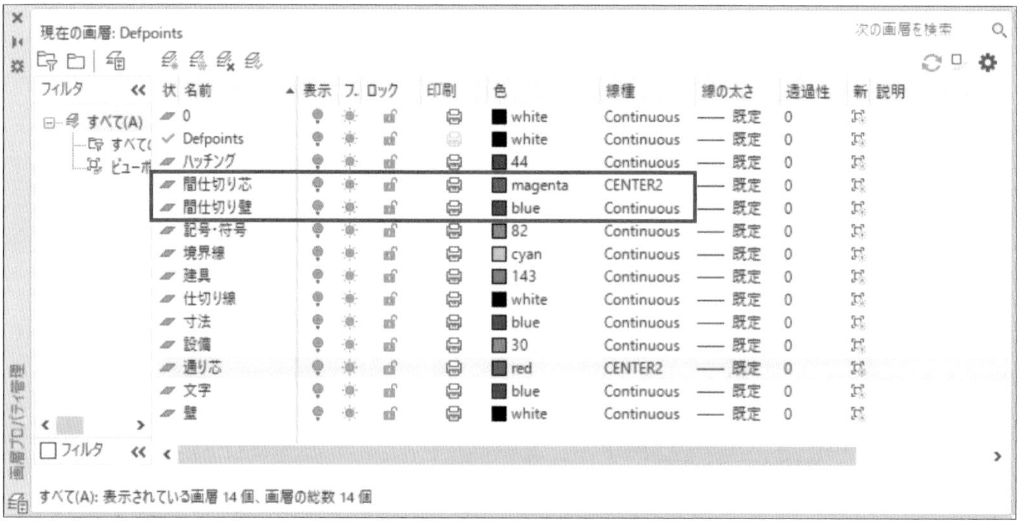

5.4 建具ブロックの作成

続いては、作成した図形をブロックに登録します。ここでは「ドア-1000」の図形を作成して、ブロックとして登録します。

1 ［ホーム］タブで**［画層］**を「建具」に切り替えます。

2 **［作成］**－**［長方形］**で任意の点を選択し、「X=200」、「Y=1000」の長方形を作成します。

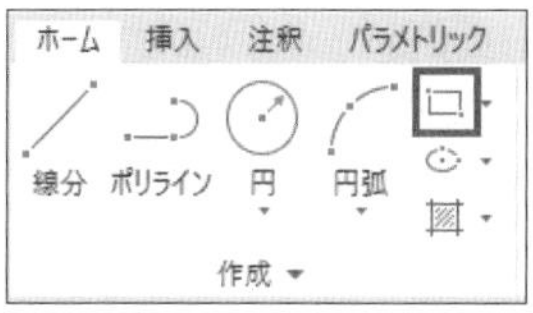

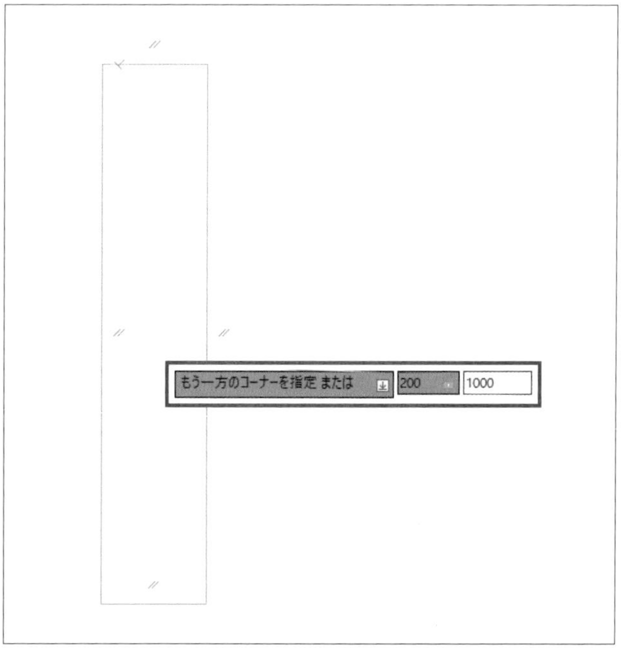

3 ［**作成**］－［**線分**］で、長方形の右下の点から「長さ=1000」、「角度=20°」の直線を作成します。

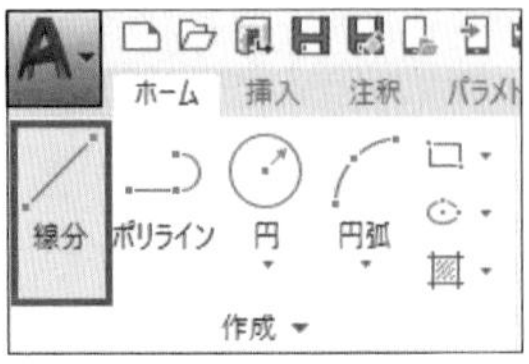

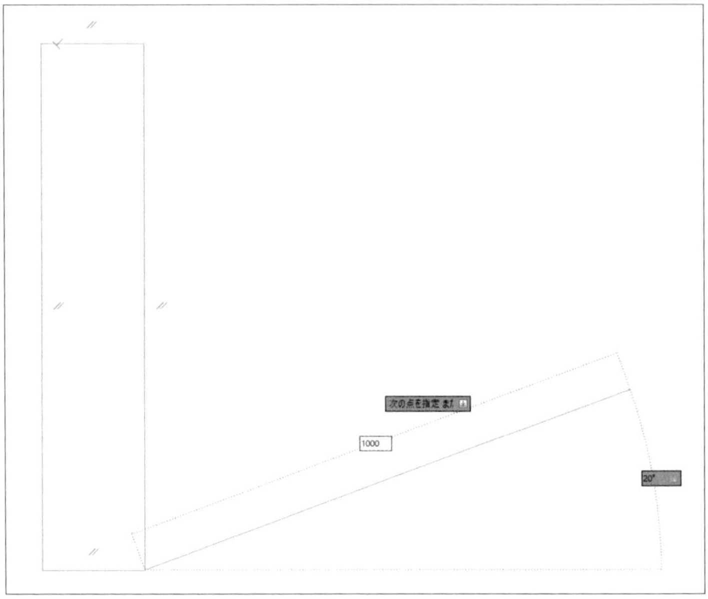

4 ［パラメトリック］タブの［**寸法拘束**］－［**長さ寸法**］で、長方形のサイズを固定します。

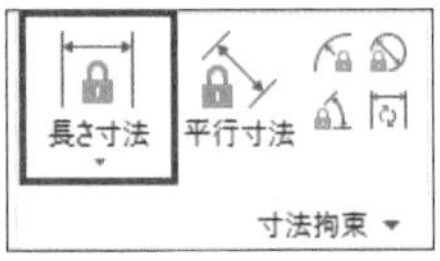

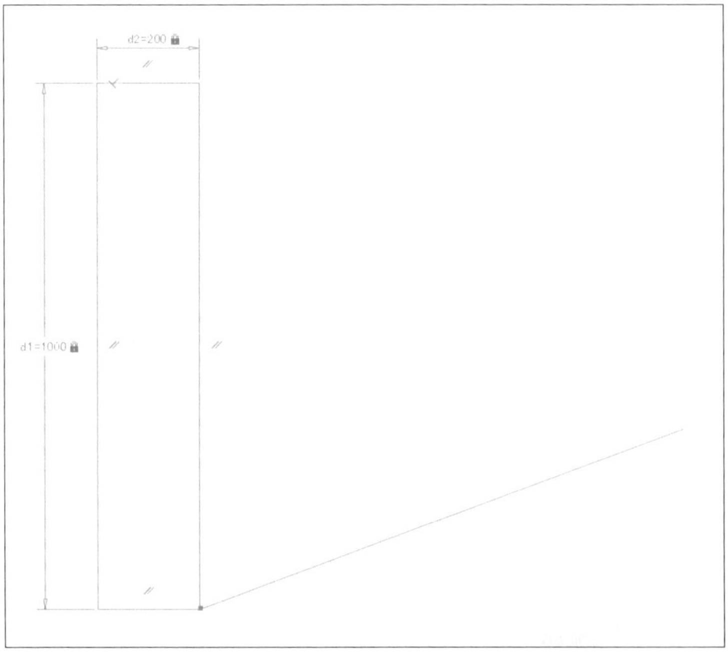

5［**寸法拘束**］−［**平行寸法**］で、斜めの線分のサイズを固定します。

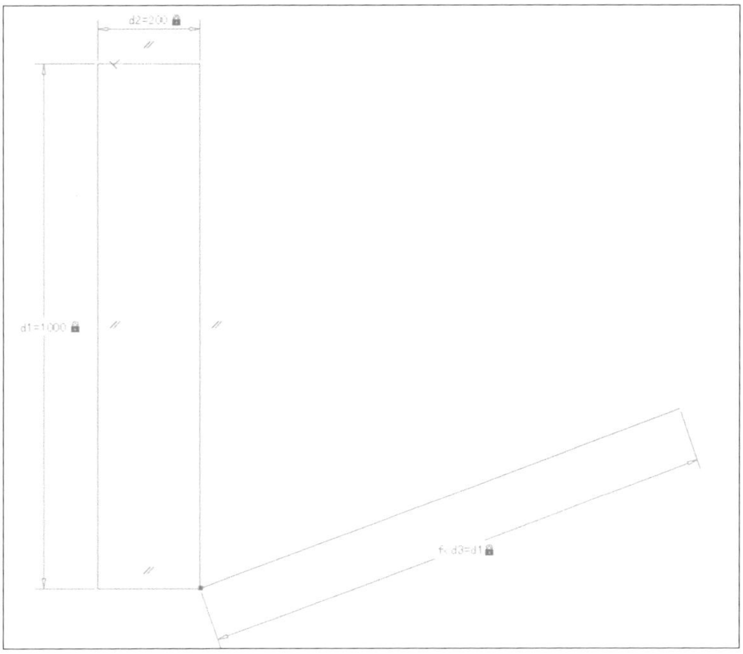

6［**寸法拘束**］−［**角度寸法**］で、斜めの線分の位置を固定します。

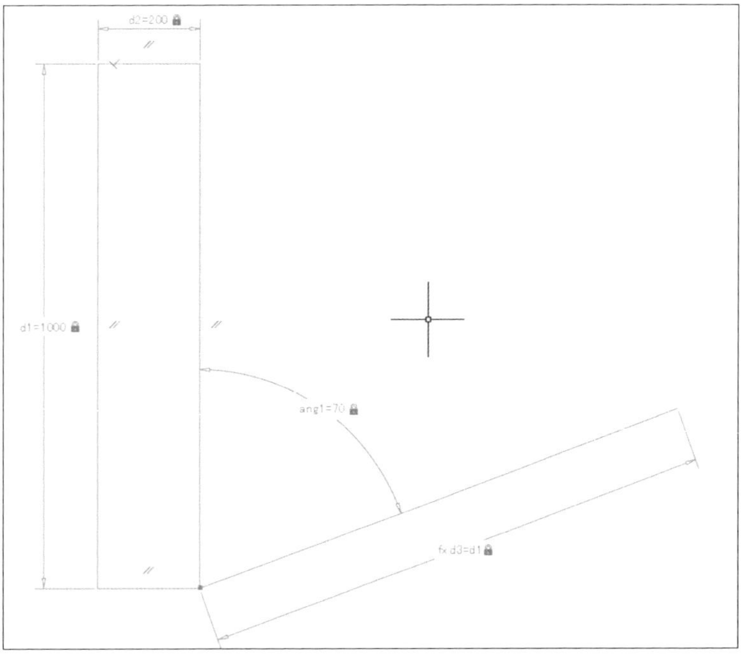

7 ［**作成**］－［**円弧**］－［**中心、始点、終点**］で円弧を作成します。

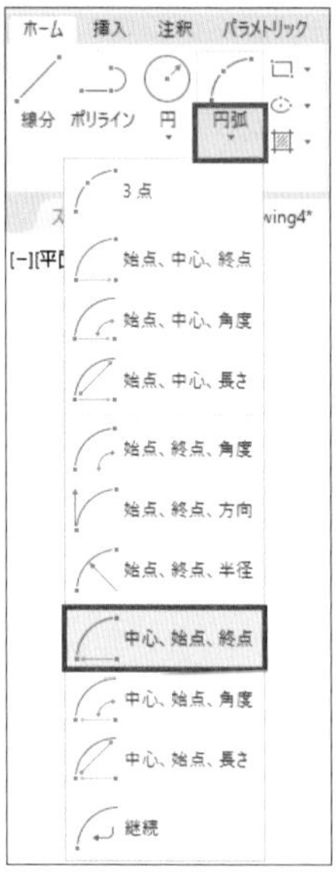

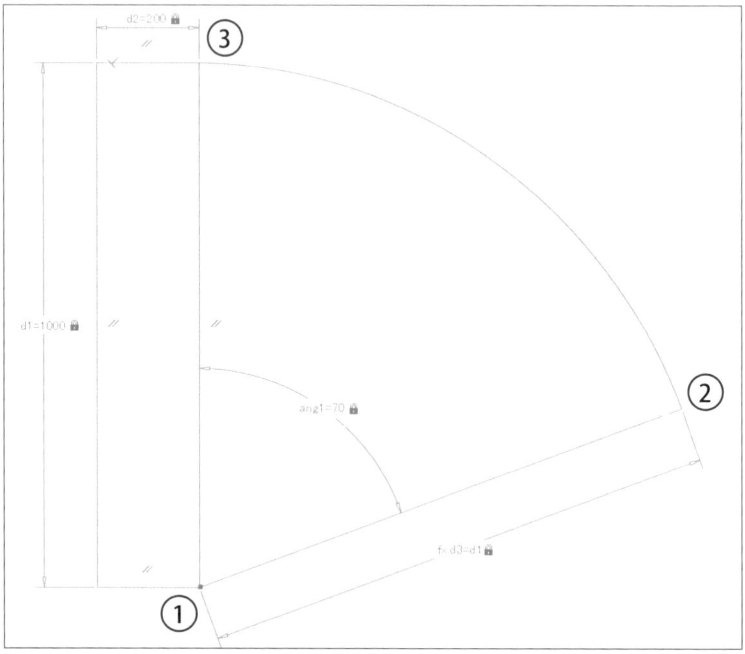

8 建具の図形を描けたら、全体を範囲選択します。

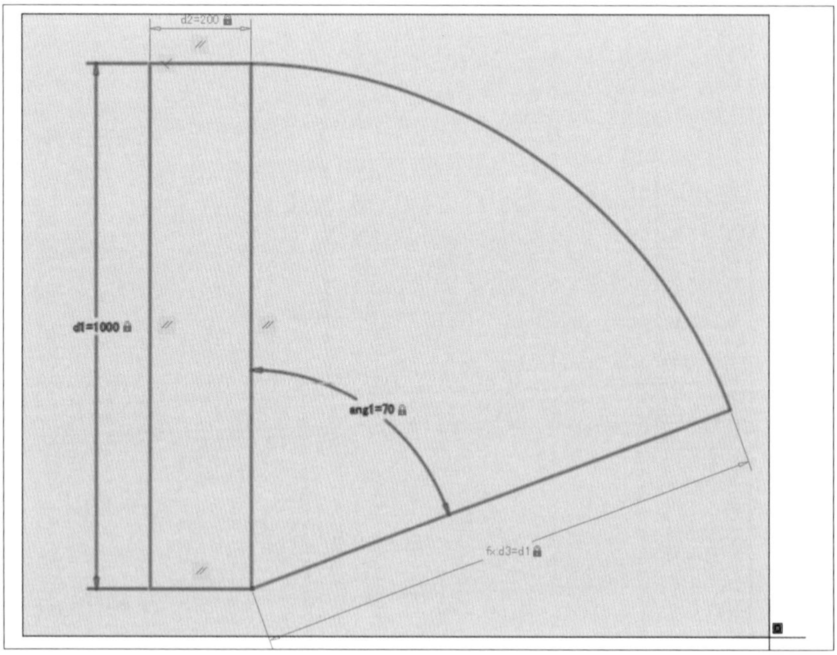

9 ［挿入］タブの［**ブロック作成**］をクリックします。

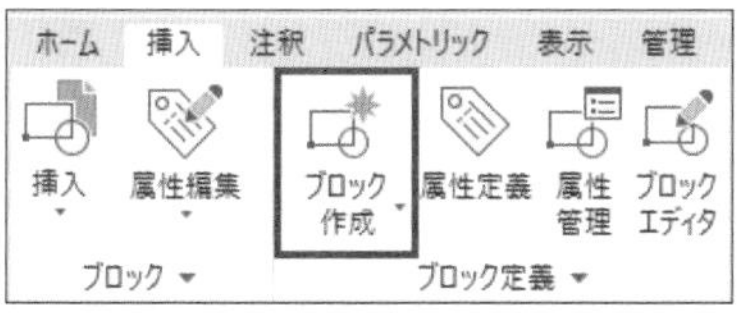

10 「ブロック定義」ダイアログボックスが表示されるので、「名前」に「ドア-1000」と入力し、「挿入基点を指定」をクリックします。

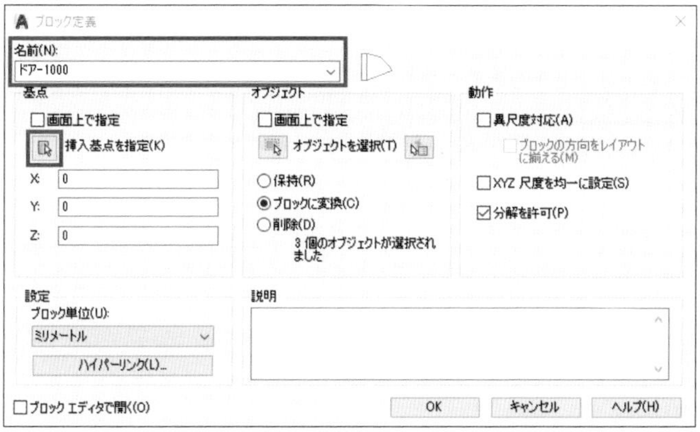

11 挿入基点を指定する状態になるので、長方形の図心を選択します。

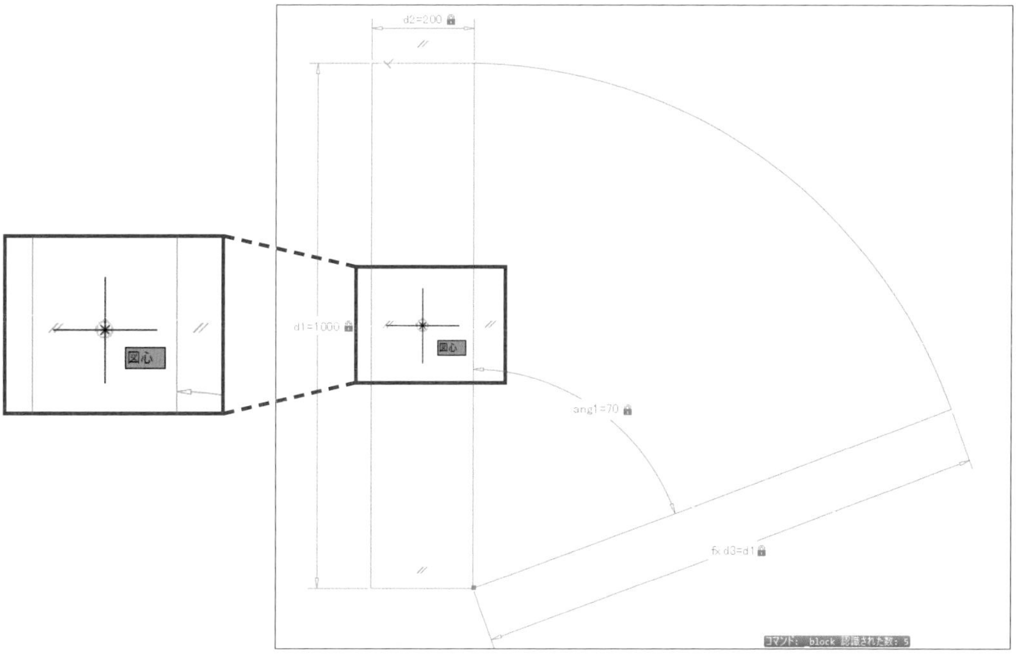

12 挿入基点が読み込まれます。現在のオブジェクトは不要になるため、「削除」を選択し、[OK] ボタンで完了します。

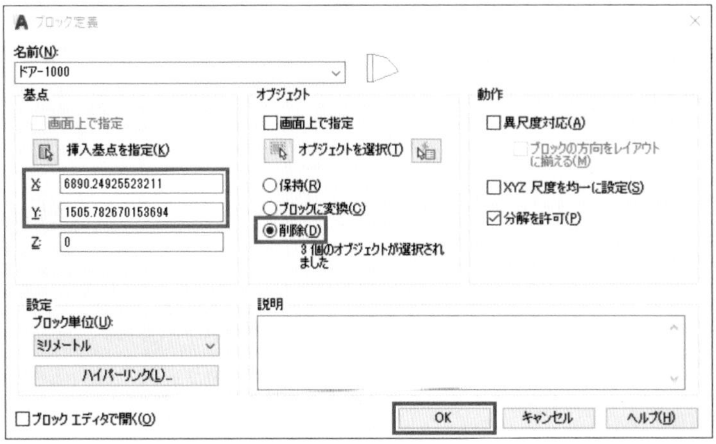

13 既存のオブジェクトが削除され、ブロックとして登録されます。

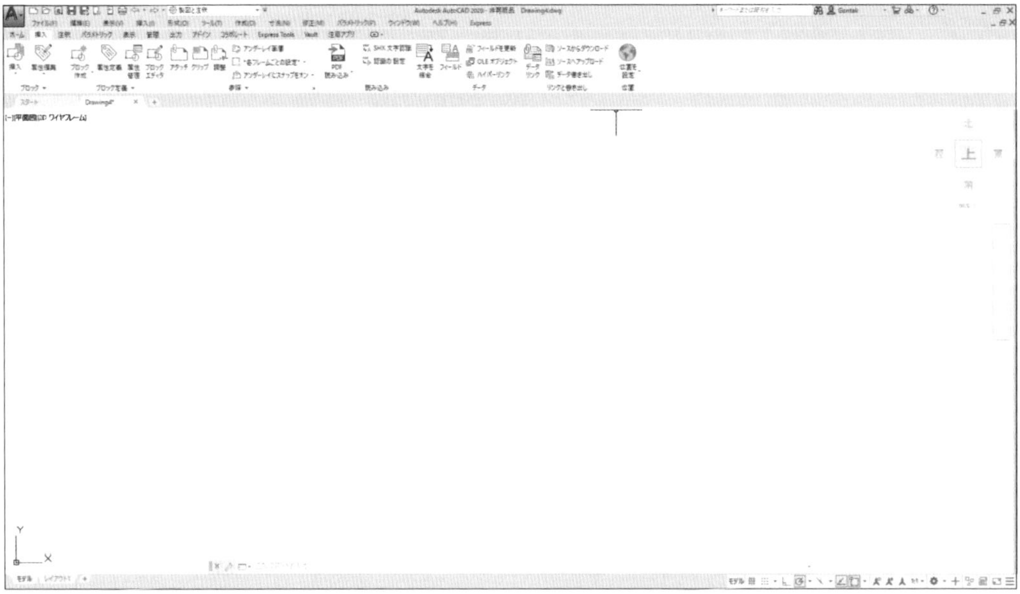

14 ［**ブロック**］－［**挿入**］をクリックすると、ブロックの一覧に「ドア-1000」が追加されていることを確認できます。

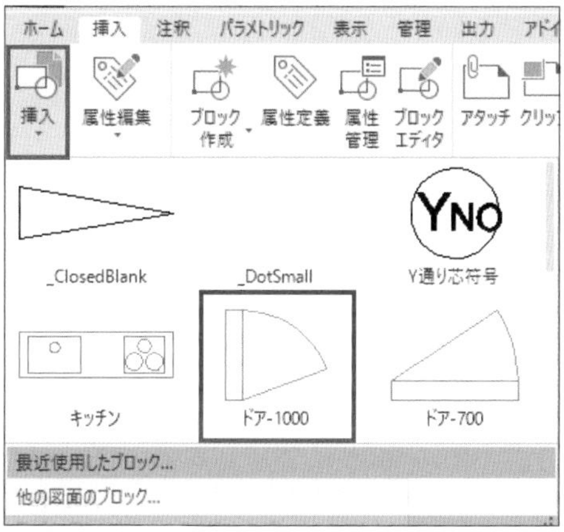

5.5 属性情報付きブロック作成（X通り芯記号）

続いては、「属性情報付きブロック」を作成する方法を紹介します。

1 ［ホーム］タブの［**画層**］をクリックし、「記号・符号」に切り替えます。

2 ［ホーム］タブの［**注釈**］－［**文字記入**］で「文字高さ」を「5mm」に設定し、「X」の文字を任意の位置に配置します。

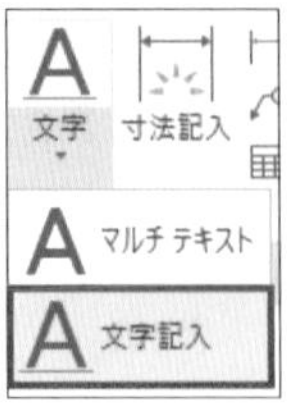

ワンポイントアドバイス

確定後に「X」が消えたように見える場合は、マウスホイールをダブルクリック（オブジェクト範囲ズーム）すると、「X」を発見できます。

3 ［挿入］タブの［**ブロック定義**］－［**属性定義**］をクリックし、以下の図のように設定します。

4 「X」の右側に「NO」を配置します。

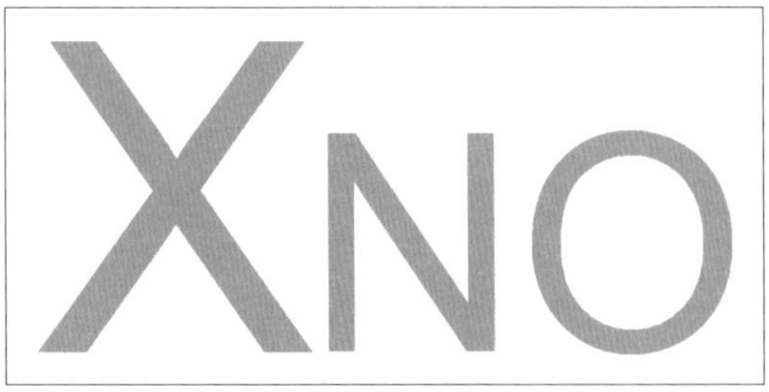

5 ［ホーム］タブの［**作成**］－［**円**］を使って、半径5.5mmの円で囲みます。

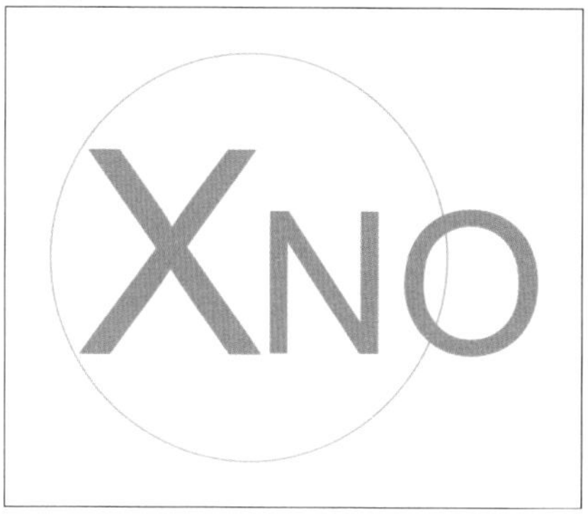

6 すべてを選択し、［挿入］タブの［**ブロック定義**］－［**ブロック作成**］をクリックします。「ブロック定義」ダイアログボックスが表示されるので、「名前」に「X通り芯符号」と入力し、「挿入基点を指定」をクリックします。

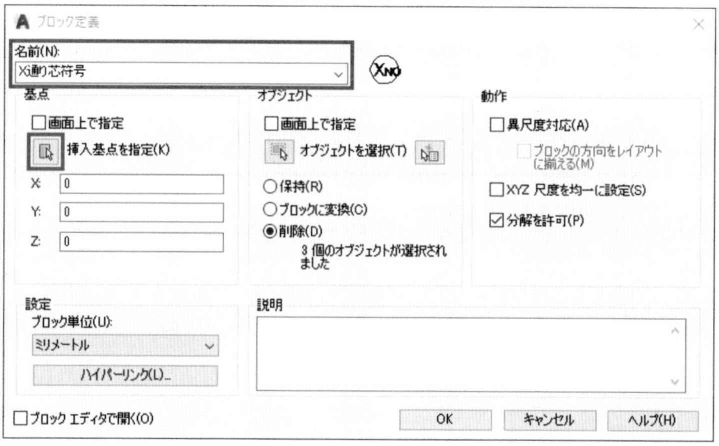

7 以下の図のように、円の頂点を選択します。

8 ［OK］ボタンをクリックして完了します。

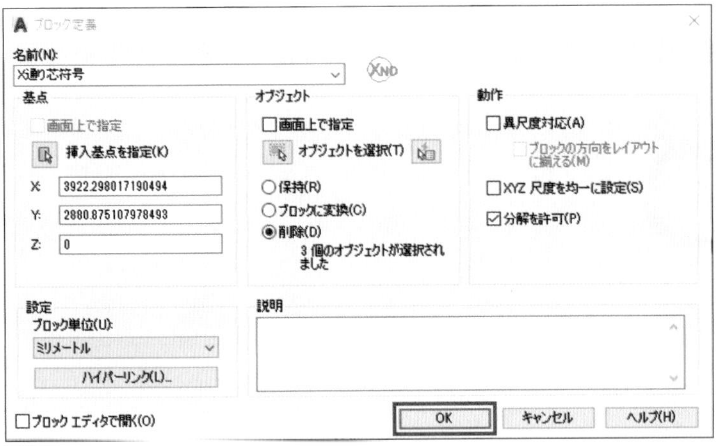

5.6 動作確認

作成した「属性情報付きブロック」の動作を確認します。

1 ［挿入］タブの［**ブロック**］－［**挿入**］をクリックし、［最近使用したブロック］を選択します。

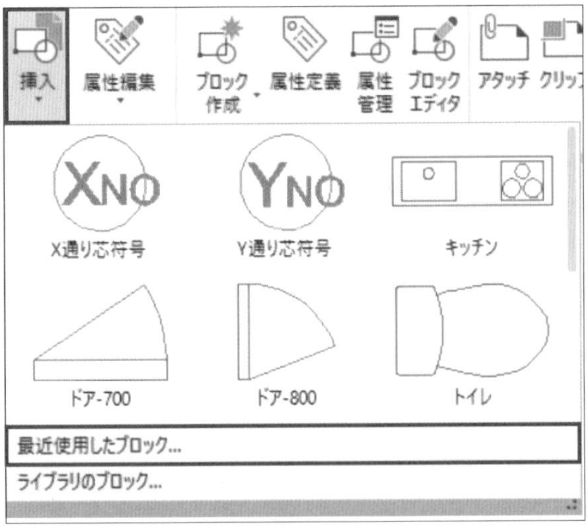

2 尺度を「50」に設定し、「X通り芯符号」を選択します。

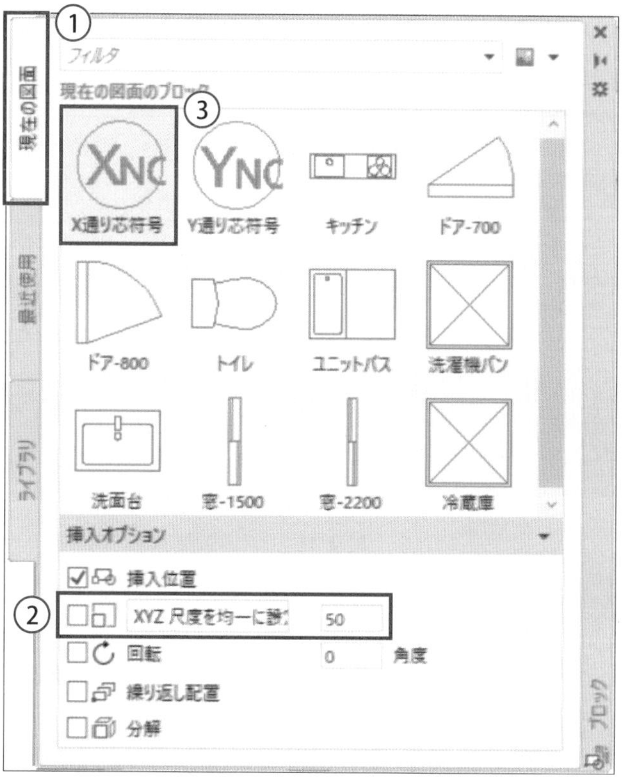

3 「X通り芯符号」を「5000、3000」の位置に配置します。

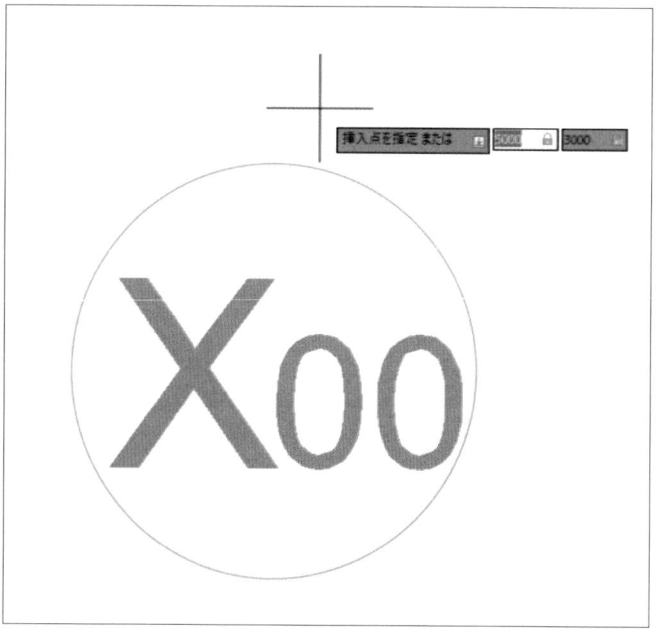

4 「属性編集」ダイアログボックスが表示されるので、通り芯番号を「01」とします。

5 「Y通り芯符号」を「3000,5000」の位置に配置します。続いて、「属性編集」ダイアログボックスで、通り芯番号を「01」とします。

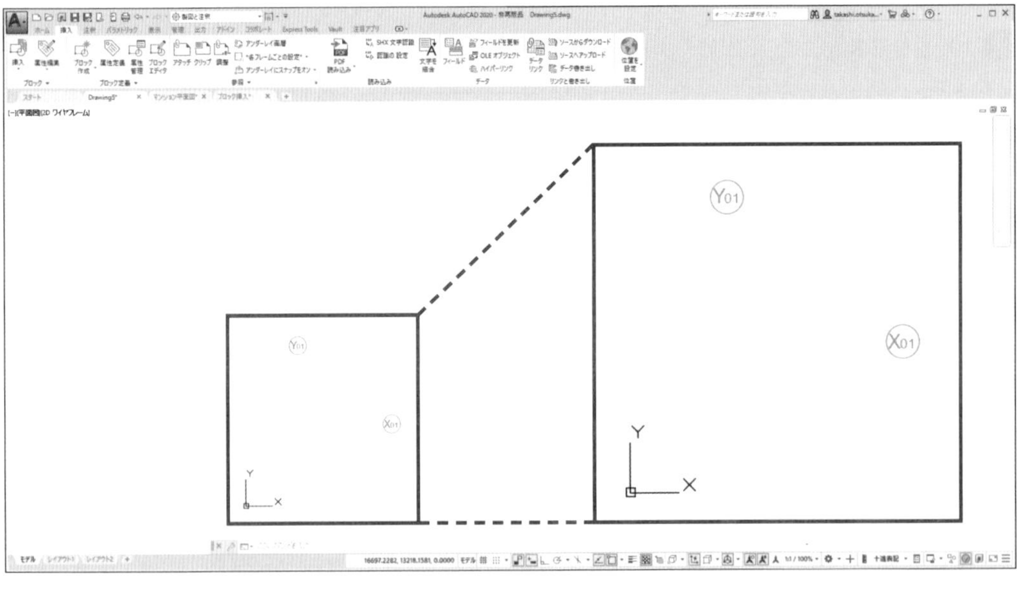

5.7 テンプレートとして保存

1 アプリケーションメニューの［**名前を付けて保存**］－［**図面テンプレート**］を選択します。

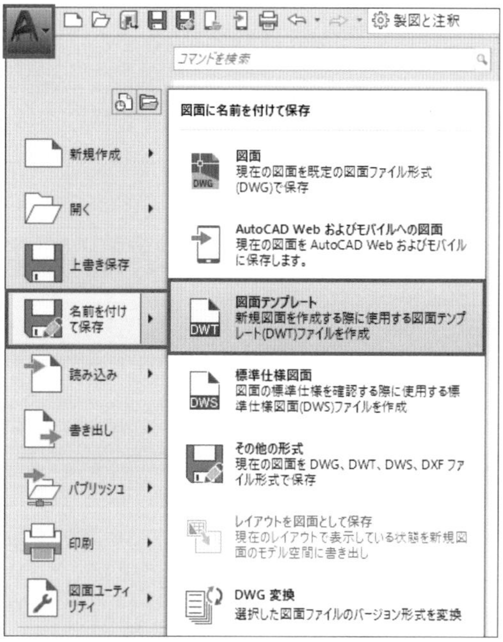

2 「図面に名前を付けて保存」ダイアログボックスが表示されるので、ファイル名に「VOST平面図テンプレート」と入力し、［保存］ボタンをクリックします。

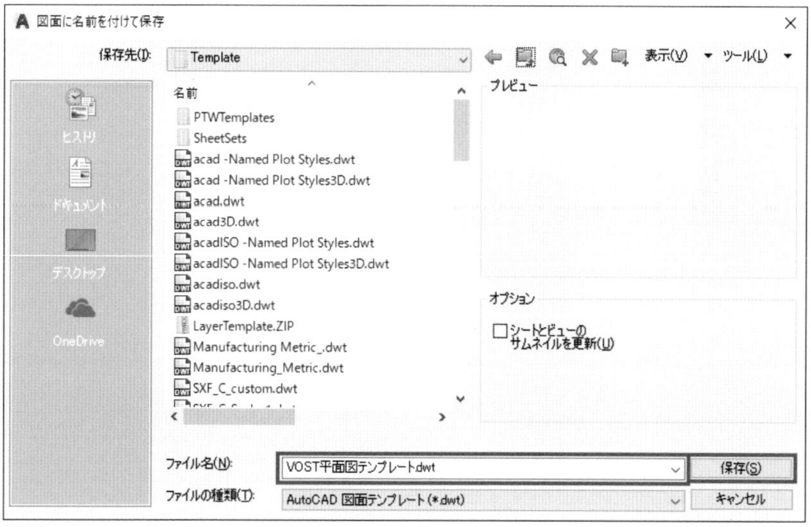

3 テンプレートオプションが表示されるので、「説明」、「計測単位」、「新規画層の通知」の設定を確認し、［OK］ボタンをクリックします。

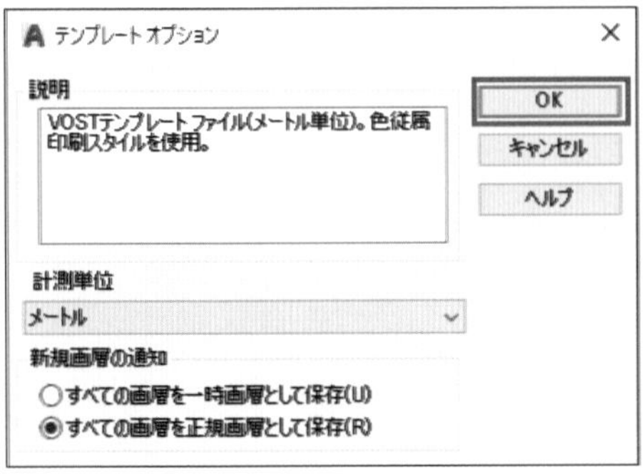

4 テンプレートとして追加されていることを確認します。「VOST平面図テンプレート」をクリックすると、新規ファイルが開きます。

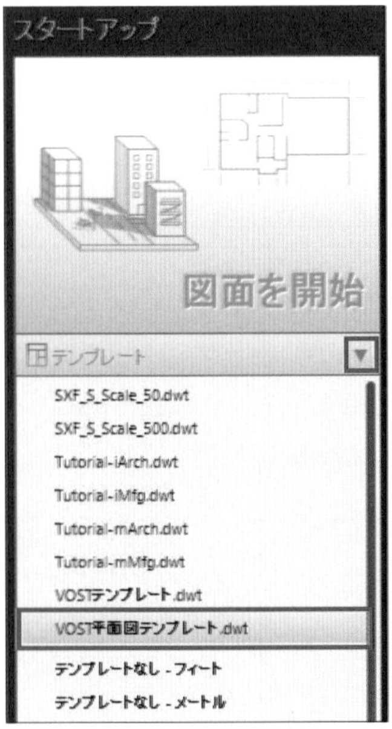

6

製造向けテンプレートを作成しよう

第 6 章では、以下の内容を学習します。

- 画層について
- 画層の設定方法
- 点スタイル管理について

ここでは、第3章で使用した「製造向けテンプレート」の作成方法を学習します。

6.1 ベースのテンプレートファイル

このテンプレートは、ベースに「Manufacturing Metric.dwt」を使用しています。スタートアップのテンプレートの[▼]をクリックし、「Manufacturing Metric.dwt」を開きます。

6.2 画層の設定

1 [ホーム]タブの[**画層プロパティ管理**]をクリックし、ダイアログボックスを表示します。

2 以下の図のように作業用の画層を作成します。

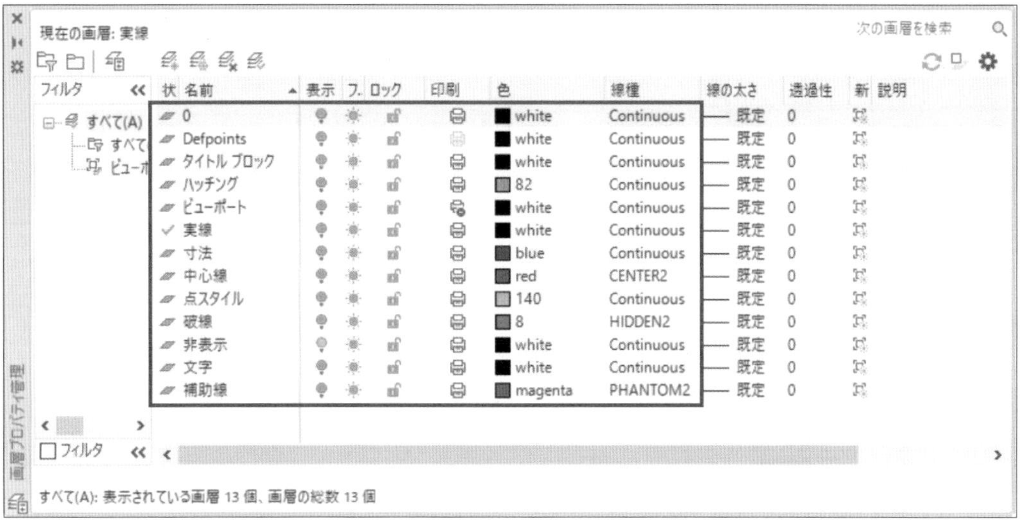

6.3 基準点の配置

1 ［ホーム］タブの［**画層**］をクリックし、「点スタイル」に切り替えます。

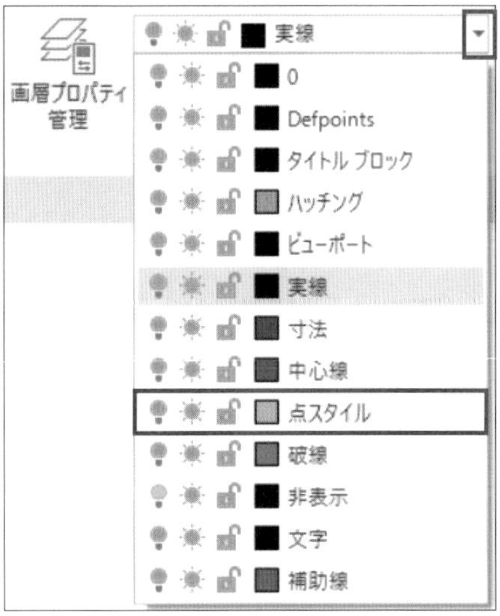

2 ［ホーム］タブの［**ユーティリティ**］－［**点スタイル管理**］を選択します。

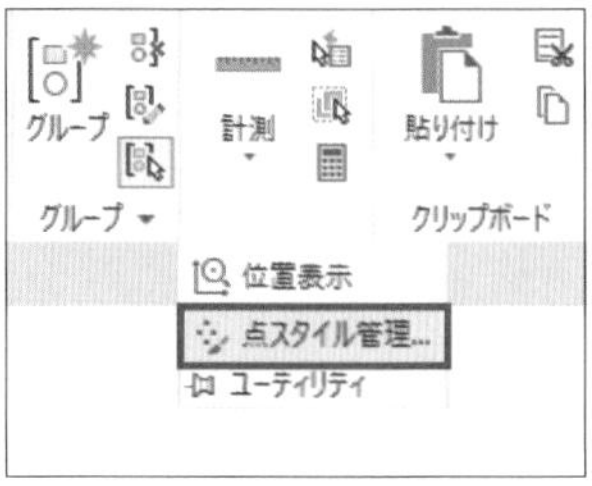

3 「点スタイル管理」ダイアログボックスが表示されるので、以下の図のように設定にします。

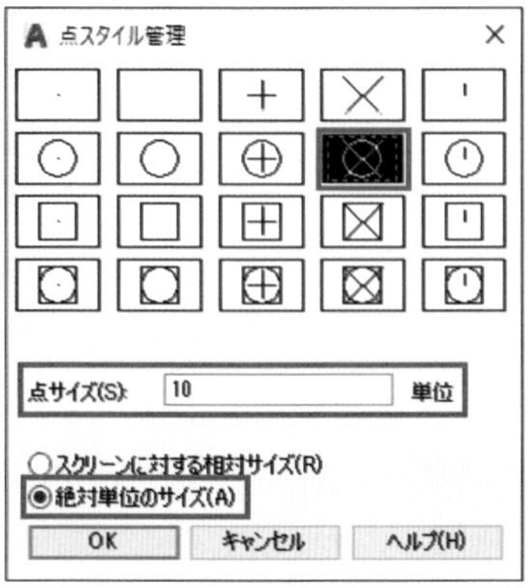

4 ［ホーム］タブの［**作成**］－［**複数点**］を選択し、「100 Tab 100 Tab Enter」で配置します。

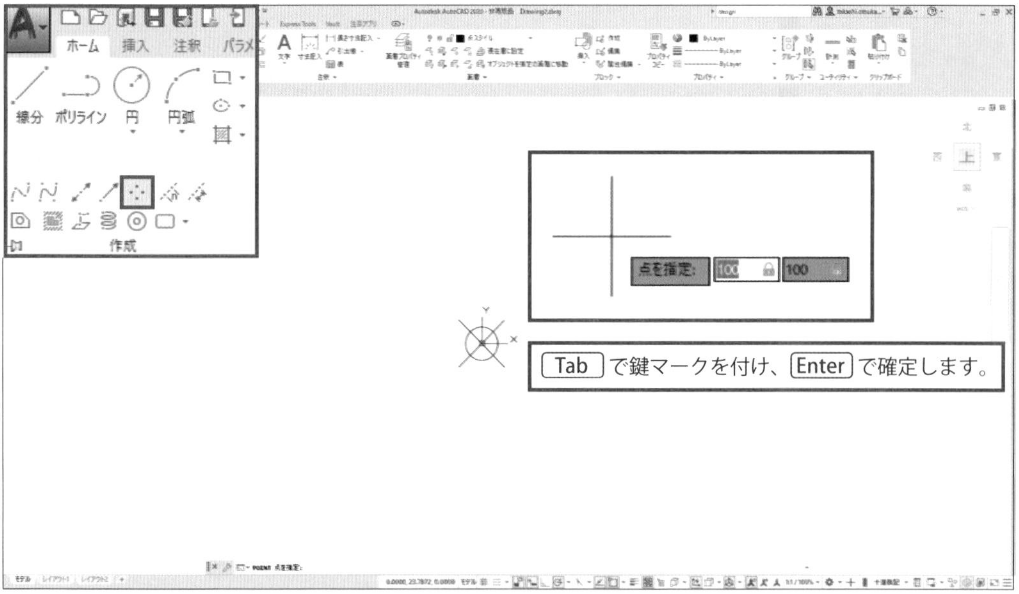

5［パラメトリック］タブの［**幾何拘束**］−［**固定**］で、基準点の位置を固定します。

ワンポイントアドバイス

基準として作成したオブジェクトは、［幾何拘束］−［固定］で位置を固定しておくと便利です。

6［ホーム］タブの［**画層**］をクリックし、「実線」に切り替えます。

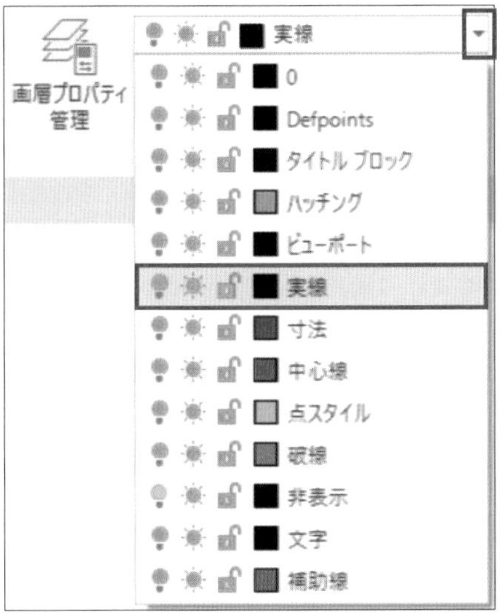

6.4 文字スタイル／寸法スタイルの設定

1 ［注釈］タブの［**文字**］－［**文字スタイル**］をクリックし、［Annotative］を選択します。

2 ［**寸法記入**］－［**寸法スタイル**］をクリックし、［Annotative］を選択します。

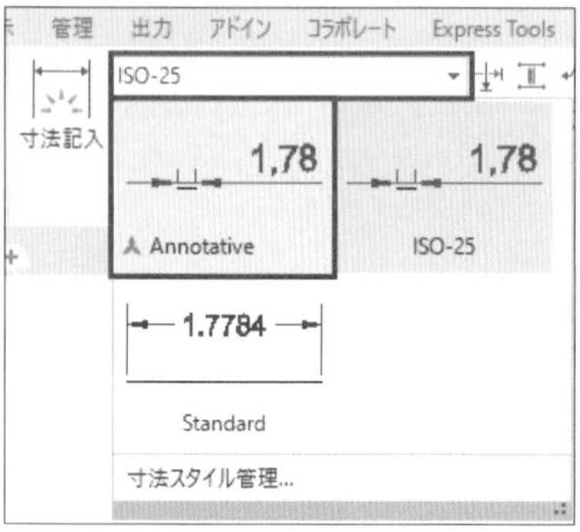

3 ［**寸法記入**］－［**寸法画層を優先**］をクリックし、「寸法」を選択します。

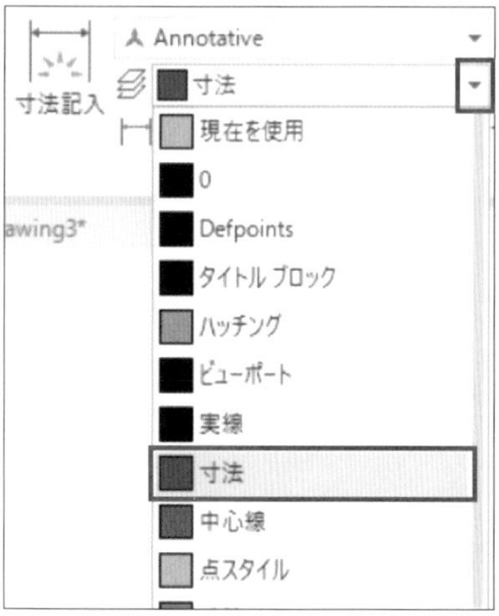

この設定を行うと、［ホーム］タブで設定されている画層に関係なく、［注釈］タブで作成した寸法は「寸法」の画層に作成されます。

6.5 テンプレートとして保存

1 アプリケーションメニューの［**名前を付けて保存**］－［**図面テンプレート**］を選択します。

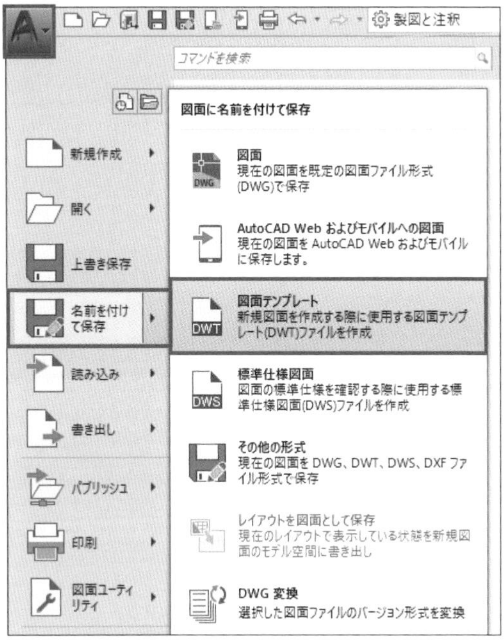

2「図面に名前を付けて保存」ダイアログボックスが表示されるので、ファイル名に「VOST テンプレート」と入力し、［保存］ボタンをクリックします。

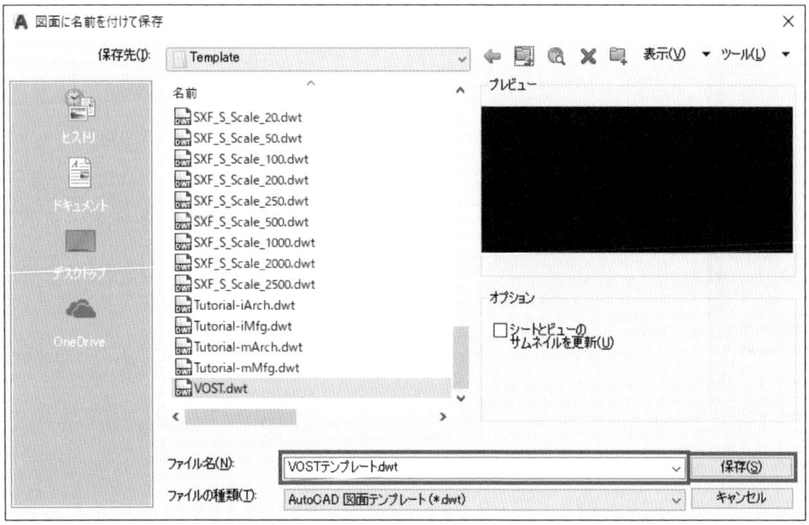

3 テンプレートオプションが表示されるので、「説明」、「計測単位」、「新規画層の通知」の設定を確認し、[OK]ボタンをクリックします。

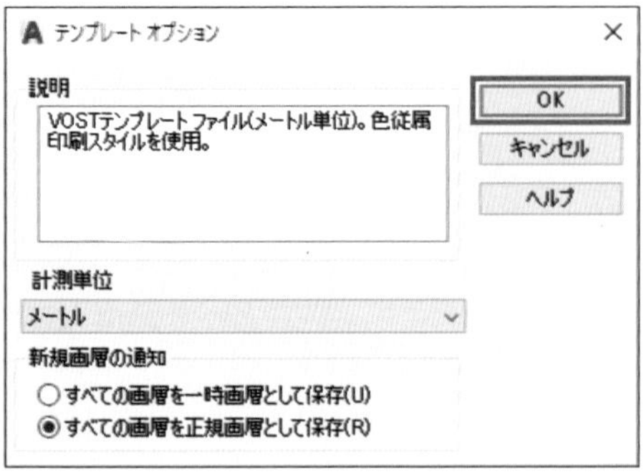

4 テンプレートとして追加されていることを確認します。「VOSTテンプレート」をクリックすると、新規ファイルが開きます。

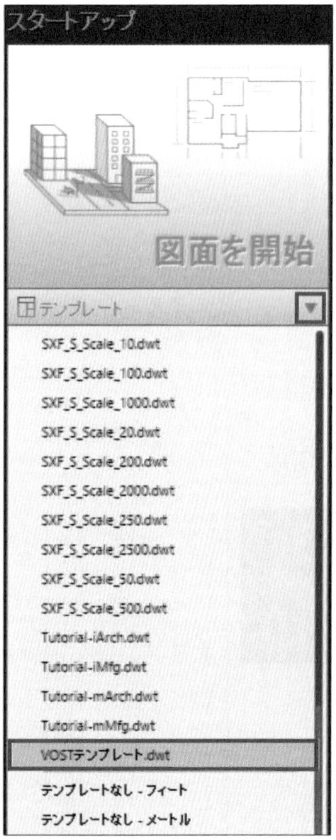

ご質問がある場合は・・・

本書の内容についてご質問がある場合は、本書の書名ならびに掲載箇所のページ番号を明記の上、FAX・郵送・Eメールなどの書面にてお送りください（宛先は下記を参照）。電話でのご質問はお断りいたします。また、本書の内容を超えるご質問に関しては、回答を控えさせていただく場合があります。

入門者のための基礎から実践まで

AutoCAD操作ガイド

2020年6月20日　初版 第1刷発行

著　者　株式会社VOST　大塚 貴
協　力　石川 藍
発行人　石塚 勝敏
発　行　株式会社 カットシステム
〒169-0073 東京都新宿区百人町4-9-7　新宿ユーエストビル8F
TEL　(03)5348-3850　　FAX　(03)5348-3851
URL　http://www.cutt.co.jp/
振替　00130-6-17174
印　刷　シナノ書籍印刷 株式会社

本書に関するご意見、ご質問は小社出版部宛まで文書か、sales@cutt.co.jp宛にe-mailでお送りください。電話によるお問い合わせはご遠慮ください。また、本書の内容を超えるご質問にはお答えできませんので、あらかじめご了承ください。

Cover design *Y.Yamaguchi*

Printed in Japan　ISBN 978-4-87783-479-1